Michael Janssen

Google Tag Manager

Das umfassende Handbuch

Rheinwerk

Computing

Liebe Leserin, lieber Leser,

noch nie war es für Sie so einfach, Tracking Code und verbundene Codefragmente – und damit das Besucherverhalten auf Ihrer Website – auszuwerten. Mit dem Google Tag Manager verfügen Sie als Online-Marketer über eine große Flexibilität. Und das Beste: Sie sind dabei unabhängig von Ihrem Webmaster. Ab jetzt nehmen Sie, wenn Sie möchten, die Implementierung selbst in die Hand. Mit diesem Buch erhalten Sie das nötige Wissen, um Schritt für Schritt die wichtigsten Trackings-Tools zu nutzen wie Google Analytics, Google Ads, Google Optimize, Facebook Ads, HubSpot, Microsoft Ads u.v.m.

Ich freue mich, dass ich mit Michael Janssen einen der besten Webanalysten in Deutschland als Autor gewinnen konnte. Er erklärt Ihnen alle notwendigen Schritte und bietet zudem zahlreiche wertvolle Praxistipps. Das Buch wird Ihnen helfen, das ganze Potential des Google Tag Managers zu nutzen und auch komplexe Konzepte wie das der Tags, Trigger und Variablen zu verstehen und in praxistaugliche Anwendungen umzusetzen.

Dieses Buch wurde mit großer Sorgfalt lektoriert und produziert. Sollten Sie dennoch Fehler finden oder inhaltliche Anregungen haben, scheuen Sie sich nicht, mit mir Kontakt aufzunehmen. Ihre Fragen und Änderungswünsche sind jederzeit willkommen. Ich freue mich auf den Dialog mit Ihnen.

Ihr Stephan Mattescheck
Lektorat Rheinwerk Computing

stephan.mattescheck@rheinwerk-verlag.de
www.rheinwerk-verlag.de
Rheinwerk Verlag · Rheinwerkallee 4 · 53227 Bonn

Auf einen Blick

Wir hoffen, dass Sie Freude an diesem Buch haben und sich Ihre Erwartungen erfüllen. Ihre Anregungen und Kommentare sind uns jederzeit willkommen. Bitte bewerten Sie doch das Buch auf unserer Website unter **www.rheinwerk-verlag.de/feedback**.

An diesem Buch haben viele mitgewirkt, insbesondere:

Lektorat Stephan Mattescheck
Korrektorat Friederike Daenecke
Gutachter Markus Baersch
Herstellung Nadine Preyl
Typografie und Layout Vera Brauner
Einbandgestaltung Julia Schuster
Coverbild Shutterstock: 435676423 © Claudia Pylinskaya
Satz III-Satz, Husby
Druck C.H.Beck, Nördlingen

Dieses Buch wurde gesetzt aus der TheAntiquaB (9,35/13,7 pt) in FrameMaker.
Gedruckt wurde es auf chlorfrei gebleichtem Offsetpapier (90 g/m²).
Hergestellt in Deutschland.

Bibliografische Information der Deutschen Nationalbibliothek:
Die Deutsche Nationalbibliothek verzeichnet diese Publikation in der Deutschen Nationalbibliografie; detaillierte bibliografische Daten sind im Internet über *http://dnb.d-nb.de* abrufbar.

ISBN 978-3-8362-6351-1

1. Auflage 2019
© Rheinwerk Verlag, Bonn 2019

Informationen zu unserem Verlag und Kontaktmöglichkeiten finden Sie auf unserer Verlagswebsite **www.rheinwerk-verlag.de**. Dort können Sie sich auch umfassend über unser aktuelles Programm informieren und unsere Bücher und E-Books bestellen.

Inhalt

3   Die große Übersicht über die Oberfläche

4   Schlüsselfertig: Das Tag-Vorlagensystem

5   Die richtige Gelegenheit: Trigger

6   Titel, URL und Co:
    Umgang und Arbeit mit Variablen

9   Debugging und Vorschau: Immer kontrollieren   201

10   Veröffentlichen: Versionen und Workspaces   241

11   Der Google Tag Manager in der Praxis   267

13 Der Google Tag Manager 360

14 Tipps, Tricks und Vereinfachungen

Materialien zum Buch

Auf der Webseite zu diesem Buch stehen folgende Materialien für Sie zum Download bereit:

▶ alle Beispielprogramme

Gehen Sie auf *www.rheinwerk-verlag.de/4660/*. Klicken Sie auf den Reiter MATERIALIEN ZUM BUCH. Sie sehen die herunterladbaren Dateien samt einer Kurzbeschreibung des Dateiinhalts. Klicken Sie auf den Button HERUNTERLADEN, um den Download zu starten. Je nach Größe der Datei (und Ihrer Internetverbindung) kann es einige Zeit dauern, bis der Download abgeschlossen ist.

Geleitwort des Fachgutachters

Ich beneide Sie! Ihnen steht mit diesem Werk ein umfangreicher Helfer und Wegbegleiter zur Seite, der sowohl für den Einstieg wie auch als Nachschlagewerk gedacht ist. Michael Janssen hat sein Wissen zum Google Tag Manager in dieses Buch gesteckt. Es wird Ihnen als Einsteiger helfen, den Google Tag Manager unter Anleitung kennenzulernen und schnell erste Ergebnisse zu erzielen. Dem fortgeschrittenen Benutzer hilft es dabei, im Gesamtüberblick auch die bisher ungenutzten Funktionen zu erkunden und die eigene Arbeit noch effizienter zu gestalten. Das war nicht immer so einfach!

Als ich den Google Tag Manager irgendwann 2012 zum ersten Mal öffnete, um mir einen Überblick zu verschaffen, habe ich nicht im Traum daran gedacht, dass dieses Werkzeug einmal zu meinem täglichen Begleiter werden würde. Damals veranlassten mich eine unübersichtliche Oberfläche und verwirrende Bezeichnungen recht schnell, den Browser zu schließen und eine längere Pause einzulegen.

Heute ist der Google Tag Manager zwar deutlich übersichtlicher, aber dennoch müssen die meisten Erstbenutzer – unabhängig davon, wie technisch ihr Hintergrund sein mag – viele Hürden nehmen, bevor sie seinen Wert wirklich erkennen und das Tool vielleicht sogar lieben lernen. Abstrakte Konzepte wie Tags, Trigger und Variablen wollen erfasst und in praxistaugliche Anwendung gebracht werden. Das wird nicht einfacher, wenn die Grenzen zum Teil verschwimmen und die einzelnen Teile in verschiedensten Kombinationen zum gleichen Ziel führen können. Aber gerade das macht die Stärke des Google Tag Managers aus.

Daher ist auch ein »Handbuch« wie dieses hier so wichtig. Es erklärt das Werkzeug von Anfang an, führt in die verschiedenen Bestandteile und Anwendungsmöglichkeiten ein und versetzt auch den »Nicht-Entwickler« in die Lage, einfache wie komplexere Tracking-Szenarien umzusetzen – oft sogar ganz ohne oder mit einer deutlich reduzierten Unterstützung der in der Regel stets überlasteten IT-Abteilung.

Ich wünsche Ihnen viel Erfolg, praxisgerechte Inspiration – und vor allem Spaß beim Kennenlernen des Google Tag Managers und bei der Arbeit mit diesem Schweizer Taschenmesser für Websites!

Markus Baersch
geschäftsführer gandke marketing
Co-Moderator von »Beyond Pageviews«

Vorwort

Das hätte ich nicht gedacht: So ein Buch wie dieses ist eine richtige Reise für den Autor. Und wenn das Buch gut ist, ist es auch ein Reisebegleiter für den Leser. In diesem Fall soll dieses Buch Sie beim Kennenlernen oder beim besseren Kennenlernen des Google Tag Managers begleiten.

Als der Rheinwerk Verlag mich fragte, ob ich ein Buch über den Google Tag Manager schreiben möchte, war ich mir erst nicht ganz sicher. Der Google Tag Manager hat noch nicht viele Jahre auf dem Buckel und entwickelt sich ständig weiter. Das bedeutet, die Haltbarkeit des Wissens in einem Buch über den Google Tag Manager kann sehr kurz sein. Aber nach einiger Überlegung fiel mir auf, dass sich an dem Grundkonzept des Tag-Managements und auch am Google Tag Manager in letzter Zeit gar nicht so viel geändert hat. Wahrscheinlich wird sich auch in Zukunft nicht dramatisch viel ändern. Deshalb habe ich guten Gewissens zugesagt, dieses Buch zu schreiben.

Bisher habe ich viel in Blogs geschrieben oder Artikel in Magazinen veröffentlicht. So ein Buch ist jedoch ein ganz anderes Medium und hat mir die Chance gegeben, den Stoff didaktisch ganz anders aufzubereiten. Ich halte viele Seminare, Workshops und Vorlesungen rund um die Web-Analyse. Dabei arbeite ich sehr praxisorientiert. Die Teilnehmer müssen das Gelernte auch immer direkt umsetzen. Der Verlag hat mich ermuntert, diese Art der Herangehensweise auch in diesem Buch zu nutzen. Ich habe mich also absichtlich dagegen entschieden, einfach nur das Tool und die Oberfläche zu beschreiben. Vielmehr erkläre ich anhand vieler praxisrelevanter Beispiele, wie Sie den Google Tag Manager nutzen können.

Das Tag-Management wird inzwischen in vielen Bereichen vom Marketing und generell von allen benötigt, die Websites pflegen. Deshalb ist dieses Buch auch so geschrieben, dass es möglichst niedrigschwellig einsteigt und der Schwierigkeitsgrad von Kapitel zu Kapitel ansteigt. Ich habe mit dem Buch nicht den Anspruch, die Google Tag Manager-Profis mit neuen, bahnbrechenden Inhalten zu überraschen. Wobei es durchaus vorkommen könnte, dass auch diese Gruppe beim Lesen des Buches noch den einen oder anderen Aha-Effekt hat. Mir geht es in diesem Buch darum, dass Sie das Basiswissen zur Nutzung des Google Tag Managers erhalten.

Übrigens, wenn Sie dieses Buch nur lesen, um den einfachen Google Analytics-Code in Ihre Website einzubauen, dann können Sie direkt zum zweiten Kapitel springen. Dort ist dieser Vorgang Schritt für Schritt erklärt.

Dieses Buch enthält ganz viele Beschreibungen, wie Sie dieses oder jenes Tag in Ihre Website einbauen – dieser Teil nimmt fast ein Viertel des Buches ein. Während Sie die Praxisbeispiele testen, werden Sie immer vertrauter mit dem Google Tag Manager. Und das ist einer der Punkte, auf die es mir ankommt. Denn der Google Tag Manager ist ein universelles Werkzeug, das seine gesamte Kraft und Flexibilität erst durch Praxis entfaltet.

Die Beispiele in diesem Buch fangen recht einfach an und werden immer komplexer. Viele Beispiele basieren auf Dingen, die Sie für Google Analytics benötigen. Aber der Google Tag Manager ist nicht zwingend nur für den Einsatz von Google Analytics gedacht. Sondern er ist universell. Während des Schreibens habe ich Kollegen und Kolleginnen aus der Marketing- und IT-Branche gefragt, welche Inhalte sie sich wünschen, und immer wieder wurden Google Analytics-Themen nachgefragt, die sich das eine oder andere Feature des Google Tag Managers zunutze machen. Aber ganz wichtig ist: Dies ist kein Google Analytics-Buch, sondern es befasst sich mit dem Google Tag Manager. Auch wenn viel Google Analytics enthalten ist – mit ein wenig Transferarbeit Ihrerseits ist das Wissen universell einsetzbar.

Im Internet entwickelt sich alles weiter. Und wie ich am Anfang geschrieben habe, kann ein Buch ein guter Reisebegleiter sein. Genau das wünsche ich mir: Sie auf Ihrer Reise mit dem Google Tag Manager zu begleiten. Denn Sie werden schnell merken, dass Sie nie fertig lernen und immer neue Dinge auf dieser Reise entdecken.

Da es immer wieder neue Features oder Funktionen im Google Tag Manager gibt, habe ich mich entschieden, für den Google Tag Manager Ressourcen außerhalb dieses Buches zur Verfügung zu stellen. Ich möchte Ihnen ermöglichen, sich gegebenenfalls über Änderungen und neue Features zu informieren. Deshalb finden Sie unter der URL *www.gtm-buch.de/nur-fuer-leser/* entsprechende Informationen.

Meine eigene Reise mit diesem Buch habe ich natürlich nicht alleine unternommen. So ein Buch ist Teamwork. Deshalb möchte ich mich bei allen bedanken, die mir mit Rat und Tat bei der Entwicklung der Inhalte geholfen haben. Aus Gesprächen und Diskussionen habe ich viel für dieses Buch mitgenommen. Und dann gibt es noch die Menschen, die direkt am Buch mitgearbeitet haben. Deshalb ein großes Dankeschön an Sonja Trossen, die als Erste meine geschriebenen Inhalte auf Verständlichkeit geprüft und entsprechende Vorschläge für die Verbesserung gemacht hat. So ein Fachbuch, habe ich gelernt, hat auch immer einen Fachgutachter. Diese Rolle hat bei diesem Buch mein kongenialer Podcast-Partner von *Beyond Pageviews* übernommen: Markus Baersch. Vielen Dank für deine Genauigkeit! Abschließend geht noch ein großes Dankeschön für das Vertrauen in mich und für die Zusammenarbeit bei diesem Buch an Stephan Mattescheck und das gesamte Team des Rheinwerk Verlags.

Ich wünsche Ihnen viel Spaß und Freude beim Lesen und Durcharbeiten dieses Buchs.

Michael Janssen
Köln

Kapitel 1
Den Google Tag Manager kennenlernen

Der Google Tag Manager ist kein Tool mehr nur für Nerds und Spezialisten. Nein, er hilft Ihnen bei der täglichen Arbeit mit Pixeln, Tags und Tracking-Implementierungen.

In der heutigen Zeit ist es wichtig, Daten zu sammeln. Wer die richtigen Daten sammelt, kann seinen Mitbewerbern einen Schritt voraus sein – sei es mit Google Analytics oder mit anderen Marketing-Tracking-Tools. Und wie heißt es so schön: »Ohne Daten ist man nur ein Mensch mit einer weiteren Meinung.« Gerade, was das Erfassen und Sammeln von Daten im Internet angeht, schreitet die Entwicklung sehr schnell voran.

Es gibt viele Anlässe und Möglichkeiten, Daten zu erfassen:

▶ Wenn Sie die Besucher Ihrer Website mit Google Analytics auswerten wollen, müssen Sie einen JavaScript-Code von Google Analytics in den Quelltext Ihrer Website einbauen!

▶ Wenn Sie Facebook-Anzeigen mit möglichst allen Funktionen nutzen wollen, wie Conversion-Tracking, Custom-Audiences etc., müssen Sie einen JavaScript-Code von Facebook in den Quelltext Ihrer Website einbauen!

▶ Für Ihren Online-Shop wollen Sie Retargeting-Ads von Criteo oder einem anderen Anbieter schalten? Auch dann müssen Sie JavaScript-Code, in diesem Fall gegebenenfalls von Criteo, in den Quelltext Ihrer Website einbauen!

Was auch Ihr Ziel im Marketing ist, Sie kommen um das Einbauen sogenannter Marketing-Tags nicht herum. Marketing-Tags sind dabei genau diese kleinen JavaScripte der verschiedenen Marketing-Anbieter. Hierbei wird die Lage immer komplexer. Früher reichte es oft, wenn Sie den Code eines Anbieters identisch in alle Unterseiten eingebaut haben. Aber inzwischen gibt es bei vielen Anbietern spezielle Anforderungen: Manche Skripte sollen nur ausgelöst werden, wenn bestimmte Bedingungen auf der Website erfüllt werden. Die einfachste Bedingung ist der Seitenaufruf; dabei wird ein Tag bei jedem Seitenaufruf ausgeführt. Aber genauso gibt es Tags, die erst ausgeführt werden sollen, wenn ein bestimmtes Produkt oder eine ganz bestimmte Seite aufgerufen wird. Zusätzlich steigt bei vielen Projekten die Anzahl der Skripte, die eingebaut werden müssen. Es gibt mitunter Websites, die Dutzende unterschiedliche Marketing-Tags in jede einzelne Unterseite einbauen müssen. Besonders hervorzuheben sind dabei die klassischen Verlagsseiten, die mit Anzeigenwerbung Geld verdienen.

Das ist alles kein Hexenwerk und kann problemlos von den Web-Entwicklern umgesetzt werden – die entsprechenden Ressourcen wie Arbeitskraft bzw. Zeit vorausgesetzt. Aber in der heutigen Zeit geht es gerade im Web auch um Geschwindigkeit. Der Einbau der Tags kann mitunter nicht ein paar Wochen bis zum nächsten Update der Website-Programmierung warten. Und zusätzlich fehlt dann auch oft der Überblick über die eingebauten Tags.

Die eingebauten Marketing-Tags sind in der Regel für Sie unsichtbar im Quelltext der Website versteckt. Sie verrichten ihren Dienst, ohne groß aufzufallen. Aber mit Browser-Plugins wie *Ghostery* (Sie finden es zum Beispiel im Chrome Web-Store) können Sie eine Liste aller verwendeten Marketing-Tags ausgeben. Wie schon angesprochen, werden besonders auf Verlags- und Medienseiten viele Marketing-Tags eingebunden. Bei der Recherche für dieses Buch habe ich die Startseite einer großen Nachrichtenseite mit Ghostery analysiert. Das Ergebnis sehen Sie in Abbildung 1.1: Allein auf der Startseite sind 43 Marketing-Tags installiert.

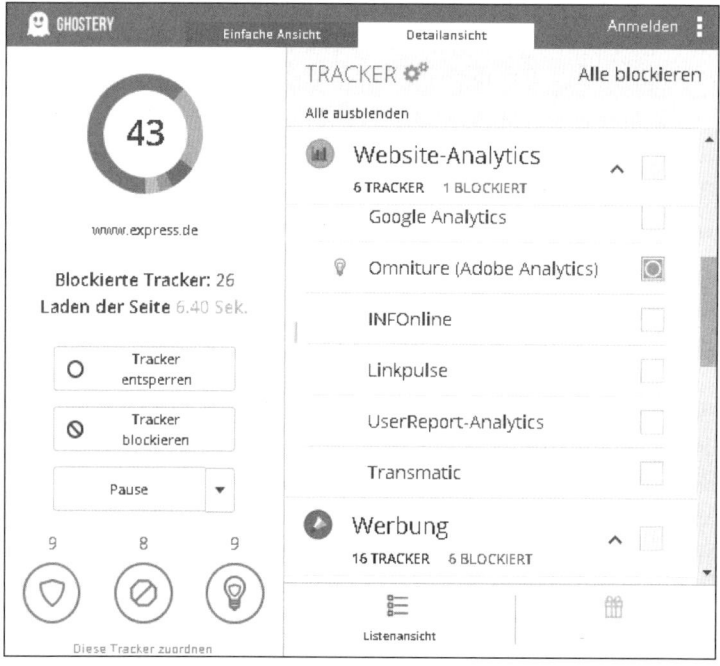

Abbildung 1.1 Das Ghostery-Ergebnisfenster mit den gefundenen Trackern

Aus Datenschutzsicht kann man davon halten, was man möchte. Auf diesen Aspekt werde ich nur nebensächlich eingehen. In diesem Buch geht es darum, wie Sie in der Vielzahl der Marketing-Tags den Überblick behalten und die erforderlichen Tags schnell auf Ihrer Website einsetzen.

In diesem Buch werden Sie auch lernen, wie man den *Google Analytics*-Code zusammen mit dem *Google Tag Manager* einsetzen kann. Dabei ersetzt der Google Tag Manager den Google Analytics-Code in der Website. Der Code, den man in die Website für die Nutzung von Google Analytics einbinden muss, sieht folgendermaßen aus:

```
<!-- Global site tag (gtag.js) - Google Analytics -->
<script async src="https://www.googletagmanager.com/gtag/js?id=UA-30537625-1">
</script>
    <script>
        window.dataLayer = window.dataLayer || [];
        function gtag(){dataLayer.push(arguments);}
        gtag('js', new Date());
        gtag('config', 'UA-30537625-99', { 'anonymize_ip': true });
    </script>
```

Listing 1.1 Der aktuelle Google Analytics-Tracking-Code mit der eingeschalteten IP-Adressen-Anonymisierung

Dieser JavaScript-Code sorgt dafür, dass beim Aufrufen der jeweiligen Seite der Seitenaufruf an den Google Analytics-Server geschickt wird. Aber für Marketing-Tags werden nicht nur Seitenaufrufe benötigt, sondern auch Warnkorb-Inhalte, erfolgreiche Käufe, das Abonnieren von Newslettern etc. Alle Ereignisse, die für das Marketing interessant sind, werden an die jeweiligen Systeme geschickt.

Das Marketing hat in der heutigen Zeit einen hohen Stellenwert bei Web-Projekten. Deshalb wurden Systeme erfunden, die die Arbeit leichter machen – besonders weil der Einbau durch die Web-Developer mitunter sehr lange dauerte und die Marketer ihre Probleme bei der korrekten Einbindung der Marketing-Tags hatten. Genau aus diesem Grund wurden Tag-Management-Systeme (TMS) entwickelt.

1.1 Wofür und warum: Tag-Management-Systeme

Tag-Management-Systeme haben ihren Namen von dem, was sie verwalten und einbinden sollen: Tags.

Tags sind Codezeilen, die Marketing-Systeme benötigen, damit sie die entsprechenden Daten erhalten können. Dafür werden kleine JavaScript-Snippets in den Quelltext der Seite eingebaut.

Im Folgenden verwende ich zur Verdeutlichung die Tags von *Google Ads*. Falls Sie Google Ads bisher unter dem Namen *Google AdWords* kennen: Wenige Wochen vor Drucklegung dieses Buches hat Google »AdWords« in »Ads« umbenannt.

Für das Google Ads-Conversiontracking sieht ein Snippet ungefähr so aus:

```
    <script async src="https://www.googletagmanager.com/gtag/js?id=AW-123456789">
</script>
    <script>
        window.dataLayer = window.dataLayer || [];
        function gtag(){dataLayer.push(arguments);}
        gtag('js', new Date());
        gtag('config', 'AW-123456789');
    </script>
```

Listing 1.2 Das Google Ads-Retargeting-Tag

Wenn Sie diese Codezeilen in den Quelltext Ihrer Website integrieren, kann Google Ads die Besucher Ihrer Website in Listen sammeln. Zu einem späteren Zeitpunkt können Sie dann diesen Nutzern spezielle Werbeanzeigen präsentieren. Diese Art der Werbung heißt *Retargeting* bzw. *Remarketing* und ist ein Beispiel für den Einsatz von Marketing-Tags.

Tag, Pixel oder Snippet? Was ist das jetzt?

Im Zusammenhang mit Marketing-Tags ist oft auch von einem Pixel oder Snippet die Rede. Das sind einfach verschiedene Namen für die gleiche Sache: Es geht dabei um die paar Zeilen JavaScript, die die Tools brauchen, um zu funktionieren. Der Begriff Pixel kommt übrigens daher, dass in der Anfangszeit des Trackings tatsächlich Code eingebunden wurde, der ein Bild simulierte, das 1×1 Pixel groß war. Das war das sogenannte Zählpixel. Diese Art des Trackings ist inzwischen nur noch vereinzelt im Internet zu finden. Es wurde durch verbesserte Methoden ersetzt.

Marketing-Tags können dabei unterschiedliche Aufgaben übernehmen:

▶ Browserdaten sammeln

▶ Marketing-Tools mit Daten versorgen

▶ Social-Media-Buttons einbinden

▶ Cookies setzen

▶ Nutzer über verschiedene Website hinweg verfolgen

Für alle diese Aufgaben wird jeweils nur ein wenig JavaScript benötigt. Aber wie Sie wahrscheinlich inzwischen gemerkt haben, können Sie schnell den Überblick über die Tags verlieren. Genau für diesen Fall wurden Tag-Management-Systeme entwickelt. Diese sollen die Implementierung und die Überwachung der eingebauten Tags vereinfachen.

Dabei ist eines der besten Features von Tag-Management-Systemen, dass Sie mit ihnen alle Tags an einem Ort eintragen können und Sie genau sehen, welche Tags im System vorhanden sind. Ohne ein Tag-Management-System sind die einzelnen Marketing-Tags in der Regel in der gesamten Programmierung der Website verteilt: Einige Tags, die nur für das Messen von Seitenaufrufen zuständig sind, sind in anderen Dateien hinterlegt, als Marketing-Tags, die für das Übertragen von Produkteinzelansichten zuständig sind. Dieses verteilte Ablegen von Tags macht die Verwaltung sehr aufwendig.

Mit einem Tag-Management-System (TMS) können Sie nun Ordnung in Ihre Marketing-Tags bringen. So wissen Sie zu jedem Zeitpunkt, welche Tags ausgeführt werden. Aber diese zentrale Verwaltung der Tags ist nur einer von vielen Vorteilen, die mit der Einführung von Tag-Management-Systemen einhergeht.

Übrigens: Der Google Tag Manager, von dem dieses Buch handelt, ist nur eines von mehreren Tag-Management-Systemen, die es aktuell auf dem Markt gibt.

Es gibt Tracking-Tools, wie *Matomo* oder *Adobe Analytics*, die ihr eigenes TMS mitbringen, oder auch Tools wie *Tealium*, die unabhängig von anderen Marketing-Tools sind. Diese unabhängigen Tools können für jedes Marketing-Tag eingesetzt werden. Oftmals haben die Tag-Management-Systeme von Tracking-Tools eine weitergehende Implementierung für das eigene Tracking-System. So ist das auch beim Google Tag Manager.

Als Beispiel: Bis vor Kurzem war das Tracking der Nutzung von YouTube-Videos mit Google Analytics auf der eigenen Website sehr komplex und aufwendig. Hier hat der Google Tag Manager eine extreme Vereinfachung gebracht: Während es früher einige Zeit dauerte, können Sie inzwischen das Tracking von YouTube-Videos innerhalb weniger Minuten einbauen. Wie das genau geht, erfahren Sie in Abschnitt 11.1.5.

1.2   Ein Tag-Management-System von Google

Google hat mehrere Produkte, bei denen man Marketing-Tags in den Quelltext der Website einfügen muss. Dazu gehören *Google Analytics*, *Google Ads*, aber auch *Doubleclick for Publisher*. Für jedes dieser Tools muss wieder der Quelltext der Website geändert bzw. ergänzt werden. Was lag da für Google näher, als ein Tag-Management-System zu entwickeln, das besonders die Implementierung der eigenen Produkte einfacher macht?

Deshalb hat Google 2012 den *Google Tag Manager* vorgestellt. Damals war der Google Tag Manager noch sehr nerdig. Inzwischen hat sich viel verändert und das Entwicklerteam des Google Tag Managers hat sehr viel für die Benutzerfreundlichkeit getan. Während anfangs noch von Makros und Ähnlichem die Rede war, ist die Oberfläche inzwischen nach kurzer Einarbeitung verständlich.

Die Oberfläche ist so einfach verständlich, dass Sie nach dem Lesen und Durcharbeiten des zweiten Kapitels dieses Buches schon den Google Analytics-Code mit dem Google Tag Manager in Ihrer Website ausführen können. Wahrscheinlich werden Sie im zweiten Kapitel noch nicht alles verstehen, was Sie machen werden, aber dafür sind auch die weiteren Kapitel in diesem Buch da. Die Tiefe bzw. der Schwierigkeitsgrad steigt von Kapitel zu Kapitel.

Ich selbst hatte den anfänglichen Hype um den Google Tag Manager überhaupt nicht verstanden: Er war kompliziert, und das, was man damit machen konnte, war nicht so richtig toll. Soweit damals mein erster Blick auf dieses Tool. Nachdem ich es aber immer wieder mal benutzt und gemerkt habe, welche Möglichkeiten und Vorteile dieses Tool in der täglichen Arbeit eines Marketers oder Digital-Analysten bringt, bin ich inzwischen fast zum Fan geworden.

»Google Tag Manager« ist nicht »Google Analytics«

In Gesprächen merke ich immer wieder, dass viele Marketer den Google Tag Manager gleichsetzen mit dem Code-Snippet von Google Analytics. Aber das ist nicht weit genug gedacht. Sie können sich den Google Tag Manager als ein komplett eigenständiges Tool vorstellen. Der Google Tag Manager benötigt kein Google Analytics, um zu funktionieren!

Was aber stimmt: In den Google Tag Manager sind Funktionen eingebaut, die die Arbeit mit Google Analytics vereinfachen. Aber natürlich können Sie mit dem Google Tag Manager auch die Mitbewerber von Google Analytics einbauen, wie eTracker, Adobe Analytics, Matomo, Piwik Pro etc. Das ist dann unter Umständen nicht so komfortabel wie das Einbinden von Google Analytics, es ist aber möglich.

Der Google Tag Manager hat ganz klar die Google-Produkte im Fokus. Das werden Sie auch an der prominenten Platzierung der Google-Produkte in der Tag-Auswahl im Google Tag Manager erkennen (siehe Abbildung 1.2). Aber die Anzahl an unternehmensfremden Marketing-Tags, die unterstützt werden, nimmt stetig zu. Darunter befinden sich Marketing-Tags von *Criteo, AdRoll, CrazyEgg, HotJar, LinkedIn, TradeDoubler* und vielen anderen. Das Entwicklerteam vom Google Tag Manager erweitert diese Liste ständig.

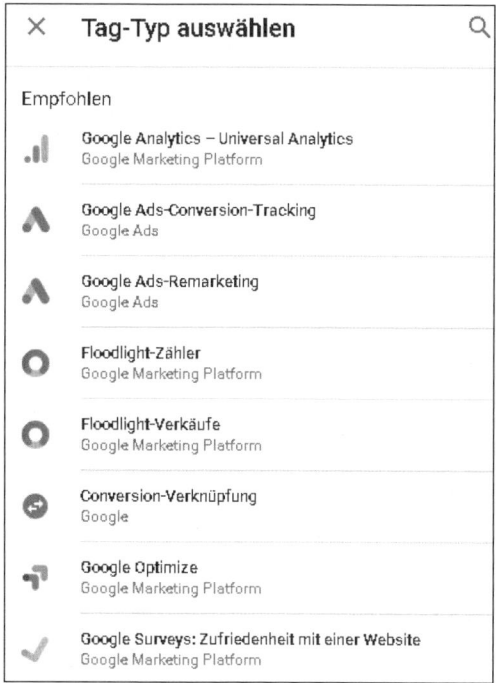

Abbildung 1.2 Die empfohlenen Tag-Typen im Google Tag Manager

Ich arbeite sehr viel mit Google Analytics, und deshalb ist der Google Tag Manager für mich ein Segen. Denn allein die Implementierung von Google Analytics wird immer komplexer. Es gibt kaum eine Website, bei der es reicht, nur die einzelnen Seitenaufrufe zu messen. Ich möchte bei meinen Kunden in der Regel auch Downloads, Pop-ups, die Nutzung von Bildergalerien etc. messen. Bei diesen Features wird die Implementierung von Google Analytics immer aufwendiger. Und da ist es gut, dass es mit dem Google Tag Manager ein Tool gibt, das es mir, dem Digital-Analysten, ermöglicht, möglichst beim Tracking selbst Dinge einzustellen bzw. auch Bugs schnell zu beheben.

Den Google Tag Manager gibt es jetzt schon einige Jahre. Von Jahr zu Jahr wurde er immer benutzerfreundlicher und erhielt immer mehr Funktionen. Dieses Buch wird Ihnen einen Überblick über den GTM zum Zeitpunkt der Drucklegung dieses Buchs geben. Aber auch, wenn die Funktionen sich weiterentwickeln werden, bekommen Sie mit diesem Buch das Rüstzeug, um den Google Tag Manager zu verstehen und langfristig zu nutzen.

In diesem Buch zeige ich Ihnen hauptsächlich, wie man den Google Tag Manager auf HTML-Seiten einsetzt. Aber das Internet besteht nicht nur aus HTML-Seiten, sondern auch aus Seiten, die auf AMP basieren, oder aus Interaktionen, die in Apps stattfinden. Diese beiden anderen Einsatzorte – AMP und Apps – bedient der Google Tag Manager auch. Ich gehe in Kapitel 12, »Der Google Tag Manager mit AMP und Apps«, auf diese beiden Varianten ein, aber der Fokus liegt ganz klar auf der Nutzung mit HTML-Seiten.

Was ist AMP?

AMP steht für *Accelerated Mobile Pages*, also für »beschleunigte Mobilseiten«. Damit soll erreicht werden, dass Sie Websites auf Ihrem Mobiltelefon möglichst schnell ansehen können. Dafür entwickelte das *AMP Project* 2015 eine abgespeckte HTML-Version. Durch den Verzicht auf viele Funktionen und das Verbot, bestimmte fremde Sachen einzubinden, wird in der Regel eine bessere Performance beim Abruf erreicht, als viele normale Websites schaffen. Am AMP Project ist Google federführend beteiligt.

Bei AMP ist die Nutzung vieler Elemente stark eingeschränkt:

▶ Es darf nur solches JavaScript eingebunden werden, das vom AMP Project zur Verfügung gestellt wird.

▶ Es darf nur eine eingeschränkte Auswahl an freigegebenen HTML-Tags benutzt werden.

▶ Für grafische Werbeanzeigen dürfen nur vom AMP Project freigegebene Anbieter genutzt werden.

▶ Sämtliche CSS-Formatierungen müssen sich innerhalb der AMP-Seite befinden.

Zusammengefasst schränkt AMP die Funktionalitäten einer Website also ein und ermöglicht dadurch eine Beschleunigung der Auslieferung. Auch das Tracking ist von den eingeschränkten Funktionalitäten betroffen.

1.2.1   Was kostet der Google Tag Manager?

Nichts! Der Google Tag Manager ist kostenlos. Wie viele Google-Produkte können Sie auch den Google Tag Manager kostenlos nutzen. Aber genauso wie bei Google Analytics gibt es auch beim Google Tag Manager eine erweiterte Version im Rahmen der *Google Marketing Platform*. Diese Version bietet zum einen ein SLA (Service Level Agreement, also die Zusicherung von Leistungseigenschaften) und Support, zum anderen auch ein paar nette fortgeschrittene Features. Auf diese zusätzlichen Features gehe ich in Kapitel 13, »Der Google Tag Manager 360«, ein.

1.2.2   Versionsstände

Ein Vor- und Nachteil des Google Tag Managers ist die ständige Weiterentwicklung. Wenn Sie im Internet nach Anleitungen für den Google Tag Manager suchen, werden

Sie immer wieder über Screenshots stolpern, die Sie nicht wirklich mit der jetzigen Version des Google Tag Managers zusammenbringen können. Die Veränderungen seit der ersten veröffentlichten Version sind schon recht umfassend gewesen. Auch auch wenn der Google Tag Manager ständig weiterentwickelt wird, glaube ich nicht, dass es in naher Zukunft ähnlich umfassende Änderungen geben wird. Es wird mehr um Änderungen gehen, die in der jetzigen Oberfläche das Arbeiten mit Tags vereinfachen.

1.3   Web-Entwickler oder Online-Marketer: Für wen ist der Google Tag Manager gemacht?

Bisher war der Einbau der Marketing-Tags die Domäne der Web-Entwickler. Sie wussten, wie man mit JavaScript hantiert, und auch, wie wichtig jedes einzelne Zeichen im Code ist. Die Web-Entwickler sind auch diejenigen, die bei Problemen als Erstes in der Dokumentation nachschauen und sie auch verstehen. Denn den Web-Entwicklern sind Bezeichnungen wie Integer, String oder Array in der Regel geläufig.

Aber bisher waren die Marketing-Tags auch reines JavaScript und sahen im Fall von Google Analytics folgendermaßen aus:

```
<!-- Global site tag (gtag.js) - Google Analytics -->
<script async src="https://www.googletagmanager.com/gtag/js?id=UA-XXXXXXXX-1">
</script>
<script>
  window.dataLayer = window.dataLayer || [];
  function gtag(){dataLayer.push(arguments);}
  gtag('js', new Date());

  gtag('config', 'UA-XXXXXXXX-1', { 'anonymize_ip': true });
</script>
```

Listing 1.3 Der Standard-JavaScript-Code für die Einbindung von Google Analytics mit der Ergänzung für die Anonymisierung der IP-Adresse

Bei diesem Code ist es wichtig, keine Zeile zu vergessen, und gerade die Anführungszeichen müssen an der richtigen Stelle stehen und tatsächlich immer oben sein. Aus Datenschutzgründen müssen wir die IP-Adresse in Google Analytics anonymisieren. Bei diesem Code habe ich den Parameter für die Anonymisierung der IP-Adressen ('anonymize_ip': true) eingefügt. Mit diesem Befehl wird der letzte Teil der IP-Adresse durch die Zahl 0 ersetzt. In der Google Analytics-Oberfläche erhalten Sie nämlich nur den Code ohne die Anonymisierung der IP-Adresse. Allein dieser Teil war schon immer eine große Fehlerquelle bei der Implementierung.

Der Google Tag Manager vereinfacht dabei das Einbinden eines solchen Tracking-Tags. Denn aus unübersichtlichem JavaScript-Code macht der Google Tag Manager ein recht einfach zu überschauendes Formular (siehe Abbildung 1.3).

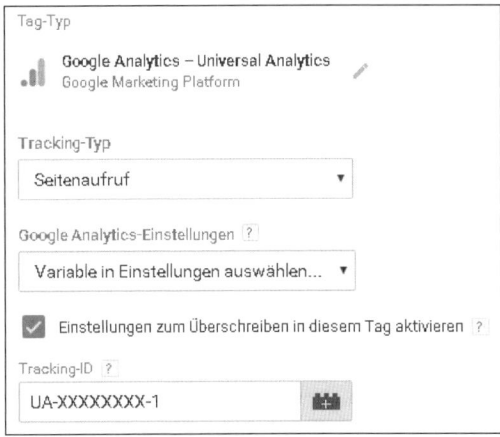

Abbildung 1.3 Das Formular für das Google Analytics-Tag

Dieses Formular übernimmt die Parameter für das Tracking der Seitenaufrufe. Damit die Daten in der richtigen Google Analytics-Property landen, müssen Sie nur das Formular mit der richtigen Tracking-ID füllen und anschließend noch die Anonymisierung der IP-Adresse aktivieren (siehe Abbildung 1.4).

Sollten Sie diese Formulare noch als zu kompliziert ansehen: Keine Angst, in Kapitel 2, »Die Praxis beginnt: Den Container einsatzfähig machen«, erkläre ich Ihnen Schritt für Schritt, wie Sie das Tag für das Messen der Seitenaufrufe in Google Analytics einstellen können.

Abbildung 1.4 Die Funktion zur Anonymisierung der IP-Adressen in Google Analytics

Wie Sie sehen, nimmt der Google Tag Manager Ihnen das Hantieren mit kompliziertem JavaScript ab. Sie arbeiten hauptsächlich mit Formularen, die Sie mit Parametern befüllen. Sie kommen erst mal nicht mehr in direkten Kontakt mit HTML, CSS oder JavaScript – zumindest nicht, solange Sie die einfachen eingebauten Tags benutzen. Das ist alles für Sie ohne großes technisches Verständnis möglich.

1.4 Was ist dran? Die Vorteile des Google Tag Managers

1

Vorsicht: Spielend leicht, aber auch gefährlich

Ich nutze gleich das erste Kapitel, um Sie darauf hinzuweisen, dass die Arbeit mit dem Google Tag Manager gewissenhaft ausgeführt werden muss. Bei einer falschen Bedienung können Sie das Tracking zerstören oder sogar Funktionalitäten der Website beeinträchtigen! Seien Sie daher immer vorsichtig, wenn Sie neue Sachen im Google Tag Manager ausprobieren. In diesem Buch lernen Sie auch, wie Sie Änderungen testen können, bevor sie live auf der Website erscheinen.

Besonders bei der intensiven Nutzung des Google Tag Managers macht das Wissen über HTML, CSS und JavaScript sehr viel Sinn. Sie werden einfach besser verstehen, wie Funktionalitäten im Google Tag Manager realisiert sind und wie man sie gegebenenfalls noch erweitern kann. Denn ganz oft geht es darum, dass Sie neue Wege erfinden, um genau das Tag so zu erhalten, wie Sie es sich wünschen. Einige Befehle und Tipps zu HTML, CSS und JavaScript stelle ich auch hier im Buch vor.

HTML, CSS und JavaScript lernen

Wenn Sie bisher noch kein HTML, CSS oder JavaScript beherrschen, empfehle ich Ihnen, sich dieses Wissen anzueignen. Diese drei Sprachen sind die Basis des Internets und werden so schnell nicht wieder verschwinden. Diese Sprachen werden Sie ein Leben lang begleiten, und Sie werden sie immer wieder einsetzen können.

Auch wenn die Tag-Management-Systeme versprechen, dass Sie damit unabhängig von den Web-Entwicklern werden, ist das nicht die ganze Wahrheit. Deshalb ist es sinnvoll, wenn der Google Tag Manager zusammen mit den Web-Entwicklern eingeführt und sein Einsatz von ihnen auch langfristig begleitet wird. In Projekten, die ich betreue, lasse ich in der Regel bei größeren Änderungen die Web-Entwickler meine Implementierung testen und gegebenenfalls anpassen. Durch dieses Vier-Augen-Prinzip entstehen viel weniger Fehler. Denn auch wenn der Google Tag Manger vieles einfacher macht, können trotzdem noch Fehler auftreten.

Deshalb empfehle ich, dass der Google Tag Manager zumindest in der Verantwortung einer Person steht, die sich mit HTML, CSS und JavaScript auskennt.

1.4   Was ist dran? Die Vorteile des Google Tag Managers

In diesem Buch zeige ich Ihnen, wie Sie den Google Tag Manager effektiv und zielführend einsetzen können. Die Vorteile des Google Tag Managers sind vielfältig. Die folgenden Abschnitte zeigen eine kleine Auswahl.

1.4.1 Gemeinsames Arbeiten am Code

Bisher war es üblich, dass die einzubauenden Pixel-Codes kurz beschrieben und im besten Fall in Form eines Tickets an die Web-Entwickler gegeben wurden. Ein Testen oder Anschauen oder schnelle Änderungen waren nur über den Umweg der Entwicklung möglich.

Der Google Tag Manager ermöglicht, dass jeder mit Zugriffsrechten auf den entsprechenden Bereich im Google Tag Manager Änderungen vornehmen bzw. vorschlagen kann. Jeder sieht die aktuelle oder die zu veröffentlichende Version des Codes und kann direkt Änderungen vornehmen.

1.4.2 Schnelle Umsetzung – time to live

Tags müssen oftmals möglichst schnell online gehen. Manchmal sind es nur kleine Änderungen, die aber wichtig sind. Eine Tracking- oder Conversion-ID hat sich geändert oder es muss ein neues Conversion-Pixel für Google Ads gesetzt werden. Und manchmal ist es einfach nur die schnelle Behebung eines Bugs. Die Entwickler haben jedoch aktuell keine Zeit und so können Stunden, Tage oder auch Wochen vorgehen, bevor sich jemand dieser kleinen, aber wichtigen Änderung annimmt.

Mit dem Google Tag Manager haben Sie diese Änderung schnell vorgenommen und mit wenigen Klicks auch veröffentlicht. Die Umsetzung ist dadurch zeitnaher als jemals zuvor.

1.4.3 Weniger Fehler dank Vorlagen

Tags bestehen aus JavaScript-Codezeilen, die nur derjenige wirklich versteht, der JavaScript gelernt hat. Diese Codes müssen präzise eingebaut werden. Flüchtigkeitsfehler, wie fehlende Anführungszeichen und Ähnliches sind der Todesstoß für die korrekte Ausführung der Tags. Und wenn die Tags nicht ausgeführt werden, werden wie im Fall von Google Analytics keine oder sogar falsche Daten erhoben.

Im Google Tag Manager gibt es Vorlagen für viele unterschiedliche Tags. Diese Vorlagen ermöglichen es, dass Sie nicht mehr mit JavaScript-Code arbeiten müssen, sondern die geforderten zusätzlichen Daten einfach in Web-Formulare eintragen können. Dadurch reduziert sich die Gefahr, Fehler zu machen, extrem.

1.4.4 Einfaches Testen der Änderungen

Um neue Tags oder Änderungen an Tags zu testen, ist ohne ein Tag-Management-System ein aufwendiger Prozess nötig: Änderungen werden auf eine Entwicklungsplattform ausgespielt und dort getestet. Oftmals wird deshalb auf das Testen verzichtet und der ungetestete Code direkt veröffentlicht. Das resultiert zu oft in Fehlern und Problemen.

Mit dem Google Tag Manager ist es mit wenigen Klicks möglich, die Code-Änderungen auf der Live-Domain zu testen, ohne dass der normale Nutzer die Änderungen sieht. Das heißt: Bevor der Code im Browser der normalen Nutzer ausgeführt wird, können wir bzw. unser Team ihn in Ruhe testen. Nur wir haben in diesem Moment Zugriff auf die allerneueste Version unserer Tag-Einbindungen.

Zusätzlich bietet Ihnen der Google Tag Manager einen Debug-Modus, der Ihnen genau zeigt, welche Tags tatsächlich auf der Seite ausgeführt wurden. In aufwendigeren Szenarien kann man die Änderungen auch auf einer gesonderten Testdomain testen und nach erfolgreichem Test auf der Live-Domain veröffentlichen (siehe Abbildung 1.5).

Abbildung 1.5 Website mit eingeschaltetem Debugmodus. Unten im Browser werden wichtige Informationen des Tag Managers angezeigt.

Die Möglichkeiten des Testens gehen sogar so weit, dass Sie Mitarbeitern ohne Zugriff auf den Tag Manager einen Link zur Verfügung stellen können, mit dem sie die neue Tag-Einbindung direkt live in ihrem Browser testen können – auch das wieder, ohne dass man die Tags für alle Nutzer der Website live stellen muss. Ausgiebigen Tests und Qualitätskontrollen steht also nichts mehr im Wege. Auf diese Tests gehen wir in Kapitel 9, »Debugging und Vorschau: Immer kontrollieren«, ein.

1.4.5 Übersichtlichkeit: Ein Ort für alle Tags

Bisher waren die Tags bei unterschiedlichen Anforderungen auf unterschiedliche Code-Dateien verteilt. Kaum jemand wusste wirklich, wann welches Tag in welchem Zusammenhang ausgeführt wurde. Da häufig keine Dokumentation für die eigene Implementierung angelegt wurde, existierten die Informationen oftmals nur im Kopf eines Mitarbeiters. Bei Änderungen ohne Zugriff auf diese Informationen war schon das Suchen nach den richtigen Stellen im Code ein Such- und Geduldsspiel.

Mit dem Google Tag Manager gibt es nur noch einen Ort für alle Tags. Sämtliche Logik kann im Tag Manager nachvollzogen werden. Er bietet eine Übersichtlichkeit der genutzten Tags, die vorher nicht möglich war.

1.4.6 Zeitgesteuertes Ausspielen von Tags

Mit dem Google Tag Manager ist es möglich, bestimmte Tags erst ab einem bestimmen Datum einzublenden oder das Ausführen an einem bestimmten Datum zu stoppen. Ein Anwendungszweck wäre z. B. die Ausführung nur innerhalb der Vorweihnachtszeit (siehe Abbildung 1.6).

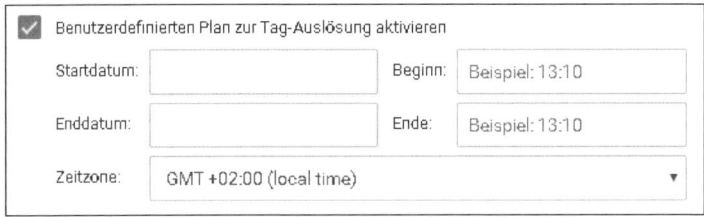

Abbildung 1.6 Der benutzerdefinierte Plan für die Auslösung

1.4.7 Mehrfache Nutzung von Triggern und Variablen

Mit dem Google Tag Manager haben Sie die Möglichkeit, Trigger (das sind Auslöser) und auch Variablen problemlos mehrfach zu benutzen. Wenn Sie einmal definiert haben, wann eine Conversion ausgelöst wurde, können Sie dieses Ereignis in allen Tags nutzen, die diese Information benötigen. Das Gleiche gilt für Variablen, die Sie Tag-übergreifend nutzen und verwerten können.

1.4.8 Unabhängig vom Deployment der Website

Mit dem Google Tag Manager sind Sie nicht mehr von den vorgegebenen Releasezyklen abhängig. Denn in vielen Firmen wird der Programmcode immer noch wöchentlich oder sogar monatlich gesammelt veröffentlicht. Und wenn Sie mit den Marketing-Tags an diese Release-Zyklen gebunden sind, kann es unter Umständen lange dauern, bis Ihre Änderungen online sind. Im Google Tag Manager drücken Sie im einfachsten Fall zwei Buttons, und Ihre neuesten Marketing-Tags sind online.

1.4.9   Versionierung der Änderungen

In der Programmierung ist es üblich, den Code zu versionieren. Mit dem Google Tag Manager wird das gleiche Prinzip auf das Tag-Management übertragen. Es gibt Versionen und Versionsanmerkungen, die Ihnen zu verstehen helfen, was in der jeweiligen Version geändert wurde. So können Sie sich in der Tag-Manager-Oberfläche jederzeit die Konfiguration älterer Versionen anschauen (siehe Abbildung 1.7).

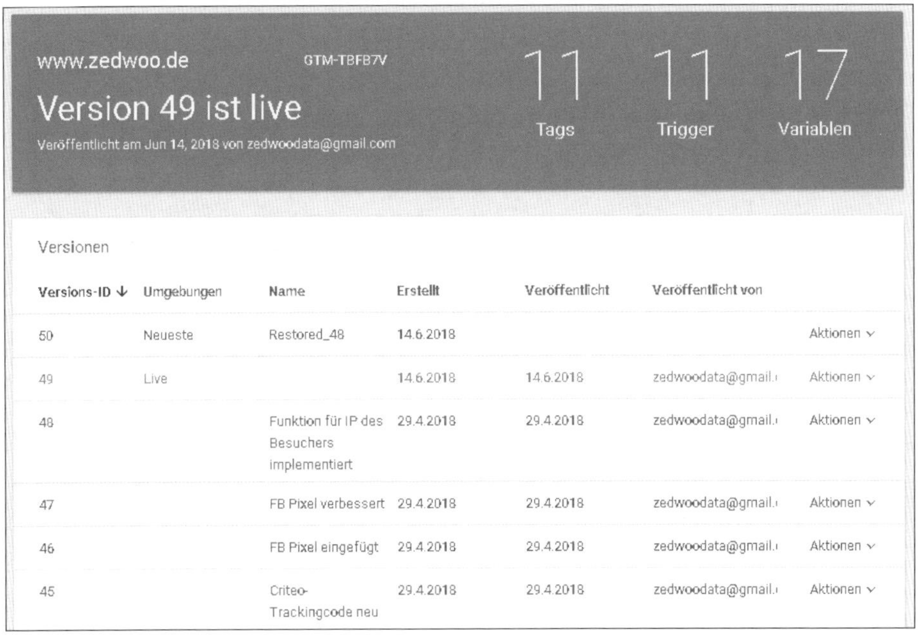

Abbildung 1.7 Übersicht über die unterschiedlichen Versionen im Google Tag Manager

1.4.10   Etwas falsch gemacht? Änderungen einfach zurücknehmen

Es gab einen großen Fehler in einer ausgespielten Tag-Manager-Version oder das Ausspielen einer neuen Konfiguration muss zurückgenommen werden? In solchen Situationen können Sie einfach eine ältere Version des Codes aktiv setzen.

1.4.11   Notizen für Elemente

Bei jedem Element im Tag Manager kann man eine Notiz hinterlassen. Besonders dann, wenn man im Team arbeitet oder die Arbeit später von einem anderen übernommen werden soll, helfen diese Notizen, den Code zu beschreiben.

1.4.12   Unterschiedliche Nutzer, unterschiedliche Rechte

Im Tag Manager gibt es unterschiedliche Rechte und Nutzerrollen. Jeder Nutzer bekommt das zu sehen und darf das ändern, was ihm vom Administrator zugestanden wird.

1.5   Lohnt sich der Umstieg auf den Google Tag Manager?

Für viele Anwender ist der Google Tag Manager in erster Linie das »neue Zuhause« für den Google Analytics-Code. Deshalb wird immer wieder die Frage gestellt, ob sich die Umstellung auf den Google Tag Manager wirklich lohnt. Denn eine Umstellung der Implementierung kann unter Umständen recht aufwendig sein. Deshalb ist es wichtig, im Hinterkopf zu behalten, dass der Google Tag Manager nicht nur für den Google Analytics-Code Vereinfachungen bereithält, sondern für jegliche Tags, die Sie in die Website einbauen müssen. Das bedeutet nicht nur, dass der Google Tag Manager die Arbeit mit der Google Analytics-Implementierung erleichtert, sondern auch, dass das gesamte Marketing-Team die erforderlichen Marketing-Tags einfacher integrieren kann. Diese Vereinfachung macht sich in der Regel schon in kürzester Zeit durch eine schnellere Implementierung bemerkbar.

Ich kann mir jedenfalls nicht mehr vorstellen, Tags ohne einen Tag Manager in die Website einzubauen. Für jedes neue Marketing-Tag oder eine Änderung an einem vorhandenen Marketing-Tag müssten sonst die Entwickler Code im Quelltext platzieren. Selbst wenn es nur um kleine Änderungen wie um eine neue ID, also das Austauschen einer Zahl geht, müsste ich die Entwickler konsultieren. Deshalb macht es in meinen Augen keinen Sinn mehr, wenn die Entwickler noch für jeden einzelnen Code für Werbung oder andere Funktionen in den Quelltext eingreifen müssen. Das geht einfacher: mit dem Google Tag Manager. Der Google Tag Manager bietet viele Vorteile, und in einer Zeit, in der Geschwindigkeit ein großer Vorteil ist, führt eigentlich kein Weg mehr an ihm vorbei.

Wenn es nur um die Umstellung einer vorhandenen Google Analytics-Implementierung geht, ist die Frage schon schwieriger zu beantworten. Dabei sind zwei unterschiedliche Fälle zu betrachten:

▶ Habe ich eine laufende Google Analytics-Implementierung, an der schon viele Anpassungen vorgenommen worden sind?

▶ Starte bei einem neuen Projekt oder bei einem Relaunch »from scratch« – baue ich also ohnehin ein neues System auf?

Im letzteren Fall ist die Frage sehr leicht zu beantworten: Wenn Sie mit einem neuen Projekt von Grund auf neu beginnen, sollten Sie unbedingt den Google Tag Manager nutzen. Die Zeit, die Sie für das anfängliche Einarbeiten benötigen, holen Sie innerhalb kürzester Zeit durch die vielen Vorteile wieder herein.

Wenn Sie aber, wie im ersten Fall, in Ihrem Website-Projekt eine funktionierende und aufwendige Implementierung von Google Analytics haben, ist die komplette Umstellung auf den Google Tag Manager unter Umständen aufwendig. Aber sie kann durchaus sinnvoll sein. Deshalb sollten Sie sie gut durchdenken und planen. Wenn Sie bisher aber nur die einfachen Seitenaufrufe mit Google Analytics gemessen haben, dann ist die Umstellung schnell gemacht und Sie können anschließend anhand dieses Buchs die Implementierung verbessern (siehe Abschnitt 11.1.5).

1.6   Der Google Tag Manager und der Datenschutz

Ein Buch über den Google Tag Manager und über Tag-Management-Systeme allgemein wäre nicht vollständig, wenn nicht auch auf den Datenschutz und entsprechende Gesetze eingegangen würde. Das Thema des Datenschutzes ist gerade im Zusammenhang mit der Auslieferung von Websites sehr wichtig.

Um Nutzer von Websites zu überwachen, bedarf es nicht viel. Manchmal reichen schon ein paar Zeilen Code im Quelltext der aufgerufenen Seite, um das Profil eines Website-Besuchers mit Informationen anzureichern.

Den Google Tag Manager betrifft das Thema Datenschutz nur am Rande. Denn der Google Tag Manager sammelt und speichert keine Daten von Nutzern. Er bietet nur die entsprechende Technologie, um Marketing-Tags leichter in die Seite einzubauen.

Deshalb reicht es im Zusammenhang mit dem Google Tag Manager, wenn Sie während der Kontoeinrichtung die Auftragsdatenverarbeitungsbedingungen für Google-Werbeprodukte akzeptieren. Die aktuelle Version finden Sie unter:

https://privacy.google.com/businesses/processorterms/

Dieser Link wird Ihnen auch während der Einrichtung angezeigt.

Was für die Nutzung des Google Tag Managers gilt, gilt jedoch nicht für die Marketing-Tags, die Sie mit dem Google Tag Manager einbauen können! Hier müssen Sie jeweils prüfen, ob der Einbau rechtlich okay ist, und auch, ob Sie entsprechende Änderungen in den Datenschutzbestimmungen vornehmen müssen, die Sie auf Ihrer Website zur Verfügung stellen. In den Beispielen in diesem Buch gehe ich davon aus, dass Sie, wenn Sie die Beispiele auf Ihrer Website einbauen, auch die entsprechenden Prüfungen vorgenommen haben.

Zusätzlich müssen Sie darauf achten, dass Sie im Google Tag Manager alle Vorkehrungen treffen und gegebenenfalls die Marketing-Tags entsprechend konfigurieren müssen, damit sie konform mit den jeweils gültigen Datenschutzgesetzen sind. Im Falle von Google Analytics ist es zum Beispiel erforderlich, dass Sie die Funktion zur Anonymisierung der IP-Adresse aktivieren. Wie das geht, erkläre ich Ihnen im nächsten Kapitel.

Unter Umständen können auch noch weitere Maßnahmen notwendig sein. Beispiele dafür sehen Sie in Kapitel 11, »Der Google Tag Manager in der Praxis«.

1.7   Zusammenfassung

Die Implementierung von Marketing-Tags wird immer komplexer. Zusätzlich soll gerade bei der Integration von Marketing-Tags keine Zeit verschwendet werden. Eine hohe Umsetzungsgeschwindigkeit ist gerade im Marketing wichtig. Genau dafür sind Tag-Management-Systeme entwickelt worden. Der Google Tag Manager ist sehr früh am Markt verfügbar gewesen und hat seine Kinderkrankheiten hinter sich gelassen. Sie haben es jetzt mit einem ausgereiften System zu tun, das Ihnen viele Vorteile bietet.

Deshalb ist es weniger eine Frage, ob Sie auf ein Tag-Management-System umsteigen, sondern wann Sie umsteigen werden. Meiner Meinung nach führt zukünftig kein Weg mehr an Tag-Management-Systemen vorbei. Auch wenn Sie oder Ihre Kollegen kurzfristig keinen Bedarf sehen, mittelfristig werden Sie, genau wie ich, die vielen Vorteile des Google Tag Managers schätzen lernen. Das Lesen und Durcharbeiten dieses Buchs ist dabei der erste Schritt auf der Reise zur Vereinfachung Ihres Tag-Managements. Ich wünsche Ihnen viel Spaß dabei!

Kapitel 2

Die Praxis beginnt: Den Container einsatzfähig machen

Viele Schritte bei der Google Tag Manager-Kontoeinrichtung sind ähnlich wie bei Google Analytics. Einmal eingerichtet, steht das Konto zur Verfügung.

Dieses Kapitel hat ein Maximum an Praxis zum Ziel. Wenn Sie parallel zum Lesen dieses Kapitels auch die gezeigten Vorgänge auf Ihrem Rechner nachvollziehen, haben Sie am Ende dieses Kapitels ein funktionierendes Google Analytics-Tracking. Zwar ist der Google Tag Manager nicht nur dazu da, Google Analytics Google Analytics einzurichten, aber ich bin mir sicher, dass mindestens 80 % der Leser ihn unter anderem dafür nutzen. Natürlich werden Sie es auch für andere Zwecke nutzen, aber Google Analytics nutzt fast jeder.

Der Google Tag Manager erlaubt Ihnen außer der Nutzung von Google Analytics natürlich auch noch den Einbau vieler anderer Marketing-Tags. Sie können mit dem Google Tag Manager außerdem sogar reines HTML oder JavaScript in die Website einbauen. Wie das genau funktioniert, zeige ich Ihnen jedoch erst in Kapitel 7, »Benutzerdefinierte Tags und Variablen«. In diesem Kapitel lernen Sie zunächst die Basics mit den eingebauten Tags und Triggern.

Apropos Trigger: Wenn Sie relativ neu in der Arbeit mit dem Google Tag Manager sind, sagt Ihnen der Begriff *Trigger* vielleicht noch nichts. Das ist nicht weiter schlimm. In diesem Kapitel geht es in erster Linie um das Anschauen und Machen. Sie lernen, wie man ein Tag erstellt und die Regeln für seine Auslösung bestimmt. Sie müssen nicht alles bis ins kleinste Detail verstehen. Jeder einzelne Punkt in diesem Kapitel wird in den folgenden Kapiteln ausführlich behandelt. Also nicht wundern, sondern einfach nachmachen und die neuen Möglichkeiten des Google Tag Managers entdecken!

2.1 Tags, Trigger, Variablen und Co.

Bei der Arbeit mit dem Google Tag Manager kommen Sie immer wieder mit den gleichen Elementen bzw. Benennungen in Berührung. Diese Benennungen stammen aus der Programmierung. Die Entwickler des Google Tag Managers haben die technische Sprache aber dankenswerterweise schon entschärft und leichter verständlich gemacht.

Es ist wichtig, dass Sie das Grundkonzept des Google Tag Managers verstehen. Dieses Konzept beruht auf vier wichtigen Bereichen:

▶ Container

▶ Tags

▶ Trigger

▶ Variablen

Auf diesen vier Elementen basiert der Google Tag Manager. Der *Container* ist eigentlich nur die Hülle für Tags, Trigger und Variablen (siehe Abbildung 2.1). Er ist der Verwaltungsbereich für ein Projekt. Im Google Tag Manager ist der Container vergleichbar mit der Google Analytics-*Property*: Er ist ein Bereich, in dem alle Einstellungen für ein Projekt vorgenommen werden.

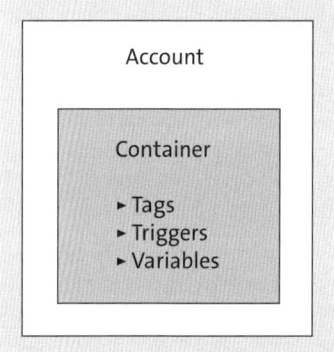

Abbildung 2.1 Hierarchie von Container und Tags, Trigger und Variablen

Innerhalb des Containers gibt es mit Tags, Triggern und Variablen eine klare Struktur (siehe Abbildung 2.2).

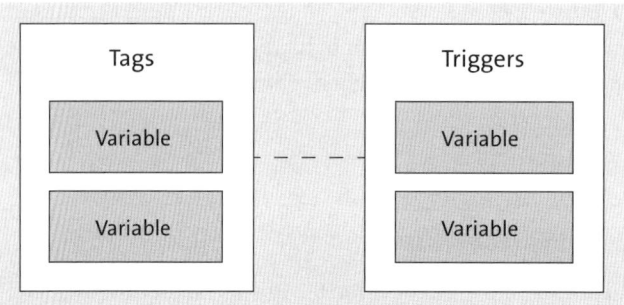

Abbildung 2.2 Tags, Trigger und Variablen

2.1.1 Tags

Die wahrscheinlich wichtigste Komponente und auch die Komponente, nach der der Google Tag Manager benannt ist, sind die Tags. Zu den Tags gehören alle Codes, die man eigentlich in den Quellcode der Website schreiben würde. Dazu gehören Tracking-Pixel wie Google Analytics, aber auch Retargeting-Pixel wie von AdWords, Facebook oder anderen.

In der Regel bestehen Tags aus ein paar Zeilen JavaScript– wobei Sie dank des Google Tag Managers kaum noch mit echtem JavaScript in Berührung kommen müssen. Standard-Tags können Sie komplett ohne das Wissen über JavaScript konfigurieren und in die Website einbauen. Der Google Tag Manager bietet aktuell über 40 eingebaute Tags, die Sie direkt benutzen können. In diesem Kapitel nutzen wir erst einmal nur das Tag für Google Analytics. Auf die weiteren eingebauten Tags gehe ich in Kapitel 4, »Schlüsselfertig: Das Tag-Vorlagensystem«, genauer ein.

2.1.2 Trigger

Damit der Google Tag Manager weiß, wann welche Tags im Quelltext ausgegeben werden sollen, gibt es die *Trigger* (auf Deutsch »Auslöser«). Mit den Triggern können Sie definieren, wann ein Tag ausgelöst werden soll. Dabei können Sie entscheiden, ob ein Tag bei einem Seitenaufruf oder beim Ausführen spezieller Funktionen ausgelöst wird. Sie können anhand weiterer Regeln die Ausführung auch noch ganz gezielt eingrenzen.

Damit ein Tag ausgelöst wird, müssen Sie ihm immer einen Trigger zuordnen. Ein Tag ohne zugeordneten Trigger wird nie ausgelöst. Denn es weiß nicht, wann es in Aktion treten soll. Erfahrungsgemäß wird der Trigger, der beim Seitenaufruf ausgelöst wird, am häufigsten genutzt. In diesem Buch gehe ich in Kapitel 5, »Die richtige Gelegenheit: Trigger«, genauer auf die Trigger und ihre Möglichkeiten ein.

2.1.3 Variablen

In den Variablen legen Sie alle Werte ab, die Sie im Google Tag Manager benötigen. Variablen können Sie in den Tags, Triggern und auch wiederum in Variablen selbst benutzen. Zum Bereich der Variablen gehören auch Werte wie die URL, die Domain oder der Seitenpfad der aufgerufenen Seite. Auf den ersten Blick wirken die Variablen sehr einfach, sie bieten aber viele Möglichkeiten. Auf diese Möglichkeiten gehe ich in Kapitel 6, »Titel, URL und Co: Umgang und Arbeit mit Variablen«, ein.

2.2 Das Google Tag Manager-Konto einrichten

Jetzt geht es los. Starten Sie Ihren Computer, denn ab sofort können Sie alle Schritte mit nachvollziehen. Eine Voraussetzung für die Nutzung des Google Tag Managers

(GTM) ist das Vorhandensein eines Google-Kontos. Das ist das Konto, mit dem Sie sich in Google Mail, Google Analytics oder auch bei den Google Ads einloggen. Ohne Google-Konto erhalten Sie keinen Zugriff auf den Google Tag Manager und können ihn nicht nutzen. Sollten Sie bisher noch kein Google-Konto besitzen, können Sie sich hier schleunigst eins anlegen:

https://myaccount.google.com/intro?hl=de

(K)ein Konto für alle

Achtung: In vielen Firmen ist es üblich, dass sich Mitarbeiter ein Google-Konto teilen. Diese Vorgehensweise ist zwar einfach, aber langfristig für die Verwaltung eher hinderlich. Denn beim Ausscheiden eines Mitarbeiters können Sie ihm nicht einfach den Zugriff verwehren, indem Sie das Konto einfach löschen oder bei der Ausweitung der Rechte eines Google-Kontos kommen alle, die dieses Google-Konto nutzen, in den Genuss aller Möglichkeiten. Am besten ist es, wenn jeder Nutzer ein eigenes Google Konto nutzt und dieses mit dem Google Tag Manager verbunden wird. Dadurch sind auch mehr Möglichkeiten in der Rechtevergabe innerhalb der Google-Produkte möglich.

Das Google-Konto bildet die oberste Stufe in der Zugriffshierarchie. Dieses Konto hängt immer an einer Person. Im Google Tag Manager gibt es dann das Google Tag Manager-Konto (GTM-Konto, siehe Abbildung 2.3). In der Regel reicht pro Firma ein GTM-Konto. Im GTM-Konto werden dann die einzelnen Projekte innerhalb von Containern verwaltet. Der Container ist die Ebene, auf der alle Tags, Variablen und Trigger definiert werden.

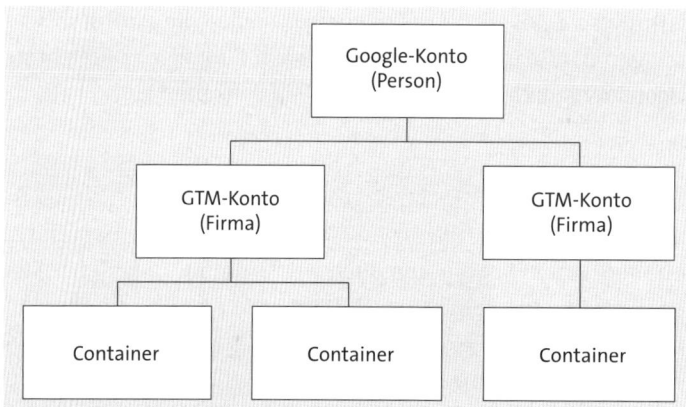

Abbildung 2.3 Vom Google-Konto aus haben Sie Zugriff auf das Google Tag Manager-Konto (GTM-Konto).

Bevor Sie jetzt den Google Tag Manager-Container einrichten können, müssen Sie sich unter der Adresse *https://tagmanager.google.com/* einloggen. Für den Login nutzen Sie die Daten Ihres Google-Kontos.

Überall das gleiche Notfall-Konto

Normalerweise hat jeder Nutzer sein eigenes Google-Konto. Aber wenn ein Mitarbeiter mit Adminrechten die Firma verlässt oder anderweitig nicht mehr erreichbar ist, kann ein weiteres Konto sinnvoll sein. Sie sollten deshalb überlegen, ob Sie sich innerhalb der Firma einen Google-Account anlegen, der in allen Google-Produkten Adminrechte hat. Diesen Account legen Sie aber nicht zur ständigen Nutzung an, sondern nur für Notfälle. Er wird erst dann wichtig, wenn die Firma über andere Accounts keinen Zugriff mehr auf die entsprechenden Produkt-Logins hat. Er ist sozusagen Ihr Backup-Konto.

Direkt nach dem Login in den Google Tag Manager wird Ihnen angeboten, ein neues Google Tag Manager-Konto hinzuzufügen (siehe Abbildung 2.4). Dieses Angebot nehmen Sie an, denn anderweitig können Sie keinen entsprechenden Container erstellen – und das ist unser nächstes Ziel.

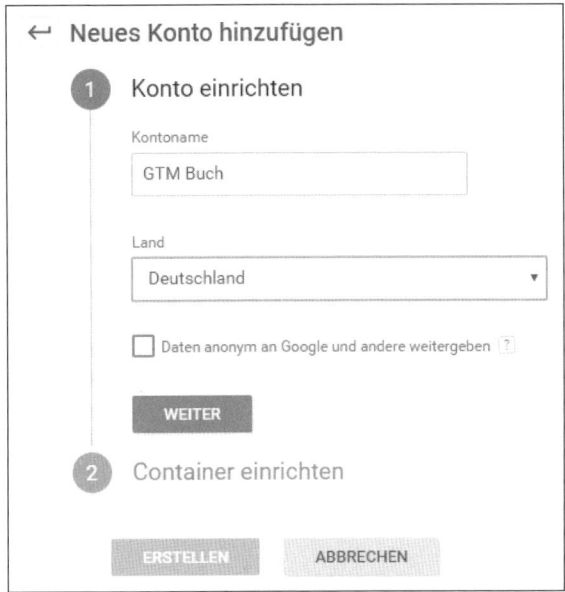

Abbildung 2.4 Das Formular für die Einrichtung des Google Tag Manager-Kontos

Als KONTONAME wählen Sie einen aussagekräftigen Namen. Wenn in diesem Konto die Tag-Manager-Container Ihrer Firma verwaltet werden, dann nutzen Sie den Firmennamen. Der Kontoname ist die oberste Ebene im Google Tag Manager. Im Laufe der Zeit kann es sein, dass Sie unterhalb dieses Kontos mehrere Container für unterschiedliche Projekte anlegen. Deshalb ist es sinnvoll, das Konto nicht nach der Domain zu benennen, für die Sie *jetzt* die Implementierung starten, sondern lieber den Namen Ihrer Firma zu verwenden.

In der Praxis sehe ich es immer wieder, dass für jedes Projekt oder sogar für jede Domain ein eigenes Google Tag Manager-Konto angelegt wird. Das ist nicht sinnvoll und bringt auch keine Pluspunkte bei der Übersichtlichkeit, eher im Gegenteil: Die Übersichtlichkeit leidet durch die vielen überflüssigen GTM-Konten. Deshalb sammeln Sie einfach alle firmeneigenen Projekte bzw. Domains in einem GTM-Konto. So bleibt die Konto- und Containerverwaltung im Google Tag Manager übersichtlich.

Namensgebung bzw. Namenskonventionen

Es vereinfacht die Arbeit in Teams, besonders in wechselnden Zusammenstellungen, wenn man sich an Best-Practice-Beispiele hält – gerade was die Benennung von Konten, Containern, Tags und allem anderen im Google Tag Manager betrifft. Vielleicht verstehen Sie nicht immer, warum man es gerade so machen sollte, wie es beschrieben ist. Im Laufe der Zeit werden diese Dinge aber verständlich. Vereinfachen Sie sich die Arbeit, indem Sie sich an die Empfehlungen auf dieser und den kommenden Seiten halten!

Als LAND tragen Sie in das Formular das primäre Zielland für den Container ein. Dieses Formularfeld hat keinen Einfluss auf den Code oder die Funktionen des Google Tag Managers, sondern wurde im Rahmen der Bestrebungen zur DSGVO (Datenschutz-Grundverordnung) eingeführt.

Anschließend können Sie noch entscheiden, ob Sie die Nutzungsdaten anonym an Google schicken wollen. Ob Sie das tun wollen, müssen Sie selbst entscheiden. Damit haben Sie schon alle Eintragungen für die Erstellung des Kontos vorgenommen: Klicken Sie auf ERSTELLEN.

Im nächsten Bildschirm sehen Sie die Nutzungsbedingungen des Google Tag Managers. Diesen müssen Sie zustimmen, ebenso auch den Datenverarbeitungsbedingungen, die im Rahmen der DSGVO notwendig geworden sind. Ohne ein Akzeptieren der Nutzungsbedingungen und des Vertrags ist eine Nutzung des Google Tag Managers nicht möglich. Bitte beachten Sie, dass Sie den Google Tag Manager gegebenenfalls noch in die Datenschutzbestimmungen auf Ihrer Website aufnehmen müssen.

Entscheidung: Daten anonym an Google und andere weitergeben

Da Sie sich mit dem Google Tag Manager beschäftigen, gehe ich davon aus, dass Sie Daten sammeln, um bessere Entscheidungen treffen zu können. Mit dem Anhaken der Checkbox DATEN ANONYM AN GOOGLE UND ANDERE WEITERGEBEN ermöglichen Sie Google dasselbe: Die Entwickler des Google Tag Managers können dann erkennen, welche Funktionen wie genutzt werden. Da die Daten anonymisiert an Google übertragen werden, hake ich diese Box immer an. Denn im besten Fall führt diese Einstellung dazu, dass anhand der Daten der Google Tag Manager verbessert werden kann.

Das Konto ist jetzt eingerichtet. Mehr Einstellungen müssen Sie auf Konto-Ebene aktuell nicht vornehmen. Das Konto ist auch nur die strukturelle Verwaltungsebene für die Container. Alle Einstellungen zum Konto finden Sie, wenn Sie in der oberen Navigation auf VERWALTUNG klicken. Dort finden Sie die Schaltfläche, die Sie zu den Kontoeinstellungen führt (siehe Abbildung 2.5). Sollten Sie sich beim Namen Ihres Google Tag Manager-Kontos vertippt haben, können Sie es dort noch ändern. Auf die gesamten Möglichkeiten des Verwaltungsbereichs gehe ich in Kapitel 3, »Die große Übersicht über die Oberfläche«, ein.

Abbildung 2.5 Der Verwaltungsbereich im Google Tag Manager-Konto

---

Sollte immer Standard sein: Zwei-Faktor-Authentifizierung

Immer wieder hört man von Online-Konten, die gehackt wurden. Viele Anbieter versuchen, feindliche Übernahmen von Konten zu erkennen und zu unterbinden. Sie kennen das vielleicht, wenn Sie sich im Urlaub in Ihr Google-Konto einloggen wollen und eine Meldung in Ihrem E-Mail-Postfach haben, dass sich jemand von einem neuen Ort aus in Ihr Google-Konto eingeloggt hat. Aber auch wenn Google »auffällige« Aktivitäten, wie das Einloggen an neuen Orten, schnell erkennt, kann es trotzdem passieren, dass Ihr Konto von Kriminellen übernommen wird.

Deshalb bietet Google unter anderem die Möglichkeit der Zwei-Faktor-Authentifizierung. Dabei wird neben dem Passwort noch ein zweiter Faktor für die Autorisierung benötigt. Das kann ein Code aus einer E-Mail, einer SMS, der Google Authenticator-App oder einem YubiKey sein. Erst wenn man diesen zweiten Faktor nutzt, kann man sich einloggen. Dieser zweite Faktor bietet damit mehr Sicherheit bei der Identifizierung der zugriffsberechtigten Nutzer. Sie finden die Möglichkeiten für die Zwei-Faktor-Authentifizierung in Ihrem Google-Konto bei dem Passwort und Anmeldeverfahren:

https://myaccount.google.com/security

Wer heutzutage die Zwei-Faktor-Authentifizierung nicht nutzt, handelt grob fahrlässig. Ich habe meinen YubiKey, einen Hardwareschlüssel, immer dabei.

2.3   Den Container einrichten

Der Container im Google Tag Manager ist der Ort, an dem Sie die Tags und alle Einstellungen zu ihnen verwalten. Der Container im Google Tag Manager ist mit einer
Property in Google Analytics vergleichbar. Der Container beinhaltet die Konfiguration der Tags, Trigger und Variablen. In meinem Beispiel erstelle ich einen Container
für die Domain *gtm-buch.de*. Das ist meine Test-Domain innerhalb dieses Buches.

Innerhalb Ihres Google Tag Manager-Kontos können Sie mehrere Container verwalten. Je nach Struktur und Einstellungen in den jeweiligen Projekten kann es sinnvoll
sein, mehrere Domains in einem Container zu verwalten oder auch für jede Domain
einen eigenen Container anzulegen. Auf die Containerkonzepte gehe ich in Kapitel
10, »Veröffentlichen: Versionen und Workspaces«, genauer ein.

Wenn Sie bei der Einrichtung des Google Tag Manager-Kontos auf WEITER geklickt
haben, ist das Formular für die Grundeinstellungen des Containers erschienen. In
diesem Formular müssen Sie zwei Eingaben tätigen: Sie müssen den Namen und den
Verwendungsort des Containers festlegen (siehe Abbildung 2.6).

Als CONTAINERNAME können Sie die Domain wählen, auf der der Container eingesetzt werden soll, oder auch den Bereich bzw. den Namen des Projekts. Auf jeden Fall
sollten Sie anhand des Namens des Containers direkt verstehen, bei welchem Projekt
er eingesetzt wird. Da man den Google Tag Manager auch domainübergreifend einsetzen kann, ist eine eigene Benennung für den Bereich bzw. das Projekt sinnvoll. Das
kann auch der Firmenname oder ein Abteilungsname sein.

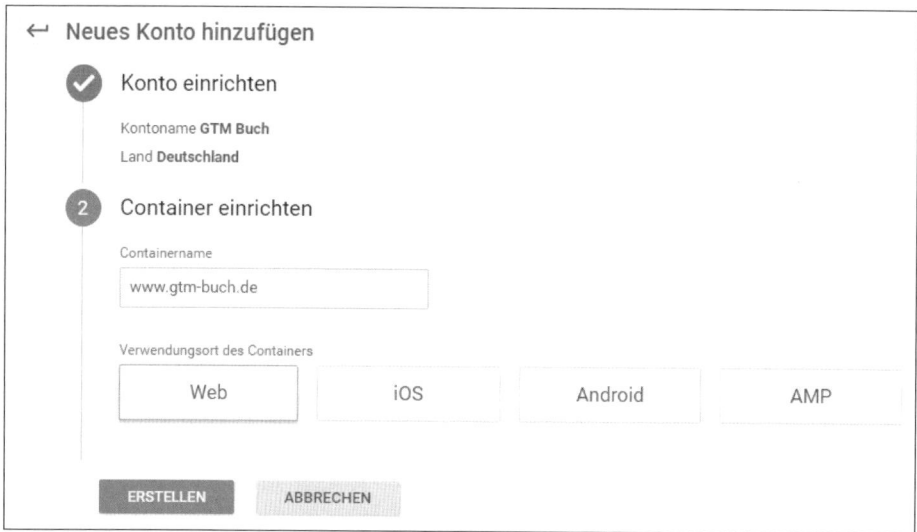

Abbildung 2.6 Container einrichten

Als Nächstes wählen Sie den VERWENDUNGSORT des Containers aus, also seinen Einsatzort. Hier müssen Sie sich zwischen vier unterschiedlichen Orten entscheiden:

▶ Web

▶ iOS

▶ Android

▶ AMP

Ein Container kann immer nur für einen Einsatzort konfiguriert werden. Das bedeutet, derselbe Container kann nicht für die HTML- und die AMP-Website genutzt werden: Das sind zwei unterschiedliche Technologien, die unterschiedlich behandelt werden müssen. Das Gleiche gilt auch für die Verwendung in Apps, wie unter iOS oder Android. In diesem Buch habe ich den Fokus auf die Anwendung im Web gelegt. Die anderen Verwendungsorte werden auch mitbehandelt und in Kapitel 12, »Der Google Tag Manager mit AMP und Apps«, ausführlicher beschrieben. Jetzt beschränke ich mich jedoch erst einmal auf die Verwendung auf einer normalen HTML-Seite.

Deshalb wählen Sie jetzt WEB aus. Die Auswahl des Einsatzortes hat direkten Einfluss darauf, welche Funktionen Ihnen innerhalb des Google Tag Managers zur verfügung stehen. Das bedeutet: Je nach Auswahl des Verwendungsortes haben Sie mehr oder weniger Tags, Trigger und Variablen zur Verfügung.

Nachdem Sie den Verwendungsort gewählt und auf ERSTELLEN geklickt haben, müssen Sie noch die Nutzungs- und die Datenverarbeitungsbedingungen akzeptieren. Diese Bedingungen sollten Sie gegebenenfalls von Ihrem Anwalt oder Datenschutzbeauftragten prüfen lassen. Aktuell sind die Nutzungsbedingungen nicht auf Deutsch erhältlich. Ohne eine Zustimmung zu den Nutzungs- und Datenverarbeitungsbedingungen ist eine Nutzung des Google Tag Managers nicht möglich.

Im nächsten Fenster bietet Ihnen der Google Tag Manager direkt den Code für den Einbau in die Website an. Diese Angaben benötigen wir erst im nächsten Abschnitt.

Jetzt kümmern Sie sich erst mal um eine andere wichtige Sache, die oft vergessen wird: um das erste Veröffentlichen des neuen Containers. Der Container ist zwar erstellt, aber wenn Sie ihn jetzt in die Website einbauen, liefert er einen Fehler zurück. Das ist nicht tragisch, aber auch nicht schön. Ich habe es schon bei einigen Projekten erlebt, dass ein Container-Code vorsorglich in die Website eingebaut und dann lange Zeit nicht genutzt wurde. In der Zwischenzeit hat der Browser des aufrufenden Nutzers der Website immer einen 404-Status-Code beim Aufrufen des Skriptes erhalten. Der normale Internetnutzer bekommt davon nichts mit. Aber zum einen ist es kein guter Stil und zum anderen könnten Sie eine unnötige Rückfrage von dem Entwickler bekommen, den Sie beauftragt haben. Denn einem guten Entwickler würde die Nicht-Erreichbarkeit des Containers auffallen.

Deshalb veröffentlichen Sie jetzt direkt die erste Version des Containers. Klicken Sie dafür rechts oben in der Google Tag Manager-Oberfläche auf Senden (siehe Abbildung 2.7).

Abbildung 2.7 Den Container veröffentlichen

Nach dem Klick auf Senden öffnet sich ein neues Formular (siehe Abbildung 2.8), in das Sie alle Informationen zur Version eintragen können. Wenn Sie die entsprechenden Felder ausfüllen, hat jeder Nutzer immer alle wichtigen Informationen zu den unterschiedlichen Versionen vorliegen. Zum aktuellen Zeitpunkt benötigen Sie nur einen kurzen Eintrag. Sie schreiben bei Versionsname einfach »Erste Veröffentlichung« hinein und klicken auf Veröffentlichen. Das war es schon. Herzlichen Glückwunsch: Sie haben die erste Version Ihres Containers veröffentlicht!

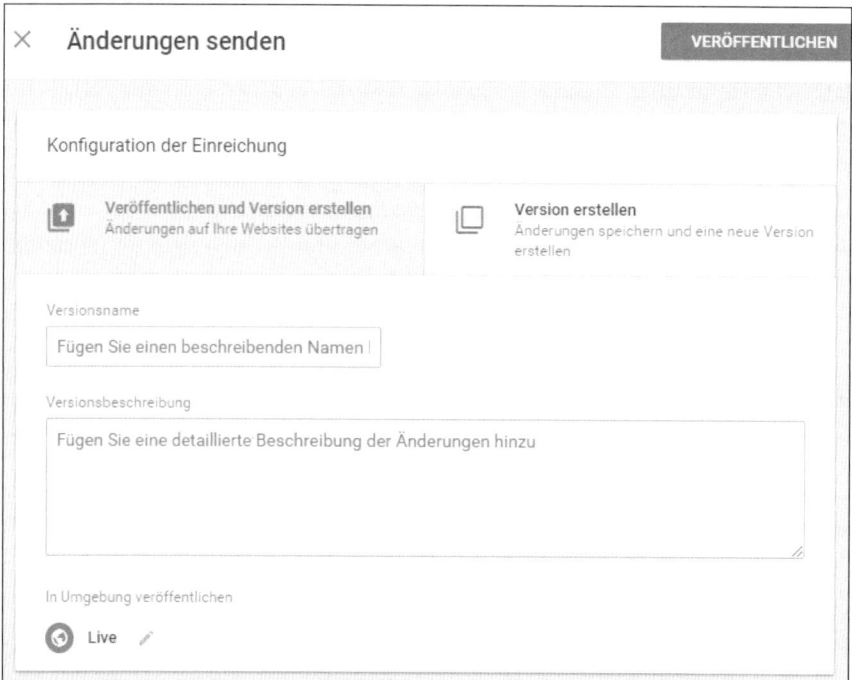

Abbildung 2.8 Versionshinweise

Immer mit Versionsbeschreibung

In der Softwareentwicklung ist es üblich, dass jede Version eine kurze Beschreibung bekommt, was geändert wurde. Das hilft dem Team, aber auch einem selbst, zu sehen, was sich in der jeweiligen Version geändert hat und wo man gegebenenfalls nach Änderungen oder Fehlern suchen muss. Ich weiß, manchmal nervt dieses Schreiben von Notizen, aber langfristig werden Sie und Ihre Kollegen es zu schätzen wissen. Deshalb bitte ich Sie, immer die Versionsbeschreibung mit sinnvollem Inhalt zu füllen.

2.4   Den Container in der Website installieren

Nachdem Sie den Container erstellt und die erste Version auch schon veröffentlicht haben, geht es jetzt an die Installation des Container-Codes im Quelltext Ihrer Website. Ohne Einbau des Container-Codes funktioniert der Google Tag Manager nicht. In diesem Abschnitt erkläre ich Ihnen unterschiedliche Methoden für den Einbau des Container-Codes. Eventuell benötigen Sie die Hilfe des Web-Entwicklers für den Einbau, aber ich zeige Ihnen auch eine Möglichkeit, mit der Sie schon in wenigen Minuten Ihren Container testen können.

> **Neuen Google Analytics-Code ab sofort immer mit dem Tag Manager**
>
> Im aktuellen Stand des Google Tag Managers ist es sinnvoll, alle Google Analytics-Implementierungen mit dem Google Tag Manager durchzuführen. Es gibt keinen erkennbaren Vorteil dadurch, dass Sie neuen Google Analytics-Code direkt in den Quellcode der Seite einbauen. Übrigens: Der aktuelle Google Analytics-Code (*gtag.js*) ist im Prinzip auch nur ein Google Tag Manager-Container – aber ein Container mit dem großen Nachteil, dass Sie den auszuführenden Code nicht beeinflussen können!

Während der Einrichtung des Containers hatten Sie den Container-Code am Ende schon gesehen. Jetzt müssen Sie ihn wieder aufrufen. Dafür klicken Sie in der Oberfläche des Google Tag Managers rechts oben auf den Code, der mit »GTM-« beginnt (siehe Abbildung 2.9).

Abbildung 2.9 Der Zugriff auf den Container-Code

Daraufhin öffnet sich ein Fenster mit der Anleitung zum Einbau des Container-Codes (siehe Abbildung 2.10). Der Container-Code besteht immer aus zwei Teilen. Im Container-Code befindet sich auch die ID des jeweiligen Google Tag Manager-Containers. Sie müssen jetzt den Code entsprechend der angezeigten Anleitung in Ihre Website integrieren. Je nach System, das Sie einsetzen, gibt es gegebenenfalls Plugins, die Ihnen die Arbeit erleichtern.

Abbildung 2.10 Die Anleitung zum Einbau des Container-Codes

In einer stark reduzierten HTML-Seite würde der Container-Code folgendermaßen eingebunden werden:

```html
<html>
  <head>
 <!-- Google Tag Manager -->
<script>(function(w,d,s,l,i){w[l]=w[l]||[];w[l].push({'gtm.start':
new Date().getTime(),event:'gtm.js'});var f=d.getElementsByTagName(s)[0],
j=d.createElement(s),dl=l!='dataLayer'?'&l='+l:'';j.async=true;j.src=
'https://www.googletagmanager.com/gtm.js?id='+i+dl;f.parentNode.insertBefore(j,f);
})(window,document,'script','dataLayer','GTM-XXXXXX');</script>
 <!-- End Google Tag Manager -->
  <meta http-equiv="content-type" content="text/html; charset=utf-8">
  <title>GTM-Buch.de</title>
  </head>
  <body>
 <!-- Google Tag Manager (noscript) -->
<noscript><iframe src="https://www.googletagmanager.com/ns.html?id=GTM- XXXXXX "
```

```
height="0" width="0" style="display:none;visibility:hidden"></iframe></noscript>
<!-- End Google Tag Manager (noscript) -->
  Hier ist der Inhalt der Website
  </body>
</html>
```

Listing 2.1 Der Google Tag Manager-Container-Code, in einer HTML-Seite eingebaut

Der erste Teil des Codes wird möglichst nah nach dem öffnenden <head>-Tag platziert. Die beste Position ist direkt nach der Zeile mit dem Website-Titel. Dadurch stellen Sie sicher, dass der Container-Code möglichst früh ausgeführt wird und alle Daten erfasst werden können.

Der zweite Container-Code ist für die Browser, die JavaScript abgeschaltet haben. Darüber werden einige Tags ausgespielt, die auch ohne JavaScript funktionieren. Dieser Container-Code muss nach dem öffnenden <body>-Tag eingefügt werden.

In dieser Anleitung erkläre ich Ihnen, wie Sie den Code in ein WordPress-System bekommen. Ich habe mich für WordPress als Praxisbeispiel entschieden, weil es ein sehr verbreitetes System ist. Sollten Sie kein WordPress haben und Teile der Anleitung trotzdem nachvollziehen wollen, nutzen Sie die Methode in Abschnitt 2.4.3 und testen Ihren Container auf meiner Test-Installation, die Sie unter *go.gtm-buch.de/demo* finden. Die Test-Installation bietet Ihnen die Möglichkeit, Ihren Container zu testen und die Beispiele nachzuvollziehen.

2.4.1   Möglichkeit 1: Einbau direkt in den Quelltext des Themes

Wenn Sie sich mit WordPress und der Theme-Programmierung auskennen, ist es für Sie wahrscheinlich am einfachsten, den Container-Code direkt in die Theme-Datei zu kopieren.

Hinweis: Natürlich nehmen Sie die Änderungen in einem Child-Theme vor. Wenn Sie jetzt nicht verstanden haben, was ich meine, dann ist dieser kleine Abschnitt nicht für Sie gedacht. Springen Sie einfach zur nächsten Überschrift, bei der ein Plugin für die Integration in WordPress genutzt wird, oder lesen Sie den Text in der Info-Box.

> **Änderungen an Theme-Dateien**
>
> Die Nutzung von Themes ist in WordPress recht einfach. Aber Änderungen sollten niemals an Original-Theme-Dateien vorgenommen werden. Denn es gibt immer wieder Updates für Themes, und dabei werden alle Änderungen überschrieben — natürlich auch Änderungen wie das Einfügen dieses Google Tag Manager-Codes Deshalb sollten Sie niemals direkt Änderungen an Theme-Dateien vornehmen. Ich empfehle für solche Fälle die Nutzung eines Child-Themes.

> Zu erklären, wie Sie ein Child-Theme erstellen, würde den Rahmen dieser kleinen Anleitung sprengen. Deshalb verweise ich auf die offizielle WordPress-Dokumentation. Sie finden eine Anleitung zur Erstellung eines Child-Themes unter:
>
> *https://codex.wordpress.org/Child_Themes*

Zunächst müssen Sie den ersten Teil des Google Tag Manager-Codes einbauen. Der sieht in etwa so aus (die GTM-ID müssen Sie gegen Ihre eigene austauschen):

```
<!-- Google Tag Manager -->
<script>(function(w,d,s,l,i){w[l]=w[l]||[];w[l].push({'gtm.start':
new Date().getTime(),event:'gtm.js'});var f=d.getElementsByTagName(s)[0],
j=d.createElement(s),dl=l!='dataLayer'?'&l='+l:'';j.async=true;j.src=
'https://www.googletagmanager.com/gtm.js?id=
'+i+dl;f.parentNode.insertBefore(j,f);
})(window,document,'script','dataLayer','GTM-KP7CNMM');</script>
<!-- End Google Tag Manager -->
```

Listing 2.2 Der GTM-Code für den Head-Bereich des HTML

Dieser Code soll möglichst direkt nach dem öffnenden Head-Tag platziert werden. Dafür gehen Sie in Ihrem WordPress auf den Bereich DESIGN • EDITOR (siehe Abbildung 2.11).

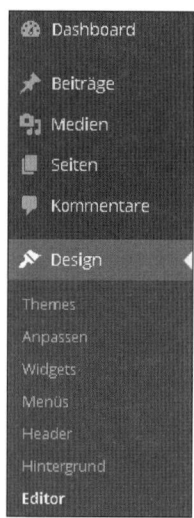

Abbildung 2.11 Der Weg zum Datei-Editor in WordPress

Nun wählen Sie in der rechten Spalte bei TEMPLATES die Datei *Header* (*header.php*) aus. Direkt nach dem öffnenden <head>-Tag fügen Sie Ihren Google Tag Manager-Code ein (siehe Abbildung 2.12).

Twenty Fifteen: Header (header.php)   Zu bearbeitende

```php
<?php
/**
 * The template for displaying the header
 *
 * Displays all of the head element and everything up until the "site-content" div.
 *
 * @package WordPress
 * @subpackage Twenty_Fifteen
 * @since Twenty Fifteen 1.0
 */
?><!DOCTYPE html>
<html <?php language_attributes(); ?> class="no-js">
<head>
<!-- Google Tag Manager -->
<script>(function(w,d,s,l,i){w[l]=w[l]||[];w[l].push({'gtm.start':
new Date().getTime(),event:'gtm.js'});var f=d.getElementsByTagName(s)[0],
j=d.createElement(s),dl=l!='dataLayer'?'&l='+l:'';j.async=true;j.src=
'https://www.googletagmanager.com/gtm.js?id='+i+dl;f.parentNode.insertBefore(j,f);
})(window,document,'script','dataLayer','GTM-KP7CNMM');</script>
<!-- End Google Tag Manager -->

        <meta charset="<?php bloginfo( 'charset' ); ?>">
        <meta name="viewport" content="width=device-width">
        <link rel="profile" href="http://gmpg.org/xfn/11">
        <link rel="pingback" href="<?php bloginfo( 'pingback_url' ); ?>">
        <!--[if lt IE 9]>
        <script src="<?php echo esc_url( get_template_directory_uri() ); ?>/js/html5.js"></script>
        <![endif]-->
        <?php wp_head(); ?>
</head>
```

Abbildung 2.12 Die »header.php« des Themes »Twenty Fifteen« mit Ihrem eingefügten Google Tag Manager-Container-Code

Klicken Sie auf den Button DATEI AKTUALISIEREN unterhalb des Editors, um die Datei zu speichern. Damit haben Sie den Google Tag Manager-Code in ihre Theme-Datei gebracht. Jetzt fehlt noch der zweite Teil des Codes:

```
<!-- Google Tag Manager (noscript) -->
<noscript><iframe src="https://www.googletagmanager.com/ns.html?id=GTM-KP7CNMM"
height="0" width="0" style="display:none;visibility:hidden"></iframe></noscript>
<!-- End Google Tag Manager (noscript) -->
```

Dieser Codeteil soll direkt nach dem öffnenden <body>-Tag gesetzt werden. Das öffnende <body>-Tag befindet sich in diesem Theme glücklicherweise in der gleichen Template-Datei, wie das <head>-Tag. Sie scrollen einfach ein wenig nach unten und sehen es:

```
<body <?php body_class(); ?>>
```

Listing 2.3 Das öffnende Body-Tag im Template »Twenty Fifteen«

Direkt in der nächsten Zeile platzieren Sie den zweiten Google Tag Manager-Code (siehe Abbildung 2.13).

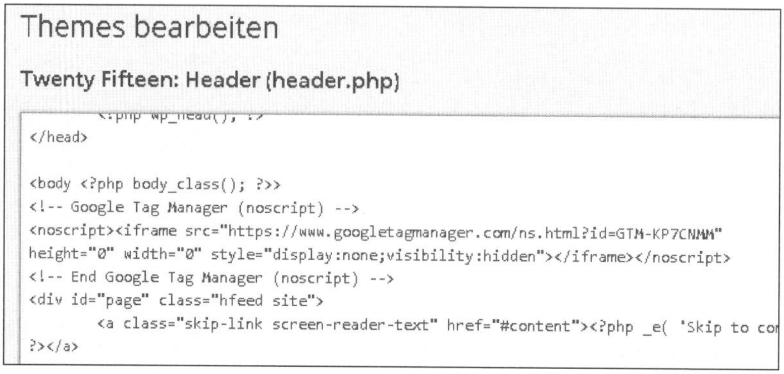

Abbildung 2.13 Der zweite Google Tag Manager-Container-Code im Theme

Nach einem Klick auf DATEI AKTUALISIEREN ist auch dieser Code in der Template-Datei hinterlegt. Damit ist der Google Tag Manager aktiv.

Wenn diese Anleitung für Sie zu kompliziert war, können Sie die nächste Anleitung nutzen.

2.4.2 Möglichkeit 2: Einbau mithilfe eines WordPress-Plugins

Für den Einbau des Google Tag Managers in WordPress gibt es viele Plugins bzw. Erweiterungen. Deren Fähigkeiten reichen vom einfachen Einfügen des Codes bis hin zur Bereitstellung weiterer Daten. Wenn Sie den möglichst ressourcenschonenden Einbau bevorzugen, empfehle ich Ihnen das Plugin *Insert Headers and Footers* (*https://de.wordpress.org/plugins/insert-headers-and-footers/*).

Ich selbst nutze bei allen WordPress-Installationen eine andere kostenlose Erweiterung. Diese Erweiterung ist nicht so ressourcenschonend, bietet dafür aber mehr Funktionalitäten. Es ist die Erweiterung *DuracellTomi's Google Tag Manager for WordPress* von Thomas Geiger (siehe Abbildung 2.14). Diese Erweiterung gibt es schon einige Jahre und der Entwickler kümmert sich um die Weiterentwicklung. Während ich diese Zeilen schreibe, verzeichnet dieses Plugin schon über 100.000 Downloads. Das bedeutet, Sie können relativ sicher sein, dass das Plugin auch weiterhin gepflegt wird. Weitere Informationen zu diesem Plugin finden Sie auf der Domain *https://gtm4wp.com/*.

Als Erstes installieren Sie das WordPress-Plugin über die Oberfläche Ihrer WordPress-Installation. Dafür klicken Sie in der linken Navigation Ihrer WordPress-Verwaltungs-oberfläche auf den Punkt PLUGINS • INSTALLIEREN (siehe Abbildung 2.15).

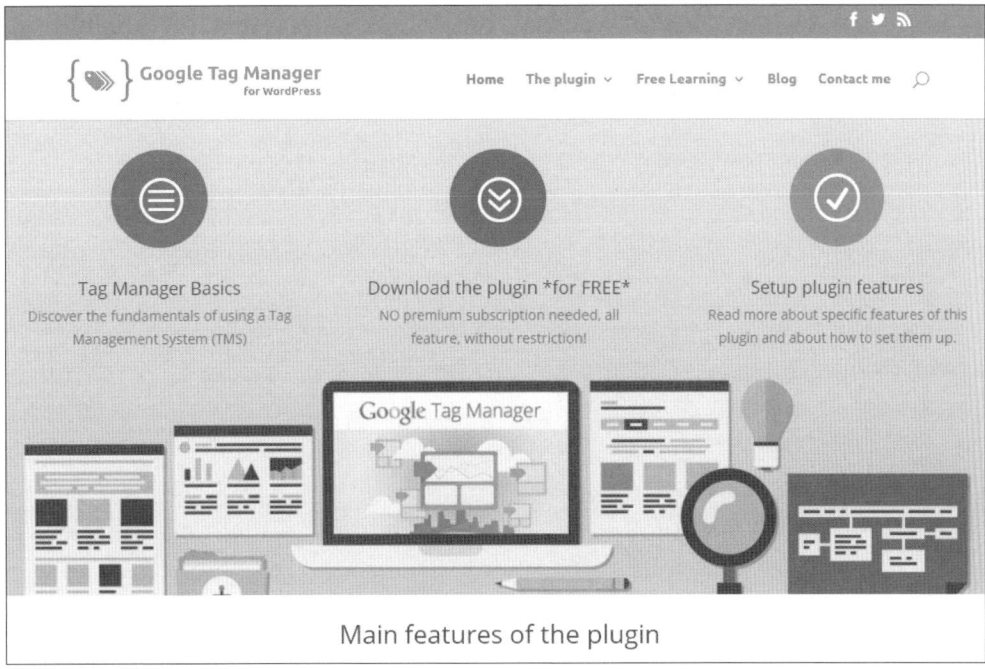

Abbildung 2.14 Das Plugin »DuracellTomi's Google Tag Manager for WordPress«

Abbildung 2.15 Ein neues Plugin installieren

Anschließend reicht es aus, auf der Installationsseite in das Suchfeld »duracelltomi« zu schreiben. Die Erweiterung wird dann direkt gefunden und als Erstes gelistet (siehe Abbildung 2.16).

Jetzt klicken Sie auf JETZT INSTALLIEREN und anschließend auf AKTIVIEREN. Das Plugin für den Google Tag Manager ist jetzt installiert und aktiviert, aber es macht noch nichts. Damit der Google Tag Manager-Container-Code auch in Ihrer Website landet und funktioniert, müssen Sie das Plugin noch konfigurieren. Sie erreichen die Konfigurationsoberfläche des Plugins, indem Sie in der linken WordPress-Navigation erst auf EINSTELLUNGEN und anschließend auf GOOGLE TAG MANAGER klicken (siehe Abbildung 2.17).

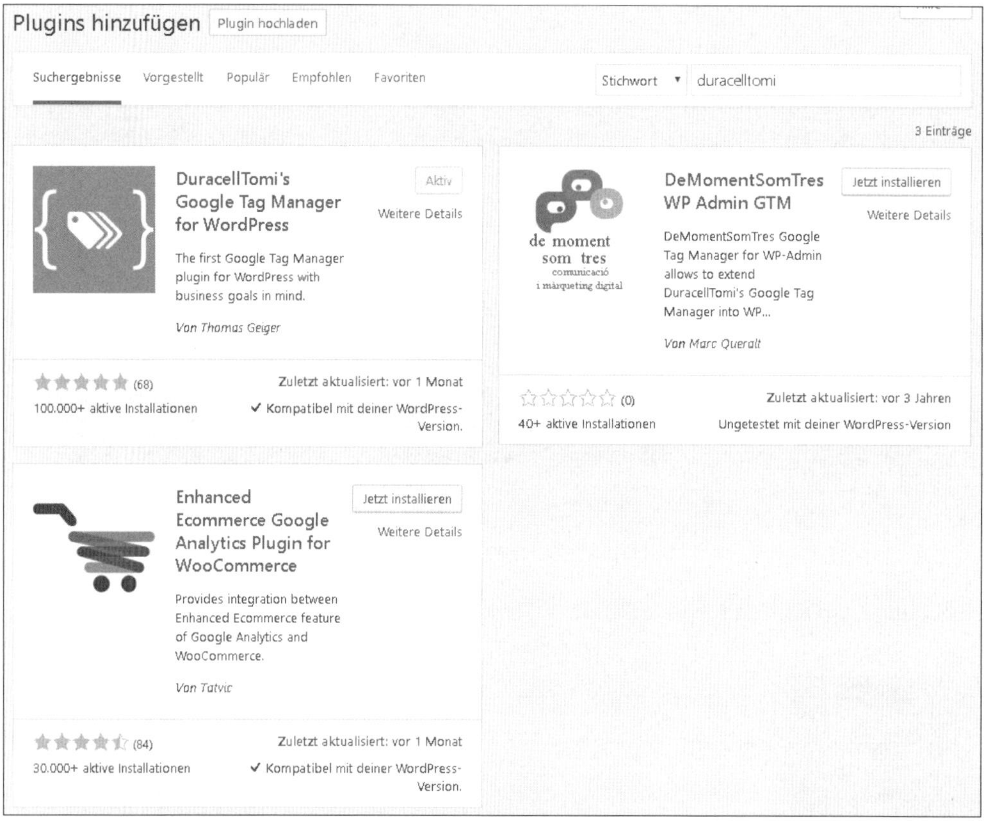

Plugins hinzufügen Plugin hochladen

Suchergebnisse   Vorgestellt   Populär   Empfohlen   Favoriten   Stichwort ▼ duracelltomi

3 Einträge

DuracellTomi's Google Tag Manager for WordPress   Aktiv   Weitere Details

The first Google Tag Manager plugin for WordPress with business goals in mind.

Von Thomas Geiger

★★★★★ (68)   Zuletzt aktualisiert: vor 1 Monat
100.000+ aktive Installationen   ✔ Kompatibel mit deiner WordPress-Version.

DeMomentSomTres WP Admin GTM   Jetzt installieren   Weitere Details

DeMomentSomTres Google Tag Manager for WP-Admin allows to extend DuracellTomi's Google Tag Manager into WP...

Von Marc Queralt

☆☆☆☆☆ (0)   Zuletzt aktualisiert: vor 3 Jahren
40+ aktive Installationen   Ungetestet mit deiner WordPress-Version

Enhanced Ecommerce Google Analytics Plugin for WooCommerce   Jetzt installieren   Weitere Details

Provides integration between Enhanced Ecommerce feature of Google Analytics and WooCommerce.

Von Tatvic

★★★★⯪ (84)   Zuletzt aktualisiert: vor 1 Monat
30.000+ aktive Installationen   ✔ Kompatibel mit deiner WordPress-Version.

Abbildung 2.16 Die Suche nach dem Plugin war erfolgreich.

Abbildung 2.17 Der Weg zum Google Tag Manager-Plugin über die linke Navigation

In der Konfigurationsübersicht tragen Sie die Container-ID Ihres Google Tag Manager-Containers ein (siehe Abbildung 2.18). Die ID beginnt immer mit »GTM-«.

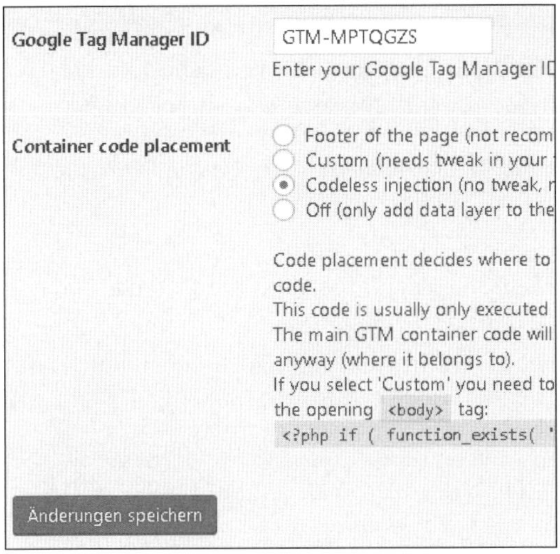

Abbildung 2.18 Basis-Einstellungen im Plugin

Als Nächstes müssen Sie noch entscheiden, welche Art der Container-Platzierung Sie nutzen wollen. In diesem Plugin gibt es die Auswahl zwischen den vier Möglichkeiten aus Tabelle 2.1:

Art der Containerplatzierung	Beschreibung
FOOTER OF THE PAGE	Der Google Tag Manager-Code wird am Ende der Seite eingefügt. Es ist aber besser, wenn der Code am Anfang der Seite angefügt wird. Der einzige Vorteil der Methode: Sie funktioniert bei nahezu allen Themes.
CUSTOM	Bei dieser Methode sind Sie komplett flexibel. Sie müssen dafür aber ein paar Zeilen an Ihre Template-Dateien anfügen, ähnlich wie bei der Methode aus dem vorherigen Abschnitt.
CODELESS	Bei dieser Methode versucht das Plugin, den Google Tag Manager-Code in den HTML-Head einzubauen. Das ist die von Google empfohlene Methode. Leider funktioniert sie nicht mit allen Themes. Da hilft nur testen.

Tabelle 2.1 Die verschiedenen Möglichkeiten für die Platzierung des Google Tag Manager-Container-Codes beim Plugin

Art der Containerplatzierung	Beschreibung
OFF	Bei dieser Methode wird der Google Tag Manager-Container-Code gar nicht in die Website integriert. Diese Methode ist für unseren Zweck nutzlos, kann aber in fortgeschrittenen Szenarien sinnvoll sein.

Tabelle 2.1 Die verschiedenen Möglichkeiten für die Platzierung des Google Tag Manager-Container-Codes beim Plugin (Forts.)

Ich wähle in der Regel die CODELESS-Methode. Bei dieser Methode wird der Code an der richtigen Stelle platziert. Sie funktioniert leider nicht mit allen Themes. Sollte sie nicht funktionieren, werden Sie es beim Test in Abschnitt 2.4.4 feststellen. Dann müssen Sie gegebenenfalls auf ein anderes Plugin oder auf Möglichkeit 1 (aus Abschnitt 2.4.1) zurückgreifen.

Wenn Sie die Codeless-Methode gewählt haben, müssen Sie jetzt nur noch auf ÄNDERUNGEN SPEICHERN klicken: Der Google Tag Manager-Container-Code ist beim nächsten Aufruf in der Seite integriert.

2.4.3   Möglichkeit 3: Einbau ohne Einbau

Manchmal hat man keinen Einfluss auf den Einbau des Codes in die Website. Vielleicht lesen Sie auch gerade dieses Buch und haben keine eigene Website, auf der Sie mal eben den Google Tag Manger-Container-Code einfügen können. Besonders bei Websites in größeren Firmen, wo man keinen Zugriff auf das Installieren von Plugins oder keinen Zugriff auf den Programmiercode hat, kann es mit dem Einbau des Google Tag Manager-Codes einige Zeit dauern.

Aber wenn Sie trotzdem schon mit der Arbeit im Google Tag Manager starten wollen, gibt es eine Lösung. Die gleiche Lösung funktioniert auch, wenn Sie einfach erst mal mit dem Google Tag Manager ein paar Sachen ausprobieren möchten, ohne tatsächlich etwas zu ändern. Diese Methode können Sie auch einsetzen, wenn Sie die Beispiele aus diesem Buch zunächst einmal ausprobieren wollen, zum Beispiel auf der Demoseite *go.gtm-buch.de/demo*.

Dafür benötigen Sie den *Google Chrome*-Browser. Wenn Sie ihn bisher noch nicht benutzen, sollten Sie ihn jetzt installieren. Sie finden das Programm unter:

https://www.google.com/intl/de_ALL/chrome/

Google Chrome – der Standard-Browser für die Arbeit mit Google-Tools

Eigentlich ist es egal, welchen Browser Sie für die Bedienung von Google-Tools nutzen. Aber viele Plugins für Tools von Google gibt es nur für den Browser *Google Chrome*. Dazu zählt der hier genannte *Google Tag Assistant*, aber auch noch weitere

Tools, die die Arbeit mit dem Google Tag Manager einfacher machen. Wenn Sie also bisher den Chrome-Browser noch nicht benutzt haben, empfehle ich Ihnen, es ab sofort zumindest für die Arbeit mit dem Google Tag Manager zu tun.

Damit Sie diese Methode nutzen können, müssen Sie eine Erweiterung für Google Chrome installieren. Es gibt eine Unzahl von Erweiterungen für diesen Browser. Mit ihnen bekommt der Browser neue praktische Funktionen. Für den jetzigen Einsatzzweck benötigen Sie das Plugin *Tag Manager Injector*. Dieses Plugin hat die tolle Funktion, dass Sie in Ihrem lokalen Browser einstellen können, dass Ihr definierter Google Tag Manager-Container-Code auf einer von Ihnen definierten Website ausgeführt wird.

Um das Plugin zu installieren, besuchen Sie die URL *http:/go.gtm-buch.de/injector* oder suchen mit der Google-Suche nach »chrome plugin tag manager injector«. In beiden Fällen sollten Sie auf der Seite für die Installation des Plugins landen (siehe Abbildung 2.19).

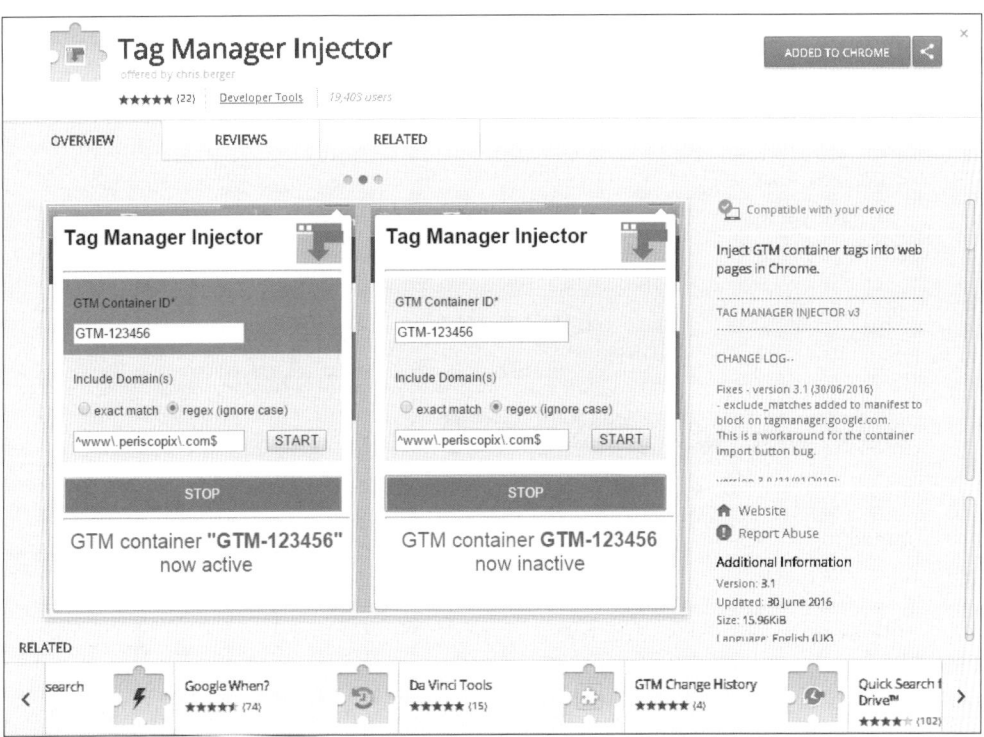

Abbildung 2.19 Die Seite zum Installieren des Plugins »Tag Manager Injector«

Nach dem Klick auf +HINZUFÜGEN erscheint ein kleines Symbol rechts neben der Browser-Adresszeile (siehe Abbildung 2.20).

Abbildung 2.20 Das Symbol des Plugins »Tag Manager Injector« im Chrome-Browser

Wenn Sie auf das Symbol klicken, öffnet sich das Formular aus Abbildung 2.21. In dieses Formular tragen Sie die Container-ID Ihres Google Tag Manager-Containers ein. Zusätzlich benötigt das Plugin auch noch die Information, auf welcher Domain es ausgeführt werden soll. Wenn Sie es mit meiner Demo-Seite benutzen wollen, geben Sie einfach »demo.gtm-buch.de« in das Feld für die Domain ein. Nach einem Klick auf START ist die Konfiguration aktiv und das Plugin arbeitet.

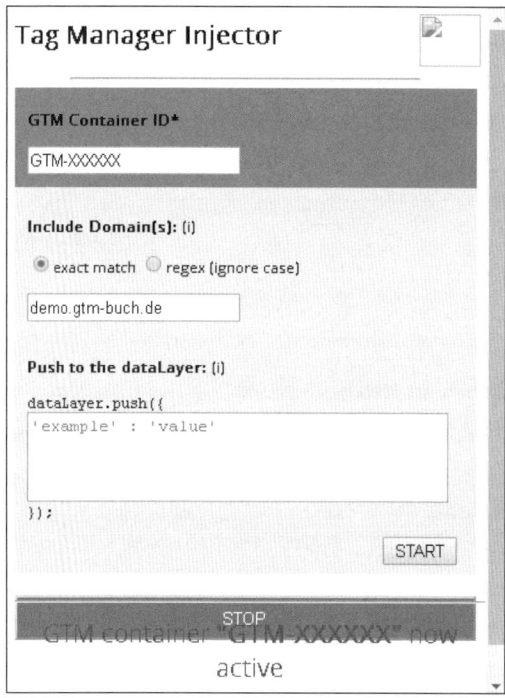

Abbildung 2.21 Das Formular für die Konfiguration des »Tag Manager Injector«

Code ist nur für Sie sichtbar

Sie dürfen bei dieser Art der Implementierung nicht vergessen, dass der Code nur in Ihrem Browser sichtbar ist. Sie ist nur ein Workaround, um mit dem Testen und Konfigurieren beginnen zu können – ein Hilfsmittel, um arbeiten zu können, bevor der Code von der IT tatsächlich eingefügt wurde. Dieses Verfahren ersetzt nicht den realen Einbau! Nur Sie können mit dieser Methode den Container-Code in Ihrem Browser nutzen.

Wenn Sie jetzt die Domain aufrufen, die Sie im Tag Manager Injector angegeben haben, sollte der Container-Code eingefügt sein und ausgeführt werden. Ob dem tatsächlich so ist, testen Sie im nächsten Abschnitt.

2.4.4 Alles richtig gemacht? Den Container-Code-Einbau überprüfen

Nachdem Sie mit einer der beiden Möglichkeiten dafür gesorgt haben, dass der Google Tag Manger-Code in der Website ausgespielt wird, testen Sie jetzt, ob es tatsächlich geklappt hat. Vielleicht haben Sie den Einbau des Container-Codes auch von einem Web-Entwickler vornehmen lassen. In allen Fällen kommen Sie nicht um eine Prüfung des Einbaus herum. Generell gilt: Sie müssen alle Änderungen prüfen, die Sie mit dem Google Tag Manager vornehmen!

Die einfachste Möglichkeit, den Einbau zu überprüfen, ist das Nachschauen im Quelltext der Seite. Dafür öffnen Sie den Quelltext der Seite. In Chrome-Browser auf einem Windows-Rechner geht das mit der Tastenkombination ⌷Strg⌷ + ⌷U⌷, und auf dem Mac-Rechner nutzen Sie dafür ⌷Cmd⌷ + ⌷Alt⌷ + ⌷U⌷.

Nun sehen Sie den Quelltext der Seite. Jetzt können Sie im Quelltext nach dem Container-Code suchen. Mit reinem Durchschauen ist das sehr aufwendig, deshalb nutzen Sie einfach die im Browser eingebaute Suchfunktion. Auf dem Windows-Rechner drücken Sie dazu ⌷Strg⌷ + ⌷F⌷, auf dem Mac ⌷Cmd⌷ + ⌷Alt⌷ + ⌷F⌷.

In dem Suchfenster, das nun erscheint, geben Sie die Tracking-ID Ihres Google Tag Manager-Containers ein. Wenn er vorhanden ist, wird die ID direkt hervorgehoben (siehe Abbildung 2.22).

Abbildung 2.22 Die Suche nach der Container-ID im Quelltext

Diese Methode können Sie extrem schnell ausführen und Sie benötigen keinerlei Plugins für die Prüfung. Aber sie hat auch Nachteile: Auch wenn Sie den Code nicht im Quellcode finden, kann er trotzdem ausgeführt werden. Denn es gibt Systeme, die das in eine Seite eingebrachte JavaScript in Dateien auslagern. Dann finden Sie den

Code mit dieser Methode nicht. Die andere Möglichkeit ist, dass der Code innerhalb von Kommentaren steht und deshalb nicht ausgeführt wird. Aber für die erste schnelle Prüfung reicht diese Vorgehensweise.

Wenn Sie genauer prüfen wollen, ob der Google Tag Manager-Container-Code eingebunden ist und auch entsprechend funktioniert, sollten Sie auf ein entsprechendes Plugin zurückgreifen. Für den Google Chrome-Browser stellt Google ein Plugin zur Verfügung, das genau für diesen Einsatzzweck erstellt wurde: den *Google Tag Assistant*. Mithilfe des Google Tag Assistants können Sie nicht nur den Einbau des Google Tag Managers überprüfen, sondern auch andere Tags, wie von Google Analytics oder Google Ads. Auch dieses Plugin gibt es wieder im *Chrome Web Store*. Rufen Sie die URL *http://go.gtm-buch.de/tag-assistant* auf, oder suchen Sie mit Google nach »Plugin Google Tag Assistant«. Mit beiden Methoden sollten Sie auf der Seite des Plugins landen (siehe Abbildung 2.23).

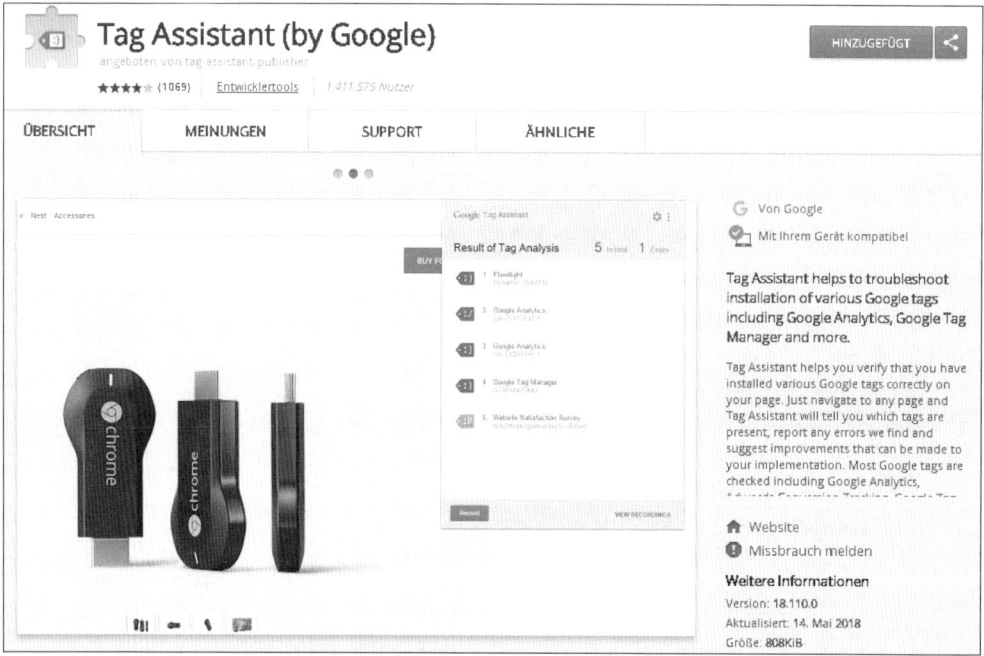

Abbildung 2.23 Das Plugin »Google Tag Assistant«

Klicken Sie auf +HINZUFÜGEN, und auch dieses Plugin wird in Ihrem Browser installiert. Sie finden nun ein Bildchen mit einem Preisschild neben dem Adresseingabefeld Ihres Browsers (siehe Abbildung 2.24).

Abbildung 2.24 Das Icon für den »Google Tag Assistant«

Um das Plugin für die aktuelle Seite zu nutzen, klicken Sie auf das Symbol und aktivieren die Überwachung des Quellcodes mit einem Klick auf ENABLE. Beim erneuten Aufruf der Seite sehen Sie, ob der Container korrekt implementiert und auch ausgeführt wurde. Der einfachste Weg, die Seite dabei neu zu laden, ist das Drücken der Taste [F5].

Der Tag Assistant erkennt aber nicht nur den Google Tag Manager (siehe Abbildung 2.25), sondern auch eine Implementierung von *Google Optimize*, *Google Analytics* und auch *AdWords*-Retargeting. Vor dem jeweiligen Code befindet sich ein Symbol mit einem stilisierten Gesicht, das uns anhand von Farbe und Mundform mitteilt, ob es Probleme oder Hinweise gibt.

Der Google Tag Assistant funktioniert übrigens nicht nur auf der eigenen Domain, sondern zeigt auf jeder beliebigen Domain an, ob Google-Produkte wie der Tag Manager oder Analytics im Quelltext eingebunden sind.

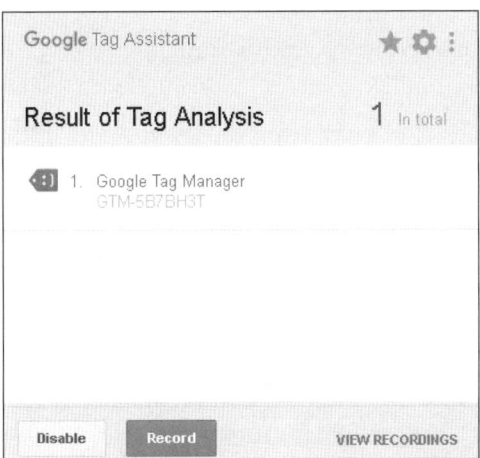

Abbildung 2.25 Der Tag Assistant bei eingebautem Google Tag Manager-Container-Code

Sollte der Tag Assistant bei Ihnen keinen Google Tag Manager anzeigen, dann lesen Sie bitte die Anleitung noch einmal durch. Eventuell haben Sie den einen oder anderen wichtigen Punkt nicht beachtet. In Kapitel 9 »Debugging und Vorschau: Immer kontrollieren«, gehe ich auf weitere Möglichkeiten der Fehlerfindung ein.

2.5   Das erste Tag auf der Website ausführen

Sie haben jetzt den Code für die Ausführung des Google Tag Managers in Ihre Website integriert. Dabei ist es egal, ob Sie ein Plugin benutzt haben, ihn direkt in den Quellcode geschrieben haben oder einfach den Tag Manager Injector benutzt haben. Hauptsache, der Google Tag Manager-Code wird ausgeführt. Und genau das haben Sie mit dem Google Tag Assistant ein paar Seiten zuvor überprüft. Wenn es so weit funktioniert, können Sie jetzt mit dem Einbau des ersten Tags starten.

In diesem Abschnitt lernen Sie, wie man das Basistracking von Google Analytics mit dem Google Tag Manager realisiert. *Basistracking* bedeutet in diesem Fall, dass Sie lernen, wie ein Seitenaufruf an Google Analytics übertragen wird. Zusätzlich konfigurieren wir das Google Analytics-Tag auch noch so, dass die IP-Adresse anonymisiert wird. Diese Google Analytics-Implementierung dient nur als Beispiel. Mit den Möglichkeiten, die Sie hier lernen, können Sie auch weitere Tags einbauen. Auch mit dem Google Analytics-Tag ist noch viel mehr möglich. Sie finden weitere bzw. fortgeschrittene Möglichkeiten in Kapitel 11, »Der Google Tag Manager in der Praxis«.

Im Folgenden erkläre ich Ihnen den Einbau Schritt für Schritt. Dabei ist es nicht wichtig, dass Sie den Einbau in aller Gänze verstehen, sondern Sie sollen den großen Überblick bekommen. Alle einzelnen Komponenten des Google Tag Managers werden in den nachfolgenden Kapiteln genau beschrieben. Und keine Angst: Wenn Sie sich an die Anleitung halten, kann nichts passieren.

In dieser Anleitung werden Sie sich erst mal in zwei Bereichen aufhalten. Wenn Sie sich in Ihren Container eingeloggt haben, sind Sie in der *Containerübersicht* (siehe Abbildung 2.26). Auf der linken Seite finden Sie die Links zu den Tags und den Variablen. Das sind die beiden Bereiche, die für Sie jetzt relevant sind. Sie beginnen jetzt mit dem Anlegen der ersten Variablen.

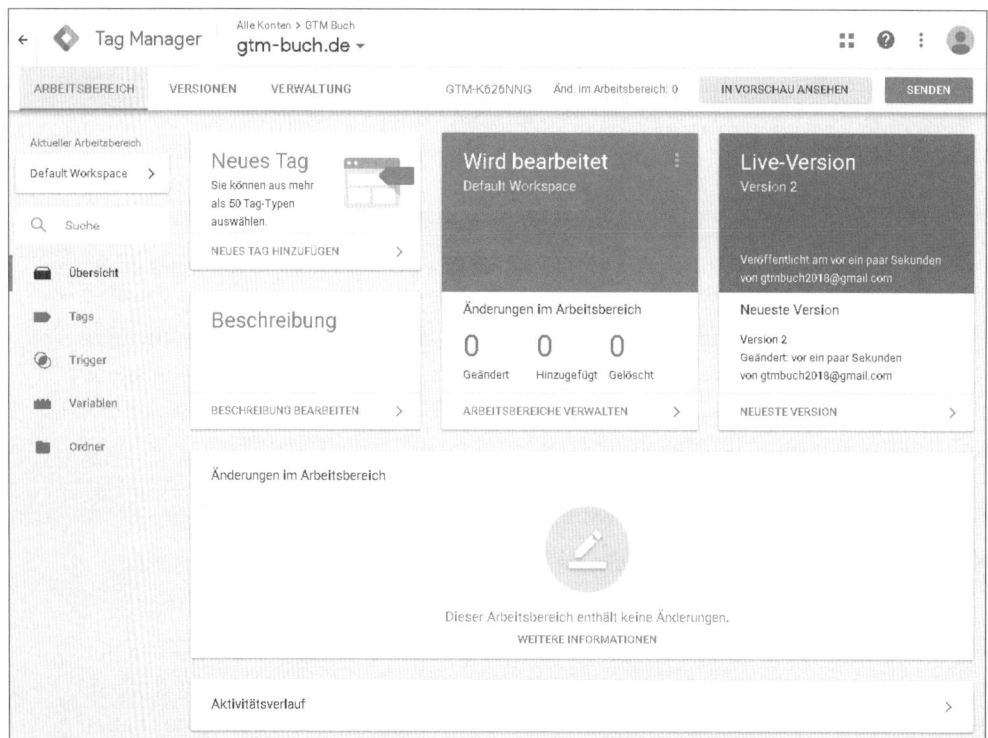

Abbildung 2.26 Die Containerübersicht

2.5.1   Google Analytics: Die Basis-Variable anlegen

Bevor wir im Google Tag Manager starten, benötigen Sie die Google Analytics-Tracking-ID, für die Sie das Tracking installieren wollen.

Um in Ihren Google Analytics-Bereich zu kommen, klicken Sie ganz oben auf der Seite links auf den kleinen abwärts gerichteten Pfeil neben dem Namen Ihres Containers. Damit öffnen Sie die Navigation zwischen den unterschiedlichen Google-Produkten. Dort klicken Sie auf das Symbol mit dem Analytics-Logo und können dann das entsprechende Konto und die passende Property aussuchen.

Die von Ihnen benötigte Tracking-ID ist die Zahl bei der Property, in diesem Fall UA-119953239-1 (siehe Abbildung 2.27). Sollten Sie selbst aktuell keine Google Analytics-Property zur Verfügung haben, können Sie zum Testen auch die ID meiner Property nutzen.

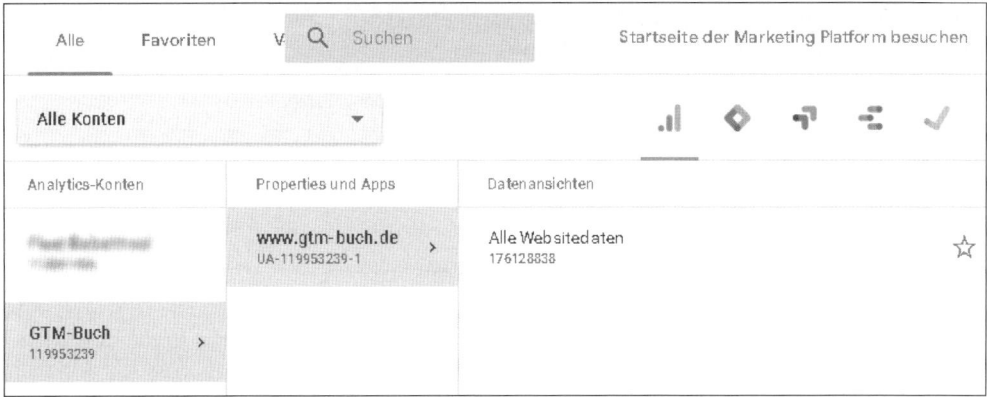

Abbildung 2.27 Die Analytics-Übersicht

Sie haben jetzt den Wert, den Sie auf jeden Fall für das Google Analytics-Tracking-Tag benötigen. Gehen Sie jetzt zurück in den Google Tag Manager (siehe Abbildung 2.26), und klicken Sie auf der linken Seite auf VARIABLEN.

Im unteren Bereich der Seite bei BENUTZERDEFINIERTE VARIABLEN klicken Sie auf NEU (siehe Abbildung 2.28).

In dem Formular, das nun erscheint (siehe Abbildung 2.29), klicken Sie im Bereich links oben auf UNBENANNTE VARIABLE und schreiben dort »googleAnalyticsBasis« hinein. Damit hat Ihre neue Variable schon einen eigenen Namen. Als Nächstes klicken Sie in das große Feld mit dem Legostein bzw. dem Text VARIABLE KONFIGURIEREN.

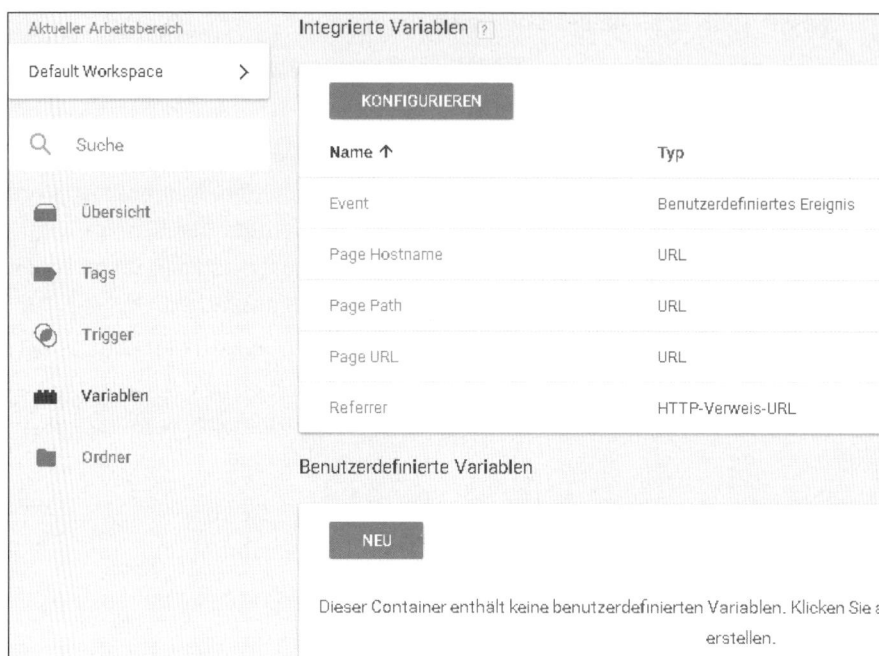

Abbildung 2.28 Die Variablenübersicht

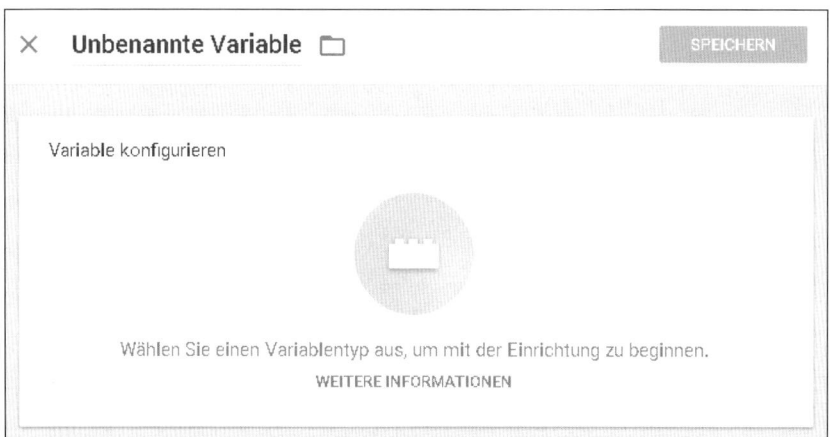

Abbildung 2.29 Das Formular für eine neue Variable

In dem Bereich, der sich nun öffnet, sehen Sie alle zur Verfügung stehenden Variablentypen (siehe Abbildung 2.30). Sie scrollen ein wenig herunter und gelangen zum Bereich der DIENSTPROGRAMME. Dort klicken Sie auf GOOGLE ANALYTICS-EINSTELLUNGEN. Damit haben Sie den Variablentyp ausgewählt.

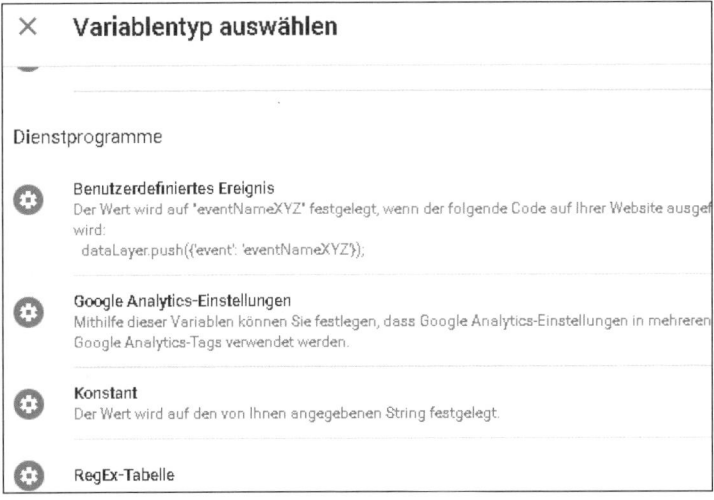

Abbildung 2.30 Die Variablentypen im Bereich »Dienstprogramme«

In dieser Variablen sehen Sie direkt das Feld zum Eintragen der Google Analytics-Tracking-ID (siehe Abbildung 2.31). Diesen Wert haben Sie vor wenigen Momenten aus Ihrem Google Analytics-Konto geholt und können ihn jetzt benutzen und dort eintragen.

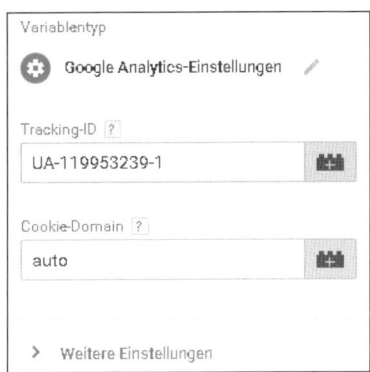

Abbildung 2.31 Google Analytics-Einstellungen

Zusätzlich zur Tracking-ID müssen Sie sich noch darum kümmern, dass die IP-Adressen anonymisiert werden. Dafür klicken Sie auf WEITERE EINSTELLUNGEN. Dann klicken Sie auf FESTZULEGENDE FELDER und dann noch auf +FELD HINZUFÜGEN.

In das Feld aus Abbildung 2.32, das nun erscheint, tragen Sie folgende Werte ein:

▶ FELDNAME: anonymizeIp

▶ WERT: true

65

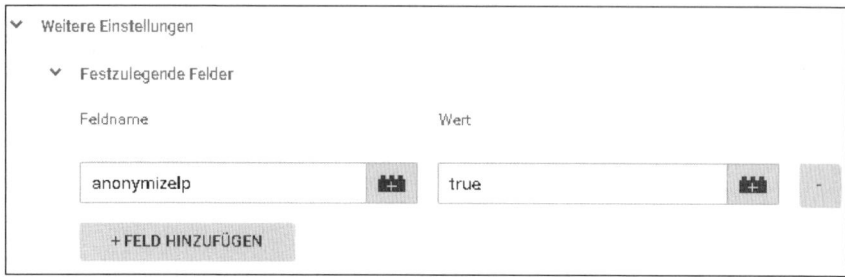

Abbildung 2.32 Festzulegende Felder in den Google Analytics-Einstellungen

Als Letztes klicken Sie oben rechts auf SPEICHERN; die Variable mit den Google Analytics-Einstellungen ist nun gespeichert.

2.5.2 Google Analytics: Das Tag für Seitenaufrufe anlegen

Jetzt müssen Sie noch das Tag für die Seitenaufrufe anlegen. In diesem Tag nutzen Sie auch die soeben angelegte Google Analytics-Einstellungen-Variable. Dafür klicken Sie in der linken Navigation auf TAGS. Sie landen damit in der Tag-Übersicht (siehe Abbildung 2.33).

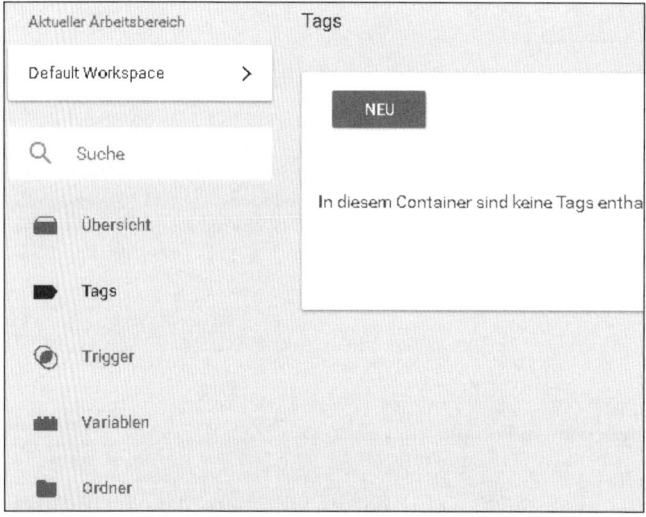

Abbildung 2.33 Die Tag-Übersicht

Dort klicken Sie auf NEU. Der Bereich für das Anlegen des neuen Tags öffnet sich (siehe Abbildung 2.34).

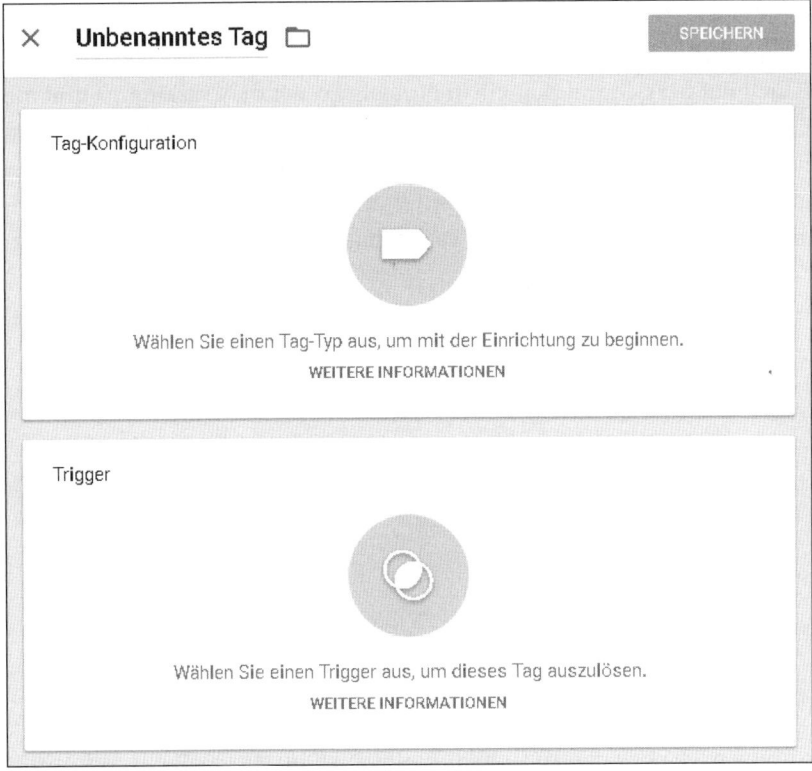

Abbildung 2.34 Bereich für das Anlegen eines neuen Tags

Als Erstes vergeben Sie den Namen für das neue Tag. Sie klicken auf UNBENANNTES TAG und tragen dort Folgendes ein: »Google Analytics – Seitenaufruf – Alle Seitenaufrufe«. Als Nächstes klicken Sie in den Bereich der TAG-KONFIGURATION. Damit öffnet sich der Bereich zum Konfigurieren des Tags (siehe Abbildung 2.35).

Abbildung 2.35 Die Auswahl der Tag-Typen

Bei der Auswahl der Tag-Typen (siehe Abbildung 2.35) wählen Sie durch einen Klick das Tag GOOGLE ANALYTICS – UNIVERSAL ANALYTICS aus.

Nun öffnet sich der Bereich mit den Einstellungen. Da wir die Tracking-ID und die IP-Anonymisierung schon in der Variable eingestellt haben, müssen wir diese Basis-Variable nur noch im Dropdown-Feld bei GOOGLE ANALYTICS-EINSTELLUNGEN auswählen (siehe Abbildung 2.36). Die geschweiften Klammern um die Variable zeigen uns, dass dies eine Variable ist: Im Google Tag Manager werden alle Variablen so dargestellt.

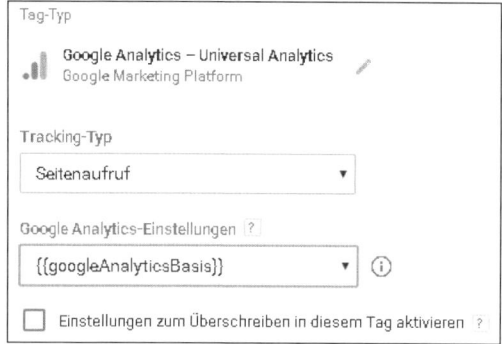

Abbildung 2.36 Die Einstellungen für das Google-Analytics-Tag

Als Letztes müssen Sie noch den Zeitpunkt für die Ausführung des Tags bestimmen. Dafür klicken Sie auf den unteren Bereich mit der Überschrift TRIGGER AUSWÄHLEN (siehe Abbildung 2.37). Nun öffnet sich die Auswahl aller vorhandenen Trigger. Bei einem ganz neuen Tag-Manager-Konto ist nur ein einzelner Trigger vorhanden. Der Name des Triggers ist ALL PAGES. Er wird bei jedem Seitenaufruf ausgelöst. Diesen Trigger wählen Sie jetzt aus.

»All Pages« oder »Alle Seiten«

Der Trigger heißt in der Regel *All Pages*, aber ich habe in meinen eigenen Google Tag Manager auch noch Instanzen, da heißt er *Alle Seiten*. Aber auch mit rudimentären Englisch-Kenntnissen sollte jedem klar sein, was dieser Trigger macht. Viel wichtiger ist, dass Sie wissen, dass es manchmal ein sprachliches Durcheinander in Google-Produkten gibt.

Es kann durchaus vorkommen, dass Englisch und Deutsch in der Oberfläche gemixt vorkommen. Das gleiche Phänomen gibt es auch in Google Analytics. Da ist in der gleichen Instanz mal von *Zielseiten* und mal von *Landing Pages* die Rede. Beides bezeichnet die gleiche Dimension.

Also lassen Sie sich nicht beunruhigen, wenn die Wörter mal anders sind. Der Funktionalität tut das keinen Abbruch.

Abbildung 2.37 Trigger auswählen

Nach dem Auswählen landen Sie wieder in der Übersicht mit allen Einstellungen für das Google Analytics-Tag (siehe Abbildung 2.38).

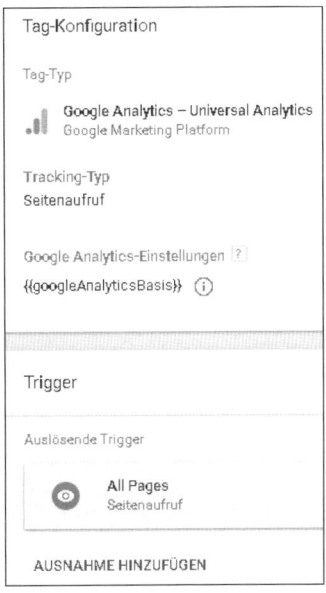

Abbildung 2.38 Das fertig konfigurierte Google Analytics-Tag

Jetzt speichern Sie das Google Analytics-Tag. Sie landen damit wieder in der Tag-Übersicht (siehe Abbildung 2.39).

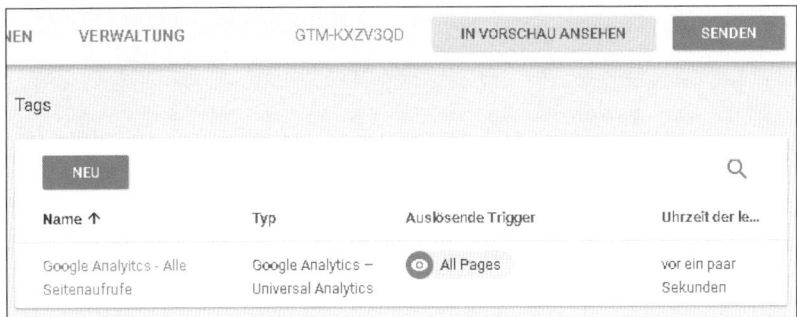

Abbildung 2.39 Die Tag-Übersicht mit dem fertig konfigurierten Tag

69

Sie haben das Tag jetzt so weit fertig konfiguriert. Aber auf der Website ist es noch nicht erschienen. Bevor wir das Tag nicht zur Veröffentlichung gesendet haben, ist nichts auf der Website passiert.

2.5.3   Google Analytics: Testen und veröffentlichen

Der Google Tag Manager macht es Ihnen einfach, alles vorab zu testen, was Sie mit dem Google Tag Manager produzieren. Bisher waren für solche Tests immer zusätzliche Installationen notwendig. Mit dem Google Tag Manager können Sie die Ausführung auf Ihrer Website testen.

Zum Testen benötigen Sie eine Website, in die Ihr Google Tag Manager-Container eingebunden ist. In Abschnitt 2.4 haben Sie mehrere Möglichkeiten und Anleitungen dazu gesehen. Wenn Sie die Anleitung befolgt haben, können Sie jetzt testen.

Um das angelegte Google Analytics-Tag im Vorschaumodus anzusehen, müssen Sie nur den Vorschaumodus aktivieren. Dafür klicken Sie rechts oben auf IN VORSCHAU ANSEHEN (siehe Abbildung 2.40).

Abbildung 2.40 Die Bedienknöpfe für Vorschau und Veröffentlichung

Sobald Sie auf den Knopf geklickt haben, wird der Google Tag Manager neu geladen und Sie sehen ein großes Banner, das Ihnen mitteilt, dass Sie im Vorschaumodus sind (siehe Abbildung 2.41). Immer wenn Sie sich im Vorschaumodus befinden, sehen Sie diesen großen Bereich im Google Tag Manager. So ist immer klar, dass alles, was Sie auf der entsprechenden Website sehen, eine Vorschau ist, die nur Sie in Ihrem eigenen Browser sehen können.

Abbildung 2.41 Der Vorschaumodus ist aktiv.

Wenn Sie jetzt die Website aufrufen, auf der Sie den Google Tag Manager-Container eingebaut haben, hat sich die Website verändert. Zusätzlich zur Aktivierung des Vorschaumodus erhalten Sie auch das sogenannte Debug-Fenster (siehe Abbildung 2.42) unterhalb Ihrer Website. Das Debug-Fenster zeigt Ihnen an, welche Tags ausgeführt werden und welche nicht. Neben diesen Informationen enthält es noch viel mehr Informationen, auf die ich im weiteren Verlauf des Buches eingehe. Aber hier sehen Sie schon mal, dass Ihr Tag ausgeführt wurde.

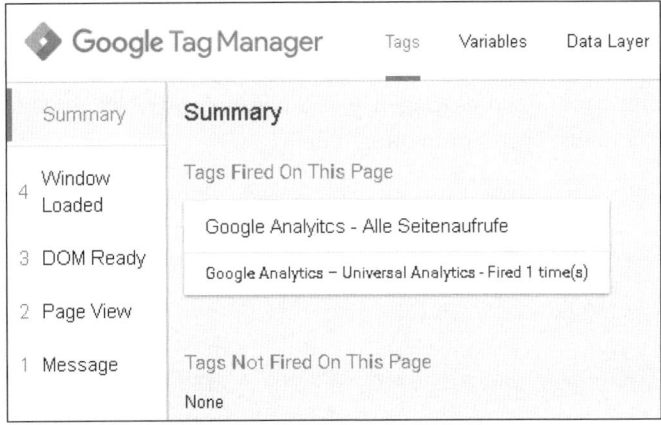

Abbildung 2.42 Das Debug-Fenster

Als Nächstes nutzen Sie den *Google Tag Assistant*, den wir in Abschnitt 2.4.4 installiert haben. Wenn Sie die Seite aufrufen und auf das Symbol des Tag Assistant klicken, sollten Sie den Google Tag Manager und Google Analytics sehen können (siehe Abbildung 2.43). Wenn Sie beides sehen, haben Sie Ihr erstes Google Analytics-Tag erfolgreich getestet. Aber beachten Sie: Noch ist das Tag nicht auf der Website aktiv! Dafür müssen Sie es noch veröffentlichen.

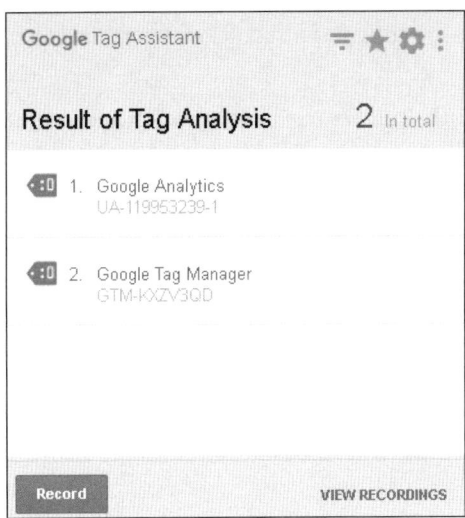

Abbildung 2.43 Der Google Tag Assistant

Nach dem erfolgreichen Test geht es jetzt ans Veröffentlichen des Tags. Dafür klicken Sie in der Oberfläche des Google Tag Managers auf SENDEN (siehe Abbildung 2.40). Diese Schaltfläche befindet sich rechts oben. Nun erscheint das Formular für das Einreichen bzw. Veröffentlichen (siehe Abbildung 2.44). Für kleine Änderungen reicht es, wenn Sie die Informationen in den VERSIONSNAMEN schreiben. Wenn Sie größere Änderungen an der Implementierung vorgenommen haben, sollten Sie kurz und knapp in der VERSIONSBESCHREIBUNG eintragen, was Sie geändert haben. So sind auch Ihre Kollegen oder Sie selbst später immer im Bilde.

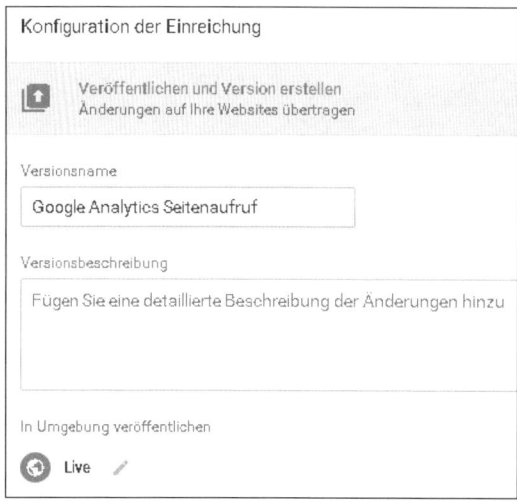

Abbildung 2.44 Das Formular für die Einreichung der Änderungen

Damit die Version schlussendlich auch veröffentlicht wird, klicken Sie rechts oben auf VERÖFFENTLICHEN.

Bei einer erfolgreichen Veröffentlichung erhalten Sie nach wenigen Sekunden eine Zusammenfassung der Veröffentlichung (siehe Abbildung 2.45). Jetzt ist Ihr Tag live auf der Website und zählt die Seitenaufrufe.

Abbildung 2.45 Die Versionszusammenfassung

Sie haben jetzt gelernt, wie Sie

▶ das Aufrufen von Seiten an Google Analytics melden (Tag),

▶ bei jedem Seitenaufruf dieses Tag ausführen (Tag) und

▶ einen Aufruf an eine bestimmte Google Analytics-Property mit eingeschalteter IP-Adressen-Anonymisierung schicken.

Es ist im Prinzip das Gleiche wie der Einbau des Basis-Codes aus Google Analytics. Nur haben Sie mit dem Google Tag Manager jetzt viel mehr Möglichkeiten.

Kapitel 3
Die große Übersicht über die Oberfläche

Sie werden sich mit den folgenden Kapiteln leichter tun, wenn Sie verstehen, wie die Oberfläche aufgebaut ist.

Bis jetzt haben Sie gelernt, wie man das Google Analytics-Basis-Tag in einer Website implementiert. Sie haben das Tag erstellt und anschließend die Variable und den Trigger zugewiesen. Damit das Tag auch auf der Website sichtbar wurde, haben Sie es erst getestet und anschließend für alle veröffentlicht.

Für diese Aufgabe haben Sie die Google Tag Manager-Oberfläche nach meiner Anleitung genutzt. Sie haben dorthin geklickt, wo ich es gesagt habe, und es hat alles so weit funktioniert. In diesem Kapitel erhalten Sie einen tieferen Einblick in die Oberfläche des Google Tag Managers. Denn die Oberfläche zu verstehen und zu wissen, wo sich welche Funktion bzw. welcher Menüpunkt befindet, hilft bei der schnellen Arbeit und der prompten Erledigung der Aufgaben. Mit dem Wissen aus diesem Kapitel wird das Durcharbeiten der weiteren Kapitel viel einfacher, in denen wir dann in die einzelnen Bereiche tiefer einsteigen.

Aber auch in diesem Kapitel lernen Sie nicht nur die Oberfläche kennen, sondern erfahren, wie man neue Nutzer anlegt und wie Sie Einstellungen importieren und auch exportieren können.

Übrigens, wie in allen Produkten der Google Analytics Suite finden Sie in der rechten oberen Ecke (siehe Abbildung 3.1) den Kontowechsler. Sie öffnen dieses Menü, indem Sie auf das Dreieck klicken, das mit der Spitze nach unten zeigt. Mit diesem ausklappbaren Menü erhalten Sie schnellen Zugriff auf die einzelnen Analytics-Suite-Komponenten.

Abbildung 3.1 Der Kontowechsler

Hier können Sie schnell vom Google Tag Manager zu Google Analytics wechseln (siehe Abbildung 3.2).

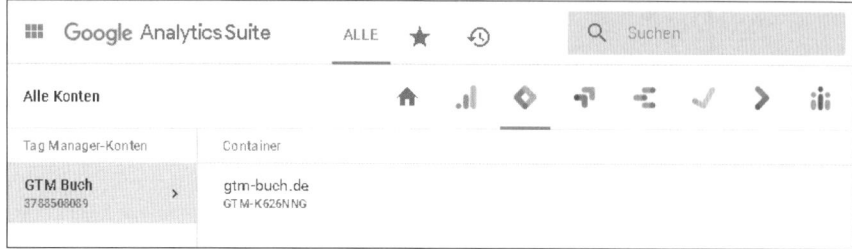

Abbildung 3.2 Die Google-Marketing-Plattform-Übersicht

Zum Teil erkläre ich sehr logische bzw. offensichtliche Sachen, aber auch da gibt es manchmal Aha-Effekte. Deshalb passen Sie gut auf, und lernen Sie die Oberfläche kennen.

3.1   Die Kontoverwaltung

In der Kontoverwaltung finden Sie eine Übersicht über alle Ihre Konten und Container, die mit Ihrem Google-Konto verknüpft sind. Diese Kontoübersicht erreichen Sie aus jedem Container heraus, indem Sie auf den nach links zeigendem Pfeil in der oberen linken Ecke klicken (siehe Abbildung 3.3).

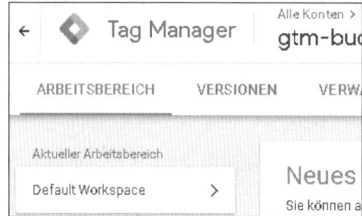

Abbildung 3.3 Der Weg zur Kontoübersicht

Von hier aus erreichen Sie die wichtigsten Funktionen (siehe Abbildung 3.4).

Abbildung 3.4 Die Kontoverwaltung

Unter ❶ finden Sie die Verwaltung der Produkte aus der Google Suite wie Analytics, DataStudio, Optimize, Tag Manager etc. Dort können Sie zum Beispiel komfortabel zwischen Google Analytics und dem Google Tag Manager hin- und herwechseln. Aber nicht nur das, über den Button ALLE KONTEN können Sie direkt den Google Tag Manager-Container wechseln. Diese Funktion ist auf jeder Seite des Google Tag Managers verfügbar.

In der Übersicht sehen Sie alle Google Tag Manager-Konten, auf die Sie mit Ihrem Google-Konto Zugriff haben. Jedes einzelne Konto ❷ wird mit den entsprechenden Containern ❸ gelistet. Bei den Containern sehen Sie auch direkt den Containertyp bzw. Verwendungsort und die Container-ID.

In der Kontoverwaltung haben Sie auch direkt die Möglichkeit ein neues Konto ❹ zu erstellen. Neue Konten benötigen Sie in der Regel nur, wenn es für eine neue Firma ist. Ansonsten macht die Erstellung weiterer Konten nicht viel Sinn. Wie Sie ein neues Konto erstellen, erfahren Sie in Abschnitt 2.2.

Hinter dem Zahnrad ❺ versteckt sich der direkte Link zur Verwaltungsseite des jeweiligen Google Tag Manger-Kontos. Auf diese Seite gehe ich in Abschnitt 3.4 ein.

Die drei vertikal angeordneten Punkte ❻ bieten einen Schnellzugriff auf die Funktionen für Kontoeinstellungen, Kontoaktivität, Nutzerverwaltung und das Erstellen von Containern. Auf diese Punkte gehe ich im Abschnitt zur Verwaltungsübersicht (siehe Abschnitt 3.4.2) ein.

3.2 Die Containerübersicht

In der Containerübersicht (siehe Abbildung 3.5) finden Sie Zugang zu allen Informationen Ihres Containers.

Die obere Zeile mit der Navigation ❶, dem Zugriff auf den Container-Code und den Veröffentlichungsoptionen ❺ sind auf allen Seiten sichtbar.

Bei einem Klick auf den GTM-Code erhalten Sie ein Popup mit der Anleitung zur Einbindung des Container-Codes.

Die beiden Schaltflächen für Vorschau und Senden haben Sie in Kapitel 2 »Die Praxis beginnt: Den Container einsatzfähig machen«, schon genutzt. Damit können Sie den Vorschaumodus starten bzw. die Änderungen veröffentlichen.

Gerade am Anfang arbeiten Sie oft im Default Workspace ❷. Aber der Default Workspace ist nur einer von mehreren möglichen Arbeitsbereichen. Auf die Arbeit mit den Arbeitsbereichen gehe ich in Kapitel 10, »Veröffentlichen: Versionen und Workspaces«, ein.

Das Suchen-Feld ❸ ist ein oft unterschätztes Hilfsmittel. Mit der Suche finden Sie schnell die entsprechenden Tags, Trigger oder Variablen.

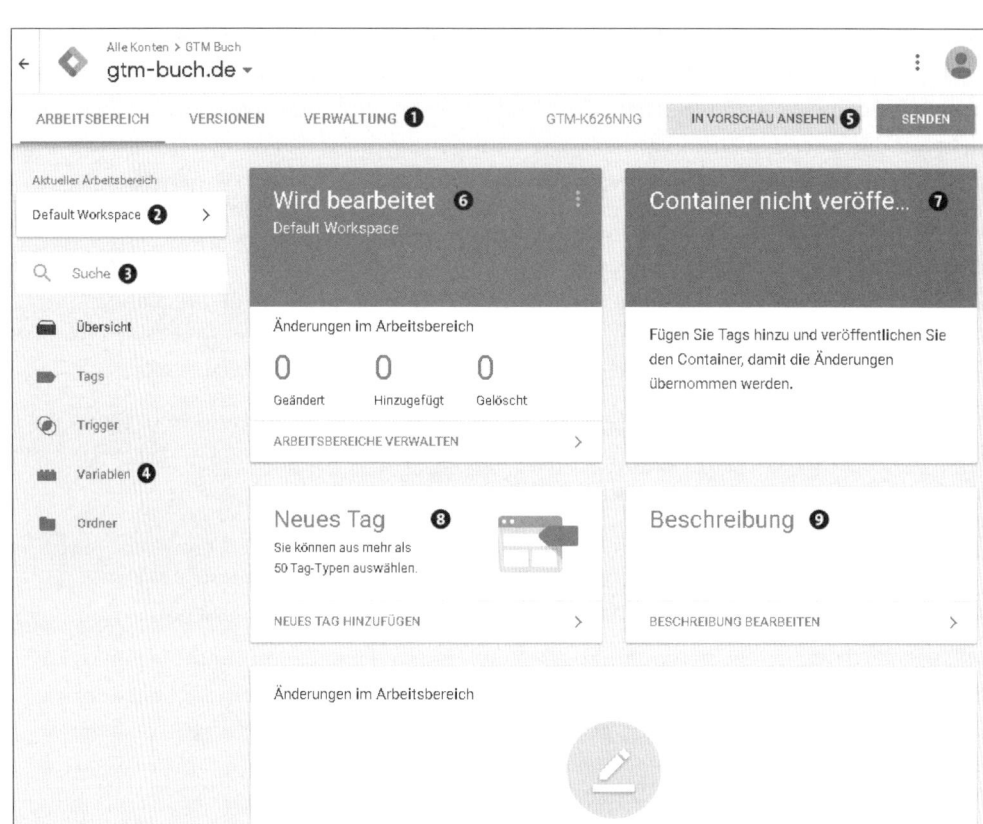

Abbildung 3.5 Die Containerübersicht

Die linke Navigation ❹ führt Sie zu den Bereichen Tags (siehe Kapitel 4, »Schlüsselfertig: Das Tag-Vorlagensystem«), Trigger (siehe Kapitel 5, »Die richtige Gelegenheit: Trigger«), und Variablen (siehe Kapitel 6, »Titel, URL und Co: Umgang und Arbeit mit Variablen«). Zusätzlich enthält sie einen Link zu einer Ordnerübersicht.

Die Schaltfläche rechts oben ❺ bietet Ihnen Zugriff auf den Container-Code, die Schaltfläche zum Aktivieren des Debug-Modus In Vorschau ansehen (siehe Abschnitt 9.1) und das Senden zur Veröffentlichung der Änderungen.

Der mittlere Bereich bietet Informationen und den schnellen Zugriff auf häufig benötigte Funktionen. Im Arbeitsbereich-Statusfeld ❻ sehen Sie die Anzahl der Änderungen im Vergleich zur letzten Version.

Der Live-Status ❼ zeigt Ihnen die Versionsnummer an und wann und von wem die letzte Version veröffentlicht wurde.

Zusätzlich gibt es noch einen Bereich, der nur für das Hinzufügen eines neuen Tags da ist ❽.

Bei Bedarf können Sie dem Container auch noch eine Beschreibung ❾ hinzufügen. Diese wird dann in der Übersicht angezeigt.

Ansonsten finden Sie noch im unteren Bereich die Änderungen, die im Arbeitsbereich vorgenommen wurden, als Tabelle sowie einen Link zum Aktivitätsverlauf.

3.3 Versionsübersicht

Die Versionsübersicht (siehe Abbildung 3.6) bietet, wie der Name schon sagt, eine Übersicht über die veröffentlichten und nicht veröffentlichten Versionen der Container. Sie erreichen die Versionsübersicht, indem Sie im oberen Menü auf Versionen klicken.

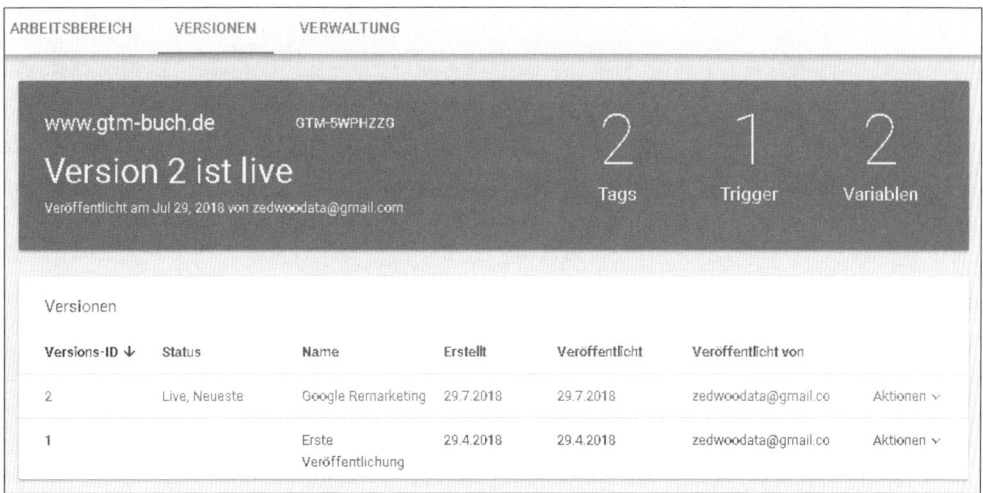

Abbildung 3.6 Die Versionsübersicht

Gelöschte Versionen werden standardmäßig nicht angezeigt. Die gelöschten Versionen können Sie jedoch über eine Checkbox einblenden (siehe Abbildung 3.7). Diese Checkbox erscheint erst, wenn Sie eine Version tatsächlich gelöscht haben.

☐ Gelöschte Containerversionen anzeigen

Abbildung 3.7 Gelöschte Containerversionen anzeigen

Die Versionsübersicht zeigt neben den unterschiedlichen Versionen auch die Anzahl der aktuell veröffentlichten Tags, Trigger und Variablen an. Unter dem Menüpunkt Aktionen ganz rechts in der Zeile finden Sie Links zur Arbeit mit der Vorschau, dem Veröffentlichen, den Notizen und weiteren Funktionen. Auf diese Funktionen gehe ich in Kapitel 10, »Veröffentlichen: Versionen und Workspaces«, genauer ein.

3.4   Die Verwaltung

Hinter dem oberen Menüpunkt VERWALTUNG verstecken sich die Funktionalitäten rund um das Google Tag Manager-Konto und den aktuell ausgewählten Container (siehe Abbildung 3.8).

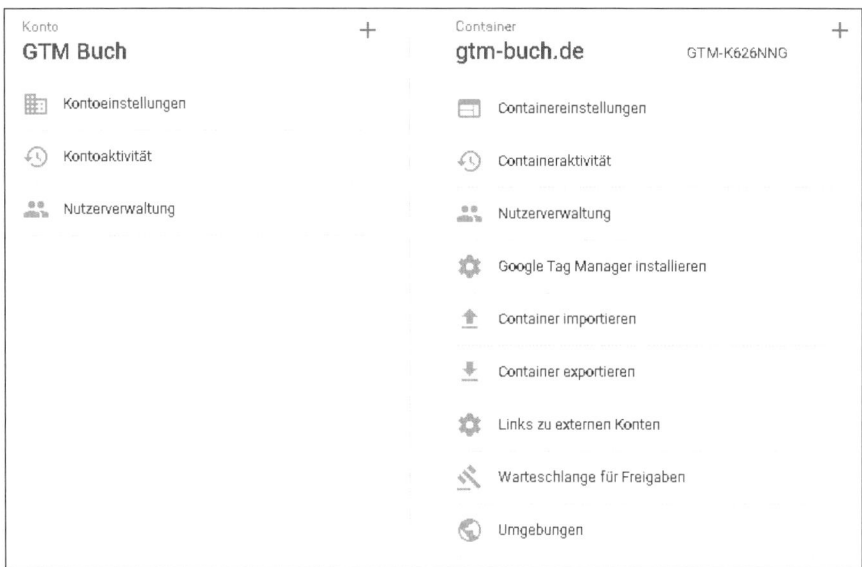

Abbildung 3.8 Die Google Tag Manager-Verwaltung

Für das KONTO links und den CONTAINER rechts gibt es jeweils ein blaues Plus-Zeichen. Mit dem linken kommen Sie zum Anlegen eines neuen Kontos. Wenn Sie das rechte Plus wählen, können Sie einen neuen Container anlegen.

Im KONTO-Bereich können Sie Einstellungen vornehmen, die sich auf das gesamte Konto beziehen. Unter den KONTOEINSTELLUNGEN (siehe Abbildung 3.9) können Sie den Namen Ihres Kontos ändern. Zusätzlich können Sie entscheiden, ob Sie anonymisierte Daten zur Nutzung des Google Tag Managers an Google weitergeben wollen. Mit diesen Daten versucht Google, den Google Tag Manager zu verbessern.

Ein Klick in die nächste Auswahlbox (FÜR BESTIMMTE VORGÄNGE ...) macht den Google Tag Manger-Container sicherer. In Kapitel 7, »Benutzerdefinierte Tags und Variablen«, gehe ich auf das benutzerdefinierte HTML und JavaScript ein. Beide Features können weitreichende Konsequenzen für Ihre Website haben. Deshalb kann man mit dem Aktivieren dieser Checkbox erzwingen, dass Sie nur nach einer Zwei-Faktor-Authentifizierung erlaubt sind. Zusätzlich wird die Zwei-Faktor-Authentifizierung auch bei Änderungen an den Nutzereinstellungen zur Pflicht. Aus Sicherheitsgründen empfehle ich, diese Einstellung zu aktivieren. Aber bedenken Sie, dass jeder, der die Funktionen nutzen möchte oder muss, über eine Zwei-Faktor-Authentifizierung verfügen muss. Hinweise zur generellen Verwendung der Zwei-Faktor-Authentifizierung finden Sie in Kapitel 2, »Die Praxis beginnt: Den Container einsatzfähig machen«.

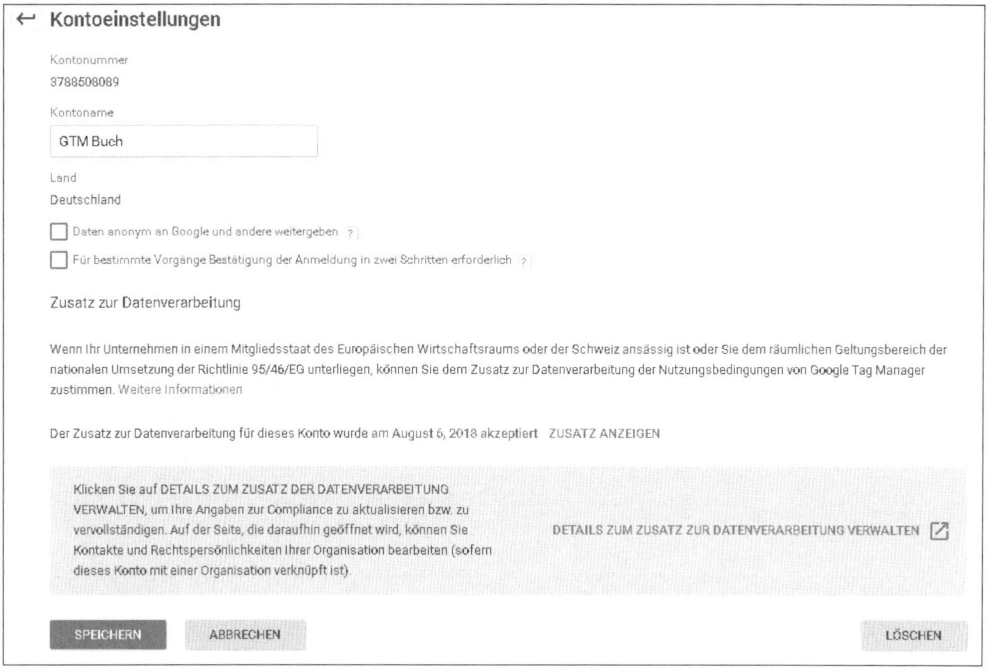

Abbildung 3.9 Die Kontoeinstellungen

Zusätzlich finden Sie in diesem Bereich die Informationen zum ZUSATZ ZUR DATENVERARBEITUNG. Diesen Zusatz benötigen Sie, um den Google Tag Manager den Datenschutzbedingungen konform einzusetzen.

Unter dem Link zur KONTOAKTIVITÄT (siehe Abbildung 3.8, links) finden Sie eine Liste der Änderungen im und am Konto. Die einzelnen Positionen (siehe Abbildung 3.10) umfassen die Erstellung und Änderung des Kontos sowie das Hinzufügen und Ändern von Nutzern und deren Berechtigungen.

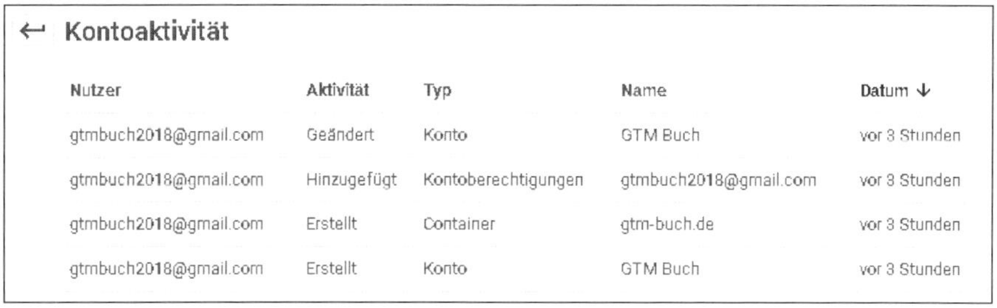

Abbildung 3.10 Kontoaktivität

3.4.1   Die Nutzerverwaltung

Die Nutzerverwaltung (siehe Abbildung 3.8, links) gibt Ihnen den Überblick über alle Nutzer, die Zugriff auf dieses Google Tag Manager-Konto (GTM-Konto) haben. In der Übersicht der Nutzer erhalten Sie nur die Informationen zur E-Mail-Adresse und den Typ der Kontoberechtigung.

Es gibt zwei Arten von Berechtigungen: *Administrator* und *Nutzer*. Der Administrator hat alle Rechte im GTM-Konto. Mit der Rolle des Administrators haben Sie die weitgehendsten Rechte. Sie können neue Konten und neue Container anlegen, Sie können auch neue Nutzer anlegen und die Rechte der Nutzer erweitern oder einschränken. In einem Konto können auch mehrere Personen Administratoren sein. Kurzum: Als Administrator haben Sie die volle Macht über das GTM-Konto. Bei der Kontoberechtigung *Nutzer* können Sie die Rechte einschränken.

Sobald Sie jemandem über seine E-Mail-Adresse die Kontoberechtigungen Nutzer geben (siehe Abbildung 3.11), können Sie für jeden einzelnen Container entscheiden, was dieser Nutzer jeweils machen bzw. sehen darf.

In Tabelle 3.1 sehen Sie, welche Einstellungen es bei den Containerberechtigungen gibt:

Containerberechtigungen	Beschreibung
Kein Zugriff	Kein Zugriff bedeutet in diesem Fall, dass nicht nur kein Zugriff auf diesen Container besteht, sondern dass dieser Container auch für den Nutzer unsichtbar ist.
Lesen	Bei der Auswahl von Lesen kann der Nutzer den Containerinhalt vollumfänglich anschauen. Er kann alle Variablen, Tags und Trigger ansehen. Er kann auch überprüfen, ob von ihm beauftragte Tags korrekt eingebaut wurden. Er kann aber keine Änderungen vornehmen.
Bearbeiten	Bei der Auswahl von Bearbeiten kann der Nutzer die Tags, Variablen und Trigger bearbeiten und auch neue erstellen. Er kann aber keine neue Version veröffentlichen.
Freigeben	Bei der Auswahl von Freigeben darf der Nutzer alle Tags, Variablen und Trigger bearbeiten. Er darf auch neue Versionen und Arbeitsplätze erstellen. Er darf seine Änderungen aber nicht veröffentlichen.

Tabelle 3.1 Containerberechtigungen für Nutzer

Containerberechtigungen	Beschreibung
Veröffentlichen	Ein Nutzer mit der Containerberechtigung VERÖFFENT-LICHEN darf Tags, Variablen und Trigger bearbeiten. Er darf neue Versionen und Arbeitsplätze erstellen. Und er darf sämtliche Änderungen veröffentlichen. Nutzer mit dieser Berechtigungsstufe sollten wissen, was sie tun, und immer testen, bevor sie Änderungen veröffent-lichen.

Tabelle 3.1 Containerberechtigungen für Nutzer (Forts.)

Um nun einen neuen Nutzer anzulegen, klicken Sie einfach im KONTO-Bereich auf die NUTZERVERWALTUNG (siehe Abbildung 3.8). Nun sollten Sie Ihr eigenes Google-Konto sehen. Oben klicken Sie auf NEU – und schon sind Sie beim Formular zum Ein-richten eines neuen Nutzers (siehe Abbildung 3.11).

Die E-MAIL-Adresse des neuen Nutzers muss unbedingt mit einem Google-Konto verknüpft sein, ansonsten gibt das Formular beim Absenden eine Fehlermeldung zurück.

Nach dem Eintragen der E-Mail-Adresse können Sie entscheiden, welche KONTOBE-RECHTIGUNGEN der neue Nutzer bekommt: Administrator oder Nutzer? Wenn Sie NUTZER auswählen, müssen Sie jetzt noch entscheiden, auf welche Container der neue Nutzer Zugriff haben soll und wie weitreichend seine Rechte sein sollen (siehe Tabelle 3.1). Beachten Sie bitte, dass Nutzer mit rudimentären GTM-Kenntnissen kei-nesfalls Veröffentlichungsrechte erhalten sollten.

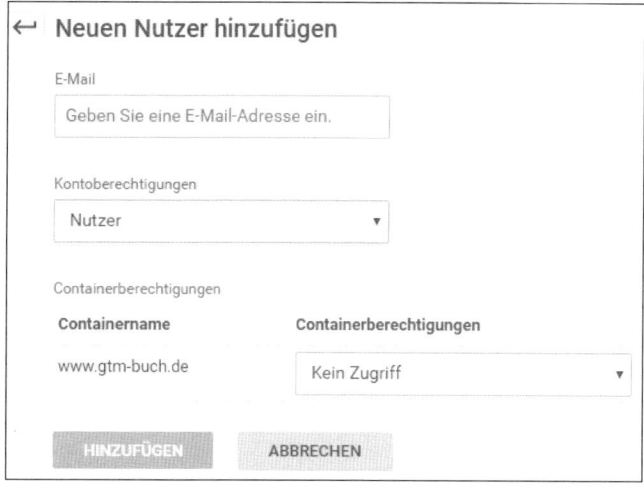

Abbildung 3.11 Einen neuen Nutzer hinzufügen

Sobald Sie auf HINZUFÜGEN klicken, ist der neue Nutzer angelegt. Es ist wichtig zu wissen, dass der neue Nutzer keinerlei Benachrichtigung erhält, wenn er Zugriff auf das Konto bzw. die Container bekommen hat. Das bedeutet, Sie müssen den Nutzer gegebenenfalls selbst informieren.

Noch ein Hinweis von mir: Ich sehe oft Installationen, bei denen alle Mitarbeiter volle Rechte im Google Tag Manager haben. Davon rate ich ab. Genauso wie man kleine Kinder nicht mit Messer, Schere und Licht spielen lässt, ist es auch mit dem Google Tag Manager: In den richtigen Händen ist er Gold wert, aber bei einer falschen Bedienung kann man Daten verlieren, weniger Umsatz machen oder sogar die gesamte Seite crashen. Deshalb bedenken Sie, wer welche Rechte im Google Tag Manager bekommt. Meiner Erfahrung nach ist es das Beste, wenn jemand mit IT-Hintergrund die Rechte für die Veröffentlichung hat und die Nutzer aus dem Marketing ohne IT-Hintergrund dementsprechend maximal die Containerberechtigung FREIGEBEN erhalten. Dadurch können die Online-Marketer alles entsprechend vorbereiten und der letzte Test und das Veröffentlichen erfolgt durch eine weitere Person.

3.4.2   Die Containerverwaltung

Die Containerverwaltung ist ein wichtiger Bereich in der Arbeit mit dem Google Tag Manager. Hier finden Sie Einstellungen und Funktionen, die für die tägliche Arbeit wichtig sind (siehe Abbildung 3.12). Einige der Funktionen sind aber nur Nutzern der *Google 360 Suite* zugänglich. Auf diese besonderen Funktionen gehe ich in Kapitel 13, »Der Google Tag Manager 360«, ein.

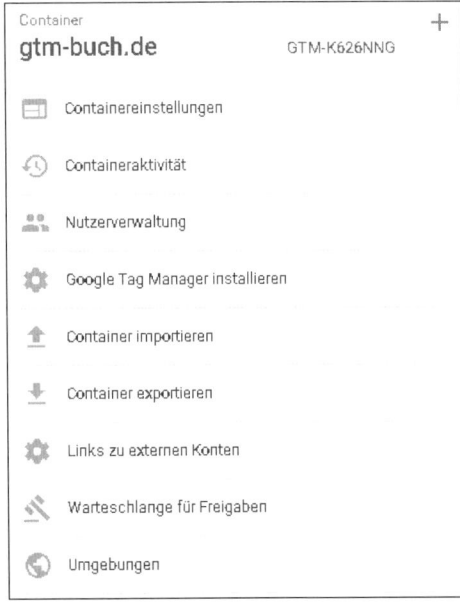

Abbildung 3.12 Die Containerverwaltung

In den CONTAINEREINSTELLUNGEN können Sie den Namen des Containers ändern und auch den gesamten Container löschen. Mehr Möglichkeiten, Änderungen oder Ergänzungen vorzunehmen, haben Sie dort nicht.

Die CONTAINERAKTIVITÄT zeigt Ihnen genauso wie bei der Kontoverwaltung die Aktivitäten im Container. Jede Aktivität wird immer zusammen mit dem Nutzer angezeigt.

In der NUTZERVERWALTUNG auf Container-Ebene können Sie keine Administrator-Rechte vergeben und auch nur die Containerberechtigungen für diesen einen Container setzen. Wenn Sie Änderungen an der Nutzerverwaltung vornehmen wollen, ist es in der Regel besser, wenn Sie das über die Konto-Nutzerverwaltung erledigen.

Der Menüpunkt GOOGLE TAG MANAGER INSTALLIEREN bringt Sie zu dem Bildschirm mit dem Container-Code zum Einbinden.

Die nächsten Punkte aus Abbildung 3.12 sehen wir uns jetzt in eigenen Abschnitten an.

Container importieren

Der Google Tag Manager gibt Ihnen die Möglichkeit, vorhandene Importdateien in Ihren Container zu übertragen. Es gibt mehrere sinnvolle Szenarien: Vielleicht haben Sie einen fertig konfigurierten Container aus einem anderen Projekt oder Sie nutzen ein Plugin, das fertig konfigurierte Container mitbringt.

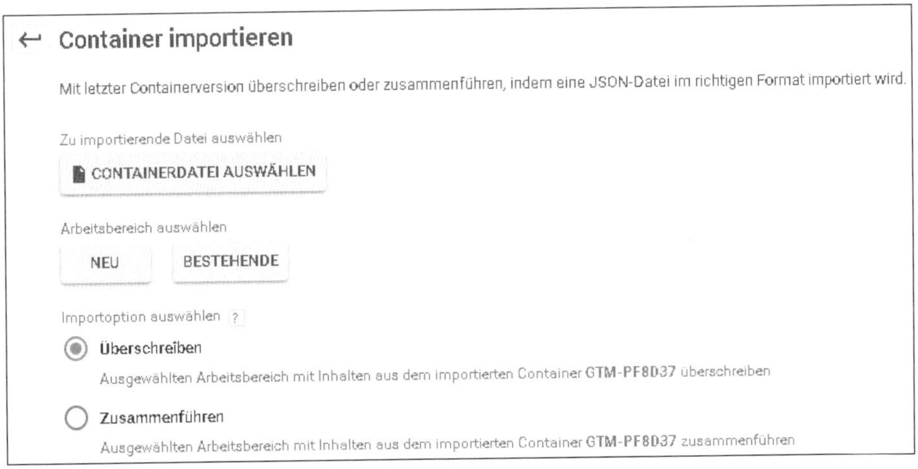

Abbildung 3.13 Container importieren

Anhand einer Import-Datei für das WordPress-Plugin *Google Tag Manager for Word-Press* zeige ich Ihnen die einzelnen Schritte des Imports. Ich habe zunächst die Containerdatei aus dem Netz heruntergeladen und auf meinem Rechner gespeichert.

Als Erstes klicken Sie auf CONTAINERDATEI AUSWÄHLEN (siehe Abbildung 3.13). Dabei wählen Sie die entsprechende Datei von Ihrer Festplatte aus. Als Nächstes wählen Sie den Arbeitsbereich aus, in den die Einstellungen importiert werden sollen. Der Einfachheit halber wählen Sie BESTEHENDE. Das ist der einfache Weg; besser wäre es jedoch, wenn Sie die Datei zuerst in einen neuen Arbeitsbereich importieren. Die Arbeit mit den Arbeitsbereichen lernen Sie in Kapitel 10, »Veröffentlichen: Versionen und Workspaces«, näher kennen. Nach dem Klick auf BESTEHENDE wählen Sie den DEFAULT WORKSPACE aus.

Als Nächstes wählen Sie die Importoption (siehe Abbildung 3.14) aus. Sie haben die Wahl zwischen zwei Optionen:

▶ Überschreiben

▶ Zusammenführen

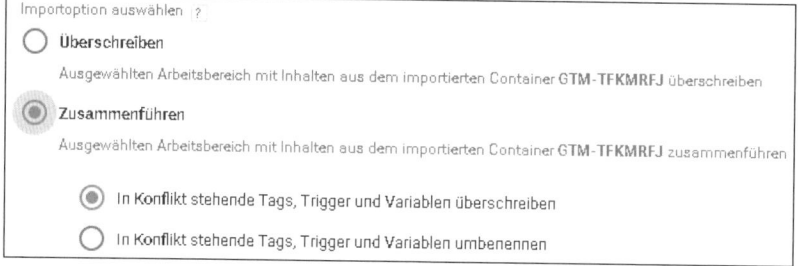

Abbildung 3.14 Importoption auswählen

Wenn Sie ÜBERSCHREIBEN wählen, löschen Sie alle vorhandenen Tags, Trigger und Variablen. Vor dem Importieren wird automatisch eine neue Version erstellt. Dadurch können Sie gegebenenfalls zur alten Version zurückwechseln.

Wenn Sie ZUSAMMENFÜHREN wählen, haben Sie die Wahl zwischen zwei verschiedenen Möglichkeiten, wie mit Konflikten umgegangen wird. Wenn Sie IN KONFLIKT STEHENE TAGS, TRIGGER UND VARIABLEN ÜBERSCHREIBEN aktivieren, werden bei Namensgleichheit die betroffenen Tags, Trigger oder Variablen einfach überschrieben.

Bei der Auswahl von ... UMBENENNEN werden bei Namensgleichheit die neuen Trigger, Tags und Variablen anders benannt. Bei identischem Inhalt passiert nichts.

In diesem Fall wählen Sie die obere Option, ÜBERSCHREIBEN. Dadurch erhalten Sie, falls namensgleiche Elemente vorhanden sind, eine neue Version des Containers.

Bevor Sie jetzt den Import starten, können Sie sich noch die Vorschau des Imports anschauen. Mit einem Klick auf ÄNDERUNGSDETAILS ANSEHEN erhalten Sie eine detaillierte Übersicht über die Änderungen wie in Abbildung 3.15.

Sobald Sie am Ende der Seite auf BESTÄTIGEN klicken, startet der Import, und bei erfolgreichem Import landen Sie auf der Containerübersicht.

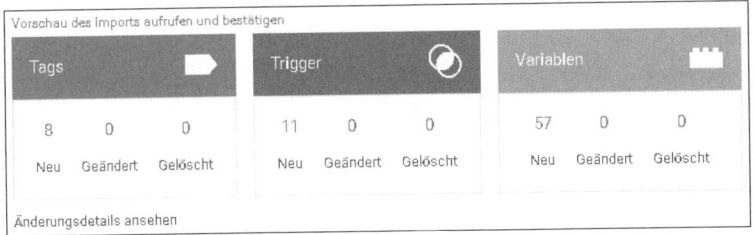

Abbildung 3.15 Vorschau des Imports

Container exportieren

Genauso wie Sie Container importieren können, können Sie auch die Einstellungen eines ganzen Containers exportieren. Dafür klicken Sie in der Containerverwaltung aus Abbildung 3.12 auf den Menüpunkt CONTAINER EXPORTIEREN.

Die Exportfunktion bietet weniger Einstellmöglichkeiten als der Import (siehe Abbildung 3.16).

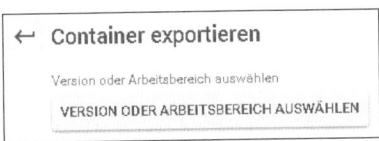

Abbildung 3.16 Container exportieren

Nach dem Klick auf VERSION ODER ARBEITSBEREICH AUSWÄHLEN öffnet sich der Auswahlbereich und Sie können aus den vorhandenen Versionen und Arbeitsbereichen denjenigen heraussuchen, den Sie exportieren möchten. Für dieses Beispiel wählen Sie den DEFAULT WORKSPACE (siehe Abbildung 3.17).

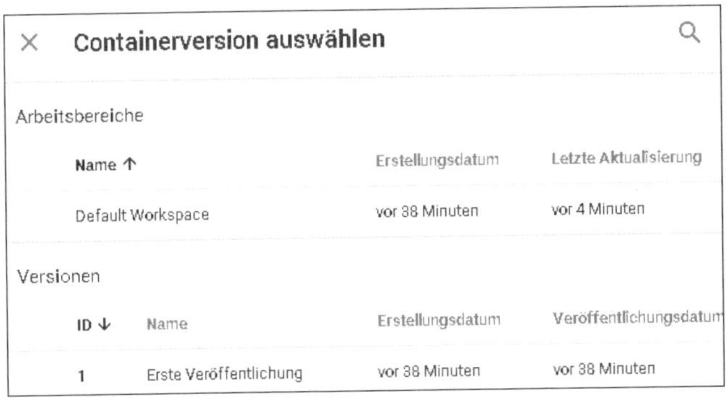

Containerversion auswählen			
Arbeitsbereiche			
Name ↑		Erstellungsdatum	Letzte Aktualisierung
Default Workspace		vor 38 Minuten	vor 4 Minuten
Versionen			
ID ↓	Name	Erstellungsdatum	Veröffentlichungsdatum
1	Erste Veröffentlichung	vor 38 Minuten	vor 38 Minuten

Abbildung 3.17 Containerversion auswählen

Nach der Auswahl wird Ihnen der Inhalt des Containers im JSON-Format präsentiert (siehe Abbildung 3.18). Sie können durch den Inhalt der Exportdatei scrollen, und mit einem Klick auf EXPORTIEREN können Sie die Datei herunterladen.

```
←  Container exportieren

Version oder Arbeitsbereich auswählen

GTM-TFKMRFJ WORKSPACE 5

Vorschau

 1 {
 2      "exportFormatVersion": 2,
 3      "exportTime": "2018-08-06 10:54:46",
 4      "containerVersion": {
 5          "path": "accounts/3057281760/containers/9611521/versions/0",
 6          "accountId": "3057281760",
 7          "containerId": "9611521",
 8          "containerVersionId": "0",
 9          "container": {
10              "path": "accounts/3057281760/containers/9611521",
11              "accountId": "3057281760",
12              "containerId": "9611521",
13              "name": "Wordpress Import",
14              "publicId": "GTM-TFKMRFJ",
15              "usageContext": [
16                  "WEB"
17              ],
18              "fingerprint": "1533552579499",

       EXPORTIEREN          ABBRECHEN
```

Abbildung 3.18 Vorschau des Containerexports

Besondere Funktionen für die 360 Suite

Die nächsten beiden Punkte, LINKS ZU EXTERNEN KONTEN und WARTESCHLANGE FÜR FREIGABEN, sind Funktionen, die nur für 360-Kunden zur Verfügung stehen. Diese Funktionen werden in Kapitel 13, »Der Google Tag Manager 360«, beschrieben.

Umgebungen

Der letzte Punkt in der Containerverwaltung sind die UMGEBUNGEN. Hier werden alle Umgebungen aufgelistet, mit denen man arbeiten kann. Was Umgebungen sind und wie Sie mit ihnen arbeiten, wird in Kapitel 10, »Veröffentlichen: Versionen und Workspaces«, genauer erklärt.

3.5 Zusammenfassung

In diesem Kapitel haben Sie die einzelnen Elemente der Google Tag Manager-Oberfläche kennengelernt. Einige zusätzliche Punkte, wie die Arbeit mit Umgebungen oder die Funktionalitäten, die nur den Nutzern der 360-Marketing-Suite zustehen, werden in weiteren Kapiteln behandelt.

Des Weiteren haben Sie gelernt, welche Rollen es für die Nutzer des Google Tag Managers gibt und mit welchen Rollen welche Möglichkeiten und Rechte verbunden sind.

Abschließend haben Sie erfahren, wie man sämtliche Containereinstellungen exportieren und auch wieder importieren kann.

Kapitel 4
Schlüsselfertig: Das Tag-Vorlagensystem

Der größte Vorteil bei der Nutzung des Google Tag Managers sind die fertigen Tags: weniger Fehler durch vorgefertigte Eingaben.

In Kapitel 2, »Die Praxis beginnt: Den Container einsatzfähig machen«, haben Sie erfahren, wie man ein Tag selbst schreibt, das sogenannte »benutzerdefinierte HTML-Tag«. In diesem Kapitel lernen Sie, wie es auch einfacher gehen kann. Dafür ist der Google Tag Manager schließlich entwickelt worden: Er soll Ihnen die Arbeit vereinfachen. Diese Absicht erkennen Sie am besten an den vielen Vorlagen für die Tags im Google Tag Manager.

Die Liste der eingebauten Tags wird vom Entwicklerteam ständig erweitert. Aktuell finden Sie in der Liste Tags vom Affiliate-Netzwerk *Awin*, dem Retargeting-Anbieter *Criteo*, der Marketing-Plattform *AdRoll*, dem Heatmap-Tool *Hotjar* und auch von *Crazy Egg* und vielen weiteren. Diese Anbieter stellen Ihnen normalerweise den entsprechenden JavaScript-Code zur Verfügung, den Sie dann in die Website einbauen. Dieser Code kann je nach Ihrem Vorwissen recht komplex aussehen.

Aber was macht so eine Vorlage eigentlich? Das ist recht einfach erklärt: Normalerweise bestehen Marketing- und Tracking-Tags aus einem JavaScript-Code. Da dieser mitunter schlecht lesbar, gegebenenfalls unpraktisch und fehleranfällig ist, gibt es für viele Marketing- und Tracking-Tags entsprechende Vorlagen.

Der einzubauende JavaScript-Code für das Heatmap-Tool *Hotjar* sieht zum Beispiel folgendermaßen aus:

```
<!-- Hotjar Tracking Code for http://gtm-buch.de -->
<script>
    (function(h,o,t,j,a,r){
        h.hj=h.hj||function(){(h.hj.q=h.hj.q||[]).push(arguments)};
        h._hjSettings={hjid:962709,hjsv:6};
        a=o.getElementsByTagName('head')[0];
        r=o.createElement('script');r.async=1;
        r.src=t+h._hjSettings.hjid+j+h._hjSettings.hjsv;
        a.appendChild(r);
```

```
    })(window,document,'https://static.hotjar.com/c/hotjar-','.js?sv=');
</script>
```

Listing 4.1 Tracking-Code für das Heatmap-Tool »Hotjar«

Im Google Tag Manager sieht das Ganze viel einfacher aus. Dort ist der gleiche Code hinter einem einfachen Formular mit einem Eingabefeld versteckt (siehe Abbildung 4.1). Wenn Sie die entsprechenden Vorlagen nutzen, kommen Sie mit dem JavaScript-Code nicht mehr in Berührung. Sollte der Anbieter seinen Code ändern, müssen Sie sich keine Gedanken machen, denn dann wird der Code auch entsprechend im Google Tag Manager geändert.

Abbildung 4.1 Die Tag-Vorlage für den »Hotjar Tracking Code«

Sie finden alle vorhandenen fertig konfigurierten Tags im Bereich TAGS im Google Tag Manager. Sie erreichen diesen Bereich, in dem Sie in der linken Navigation auf den Navigationspunkt TAGS klicken. Bei einem neuen Container ist dieser Bereich komplett leer (siehe Abbildung 4.2).

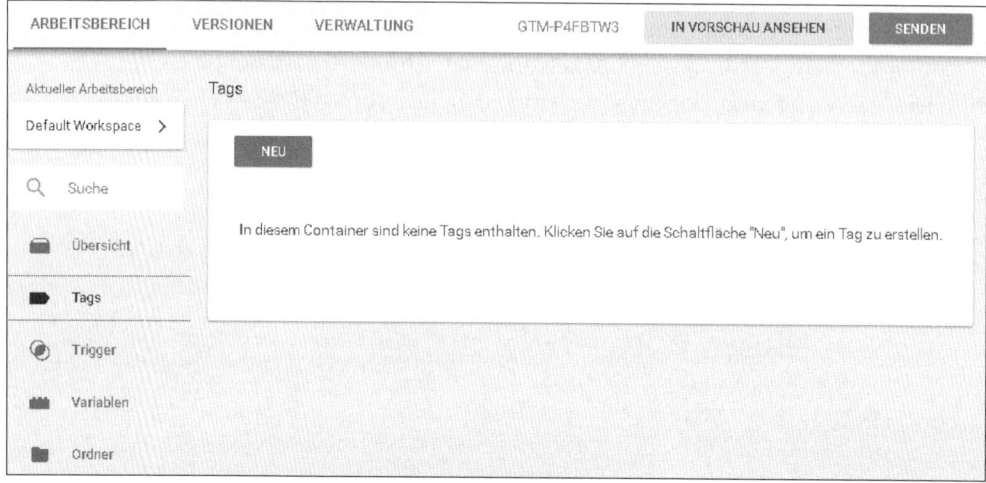

Abbildung 4.2 Der Bereich mit den Tags

Beim Container ist es wichtig, dass man bei der Erstellung die richtige Verwendungs-art auswählt, weil der Container ansonsten nicht ordnungsgemäß funktioniert. In Kapitel 2 bin ich darauf eingegangen, dass es unterschiedliche Orte zum Einbinden des Google Tag Manager-Containers gibt:

▶ Website

▶ AMP

▶ Apps

Diese Wahl des Verwendungsortes hat Einfluss auf die Auswahl der zur Verfügung ste-henden Tags. Denn nicht jede Tag-Vorlage funktioniert mit jedem Verwendungsort. Es gibt Tags, die funktionieren an allen Verwendungsorten, aber es gibt auch Tags, die funktionieren nur an einem oder wenigen Verwendungsorten. Deshalb sollten Sie sich nicht wundern, wenn das eine oder andere Tag in Ihrem Container nicht zur Verfü-gung steht. Die Tag-Vorlage für Hotjar-Tracking-Code steht beispielsweise nur in Web-Containern zur Verfügung. Der Google Analytics-Code wiederum kann in allen Con-tainerarten eingesetzt werden. Eine genaue Übersicht zu allen Tag-Vorlagen und den möglichen Verwendungsorten finden Sie unter der URL *https://support.google.com/ tagmanager/answer/6106924?hl=de*.

Fehlende Tags hinzufügen lassen

Die Liste der eingebauten Tags umfasst vielleicht nicht das Tag, das Sie gern benutzen würden. Deshalb gibt es einen definierten Weg, wie Tag-Anbieter neue Tags hinzu-fügen können. Es gibt dafür das offizielle *Google Tag Manager Vendor Tag Template Program*. Bitten Sie die Firma, die das nicht unterstützte Tag bereitgestellt hat, sich direkt an Google zu wenden und über das Programm das Tag zur Integration vorzu-schlagen. Das entsprechende Formular und eine Beschreibung des genauen Ablaufs finden Sie hier:

https://developers.google.com/tag-manager/program/

4.1   Wie man das Tag benennt

Damit Sie selbst und auch andere sich in dem Container zurechtfinden, ist es wichtig, dass Sie sich an entsprechende Namenskonventionen halten. Sollten Sie in Ihrer Firma schon eine passende Benennung etabliert haben, dann sollten Sie in der Regel dabei bleiben. Wenn Sie noch kein entsprechendes Vorgehen etabliert haben, emp-fehle ich Ihnen die folgende Vorgehensweise.

Es ist wichtig zu wissen, wofür wir das Tag einsetzen. Man sollte auf einen Blick erken-nen, welches Tracking- oder Marketing-Tag ausgespielt wird. Zusätzlich sollte dieser

Begriff gut suchbar sein. Denn am linken Bildschirmrand befindet sich ein Suchen-Feld (siehe Abbildung 4.3). Diese Suchfunktion ermöglicht es Ihnen, jedes Tag, jede Variable oder auch jeden Trigger zu finden. Und wenn Sie sich an die sinnvollen Namenskonventionen halten, finden Sie die entsprechenden Tags viel schneller.

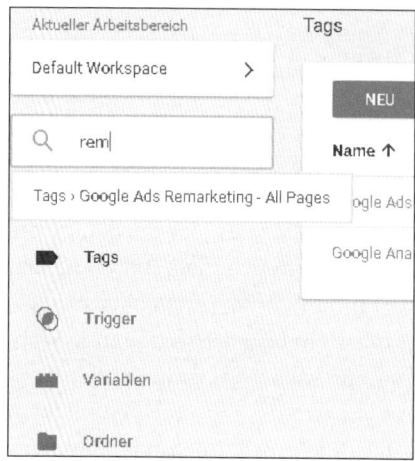

Abbildung 4.3 Das »Suchen«-Feld hilft beim schnellen Navigieren im Container.

4.1.1 Der Anbieter und der Zweck des Tags

Das erste Element des Tag-Namens ist der Name des Anbieters bzw. des Produkts, kombiniert mit dem Typ des Trackings. Für das Google Ads Remarketing-Tag bietet sich dementsprechend »Google Ads Remarketing« an und für einen Seitenaufruf, den Sie in Google Analytics messen möchten, dementsprechend »Google Analytics Seitenaufruf«. Für Google Analytics gibt es insgesamt sieben unterschiedliche Tracking-Typen (siehe Abbildung 4.4). Die Aufnahme des Typs in den Namen hilft Ihnen beim Wiederfinden des entsprechenden Tags sehr.

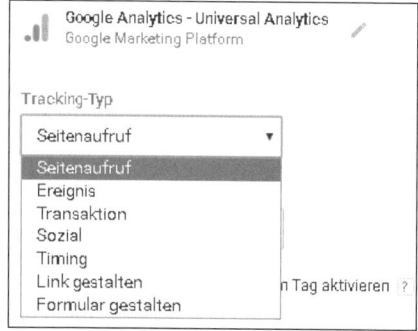

Abbildung 4.4 Die unterschiedlichen Tracking-Typen bei Google Analytics

4.1.2   Bestimmte Seiten oder Ereignisse

Wenn das entsprechende Tag auf bestimmten Seiten ausgeführt werden soll, ist es vorteilhaft, diese Seiten zu benennen. Für das Google Ads Conversion-Tracking ist es oftmals eine Danke-Seite. Das Tag würde dann so aussehen:

Google Ads Conversion – Dankeseite

4.1.3   Besondere Trigger hervorheben

Es ist gut, wenn Sie bei jedem Tag auch den entsprechenden Trigger mit einer kurzen Beschreibung hinzufügen. So haben Sie alle relevanten Informationen im Namen gesammelt. Ein Tag, das einen Klick auf einen Slider auf der Startseite registriert, heißt dann z. B. so:

Google Analytics Ereignis – Startseite – Slider Klick

4.2   Ein einfaches Beispiel: Das Google Ads Remarketing-Tag

Damit es nicht bei der trockenen Theorie bleibt, werden Sie jetzt ein Tag selbst anlegen. Der Einfachheit halber habe ich dafür das Google Ads Remarketing-Tag ausgesucht. Sie begeben sich für das Erstellen dieses Tags in den Google Tag Manager und dort in den Bereich Ihres Containers. Klicken Sie auf der linken Bildschirmseite auf TAGS.

Klicken Sie nun auf die Schaltfläche NEU und anschließend auf KONFIGURIEREN. So erhalten Sie eine Übersicht der verfügbaren Tags. Damit Sie sehen, wie einfach das Tag-Vorlagensystem die Arbeit mit den Tags macht, werden Sie jetzt das *Google Ads Remarketing*-Tag konfigurieren und einbauen.

Wenn Sie ein Google Ads-Konto haben und vorhaben, das Remarketing auf Ihrer Seite einzubinden, beachten Sie bitte, dass Sie überprüfen müssen, ob Sie aus Datenschutzgründen das Tag einbinden dürfen. Wenn Sie es dürfen und das Tag live stellen wollen, geht das folgendermaßen. Als Erstes müssen Sie in Ihrem Google Ads-Konto eine entsprechende Zielgruppenquelle konfigurieren:

1. Sie loggen sich dafür in Ihr Google Ads-Konto ein.

2. Rechts oben finden Sie das Symbol eines Werkzeugs. Klicken Sie auf dieses Icon, und wählen Sie im Bereich GEMEINSAM GENUTZTE BIBLIOTHEK den Punkt ZIEL-GRUPPENVERWALTUNG aus.

3. Als Nächstes klicken Sie im linken Menü auf den Punkt ZIELGRUPPENQUELLE.

4. Jetzt erscheinen mehrere Karten. Wählen Sie die Google Ads-Karte aus, und klicken Sie auf TAG EINRICHTEN.

5. Der Einfachheit halber wählen Sie nun die Erfassung von Standarddaten aus und klicken auf ERSTELLEN UND FORTFAHREN.

6. Damit Sie die Conversion-ID für die Nutzung im Google Tag Manager erhalten, klicken Sie unten auf TAG-MANAGER VERWENDEN.

7. Nun öffnet sich ein Pop-up-Fenster. Kopieren Sie die neu erstellte Conversion-ID. Diese benötigen wir für die Einrichtung im Google Tag Manager. Sollten Sie kein Google Ads-Konto haben oder nicht mit echten Daten arbeiten wollen, können Sie im weiteren Verlauf als Conversion-ID einfach »xxxxxxxx« einsetzen.

8. Nun loggen Sie sich in den Google Tag Manager ein, wählen Ihren entsprechenden Container aus und klicken dann im linken Menü auf TAGS.

9. Nach dem Klick auf NEU öffnet sich das Eingabeformular für das neue Tag.

10. Klicken Sie jetzt auf das große Feld der Tag-Konfiguration. Sie öffnen damit die Auswahl der Tag-Vorlagen. Dort wählen Sie das Google Ads Remarketing-Tag aus.

11. In diesem Tag füllen Sie das Feld CONVERSION-ID (siehe Abbildung 4.5) mit der in der Google Ads-Oberfläche erstellten Conversion-ID des Google Ads Remarketing-Tags aus. Die weiteren Einstellparameter beachten Sie vorerst nicht weiter.

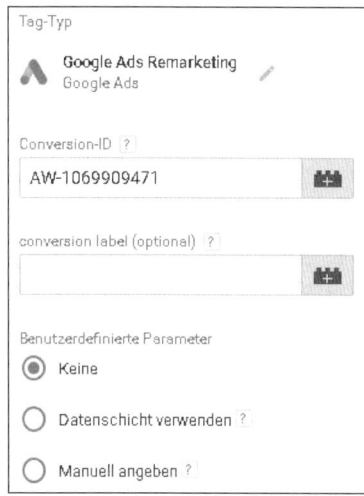

Abbildung 4.5 Die Tag-Vorlage des Google Ads Remarketing-Tags

12. Als Nächstes klicken Sie auf den Trigger-Bereich unterhalb der Tag-Konfiguration und wählen den Trigger ALL PAGES aus, indem Sie einfach auf den Namen klicken.

13. Nun müssen Sie das Tag nur noch SPEICHERN.

14. Das Google Ads Remarketing-Tag ist jetzt so weit erstellt. Das Tag ist aber noch nicht auf der Website aktiv (*live*). Denn einer der großen Vorteile ist, dass wir im Google Tag Manager Tags vorbereiten können, sie aber nicht direkt live sind. Sie können die korrekte Einbindung des Tags sogar auf der Website testen, ohne dass es für die anderen Besucher sichtbar ist.

> **Testseite für die ersten Schritte benutzen**
>
> Für Ihre ersten Schritte können Sie die Testseite unter dem Link *http://demo.gtm-buch.de* benutzen. Zusammen mit dem Google Chrome-Plugin, dem *Tag Manager Injector*, können Sie dort alle Tags testen und ausprobieren und veröffentlichen. Dafür nutzen Sie natürlich einen Container, den Sie ansonsten nirgendwo benutzen.

4.3   Testen und Veröffentlichen des Tags

Das Google Ads Remarketing-Tag ist jetzt so weit fertig, dass Sie es testen können. Dafür müssen Sie sich im Google Tag Manager innerhalb Ihres Containerbereichs befinden. Oben rechts finden Sie die Schaltfläche IN VORSCHAU ANSEHEN. Auf diese Schaltfläche klicken Sie, und umgehend lädt sich der Google Tag Manager neu. Im oberen Bereich erscheint der Hinweis, dass Sie sich jetzt in der Vorschau des Arbeitsbereichs befinden.

Als Nächstes rufen Sie die Website mit dem eingebundenen Google Tag Manager-Code auf. Falls Sie den Google Tag Manager-Code noch nicht auf einer Website eingebunden haben, können Sie auch die Methode mit dem Chrome-Plugin *Tag Manager Injector* nutzen (siehe Abschnitt 2.4.3). Beim Aufruf der Website sehen Sie am unteren Rand das sogenannte Debug-Fenster (siehe Abbildung 4.6). Wenn Sie alles korrekt gemacht haben, finden Sie im Bereich TAGS FIRED ON THIS PAGE Ihr gerade angelegtes Google Ads Remarketing-Tag. Jetzt wissen Sie, dass Ihr Tag ausgeführt wurde.

Abbildung 4.6 Das Debug-Fenster nach dem Aufrufen der Website

Auch wenn das Tag erfolgreich vom Google Tag Manager »abgefeuert« bzw. ausgeführt wurde, wissen Sie noch nicht, ob es auch entsprechend an Google Ads geschickt wurde. Das Debug-Fenster zeigt nur an, ob ein Tag ausgeführt wird, und nicht, ob es auch korrekt eingebunden wurde. Denn auch wenn die Bedienung des Google Tag Managers mit den Vorlagen sehr einfach ist, können trotzdem noch Fehler passieren.

Deshalb sollten Sie jedes Tag auch noch daraufhin überprüfen, ob die Daten korrekt übertragen werden.

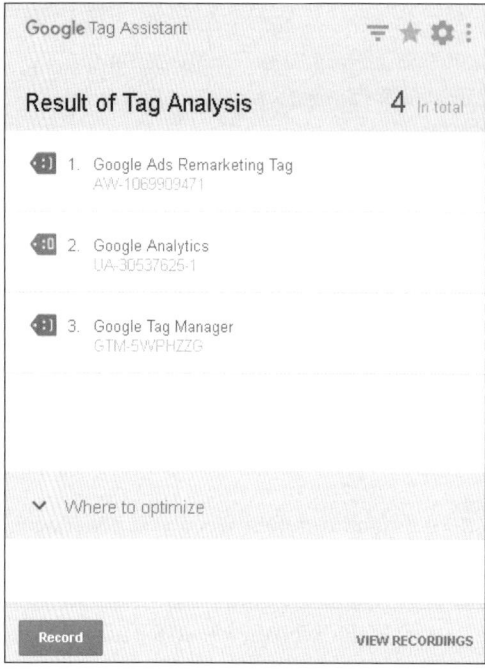

Abbildung 4.7 Der Google Tag Assistant mit dem Google Ads Remarketing-Tag

Für das Google Ads Remarketing-Tag können Sie das Chrome-Plugin *Tag Assistant* (siehe Abschnitt 2.4.4) nutzen. Das Plugin zeigt Ihnen direkt an, ob das Tag korrekt ausgeführt wurde (siehe Abbildung 4.7). Hier können Sie auch prüfen, ob Sie die korrekte Ads-Conversion-ID eingetragen haben. Sollten Sie einen Fehler gemacht haben, können Sie die Änderung im Google Tag Manager vornehmen und anschließend die Ausführung auf der Website erneut testen. Dafür müssen Sie aber die Vorschau aktualisieren. Dazu müssen Sie zunächst im Google Tag Manager im oberen Bereich auf AKTUALISIEREN klicken (siehe Abbildung 4.8) und anschließend die Website neu laden. Das Neuladen der Website erfolgt auf einem Windows-Rechner mit der Tastenkombination [Strg] + [F5] und auf einem Mac mit [Cmd] + [R]. Jetzt können Sie die Änderungen prüfen.

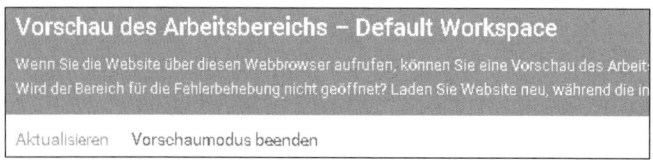

Abbildung 4.8 Die Aktualisierung der Vorschau

Wenn das Tag entsprechend getestet und für voll funktionsfähig erklärt wurde, können Sie es veröffentlichen. Dafür klicken Sie im Google Tag Manager auf Senden.

Auf der Seite, die sich nun öffnet, gibt es einige Einstellungsmöglichkeiten (siehe Abbildung 4.9). Jetzt werden Sie aber nur die einfachsten nutzen, damit das Tag online gehen kann. Sie geben der Version einen entsprechenden Namen, zum Beispiel »Google Remarketing« und in die Versionsbeschreibung schreiben Sie einen aussagekräftigen Text. In diesem Fall passt »Google Ads Remarketing-Tag für Conversion-ID AW-1069909471 hinzugefügt«.

Auch wenn das Kommentieren bei Entwicklern nicht sehr beliebt ist, sollten Sie es nicht als Kür betrachten, sondern als Pflicht. Es kostet in der Regel nur wenige Momente, aber Sie werden langfristig den Vorteil haben, dass Ihr Container viel übersichtlicher ist.

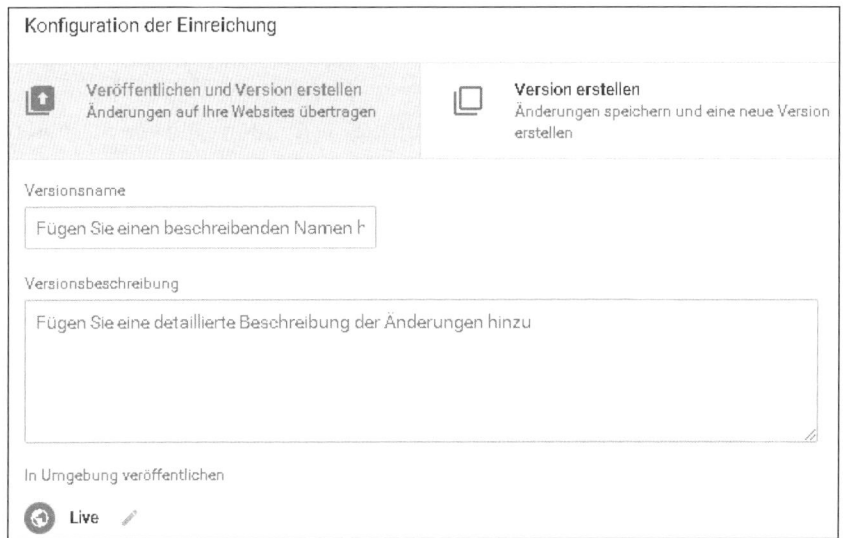

Abbildung 4.9 Die Konfiguration zur Einreichung

Nach dem finalen Klick auf Veröffentlichen wird der Container vorbereitet, und nach wenigen Sekunden sind Ihre Änderungen auf der Website live. Zum Abschluss der Veröffentlichung sehen Sie noch die Versionszusammenfassung, in der aufgeführt ist, welche Änderungen Sie vorgenommen haben und auch veröffentlicht wurden. Sie können sich diese Zusammenfassung von jeder veröffentlichten Version auch im Nachhinein anschauen. Sie erreichen die Versionsübersicht über die obere Navigation, indem Sie auf »Versionen« klicken. Ich gehe auf die Möglichkeiten und Funktionen, die die Versionsübersicht bietet, in Kapitel 10, »Veröffentlichen: Versionen und Workspaces«, noch genauer ein.

4.4   Erweiterte Funktionen mit den Triggern

In allen Beispielen, die Sie bisher kennengelernt haben, gab es immer einen Trigger, der das Ausführen des Tags ausgelöst hat. Aber die Einstellungen bei den Tags lassen viel mehr zu als nur die Fokussierung auf ein einzelnes Tag.

Sie können problemlos mehrere Trigger einem Tag zuordnen. Das ist in dem Moment sinnvoll, in dem Sie tatsächlich auf unterschiedliche Ereignisse mit dem gleichen Trigger reagieren können, zum Beispiel wenn das gleiche Tag auf zwei unterschiedlichen URLs ausgespielt werden soll. Natürlich könnten Sie auch für jedes Ereignis einen eigenen Trigger anlegen, aber mittelfristig wird Ihr Container dadurch sehr unübersichtlich. Sie sollten sich immer darauf konzentrieren, dass Ihr Container schlank, aber auch verständlich bleibt.

Sie ordnen einem Tag einen zweiten Trigger zu, indem Sie auf das Plus-Zeichen in der Nähe des ersten zugeordneten Triggers klicken. Daraufhin öffnet sich wieder die normale Triggerauswahl und Sie können den zweiten Trigger auswählen. Wenn Sie einen zweiten Trigger auswählen, gilt immer die ODER-Regel. Das heißt: Immer wenn einer der beiden Trigger zutrifft, wird das Tag ausgeführt. Eine Kombination von mehreren Regeln ist nur innerhalb eines Triggers möglich oder indem Sie eine Ausnahme hinzufügen (siehe Abbildung 4.10).

Abbildung 4.10 Der Trigger-Bereich beim Tag

Sie können jedem Tag einen oder mehrere Ausnahme-Trigger hinzufügen. Das ist solchen Fällen sinnvoll, in denen bestimmte Tags nicht ausgeführt werden sollen, obwohl der auslösende Trigger eigentlich zutrifft. Das ist zum Beispiel dann der Fall, wenn ein Tag auf allen Seiten ausgelöst wird, nur nicht auf der Danke-Seite nach dem Eintragen der E-Mail-Adresse für einen Newsletter.

Um eine solche Ausnahme festzulegen, klicken Sie auf AUSNAHME HINZUFÜGEN. Damit öffnen Sie wieder das Menü zum Auswählen des Triggers. Wenn Sie jetzt einen Trigger auswählen, wird die Ausführung des Tags jedes Mal geblockt, wenn die Bedingungen dieses Triggers zutreffen. Auch die Trigger bei den Ausnahmen verknüpfen sich mit einer ODER-Regel. Das bedeutet: Wenn nur einer dieser Trigger zutrifft, wird das entsprechende Tag nicht ausgeführt.

4.5   Priorität, Tag Sequencing etc.: Erweiterte Einstellungen bei der Ausführung

Bisher haben Sie in Ihren erstellten Tags nur sehr einfache Einstellungen vorgenommen. Diese Möglichkeiten reichen auch in den meisten Fällen aus. Die Fälle, in denen Sie mehr als diese Einstellungen benötigen, sind sehr selten. Aber genau für diese Zwecke bietet Ihnen der Google Tag Manager entsprechende erweiterte Einstellungen. Sie finden diese ERWEITERTEN EINSTELLUNGEN am Ende aller Tag-Konfigurationen (siehe Abbildung 4.11).

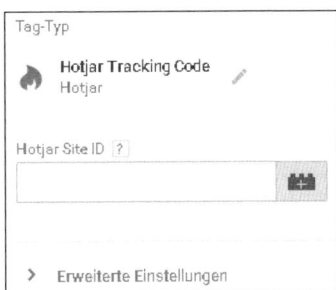

Abbildung 4.11 »Erweiterte Einstellungen« befinden sich am Ende jeder Tag-Konfiguration.

4.5.1   Priorität für die Tag-Auslösung

Der Google Tag Manager führt alle erstellten Tags in einer beliebigen Reihenfolge aus. Sie haben keinen direkten Einfluss auf die Ausführungsreihenfolge. Sobald der entsprechende Trigger das Tag auslöst, werden die Tags gestartet. Aber unter Umständen kann es sinnvoll sein, auf die Startreihenfolge Einfluss zu nehmen. Für diesen Zweck gibt es in den erweiterten Einstellungen die Priorität für die Auslösung des Tags (siehe Abbildung 4.12).

Abbildung 4.12 Priorität für die Tag-Auslösung

Dieses Feld akzeptiert Ganzzahlen mit positiven wie auch negativen Werten. Sie können also »-1«, »4« oder auch »99« in das Feld eintragen. Das Tag mit der höchsten Priorität wird dann als Erstes gestartet und alle anderen absteigend nach der Priorität. Wenn Sie keinen Wert in das Feld eintragen, ist der Wert automatisch 0. Wenn Sie also sichergehen wollen, dass ein einziges Tag früher gestartet werden soll, reicht es, wenn dieses Tag den Wert 1 bekommt. Sie können die Zeit zwischen den Starts der Tags nicht dadurch vergrößern, dass Sie die Werte möglichst groß wählen. Die Zahlen haben keinen Einfluss auf eine mögliche Zeitkomponente. Für solche Zwecke müssten Sie in Ihr Skript eine Zeitverzögerung einbauen. Die Priorität bezieht sich nur auf den Start der Ausführung des Tags. Die jeweiligen Tags werden nach der Priorität absteigend sortiert gestartet. Dadurch dass der Google Tag Manager die Tags komplett asynchron laufen lässt, hat die Priorisierung nur Einfluss auf den Start, aber nicht darauf, ob ein Skript noch läuft. Durch die asynchrone Technologie wartet der Google Tag Manager mit dem Start des nächsten Tags nicht so lange, bis das vorherige Tag beendet ist. Es kann also durchaus passieren, dass Sie ein Skript mit hoher Priorität erstellen, es aber durch aufwendigere Funktionen erst nach einem Skript fertig ist, das später gestartet ist. Sollten Sie sich auf eine Reihenfolge verlassen müssen, bietet sich die Tag-Sequenzierung (siehe Abschnitt 4.6) an.

4.5.2   Benutzerdefinierter Plan zur Tag-Auslösung

Der Google Tag Manager bietet die Möglichkeit, den Zeitraum festzulegen, wann ein Tag tatsächlich ausgeführt wird (siehe Abbildung 4.13). Sie haben damit die Möglichkeit, ein Tag gegebenenfalls erst ab einem bestimmten Datum ausführen zu lassen oder aber auch ein Tag ab einem bestimmten Datum nicht mehr laufen zu lassen.

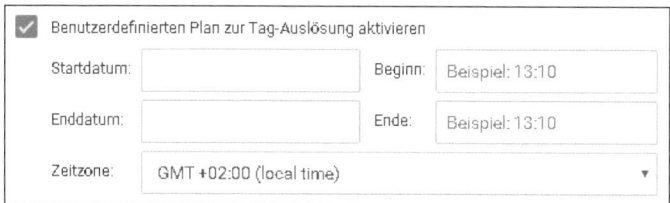

Abbildung 4.13 Benutzerdefinierter Plan zur Tag-Auslösung

4.5.3   Tag nur in veröffentlichten Containern ausführen

Bei einigen Tags ist es nicht erwünscht, dass sie im Testsystem ausgeführt werden. Besondern bei Tags, bei deren Nutzung Kosten pro Aufruf entstehen können, ist eine Abschaltung des Tags im Vorschaumodus sinnvoll. Für diesen Zweck gibt es bei jedem Tag eine Checkbox, mit der man das Auslösen in nicht veröffentlichten Containern unterbinden kann (siehe Abbildung 4.14). Übrigens könnten Sie das gleiche Verhalten erreichen, wenn Sie einen Trigger erstellen, der auf dem Wert von »Environment Name« beruht.

Abbildung 4.14 Tag nur in veröffentlichten Containern auslösen

4.6 Optionen für Tag-Reihenfolge und -Auslösung

Die Tag-Reihenfolge ist ein Feature des Google Tag Managers, das vor der Einführung von vielen gewünscht wurde, aber trotzdem relativ selten Beachtung findet. Es bietet aber Funktionalitäten, die bei einigen Anforderungen sehr wichtig sind. Normalerweise werden Tags im Google Tag Manager asynchron ausgeführt. Das heißt, wir haben keinen Einfluss darauf, ob ein Tag vor oder nach einem anderen Tag ausgeführt wird. Aber genau dieses Verhalten müssen wir manchmal garantieren, damit bestimmte Tags überhaupt funktionieren. Für diesen Zweck gibt es im Google Tag Manager die Tag-Sequenzierung.

4.6.1 Die Tag-Reihenfolge

Mit der Tag-Reihenfolge (Tag-Sequenzierung) können Sie bis zu drei Tags in einer genau bestimmten Reihenfolge ausführen. Dadurch werden die Tags nicht nur in einer bestimmten Reihenfolge ausgeführt, sondern es wird auch darauf geachtet, ob die jeweiligen Tags erfolgreich beendet wurden. Das bedeutet, Sie können ein *Setup-*, ein *Main-* und ein *Cleanup-Tag* einsetzen (siehe Abbildung 4.15).

Wichtig zu wissen ist, dass der ganze Ablauf maßgeblich vom Main-Tag abhängt. Das Main-Tag mit dem auslösenden Trigger ist dasjenige, das die Sequenz startet. Aber anstatt direkt das Main-Tag auszuführen, wird erst das Setup-Tag ausgeführt. Dann wird das Main-Tag ausgeführt und zum Schluss das Cleanup-Tag. In der Regel wird die Sequenz nur weiter durchgeführt, wenn das jeweilige Tag erfolgreich abgeschlossen wurde. Aber Sie können auch einstellen, dass die anderen Tags auch bei einem Fehler bzw. einer Nichtausführung gestartet werden.

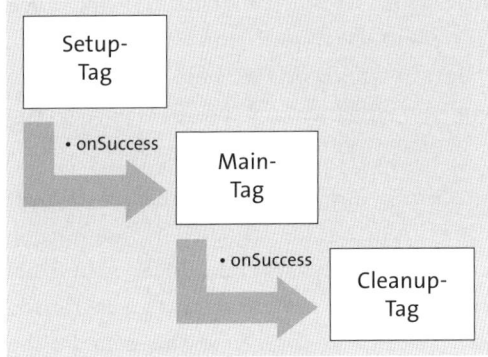

Abbildung 4.15 Die Reihenfolge der Tag-Sequenzierung

Wenn das Setup- und das Cleanup-Tag im Konzept der Tag-Sequenzierung genutzt werden, entfallen sämtliche Verbindungen zu eventuell vorhandenen Triggern. Das bedeutet: Sollte das Setup-Tag außerhalb der Tag-Sequenzierung auf einem bestimmten Ereignis und damit Trigger beruhen, hat das keinerlei Relevanz im Rahmen der Tag-Sequenzierung. Dieser Trigger wird dann einfach nicht beachtet. Das Gleiche gilt für das Cleanup-Tag. Der einzige Trigger, der für den Start dieser Sequenz von Tags verantwortlich ist, ist der Trigger des Main-Tags.

Sie müssen die Tag-Sequenz komplett isoliert betrachten. Dieser Umstand macht das Verständnis der Tag-Reihenfolge nicht einfacher, aber wenn Sie es einmal verstanden haben, werden Sie wissen, wann dieses Feature unerlässlich für die Nutzung ist.

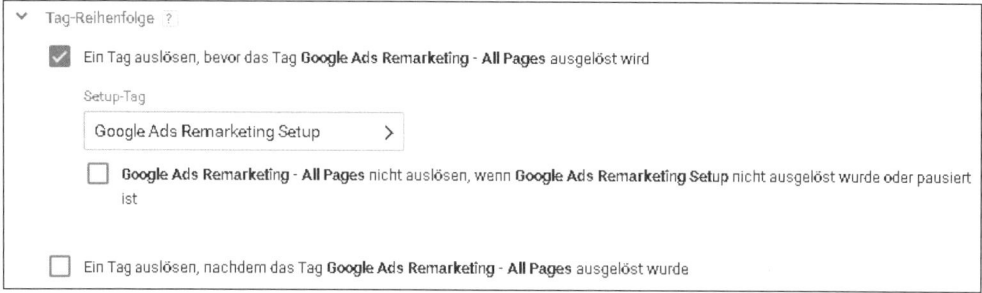

Abbildung 4.16 Die Tag-Reihenfolge

Technisch gesehen, ist es wichtig zu wissen, dass jedes Tag den Erfolg oder Nicht-Erfolg seiner Ausführung an den Tag Manager senden kann (siehe Abbildung 4.16). In Google Analytics gibt es diese Rückmeldung schon lange als Callback. Man kann sogar im Tag von Google Analytics JavaScript-Code hinterlegen, der bei erfolgreicher Ausführung ausgeführt wird. Auch in die anderen Tags sind ähnliche Funktionen eingebaut. Wie das genau technisch realisiert wird, müssen Sie aktuell nicht wissen. Nur wenn Sie die Tag-Sequenzierung in Verbindung mit benutzerdefiniertem HTML einsetzen wollen, müssen Sie diesen Callback ggfls. selbst definieren. Dann aber auch nur, wenn das JavaScript nicht einfach der Reihe nach abgearbeitet wird, sondern bei Nicht-Erfolg einen entsprechenden onFailure-Wert schickt. Für den Moment reicht es, wenn Sie wissen, dass das jeweilige Tag eine Rückmeldung (positiv oder negativ) nach der Ausführung gibt.

Normalerweise setzt man die Tag-Sequenzierung ein, damit die Reihenfolge exakt eingehalten wird. Deshalb erfolgt auch die Prüfung auf die erfolgreiche Ausführung der Tags. Aber es kann auch Ausnahmesituationen bzw. Anforderungen geben, bei denen die Ausführung des Main-Tags wichtiger ist als die erfolgreiche Ausführung des Setup-Tags. Genau für diese Situationen können Sie die Prüfung auf erfolgreiche Ausführung abschalten – und zwar für das Setup- und das Cleanup-Tag getrennt. Sobald Sie ein Tag zugewiesen haben, erscheint direkt unterhalb die Checkbox zum Deaktivieren der Prüfung auf erfolgreiche Ausführung (siehe Abbildung 4.16).

Vielleicht fragen Sie sich, wofür man diese Tag-Sequenzierung eigentlich gebrauchen kann. Ein typisches Beispiel ist die Ausführung eines Skripts zur Deaktivierung des

Google Analytics-Trackings wegen des Datenschutzes. Dafür können Sie das Java-Script als Tag zum Setzen und auch Reagieren auf das Cookie im Setup-Skript realisieren. Und sobald das gesetzt ist, können Sie sicher sein, dass diese Funktion immer vor dem Google Analytics-Tag geladen wird.

4.6.2   Die Häufigkeit der Tag-Auslösung

Besonders im Zusammenhang mit der Tag-Sequenzierung kann es vorkommen, dass ein Tag mehrfach aufgerufen wird. Das ist aber nicht sinnvoll oder einfach nur unnötig. Auch dafür bietet der Google Tag Manager die entsprechenden Einstellungen: Sie können bestimmen, wie oft ein Tag tatsächlich ausgelöst wird (siehe Abbildung 4.17).

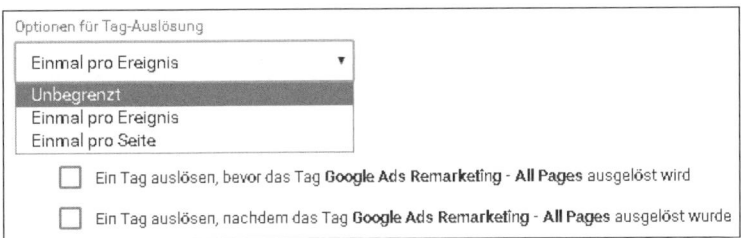

Abbildung 4.17 Die Optionen für die Tag-Auslösung

▶ EINMAL PRO SEITE: Auch wenn das Setup- oder Cleanup-Tag in mehrere Tags eingebunden wird, wird es pro Seitenaufruf nur ein einziges Mal ausgeführt.

▶ EINMAL PRO EREIGNIS: Auch hier gilt: Obwohl das Tag mehrfach eingebunden ist, wird es nur einmal pro Ereignis ausgeführt.

▶ UNBEGRENZT: Bei dieser Einstellung gibt es keinerlei Restriktionen bei der Anzahl der Ausführungen. Jedes Mal, wenn das Tag eingebunden ist, wird es ausgeführt, auch wenn es in unzähligen Tags implementiert ist.

4.6.3   Sonderfall »Tag-Sequenzierung beim benutzerdefinierten HTML-Tag«

Wie weiter oben bereits angesprochen wurde, müssen Sie sich bei benutzerdefiniertem HTML selbst um das Melden von Erfolg und Misserfolg kümmern. Die folgenden Zeilen setzen ein wenig Wissen in JavaScript voraus. Bitte beachten Sie, dass Sie am besten nur Dinge einsetzen, die Sie auch verstehen.

Damit Ihr eigenes HTML den entsprechenden Status zurückliefert, benötigen Sie ein paar Zeilen HTML und zwei zusätzlich aktivierte eingebaute Variablen. Als Erstes aktivieren Sie die eingebauten Variablen Container ID und HTML ID. Wie Sie diese beiden Variablen aktivieren, erkläre ich in Abschnitt 1.2 (Diese integrierten Variablen gibt es: ein Überblick). Als Nächstes fügen Sie diesen Code in Ihr benutzerdefiniertes HTML ein:

```
<script>
  (function(window) {
    var gtm = window.google_tag_manager[{{Container ID}}];
    try {
      // Hier gehoert Ihr Code hin
      gtm.onHtmlSuccess({{HTML ID}});
    } catch(e) {
      if({{Debug Mode}}) throw e;
      // Notifies GTM our HTML Tag has failed
      return gtm.onHtmlFailure({{HTML ID}});
    }
  })(window);
</script>
```

Listing 4.2 Der JavaScript-Code, der sich um die Rückmeldung des Erfolgsstatus kümmert

Ihr eigener Code des HTML-Tags gehört in den try-Block.

Wie Sie sehen, ist die Funktion der Tag-Reihenfolge sehr mächtig und bietet viele Möglichkeiten, auf spezielle Anforderungen zu reagieren.

4.7 Zusammenfassung

In diesem Kapitel haben Sie die Funktionsweise der eingebauten Tags kennengelernt. Sie haben gelernt, ein eingebautes Tag zu benutzen und es zu veröffentlichen.

Kapitel 5
Die richtige Gelegenheit: Trigger

*Ohne Trigger würde kein einziger Tag im Google Tag Manager
ausgeführt werden.*

5

Jedes Tag im Google Tag Manager benötigt einen Zeitpunkt bzw. einen Moment, in dem es ausgeführt werden soll. Um das zu steuern, weisen Sie jedem Tag einen *Trigger* zu. Wenn Sie den Google Tag Manager schon länger nutzen, kennen Sie bestimmt auch noch die vorherige Bezeichnung: *Regeln*. Bevor Trigger ihren passenden Namen bekamen (»Trigger« bedeutet »Auslöser«), waren es Regeln. Der Begriff Trigger passt jedoch viel besser zu dem, was diese Komponente bezweckt: Sie sorgt dafür, dass das Tag genau in dem Moment ausgeführt wird, in dem Sie es wollen.

Der einzige Trigger, der von Beginn an im Google Tag Manager verfügbar ist, ist der Trigger *All Pages*. Dieser Trigger löst das zugeordnete Tag bei jedem Seitenaufruf aus. Sie finden den Trigger *All Pages* übrigens nicht in der Trigger-Übersicht. Diesen Trigger können Sie zwar zuweisen, aber nicht in der Übersicht aus Abbildung 5.1 sehen.

Abbildung 5.1 Die Trigger-Übersicht rufen Sie über die Navigation am linken Rand auf.

Ein Trigger im Google Tag Manager basiert immer auf einem Ereignis. Dieses Ereignis kann ein automatisches oder auch benutzerdefiniertes Ereignis sein. Die Unterschiede und die Trigger an sich beschreibe ich in diesem Kapitel genauer. Es gibt mehrere Wege, neue Trigger zu erstellen. Der einfachste Weg ist die Erstellung des Triggers beim Anlegen des Tags.

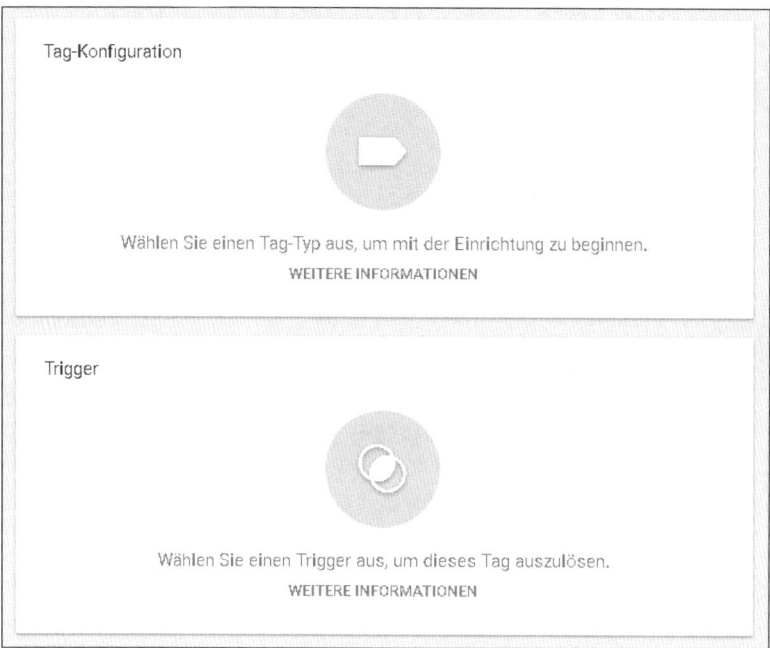

Abbildung 5.2 Die Übersicht beim Anlegen eines neuen Tags

In der Übersicht beim Anlegen eines neuen Tags wird direkt auf das Auswählen eines Triggers hingewiesen. Die gesamte Fläche mit der Bezeichnung ist klickbar. Wenn Sie auf diese Fläche klicken, öffnet sich ein neues Fenster mit der Auswahl der vorhandenen bzw. angelegten Trigger (siehe Abbildung 5.3).

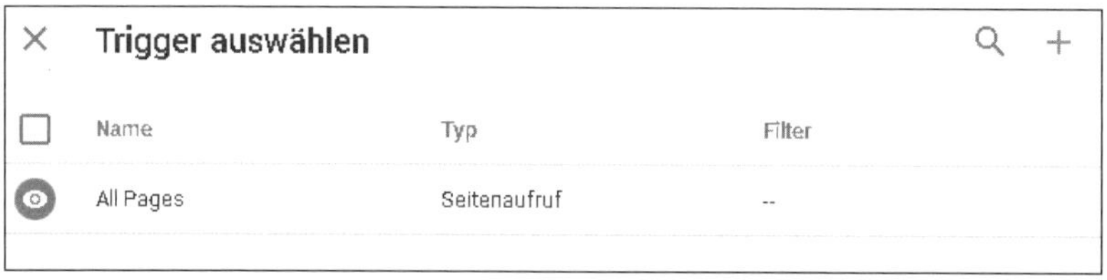

✕ Trigger auswählen		Q +
☐ Name	Typ	Filter
◉ All Pages	Seitenaufruf	--

Abbildung 5.3 Einen Trigger auswählen

In der rechten oberen Ecke befindet sich ein Plus-Zeichen. Wenn Sie auf dieses Zeichen klicken, haben Sie die Möglichkeit, neue Trigger anzulegen. Bevor Sie aber erfahren, was dahintersteckt und wie man das macht, zeige ich Ihnen noch den zweiten Weg, einen Trigger auszuwählen.

Dazu starten Sie im Arbeitsbereich. Wenn Sie sich noch nicht dort befinden, klicken Sie in der oberen Navigation auf ARBEITSBEREICH. Von dort aus klicken Sie in der linken Navigation auf TRIGGER und landen auf einer Seite, auf der Sie alle angelegten Trigger sehen. Hier können Sie einen neuen Trigger anlegen, indem Sie auf NEU klicken.

5.1   Trigger: technisch gesehen

Technisch basieren alle Trigger auf Ereignissen, die in die Datenschicht gepusht werden. Die Datenschicht ist eine Komponente, auf die ich im Verlauf des Buches noch öfter Bezug nehme und die ich in Kapitel 8, »Daten in der Website bereitstellen: die Datenschicht«, im Detail erkläre. Für den Moment reicht es, wenn Sie wissen, dass es diese Komponente gibt und wie neue Ereignisse in ihr landen. Im Prinzip ist die Datenschicht einfach ein Speicherelement im JavaScript-Code der Website. In ihr werden Werte gespeichert, und der Google Tag Manager kann mithilfe der Variablen auf diese Werte zugreifen.

Der Trigger *All Pages* wird vom Ereignis *Seitenaufruf* angestoßen. Der Seitenaufruf hat innerhalb des Google Tag Mangers den Eventnamen *gtm.js*. Als Datenschicht-Ereignis sieht das so aus:

```
dataLayer.push({'event': 'gtm.js'});
```

Listing 5.1 Der Seitenaufruf wird in die Datenschicht gepusht.

In dem Moment, in dem das Ereignis in die Datenschicht geschrieben wird, überprüft der Google Tag Manager alle vorhandenen Trigger daraufhin, ob sie auf diesen Event reagieren. Wurde ein Trigger gefunden, werden gegebenenfalls die weiteren Regeln oder Einschränkungen berücksichtigt.

Um auf die automatischen Datenschicht-Ereignisse zu reagieren, benötigen wir nicht die Ereignisnamen, sondern wir haben im Google Tag Manager schon entsprechende Triggertypen (siehe Tabelle 5.1).

Triggertyp	Datenschicht-Ereignis
Seitenaufruf – Seitenaufruf	gtm.js
Seitenaufruf – DOM ist bereit	gtm.dom
Seitenaufruf – Fenster geladen	gtm.load
Klick – Alle Elemente	gtm.click
Klick – Nur Links	gtm.linkClick

Tabelle 5.1 Triggertypen

Triggertyp	Datenschicht-Ereignis
Nutzerinteraktion – Elementsichtbarkeit	gtm.elementVisibility
Nutzerinteraktion – Formular senden	gtm.formSubmit
Nutzerinteraktion – Scrolltiefe	gtm.scrollDepth
Nutzerinteraktion – YouTube Video	gtm.video
Timer	gtm.timer
JavaScript-Fehler	gtm.pageError
Verlaufsänderung	gtm.historyChange

Tabelle 5.1 Triggertypen (Forts.)

Alle weiteren Ereignisse, die wir selbst definieren, können wir mit dem Triggertyp
BENUTZERDEFINIERTES EREIGNIS abfangen (siehe Abbildung 5.4).

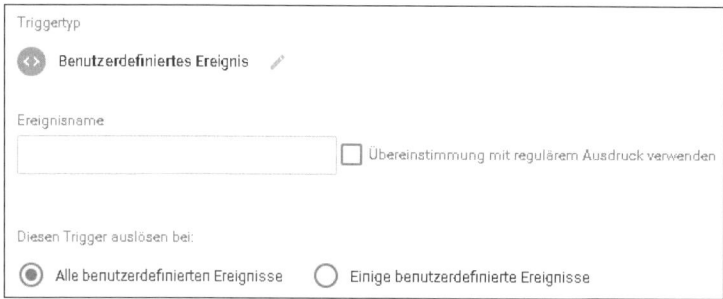

Abbildung 5.4 Der Triggertyp »Benutzerdefiniertes Ereignis«

Jeder Triggertyp ermöglicht es Ihnen, entweder auf alle Ereignisse zu reagieren oder
durch Einschränkungen die Ausführung des Triggers zu unterbinden.

5.2   Trigger debuggen

Um einen Überblick über die vorhandenen Trigger zu bekommen oder um einen neu
erstellten Trigger zu finden, können Sie den Vorschau-Modus des Google Tag Managers nutzen. Sie erreichen den Vorschaumodus in der Google Tag Manager-Oberfläche innerhalb Ihres Containers, indem Sie auf IN VORSCHAU ANSEHEN (rechts oben)
klicken. Anschließend rufen Sie die Website auf und erhalten am unteren Rand das
Debugfenster (siehe Abbildung 5.5). Auf der rechten Seite sehen Sie alle aufgelaufenen Ereignisse mit dem jeweiligen Ereignisnamen.

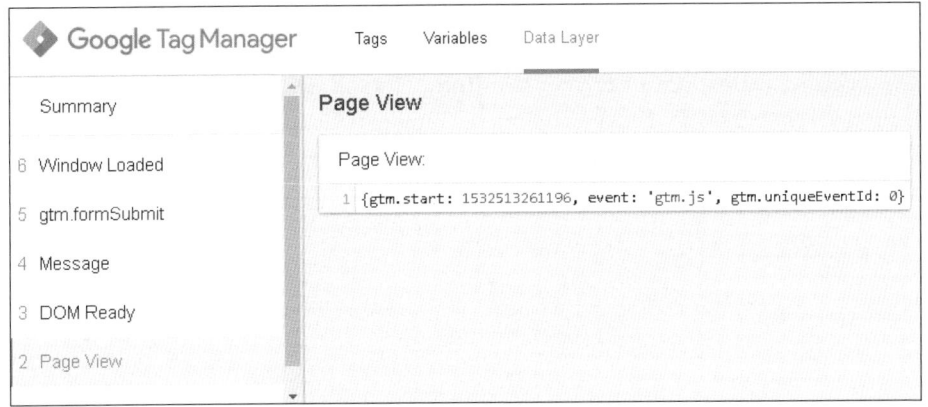

Abbildung 5.5 Das Debugfenster mit den Ereignissen

Dabei ist es wichtig zu wissen, dass ein Ereignis nicht zwingend einen Trigger auslöst. Ein Ereignis bedeutet erst mal nur, dass in die Datenschicht ein Push ausgeführt wurde. In den Fällen, in denen Sie Werte in den Data Layer pushen, aber das Eventfeld nicht gefüllt ist, erscheint als Eventname nur Message (siehe Abbildung 5.5). Im rechten Bereich des Debugfensters sehen Sie auch die Werte, die an die Datenschicht übertragen wurden.

5.3   Einen neuen Trigger erstellen

Es gibt im Google Tag Manager unterschiedliche Triggertypen. Sie können damit auf Seitenaufrufe, auf das Klicken auf Links oder auf andere Ereignisse reagieren. Bevor Sie einen neuen Trigger erstellen, sollten Sie genau wissen, was Sie eigentlich bezwecken wollen: Soll ein Tag ausgelöst werden, nachdem ein Seitenaufruf erfolgt ist, oder soll das Tag ausgeführt werden, wenn ein Link auf der Seite angeklickt wurde?

Des Weiteren müssen Sie wissen, ob dieses Tag bei jedem dieser Ereignisse ausgeführt werden soll oder ob Sie die Ausführung einschränken wollen. Mit den Einschränkungen bzw. Filtern können Sie nahezu auf jedes Ereignis individuell reagieren. In Kapitel 2, »Die Praxis beginnt: Den Container einsatzfähig machen«, haben wir den Trigger *All Pages* genutzt. Dieser Trigger löste ohne Einschränkungen bei jedem Seitenaufruf das Tag aus.

Sie können einen ähnlichen Trigger erstellen, der bei einem Seitenaufruf das Tag auslöst, aber darauf achtet, dass er nur auf einer bestimmten Domain auslöst. Dafür bewegen Sie sich in Ihrem Google Tag Manager-Container in den Bereich Trigger und klicken auf Neu. Nach dem Klick auf das große Fenster mit der Triggerkonfiguration öffnet sich die Auswahl der Trigger-Typen. Sie klicken auf Seitenaufruf.

Wenn Sie den Trigger jetzt speichern würden, hätten Sie den Trigger *All Pages* nachgebildet. Aber Sie sollen den Trigger so einschränken, dass er nur auf der Domain *gtm-buch.de* auslöst. Dafür klicken Sie unter Diesen Trigger auslösen bei auf Einige Seitenaufrufe. Nun erscheint eine Möglichkeit zur Einschränkung auf Basis von Variablen und Regeln (siehe Abbildung 5.6).

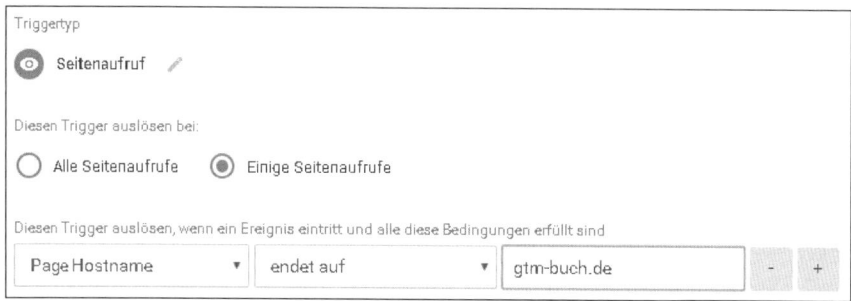

Abbildung 5.6 Der Trigger-Typ »Seitenaufruf« mit einem aktiven Filter

Alle Trigger-Typen bieten Bedingungen auf Basis von einer *Variablen*, einem *Operator* und dem *Prüfwert*. Bei der Auswahl der Variablen sind Sie nicht eingeschränkt. Sie können jede eingebaute, aber auch jede selbst erstellte Variable für diese Filter nutzen. In diesem Beispiel setzen Sie die Variable auf Page Hostname, denn dahinter versteckt sich die Domain.

Den Operator setzen Sie auf endet auf. Dadurch stellen Sie sicher, dass der Trigger auch bei beliebigen Subdomains, wie *www.gtm-buch.de* oder *shop.gtm-buch.de* ausgelöst wird.

In das Feld für den Prüfwert tragen Sie dann noch »gtm-buch.de« ein. Ihre Anpassung des Triggers ist jetzt fertig. Sie haben einen Trigger erstellt, der bei jedem Seitenaufruf prüft, ob er auf einer Seite aufgerufen wird, die auf der Domain *gtm-buch.de* und allen Sub-Domains liegt.

5.4   Unscheinbar, aber mächtig: Die Trigger-Bedingungen

Jeden Trigger kann man in der Funktionalität einschränken. Dafür bedarf es nur einer Variablen, eines Operators und eines Wertes (siehe Abbildung 5.7).

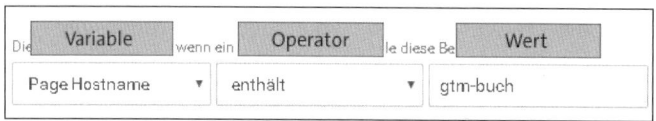

Abbildung 5.7 Die Bedingungen für den Trigger

Als Variable kommt jede Variable infrage, die im System vorliegt. Diese Variable wird anhand des Operators mit dem Wert ganz rechts verglichen. Das Feld für den Wert nimmt keine Variablen auf. Dort können Sie nur feste Werte eintragen. Aber dennoch bietet dieses Feld einiges an Flexibilität. Denn als Operatoren kommen insgesamt 18 unterschiedliche Möglichkeiten infrage (siehe Abbildung 5.8). Die meisten sind selbsterklärend.

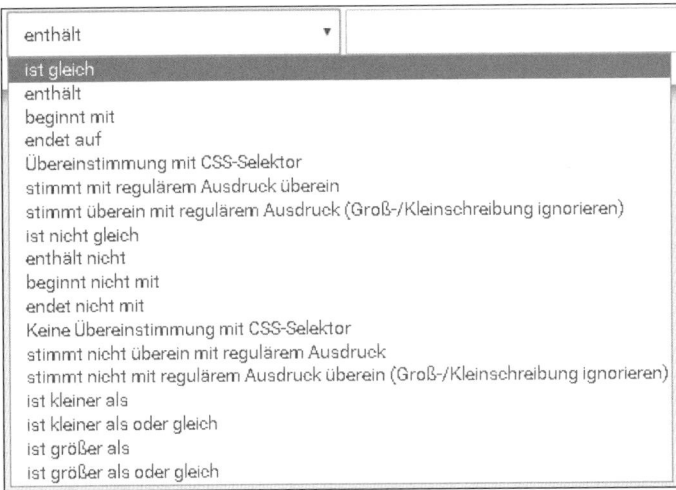

Abbildung 5.8 Die Operatoren für die Einschränkung der Trigger

Einige der Operatoren funktionieren nur mit Zahlen, so wie IST KLEINER ALS, IST GRÖSSER ALS etc. Andere, wie ENTHÄLT, BEGINNT MIT, ENDET AUF etc., funktionieren mit Zahlen genauso wie mit Buchstaben.

Extrem mächtig sind die Operatoren, die auf den regulären Ausdrücken beruhen. Mit regulären Ausdrücken kann man Zeichenmuster beschreiben, anhand derer Übereinstimmungen gesucht und abgeglichen werden. Reguläre Ausdrücke gibt es eigentlich in jeder Programmiersprache.

Ein zusätzlicher sehr nützlicher Operator ist der Operator auf Basis der CSS-Selektoren. Mit einer Regel, die auf diesem Operator basiert, können Sie eine Regel erstellen, die prüft, ob ein Klick oder eine Formularabsendung beim richtigen Element passiert. Ein Beispiel für die Verwendung: Sie können mithilfe des Operators ÜBEREINSTIMMUNG MIT CSS-SELEKTOR auch einen Wert erstellen, der beschreibt, dass der href des Link-Elements auf ».pdf« endet. Das sieht dann folgendermaßen aus:

```
a[href$=".pdf"]
```

Listing 5.2 Ein <a>-Element, dessen Link im »href« mit ».pdf« endet

5.5   Unterschiedliche Trigger für unterschiedliche Ereignisse

Die Triggertypen werden aktuell in vier Bereiche eingeteilt:

▶ Seitenaufrufe

▶ Klick

▶ Nutzerinteraktion

▶ Sonstiges

Wie Sie anhand der kurzen Liste sehen können, ist SEITENAUFRUF nicht nur ein einzelner Triggertyp, sondern ein Bereich von Triggern. Denn ein Seitenaufruf kann im Google Tag Manager durch drei unterschiedliche Zeitpunkte definiert werden.

5.5.1   Die Seitenaufrufe

Bei den Seitenaufrufen finden Sie drei unterschiedliche Triggertypen:

▶ Seitenaufruf

▶ DOM ist bereit

▶ Fenster geladen

Diese drei Triggertypen basieren auf den Datenschichtereignissen *gtm.js*, *gtm.dom* und *gtm.load*. Diese Ereignisse spiegeln drei unterschiedliche Zeitpunkte bei einem Seitenaufruf wider:

▶ **Seitenaufruf:** Beim einfachen Seitenaufruf *gtm.js* löst der Trigger aus, wenn Ihr Google Tag Manager-Container auf der Seite ausgeführt wurde. Er löst sogar aus, bevor Sie den Seiteninhalt gesehen haben. Es ist der einfachste Trigger und er löst nach dem Prinzip »schnellstmöglich« aus.

▶ **DOM ist bereit:** Dieser Trigger beruht auf dem Datenschicht-Event *gtm.dom* und wird ausgelöst, wenn das Document Object Model vom Browser fertiggestellt wurde. Das bedeutet, der Browser hat den Quelltext verarbeitet und die unterschiedlichen HTML-Elemente im Browser angeordnet. Es muss noch nicht zwingend schön aussehen, aber es ist etwas zu sehen.

▶ **Fenster geladen:** Dieser Trigger beruht auf dem Datenschichtereignis *gtm.load*. Er löst dann aus, wenn die gesamte Seite und alle enthaltenen Elemente, wie CSS, Bilder und alle JavaScript-Funktionen ausgeführt wurden. Bei einigen Seiten können einige Sekunden vergehen, bis die Seite komplett geladen ist.

Wie Sie sehen, gibt es drei unterschiedliche Arten, den Zeitpunkt beim Seitenaufruf zu bestimmen. Für die Auswahl des richtigen Zeitpunkts ist es sehr wichtig, dass Sie wissen, für welchen Zweck Sie den Trigger benötigen. Für die Übertragung eines einfachen Google Analytics-Seitenaufrufs nimmt man in der Regel den einfachen Seitenaufruf, also *gtm.js*.

Bei den anderen beiden Triggertypen besteht im Zusammenhang mit Google Analytics die Gefahr, dass nicht alle Seitenaufrufe gemessen werden, weil eventuell das Aufrufen der Seite abgebrochen wird, bevor der Trigger auslöst. Aber auch diese Trigger haben im entsprechenden Kontext ihre Daseinsberechtigung. Denn es gibt auch Daten, die erst nach dem Seitenaufruf zur Verfügung stehen. Mit dem *gtm.load* können Sie Tags ausführen, bei denen Sie sicherstellen müssen, dass der gesamte Code geladen und ausgeführt wurde.

5.5.2   Die Klick-Trigger

Der Google Tag Manager ermöglicht es, Klicks auf jedes beliebige Element als Trigger für ein Tag zu nutzen. Der Google Tag Manager unterscheidet dabei zwischen dem Klick auf alle Elemente und dem Klick auf nur Links.

Klick – Alle Elemente

Der Triggertyp, der auf alle Klicks reagiert, hat die gleichen einfachen Filter wie die Seitenaufruf-Trigger. Sie können anhand von Variablen, dem Operator und dem Wert bestimmen, auf welchen Klick der Trigger reagiert (siehe Abbildung 5.9). In den meisten Fällen wählen Sie eine Variable, die in Bezug zum Klick-Element steht. Dafür wählen Sie die entsprechenden integrierten Klick-Variablen aus.

Sollten Sie diese im Dropdown-Menü nicht finden, müssen Sie sie in der Variablenübersicht noch aktivieren. Die Klick-Variablen gehören zu den integrierten Variablen und sind standardmäßig nicht aktiviert. Nach der Aktivierung stehen Ihnen die Variablen dann aber in allen Variablenfeldern zur Verfügung.

Dieser Triggertyp reagiert auf jeden Klick und benötigt dafür kein Link-Element. Der Button kann so aussehen:

```
<button class="btn btn-primary btn-lg aligncenter " type="button" id="popup">
Pop öffnen</button>
```

Listing 5.3 Ein einfacher Button auf der Website

Einen Klick auf diesen Button löst den Trigger aus, wenn Sie folgende Einstellungen vornehmen (siehe auch Abbildung 5.9):

- ▶ **Triggertyp:** Klick – Alle Elemente
- ▶ **Diesen Trigger auslösen bei:** Einige Klicks
- ▶ **Bedingung:** Click ID => ist gleich => popup

Abbildung 5.9 Der Triggertyp »Klick – Alle Elemente«

Klick – Nur Links

Dieser Triggertyp erwartet zwingend den Klick auf einen Link und dabei ist der Link ganz klar als <a>-HTML-Element definiert. Das sieht im Quelltext folgendermaßen aus:

```
<a href="http://www.gtm-buch.de" class="redlink">Zum Buch</a>
```

Listing 5.4 Ein einfacher Link als <a>-Element

Dieser Triggertyp reagiert nicht auf andere Klicks, nur auf Klicks auf Links. Oftmals sehen Elemente auf Websites wie Links aus, sind dann aber doch ein einfaches <div>-, <span>- oder ähnliches HTML-Element. Der Klick wird dabei vom JavaScript, zum Beispiel jQuery abgefangen und es wird eine Aktion ausgeführt, wie das Öffnen eines Pop-ups oder das Starten einer Bilderstrecke.

Das bedeutet: Wenn Sie einen solchen Klick-Trigger anlegen und er erscheint nicht im Debug-Fenster, sollten Sie überprüfen, ob es gegebenenfalls kein Link ist. Möglichkeiten zum Debugging finden Sie in Kapitel 9, »Debugging und Vorschau: Immer kontrollieren«. Der Triggertyp für die Linkklicks hat auch komplexere Einstellungen als der vorherige Triggertyp (siehe Abbildung 5.10).

Die neue Option AUF TAGS WARTEN ermöglicht es, darauf zu warten, dass das verknüpfte Tag auch tatsächlich ausgeführt werden konnte. Nur bei einem erfolgreichen Ausführen des Tags geht es weiter.

Ein einfacher Einsatzzweck ist das Messen von Klicks auf ausgehende Links in Google Analytics. Dabei wird mithilfe des Triggers ein Tag ausgelöst, wenn der Benutzer auf einen externen Link klickt. Normalerweise würde der Browser sofort den neuen Link aufrufen und Google Analytics würde es nicht schaffen, die entsprechende Meldung an den Google Analytics-Server zu schicken.

Wenn Sie das Häkchen bei AUF TAGS WARTEN setzen, wartet der Browser, bis das entsprechende Tag erfolgreich ausgeführt wurde. Die Beschränkung auf eine maximale Wartezeit verhindert dabei, dass der Browser bei einem fehlerhaften Skript oder einem nicht erreichbaren Browser hängen bleibt und den Link nicht öffnet. In der Regel reagiert der Google Analytics-Server innerhalb weniger 100 Millisekunden, sodass das Warten nicht wirklich auffällt. Wenn man dieses Häkchen nicht setzt, kann es passieren, dass die entsprechenden Tags nicht ausgeführt werden. Ähnliches gilt für BESTÄTIGUNG ÜBERPRÜFEN: Mit dieser Option werden ungültige Klicks nicht beachtet.

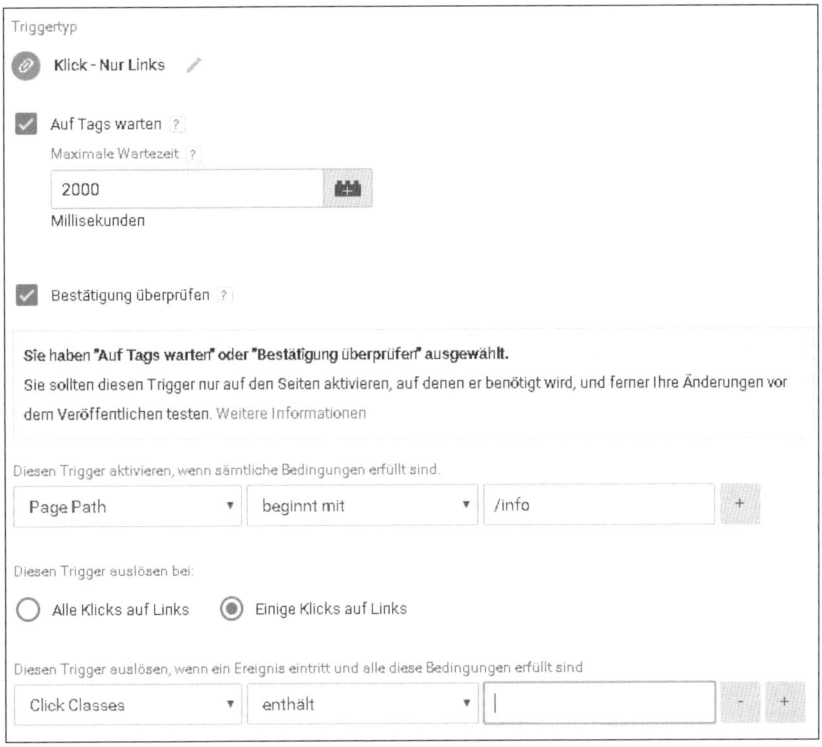

Abbildung 5.10 Der Triggertyp »Klick – Nur Links«

Testen bei der Nutzung von »Auf Tags warten« und »Bestätigung überprüfen«

Auch wenn diese Option scheinbar für einige Ereignisse unbedingt notwendig ist, müssen Sie diese Einstellung sehr gut testen. Denn Sie können mit ihr schnell Konflikte mit anderen Skripten auf der Website schaffen.

Besonders bei Single-Page-Websites wird technisch bedingt der Linkklick in der Regel vom JavaScript abgefangen bzw. wird für andere Ereignisse benötigt. Deshalb testen Sie unbedingt und ganz genau die Funktionalitäten auf der Website, wenn Sie KLICKEN – NUR LINKS als Triggertyp wählen.

Damit möglichst wenige Komplikationen mit anderen Funktionalitäten auf der Website auftreten und der Google Tag Manager nicht unnötig Ressourcen verbraucht, wird die Überwachung der jeweiligen Linkklicks möglichst weit eingeschränkt. Am einfachsten funktioniert das über den Seitenpfad, so wie in Abbildung 5.10, wo der Seitenpfad mit »/info« beginnen muss. Dadurch wird der Trigger nur ausgeführt, wenn im Seitenpfad »/info« vorkommt.

Übrigens, Sie sollten selten bei URLs den Übereinstimmungstyp GENAU wählen. Denn damit würden Sie alle Seitenaufrufe ausschließen, die irgendwoher (Ads oder auch *utm*-Parameter) Parameter am Ende der URL erhalten. Das Beste ist in der Regel, wenn man BEGINNT MIT auswählt. Dadurch reicht es, wenn der Beginn des Pfads mit dem Wert übereinstimmt.

Zum Schluss können Sie noch bestimmte Links auswählen, bei denen der Trigger reagiert. Das kann im Fall des Trackens von PDF-Downloads (siehe Abschnitt 11.1.4) gerne mal eine Dateiendung sein.

5.5.3   Die Nutzerinteraktions-Trigger

Im Bereich der Nutzerinteraktion bietet uns der Google Tag Manager viele Möglichkeiten, die Interaktion eines Nutzers auf der Website an die entsprechenden Tags weiterzugeben. Ohne den Google Tag Manager müssten viel aufwendigere Lösungen dafür gefunden werden. Von Anfang an war das Abschicken eines Formulars im Google Tag Manager integriert. Aber inzwischen können Sie auch auf die Sichtbarkeit von Elementen, das Anschauen von YouTube-Videos und das Scrollen reagieren. Durch die vielfältigen und unterschiedlichen Möglichkeiten haben Sie auch mehr Optionen in den jeweiligen Trigger-Typ-Formularen.

Der Triggertyp »Elementsichtbarkeit«

Bei der Elementsichtbarkeit geht es darum, in dem Moment einen Trigger zu aktivieren, wenn ein bestimmtes Element im Browser sichtbar wird. Dieses bestimmte Element kann dabei auch mehrmals auf der Website vorkommen. Sie können damit zum Beispiel tracken, ob ein Formular zur Eintragung in den Newsletter auf dem Bildschirm des Nutzers sichtbar war:

```
<div class="newsletter-box">
[...]
</div>
```

Listing 5.5 Der Trigger soll auf den <div>-Container des Newsletters reagieren.

Sie haben für die Newsletter-Anmeldebox die Information, dass ihr die CSS-Klasse "newsletter-box" zugewiesen wurde. Das reicht Ihnen, um einen Trigger zu konfigurieren, der dann auslöst, wenn der Nutzer dieses Element auf seinem Bildschirm sieht. Sie wählen beim Triggertyp ELEMENTSICHTBARKEIT die Auswahlmethode CSS-SELEKTOR (siehe Abbildung 5.11). Den Wert setzen Sie entsprechend der Newsletter-Box auf »div.newsletter-box«.

Als Nächstes entscheiden Sie, ob der Trigger bei jeder Sichtbarkeit ausgelöst werden soll oder ob es einmal pro Seite oder pro Element reicht. Für die aktuelle Aufgabe reicht es, wenn Trigger nur einmal pro Seite ausgelöst werden.

Im nächsten Feld können Sie festlegen, wie viel Prozent vom Element auf dem Bildschirm sichtbar sein müssen, bevor der Trigger auslöst. Und damit der Trigger auslöst, wenn einfach an dem Element vorbeigescrollt wird, können Sie die MINDESTDAUER FÜR DIE BILDSCHIRMSICHTBARKEIT auch noch festlegen.

Abschließend können Sie angeben, ob Sie auch gegebenenfalls Änderungen am DOM beobachten wollen. Denn das DOM-Objekt kann durch JavaScript und Nutzerinteraktion geändert werden – so wie das Austauschen von Bildern auf einer Website, wenn Sie einen Link klicken.

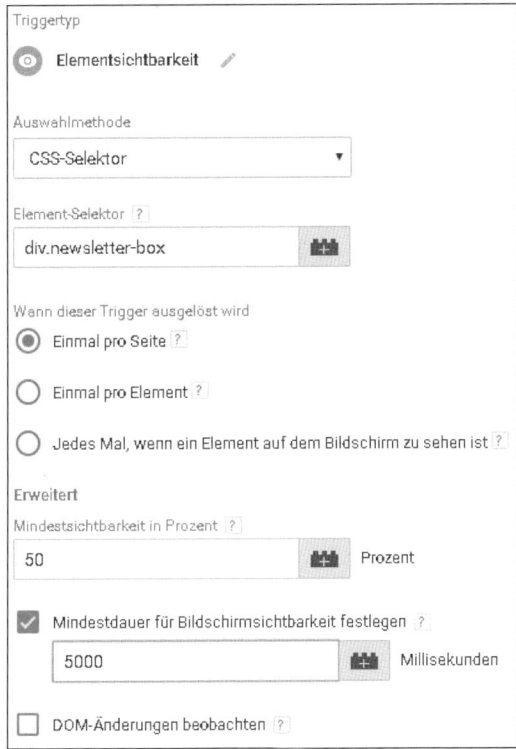

Abbildung 5.11 Der Triggertyp »Elementsichtbarkeit«

Seien Sie sparsam mit Funktionen

Es gibt Trigger, die viele Möglichkeiten bieten. Und der Trigger *Elementsichtbarkeit* ist ein sehr gutes Beispiel für tolle Funktionen, aber auch dafür, dass Sie sparsam mit den Browser-Ressourcen umgehen müssen.

Bei diesem Triggertyp senken besonders die Optionen MINDESTDAUER … und die Überwachung des DOM die Website-Leistung. Denn wenn diese beiden Optionen gewählt werden, muss der Google Tag Manager den Inhalt der Website dauerhaft überwachen. Das kann sich negativ auf die Website-Leistung auswirken: Unter Umständen reagieren eingebaute Funktionalitäten träger.

Am wenigsten Ressourcen benötigt der Trigger *Elementsichtbarkeit*, wenn nur eine CSS-ID überwacht wird und keine Mindestdauer oder DOM-Überwachung definiert ist. Diese Sparsamkeit gilt nicht nur für diesen Elementtyp, sondern für fast alle. Je gezielter Sie die Funktionalitäten nutzen, desto weniger Ressourcen verschwenden Sie.

Der Triggertyp »Scrolltiefe«

Das Messen der Scrolltiefe ist ein Feature, das viele Online-Marketer oft einsetzen wollen. Denn mit dem Messen der Scrolltiefe können Sie sichtbar machen, ob sich ein Besucher auch mit dem Inhalt der Website beschäftigt: In dem Moment, in dem der Besucher scrollt, interagiert er mit der Website und ist mehr interessiert als jemand, der die Website aufruft und die Seite direkt wieder verlässt. Mit dem Einbau dieses Triggers hat der Google Tag Manager die Nutzung und Messung der Scrolltiefe für viele Online-Marketer recht einfach möglich gemacht.

Der Trigger kann an mehreren Positionen auf der Seite ausgelöst werden. Dabei können Sie zwischen vertikalem und horizontalem Scrollen auswählen (siehe Abbildung 5.12). In den meisten Fällen werden Sie wahrscheinlich das vertikale Scrollen nutzen. Nach der Wahl, ob Sie die Auslösepunkte in Pixel oder Prozent angeben möchten, tragen Sie alle Auslösepunkte als Liste ein. Die einzelnen Punkte werden dabei einfach mit einem Komma getrennt. Oft ist es sinnvoll, die Scrolltiefen-Trigger nur auf bestimmten Seiten auszuführen, zum Beispiel auf bestimmten Artikeltexten.

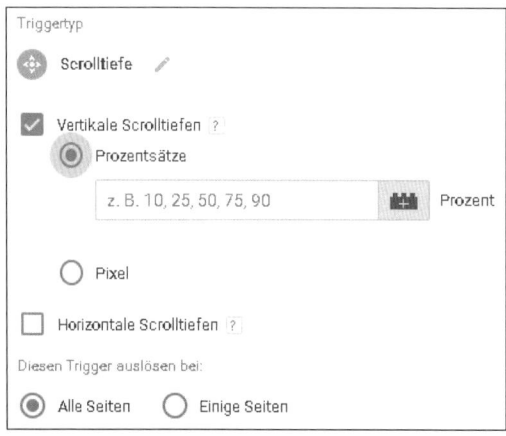

Abbildung 5.12 Der Triggertyp »Scrolltiefe«

Der Triggertyp »YouTube-Video«

Lange Zeit war es aufwendig oder fast unmöglich, die Interaktion mit Videos zu tracken. Inzwischen ist ein im Google Tag Manager bereitgestellter Trigger genau für diesen Zweck da: die verschiedenen Ereignisse beim Abspielen eines Videos nutzbar zu machen.

In den meisten Fällen ist mit »nutzbar machen« gemeint, dass man die verschiedenen Video-Ereignisse an Google Analytics überträgt. Aber natürlich kann man den Trigger auch dafür nutzen, diese Ereignisse mit dem Facebook- oder AdWords-Tag weiterzugeben.

Aktuell funktioniert dieser Trigger nur mit Videos, die von YouTube stammen. Sie können den Trigger durch mehrere unterschiedliche Video-Ereignisse ausführen lassen (siehe Abbildung 5.13):

▶ Video gestartet

▶ Video abgeschlossen

▶ Video pausiert, wurde übersprungen oder zwischengespeichert

▶ Fortschritt des Videos in Prozent oder Sekunden

Damit der Trigger ordnungsgemäß funktioniert, müssen Sie an die eingebundenen Videos den Suchparameter »enablejsapi=1« anhängen. Alternativ können Sie auch unter ERWEITERT das automatische Hinzufügen aktivieren. Dann kann es aber passieren, dass ein Reload des Iframes ausgeführt wird und das Video kurz flackert. Parallel zum Ausführen des Triggers werden auch die Variablen gefüllt (siehe Abschnitt 10.1.5).

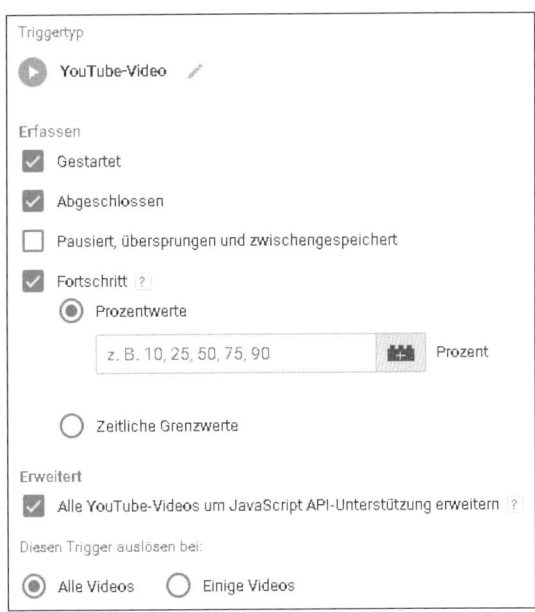

Abbildung 5.13 Der Triggertyp »YouTube-Video«

119

Der Triggertyp »Formular senden«

Der Triggertyp *Formular senden* hilft Ihnen dabei, auf das Ausfüllen von Formularen zu reagieren. Die zur Verfügung stehenden Felder sind dabei die gleichen wie beim *Klick – Nur Links*-Trigger (siehe Abbildung 5.14 und Abschnitt 5.5.2).

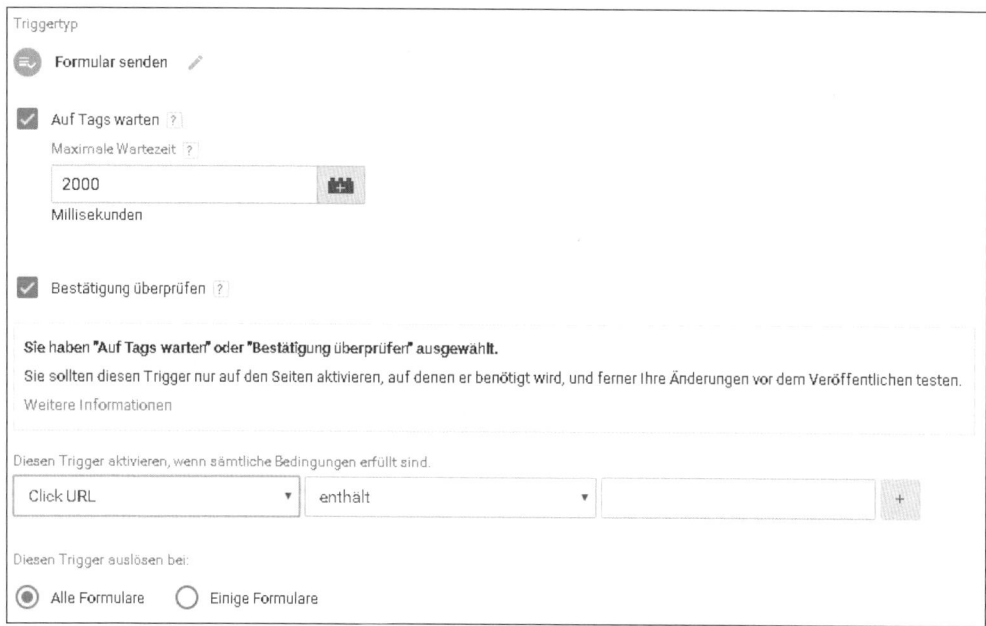

Abbildung 5.14 Der Triggertyp »Formular senden«

5.5.4   Die Sonstiges-Trigger

Im Bereich SONSTIGES sind alle Trigger versammelt, die in keine andere Kategorie passen. Auch wenn diese Trigger im Bereich SONSTIGES stehen, sind sie nicht unwichtig oder zweitrangig! Es sind sehr wichtige Trigger dabei.

Der Triggertyp »Benutzerdefiniertes Ereignis«

Dieser Trigger ist dafür da, aus den Datenschicht-Push-Events den entsprechenden Google Tag Manager-Trigger zu erstellen. Ein benutzerdefiniertes Ereignis sieht im HTML-Quelltext folgendermaßen aus:

```
dataLayer.push({
    'event' : 'lightbox_open'
});
```

Listing 5.6 Ein benutzerdefiniertes Ereignis namens »lightbox_open« wird in die Datenschicht geschrieben.

Damit dieser Befehl im Quelltext der Website einen Trigger auslöst, muss der Trigger entsprechend konfiguriert werden. Das geschieht, indem man den Namen des Events in den Trigger des benutzerdefinierten Ereignisses einträgt (siehe Abbildung 5.15). Ab sofort wird der Trigger ausgeführt, wenn auf der Website der jeweilige Push in die Datenschicht ausgeführt wird.

Genauere Informationen zur Datenschicht und wie man bei einem solchen Push noch weitere Daten überträgt, gibt es in Kapitel 8, »Daten in der Website bereitstellen: die Datenschicht«.

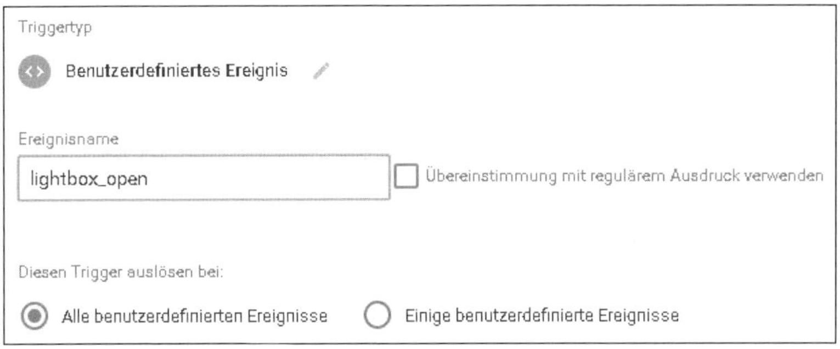

Abbildung 5.15 Der Triggertyp »Benutzerdefiniertes Ereignis«

Der Triggertyp »JavaScript-Fehler«

Die Aufgabe dieses Triggers ist es, auf alle JavaScript-Fehler zu reagieren. Bei diesem Triggertyp gibt es keine weiteren Einstellungsmöglichkeiten für Sie – außer natürlich das obligatorische Filtern bei DIESEN TRIGGER AUSLÖSEN BEI. Dort können Sie gegebenenfalls Einschränkungen in der Ausführung vornehmen. Diese Einschränkungen können Sie zum Beispiel auf URL-Ebene oder auf der Fehlerdetail-Ebene vornehmen.

Der Triggertyp »Timer«

Dieser Trigger löst abhängig von der verstrichenen Zeit aus. Nachdem die Seite geladen wurde, löst er in definierten Abständen aus. Das kann man zum Beispiel nutzen, um einen Event an Google Analytics zu schicken, der meldet, dass der Nutzer noch auf der URL ist. Das Intervall und auch das Limit der Auslösungen ist frei wählbar.

Übrigens hat sich das Verhalten des Triggertyps *Timer* im Laufe der Zeit geändert. Während man vor einiger Zeit noch den Timer beim Ausführen einer Aktion starten konnte, wie beim Klicken eines bestimmten Links, ist dies jetzt nicht mehr möglich. Der Timer startet einfach, sobald der Google Tag Manager geladen ist.

Sie haben mehrere Felder, um das Verhalten dieses Triggers anzupassen (siehe Abbildung 5.16). Sie können im Feld EREIGNISNAME bestimmen, bei welchem Ereignis der Trigger startet. Der Abstand zwischen den einzelnen Auslösungen wird im Feld

INTERVALL definiert. Dieses Feld nimmt Millisekunden auf. Und die maximale Anzahl an Auslösungen tragen Sie in das Feld LIMIT ein.

Abbildung 5.16 Der Triggertyp »Timer«

Wenn Sie den Triggertyp *Timer* erstellen bzw. nutzen, erhalten Sie weitere Variablen, auf die Sie zugreifen können. Diese Variablen finden Sie in der Datenschicht. Wie Sie auf diese Variablen zugreifen können, erkläre ich in Kapitel 8. Tabelle 5.2 zeigt, welche Variablen Ihnen beim Triggertyp *Timer* zur Verfügung stehen.

Datenschichtfeldname	Beschreibung
gtm.timerCurrentTime	Der Zeitpunkt der letzten Timer-Aktivität
gtm.timerElapsedTime	Die Zeit in Millisekunden seit dem Start des Timers
gtm.timerEventNumber	Die Anzahl der ausgelösten Timer auf der aktuellen Seite. Der Wert bei LIMIT ist der Maximalwert.
tm.timerId	Die eindeutige ID des Timers. Jeder Timer auf der Website hat eine eigene ID.
gtm.timerInterval	Das eingestellte Intervall
gtm.timerStartTime	Der Zeitpunkt, an dem der Timer gestartet wurde

Tabelle 5.2 Die Tabelle mit den vom Timer hinzugefügten Datenschichtvariablen

Der Triggertyp »Verlaufsänderung«

Die Verlaufsänderung ist wieder ein Trigger mit wenigen Einstellungsmöglichkeiten. Außer dem obligatorischen DIESEN TRIGGER AUSLÖSEN BEI gibt es keine weiteren Einstellungen. Denn dieser Trigger wird dann ausgelöst, wenn sogenannte Fragments (die #-Zeichen am Ende des URL-Pfads) benutzt werden.

5.6   Ein Ausblick

In diesem Kapitel haben Sie einen Überblick über die vorhandenen Trigger bekommen. Wie Sie sicherlich bemerkt haben, können Sie schon jetzt auf unzählige Ereignisse auf der Website reagieren. Die Entwickler des Google Tag Managers haben seit seinem Erscheinen schon sehr viel in diesem Bereich geleistet – und damit Ihnen die Arbeit vereinfacht. Ich bin mir sicher, dass der Bereich der Trigger in Zukunft noch einige Verbesserungen erhalten wird.

Mit dem Trigger für benutzerdefinierte Ereignisse haben Sie auch einen kurzen Blick auf die weiteren Möglichkeiten des Google Tag Managers erhalten. Sie können damit neue Trigger einführen und sind auf diese Weise extrem flexibel. Auch Drittanbieter, für die bisher kein Trigger implementiert wurde, können ihre eigenen Funktionen schaffen und damit die Integration in den Google Tag Manager realisieren. Als Beispiel sei hier der Videohosting-Anbieter Vimeo genannt, der leider nicht mit dem eingebauten Video-Trigger genutzt werden kann. Aber Vimeo bietet eine eigene Lösung an, die zusammen mit dem benutzerdefinierten Ereignis funktioniert.

Manchmal gibt es Situationen, da reicht ein einzelner Trigger nicht für ein bestimmtes Tag. Für solche Momente kann man auch unterschiedliche Trigger miteinander kombinieren, um für alle Eventualitäten gerüstet zu sein.

Aber Trigger können nicht nur der Grund für das Auslösen von Tags sein, sondern auch das genaue Gegenteil: Sie können Trigger aus Ausnahmeregel definieren. Dann wird das Tag nicht ausgeführt, wenn dieser Trigger eingetreten ist.

.

Kapitel 6
Titel, URL und Co:
Umgang und Arbeit mit Variablen

Die Variablen sind ein integraler Bestandteil bei der Arbeit mit dem Google Tag Manager. Sie bieten mehr als nur die Bereitstellung von Daten.

Kein Programmierer kann sich seine Arbeit ohne Variablen vorstellen. Sie sind in der Programmierung allgegenwärtig. Variablen ermöglichen es, einmal einen Wert zu definieren und ihn immer wieder zu benutzen. Genauso ist es im Google Tag Manager. Werte, die Sie mehrfach benötigen, können Sie als Variable definieren und dann steht Ihnen dieser Wert für alle Tags, Ereignisse und auch in den Variablen wiederum selbst zur Verfügung.

Im Prinzip sind Variablen nur Platzhalter für den wahren Wert. Eine Variable wird im Google Tag Manager folgendermaßen genutzt:

```
{{variablenname}}
```

Listing 6.1 Eine Variable wird im Google Tag Manager immer durch zwei geschweifte Klammern am Anfang und am Ende gekennzeichnet.

Sie werden im weiteren Verlauf des Buches lernen, dass Sie Variablen nicht an jeder beliebigen Stelle einsetzen können. Aber da, wo es geht, reicht es, die Variable in jeweils zwei geschweifte Klammern zu schreiben.

Beim Tag für das Übertragen des Seitenaufrufs an Google Analytics kann man die Variable direkt in das Feld TRACKING-ID schreiben (siehe Abbildung 6.1). In diesem Fall wäre die Tracking-ID standardmäßig eine Variable vom Typ *Konstante*, die Sie selbst mit Inhalt füllen können. Und wenn Sie diese Variable mehrfach benutzen, müssen Sie bei einer Änderung die Tracking-ID nur an einer einzigen Stelle ändern.

Im Google Tag Manager beinhalten die Variablen teilweise keine fixen Werte, sondern werden aus der Website heraus extrahiert oder durch Interaktionen des Nutzers verändert. Zum Beispiel kann eine Variable den Titel der Seite oder die URL von geklickten Links enthalten.

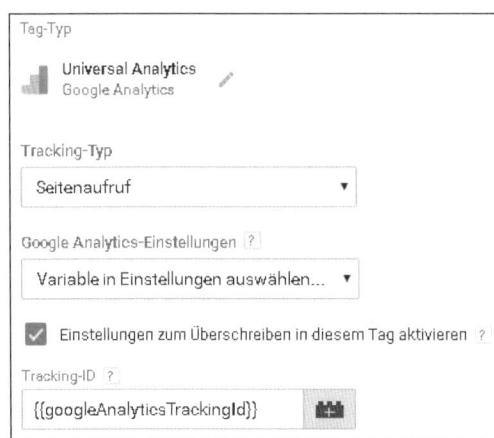

Abbildung 6.1 Der Tag-Typ »Universal Analytics« mit einer Variablen als Tracking-ID

Sie können Tags komplett ohne die Verwendung von Variablen im Google Tag Manager erstellen. Aber schon bei der kleinsten Anpassung eines Triggers sind ganz schnell Variablen im Spiel. Sie finden den Bereich mit den Variablen, indem Sie in der linken Navigation auf VARIABLEN klicken (siehe Abbildung 6.2).

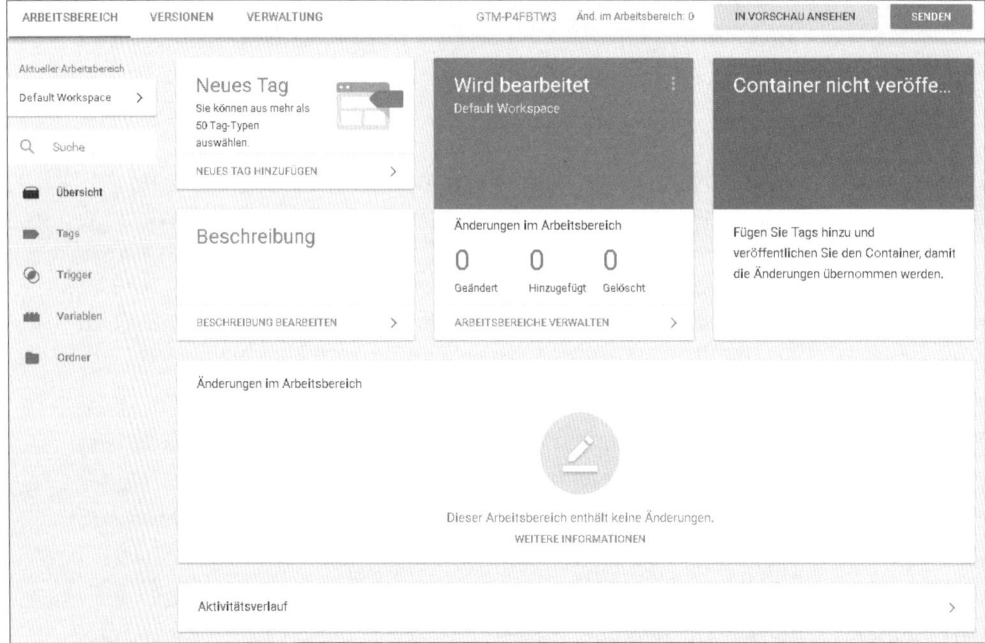

Abbildung 6.2 Der Arbeitsbereich bietet den Zugang zu den Variablen.

Im Google Tag Manager gibt es grundsätzlich zwei Arten von Variablen: die *integrierten* und die *benutzerdefinierten Variablen*. Auf der Übersichtsseite im Variablen-

Bereich (siehe Abbildung 6.3) sind diese beiden Arten von Variablen strikt getrennt: Die integrierten Variablen befinden sich im oberen Bereich des Bildschirms und die benutzerdefinierten Variablen im unteren Bereich.

Bei einem frisch angelegten Container sind standardmäßig eine Handvoll integrierter Variablen aktiviert und damit auch in der Übersicht sichtbar. Weitere integrierte Variablen müssen Sie vor der Nutzung aktivieren (siehe Abschnitt 6.2). Die aktivierten Variablen sind auch ohne weitere Einstellungen im Google Tag Manager nutzbar.

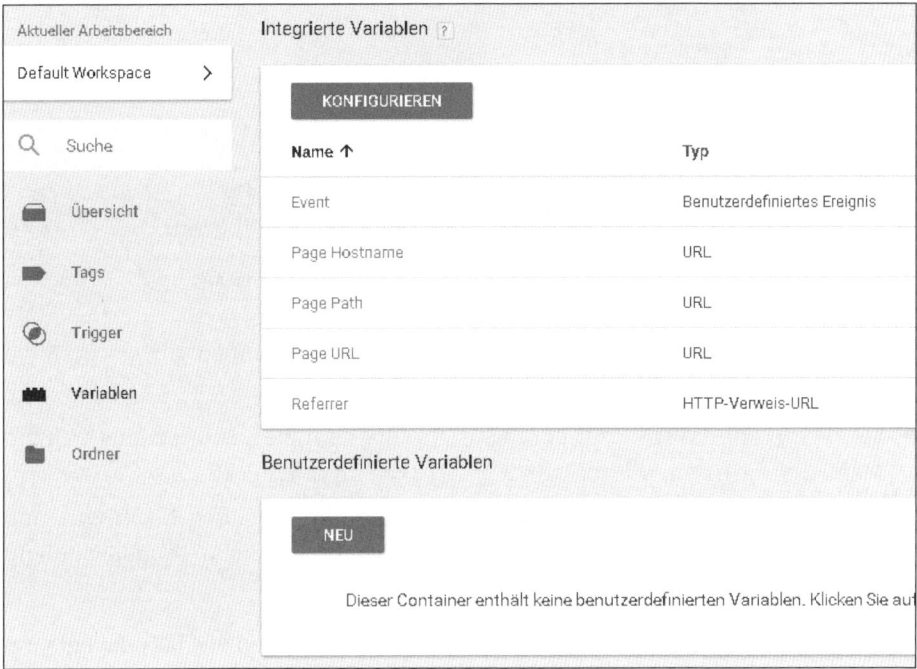

Abbildung 6.3 Die Übersichtsseite im Bereich der Variablen

6.1   Einsatzorte für Variablen

Die Variablen im Google Tag Manager können nicht in allen Feldern oder Kontexten genutzt werden. Es gibt Felder, in denen sind Variablen nicht möglich. Es wird jeweils ein bestimmter Kontext benötigt, in dem sie aufgerufen werden können.

6.1.1   Variablen in Tags

Sie können bei den Tags aber ganz schnell erkennen, ob Sie eine Variable benutzen können oder nicht. Immer wenn sich neben einem Texteingabefeld das Icon mit dem Baustein und einem Plus befindet, können Sie eine Variable in das Feld schreiben. Das bedeutet, beim Feld WÄHRUNGSCODE aus Abbildung 6.4 kann die Variable direkt genutzt werden.

Im gleichen Formular befindet sich eine Variable für die PRIORITÄT FÜR DIE TAG-AUSLÖSUNG. Dieses Feld kann nicht mit einer Variablen genutzt werden. Hier müssen Sie einen festen Wert eintragen.

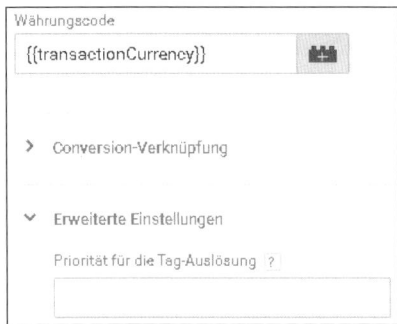

Abbildung 6.4 Ein Formularausschnitt des Google Ads Conversion-Tags

Damit Sie die passende Variable für ein Feld schnell finden können, gibt es zwei Möglichkeiten:

▸ Sie klicken auf das Icon mit dem Baustein und dem Plus. Sofort öffnet sich ein Menü und Sie haben alle verfügbaren Variablen im Überblick.

▸ Sie starten die Eingabe in das Textfeld mit zwei geschweiften Klammern, und umgehend erscheinen die vorhandenen Variablen in einem Dropdown-Menü unterhalb des Eingabefeldes.

Beide Varianten führen zum Ziel, aber bei der ersten könnten Sie, falls die entsprechende Variable noch nicht angelegt ist, die Variable direkt mit einem Klick auf das Plus-Zeichen neu anlegen.

6.1.2   Variablen in Triggern

Sobald Sie bei den Triggern die Ausführung eines Tags einschränken, benötigen Sie die Variablen. »Einschränken« bedeutet, dass Sie zum Beispiel nicht bei jedem Seitenaufruf das Tag ausführen wollen, sondern nur bei bestimmten. In diesem Fall müssen Sie das genauer definieren, und für diesen Zweck brauchen Sie immer Variablen.

Sobald Sie also die Ausführung im Tag SEITENAUFRUF von ALLE SEITENAUFRUFE in EINIGE SEITENAUFRUFE umstellen, erscheinen die Einstellungen für den Trigger. Im ersten Feld des Triggers (siehe Abbildung 6.5) haben Sie Zugriff auf alle Variablen mithilfe eines Dropdown-Feldes. Dort können Sie aus allen integrierten und benutzerdefinierten Variablen die Variable aussuchen, die zu Ihrem Zweck passt.

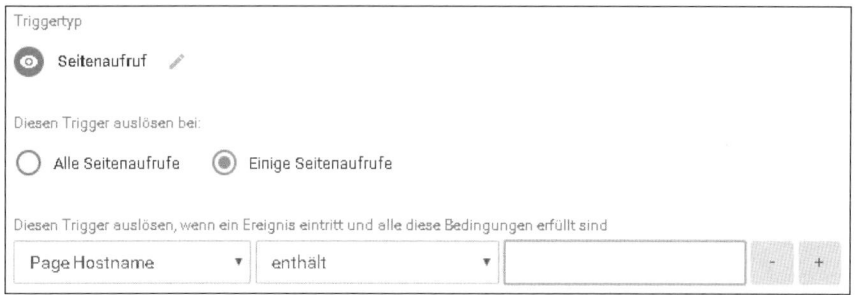

Abbildung 6.5 Die Konfiguration eines Triggers, der auf dem Seitenaufruf basiert

Wie Sie dem Screenshot entnehmen können, kann der zweite Teil der Trigger-Regel (siehe Abbildung 6.5) nicht mit einer Variablen gefüllt werden, denn es ist weder ein Dropdown-Menü vorhanden noch das Icon mit dem Baustein und dem Plus. In dieses Feld können Sie nur feste Werte eintragen und nicht auf Variablen zurückgreifen. Mit dem Minus/Plus-Feld am Ende können Sie mehrere Regeln kombinieren. Dazu finden Sie mehr Informationen in Kapitel 7, »Benutzerdefinierte Tags und Variablen«.

6.1.3 Variablen in Variablen nutzen

Sie können Variablen nicht nur in Tags und Triggern benutzen, sondern auch in Variablen selbst. Das bedeutet: Sie können in Feldern, in denen Sie Variablen schreiben können, auch mehrere Variablen benutzen.

Beim Google Analytics-Basis-Tag, das Sie in Kapitel 2, »Die Praxis beginnt: Den Container einsatzfähig machen«, angelegt haben, ist standardmäßig die Seite im Analytics-Bericht nur mit dem Pfad zu sehen. Es gibt die Möglichkeit, einen Filter in Google Analytics anzulegen, der die Domain vor den Pfad schreibt, oder Sie nutzen den Google Tag Manager dafür. Dafür tragen Sie in die festzulegenden Felder (siehe Abbildung 6.6) im Google Analytics-Tag als FELDNAME location ein und als WERT für den Domainnamen und den Pfad Folgendes:

```
{{Page Hostname}}{{Page Path}}
```

Listing 6.2 Die Variablen für die Domain und den Seitenpfad

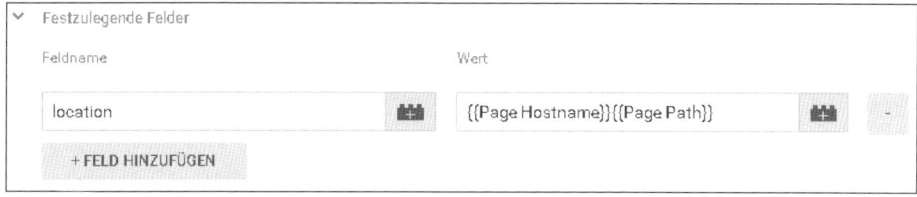

Abbildung 6.6 Festzulegende Felder im Google Tag Manager

Durch diese Einstellung wird das Feld dann so an Google Analytics übertragen, wie Sie es in Abbildung 6.7 sehen.

```
fieldsToSet: [
    {fieldName: 'location', value: 'gtmbuch.zedwoo.info/ueber-mich/'},
    {fieldName: 'cookieDomain', value: 'auto'}
],
```

Abbildung 6.7 Die Übergabe von Domainname und Pfad in einem Feld

6.1.4   Variablen in benutzerdefiniertem HTML und JavaScript

Es gibt zwei Elemente, in denen Sie benutzerdefinierten Code schreiben können:

▶ im Tag BENUTZERDEFINIERTES HTML

▶ in der Variablen BENUTZERDEFINIERTES JAVASCRIPT

Das benutzerdefinierte HTML nutzen Sie in der Regel, um Tags einzubinden, die es in den vorhandenen Tags nicht gibt. Mit dem benutzerdefinierten JavaScript können Sie zum Beispiel mithilfe von JavaScript besondere Funktionen ausführen, wie das Abrufen von Informationen von anderen Systemen. Hier stehen Ihnen alle Möglichkeiten zur Verfügung, die JavaScript Ihnen bietet.

Beide Möglichkeiten sind so umfangreich und wichtig, dass ich sie in einem eigenen Kapitel behandele. Sie finden also Informationen zum Einsatz und zur Nutzung der Variable BENUTZERDEFINIERTES JAVASCRIPT in Kapitel 7, »Benutzerdefinierte Tags und Variablen«. Bei beiden Elementen eröffnet Ihnen das Einsetzen der Variablen viele Möglichkeiten. Sie können bei beiden Elementen komplett freien Code schreiben und Variablen an allen Stellen einsetzen. Sie müssen diese Variablen nur mit zwei geschweiften Klammern in die Programmierung einfügen:

```
{{Page Hostname}}
```

Listing 6.3 Der Host als Variable im benutzerdefinierten Code

Übrigens, die Arbeit mit den Variablen ist in den benutzerdefinierten Elementen sehr einfach. Sobald Sie im Element zwei geschweifte Klammern schreiben wie in Abbildung 6.8, zeigt die Autovervollständigen-Funktion Ihnen, welche Variablen Sie zur Verfügung haben.

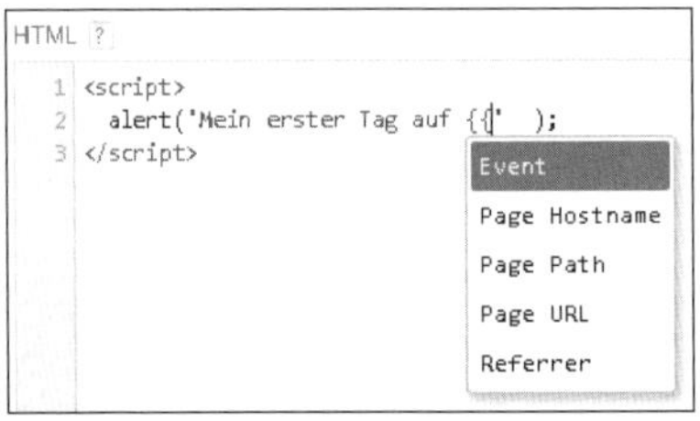

```
HTML  ?
1  <script>
2    alert('Mein erster Tag auf {{'  );
3  </script>
                          Event
                          Page Hostname
                          Page Path
                          Page URL
                          Referrer
```

Abbildung 6.8 Autovervollständigen für Variablen beim benutzerdefinierten HTML

6.1.5   Fehler mit Variablen finden

Auch wenn der Google Tag Manager Ihnen bei den Variablen und dem Autovervollständigen der Variablen an vielen Stellen hilft, können Fehler auftreten. Dabei ist es egal, ob es Rechtschreibfehler sind oder ob Sie nachträglich Variablen einfach wieder gelöscht haben. Sobald eine Variable, die in einem Tag, einem Trigger oder von einer anderen Variablen benutzt wird, nicht aufgelöst werden kann, kann die Version weder in der Vorschau angeschaut noch veröffentlicht werden. Sie erhalten direkt eine Fehlermeldung vor dem Anschauen wie in Abbildung 6.9.

Abbildung 6.9 Durch einen Schreibfehler in der Variablen kann der Container nicht validiert werden – eine Fehlermeldung erscheint.

Wenn Sie auf den Link unter POSITION klicken, landen Sie direkt im fehlerhaften Element und können die entsprechende Variable korrigieren bzw. ersetzen. Anschließend aktualisieren Sie die Vorschau und schauen, ob Ihre Variable jetzt korrekt aufgelöst wird.

6.2   Die integrierten Variablen: ein Überblick

Mit den integrierten Variablen stellt uns der Google Tag Manager häufig genutzte Variablen zur Verfügung. Zu diesen Variablen gehören nicht nur Website-Titel oder auch die URL, sondern auch komplexere Variablen wie die Interaktion mit eingebundenen Videos (angeschaute Zeit, Status des Videos etc.). Die integrierten Variablen werden von Zeit zu Zeit durch neue Variablen ergänzt.

Die integrierten Variablen stellen das Grundgerüst für die Verwendung des Google Tag Managers dar. Die integrierten Variablen sind in einzelne Abschnitte unterteilt, die Ihnen helfen, die für Sie passende Variable zu finden.

Bevor Sie in Ihren Tags die integrierten Variablen nutzen können, müssen sie konfiguriert werden. Dafür klicken Sie im Bereich VARIABLEN auf die rote Schaltfläche KONFIGURIEREN (siehe Abbildung 6.10) und aktivieren die Checkbox bei der entsprechenden Variablen.

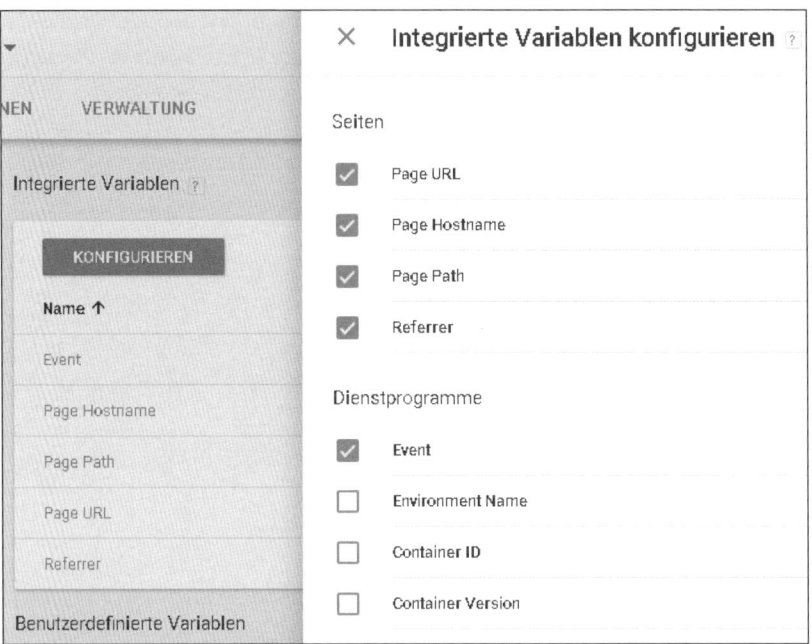

Abbildung 6.10 Die Übersicht der integrierten Variablen nach dem Klick auf »Konfigurieren«

Nachdem Sie die integrierten Variablen konfiguriert (bzw. aktiviert) haben, können Sie sie verwenden. Jetzt erscheinen sie auch in den Dropdown-Listen und Übersichten und können genutzt werden. Wenn Sie eine integrierte Variable in diesen Übersichten nicht finden, haben Sie diese wahrscheinlich noch nicht aktiviert.

Variablen müssen nicht zwingend einen Wert haben. Immer wenn die Variable nicht mit einem Inhalt gefüllt werden kann, gibt der Google Tag Manager den Wert undefined zurück. Daran erkennen Sie, dass es für diese Variable aktuell keinen Wert gibt.

Wenn Sie zum Beispiel die Variable referrer nutzen möchten, aber dieser Wert im <http>-Header nicht vorhanden ist, erhalten Sie als Wert undefined.

Sie können die integrierten Variablen auch aktivieren, während Sie Tags oder Trigger anlegen. Nachdem Sie in jedem beliebigen Feld, in das man eine Variable eintragen kann, das Feld zur Auswahl der Variablen angeklickt haben, erscheint die Auswahl der Variablen. Am rechten oberen Rand finden Sie den Hinweis auf die integrierten Variablen (siehe Abbildung 6.11). Mit einem Klick auf INTEGRIERTE öffnet sich die Auswahl der integrierten Variablen.

Abbildung 6.11 Rechts oben erreichen Sie mit einem Klick die integrierten Variablen.

Bei der Zuweisung von Variablen zu den Triggern wählen Sie im Dropdown-Menü einfach den Punkt INTEGRIERTE VARIABLEN AUSWÄHLEN (siehe Abbildung 6.12).

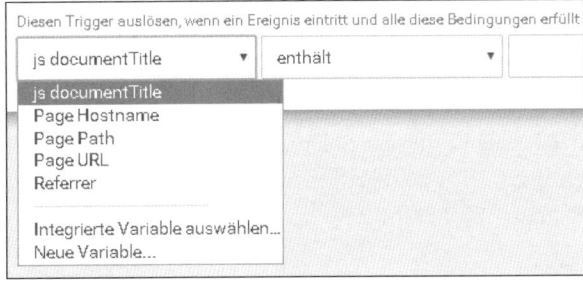

Abbildung 6.12 Die Aktivierung der integrierten Variablen
bei der Konfiguration des Triggers

6.2.1   Die Seitenvariablen

Im Google Tag Manager werden vier Variablen zur aufgerufenen Seite bereitgestellt (siehe Abbildung 6.12):

▶ **Page-URL:** Hier wird die Seiten-URL ohne ein eventuell vorhandenes Fragment (alles nach der Raute in der URL) ausgegeben.

▶ **Page Hostname:** Der Domainname wird ausgegeben.

▶ **Page Path:** Der Seitenpfad ohne Domain und ohne Parameter oder Fragmente wird ausgegeben.

▶ **Referrer:** gibt die URL der verweisenden Seite aus.

Diese vier integrierten Variablen sind standardmäßig im Google Tag Manager aktiviert. Das bedeutet, sie stehen direkt zur Verfügung und müssen nicht speziell aktiviert werden. Sie können diese Variablen benutzen, indem Sie jeweils zwei geschweifte Klammern vor und hinter ihren Namen schreiben:

```
{{Page Hostname}}
```

Listing 6.4 Der Hostname als Variable im Google Tag Manager

Die Werte der Seitenvariablen können die Beispielwerte aus Tabelle 6.1 enthalten, wenn die folgende URL nach einem Klick auf *www.zedwoo.de* aufgerufen wurde:

www.gtm-buch.de/info.html#info

Name	Beispiel
Page URL	*www.gtm-buch.de/info.html*
Page Hostname	*www.gtm-buch.de*
Page Path	*/info.html*
Referrer	*www.zedwoo.de*

Tabelle 6.1 Die verschiedenen Rückgabewerte, die für den Aufruf einer URL bereitgestellt werden.

Wenn die URL ein Fragment enthält, wie in diesem Beispiel »#info«, dann kann mit der Page-URL-Variable auf diesen Wert nicht zugegriffen werden. Diesen Wert erhalten Sie mit der Verlauf-Variable (siehe Abschnitt 6.2.6).

6.2.2 Die Dienstprogramme-Variablen

Die Dienstprogramme werden in der Regel innerhalb des Google Tag Managers genutzt, um auf bestimmte Zustände reagieren zu können. Standardmäßig ist nur die Variable EVENT aktiv (siehe Abbildung 6.13)

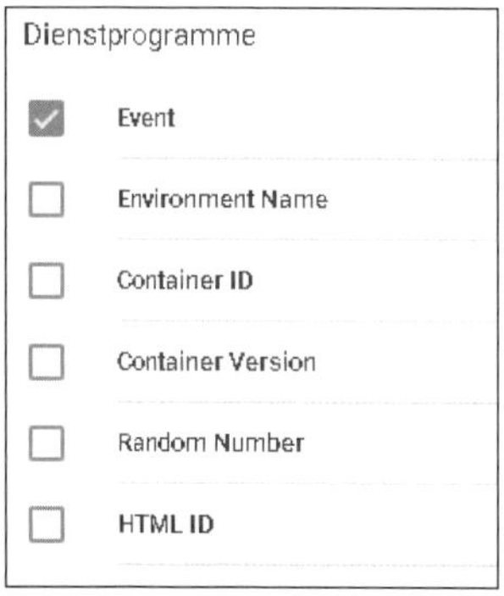

Abbildung 6.13 Die Variablen im Bereich »Dienstprogramme«

▶ **Event:** Die Event-Variable gibt, wenn vorhanden, den Namen des Ereignisses zurück, das in der Datenschicht definiert ist. Auf die Datenschicht und die entsprechenden Ereignisse und Möglichkeiten gehe ich in Kapitel 8, »Daten in der Website bereitstellen: die Datenschicht«, gesondert ein.

▶ **Environment Name:** Diese Variable gibt den Namen der Umgebung zurück. Auf diese Variable gehe ich in Kapitel 9, »Debugging und Vorschau: Immer kontrollieren« genauer ein.

▶ **Container ID:** Diese Variable stellt die ID des Google Tag Manager-Containers zur Verfügung.

▶ **Container Version:** Diese Variable stellt die Versionsnummer des Google Tag Manager-Containers zur Verfügung.

▶ **Random Number:** Diese Variable stellt eine zufällige Zahl zur Verfügung.

▶ **HTML ID:** Diese Variable stellt die ID des benutzerdefinierten HTML-Tags zur Verfügung (siehe Kapitel 7, »Benutzerdefinierte Tags und Variablen«).

Tabelle 6.2 zeigt Beispiele für Werte, die die einzelnen Dienstprogramme-Variablen enthalten können.

Name	Beispiel
Event	load
Environment Name	live
Container ID	GTM-P4FBTW3
Container Version	42
Random Number	837638
HTML ID	H787

Tabelle 6.2 Beispiele für Werte der Dienstprogramme-Variablen

6.2.3   Die Fehler-Variablen

Um auf Fehler auf der Website reagieren zu können oder um sie in einem anderen System zu speichern, gibt es die Variablen, die sich um die Fehler im Google Tag Manager kümmern (siehe Abbildung 6.14).

Dabei geht es nicht um Fehler, die der Google Tag Manager produziert, sondern um JavaScript-Fehler, die auf der Website entstehen.

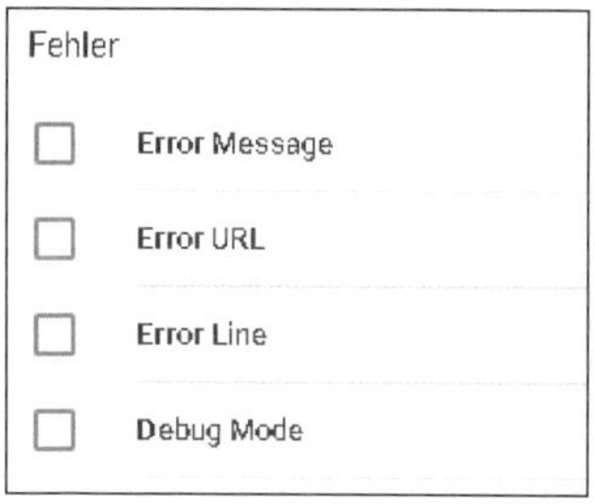

Abbildung 6.14 Die Variablen für Fehler

▶ **Error Message:** gibt die Fehlermeldung zurück, die durch einen JavaScript-Fehler produziert wurde.

▶ **Error Line:** gibt die Nummer der Zeile zurück, in der der Fehler aufgetreten ist.

▶ **Error URL:** gibt die URL des Skriptes zurück, bei dem der Fehler aufgetreten ist.

▶ **Debug Mode:** gibt einen Boolean (`true`/`false`) zurück und zeigt damit an, ob der Google Tag Manager Container gerade im Vorschaumodus (`true`) ausgeführt wird.

Tabelle 6.3 zeigt Beispiele für Werte, die die einzelnen Fehler-Variablen aufweisen können.

Name	Beispiel
Error Message	Uncaught ReferenceError: itemvalue is not defined
Error URL	*https://www.gtm-buch.de/include.js*
Error Line	172
Debug Mode	true

Tabelle 6.3 Beispiele für Werte in den Fehler-Variablen

6.2.4   Die Klicks-Variablen

Mit dem Google Tag Manager kann man auf jeden einzelnen Klick auf einer Website reagieren. Um diese Klicks dann entsprechend zu nutzen, gibt es mehrere Variablen, die die entsprechenden Informationen bereithalten:

▶ **Click Element:** gibt das HTML-Element zurück, auf das der Klick erfolgte.

▶ **Click Class:** gibt das Klassenattribut des angeklickten Elements zurück.

▶ **Click ID:** gibt die ID des angeklickten Elements zurück.

▶ **Click Target:** gibt das Target des angeklickten Elements zurück.

▶ **Click URL:** gibt die URL zurück, auf die beim Klick verwiesen wird.

▶ **Click Text:** gibt den Textinhalt des angeklickten Elements zurück.

Beispiel:

```
Hier ist der Link zum <a class="redlink" id="special37" href="https://www.
gtm-buch.de/" target="_blank">Google Tag Manager-Buch</a>.
```

Listing 6.5 Ein Link auf einer Website

Ein Klick auf diesen Link würde in den Werten resultieren, die Sie in Tabelle 6.4 sehen.

Name	Beispiel
Click Class	Redlink
Click URL	*https://www.gtm-buch.de/*
Click Element	*https://www.gtm-buch.de/*
Click ID	Special37
Click Target	_blank
Click Text	Google Tag Manager-Buch

Tabelle 6.4 Die Namen der Click-Variablen mit den Werten aus dem Beispiel

6.2.5   Die Formular-Element-Variablen

Mit dem Google Tag Manager können Sie auf viele Werte innerhalb einer Website zugreifen. Sogar die einzelnen Elemente eines Formulars können ausgelesen werden. Dazu nutzen Sie folgende Variablen:

▸ **Form Element:** gibt das HTML-Element des abgeschickten Formulars zurück.

▸ **Form Classes:** gibt das Klassenattribut des abgeschickten Formulars zurück.

▸ **Form ID:** gibt die ID des abgeschickten Formulars zurück.

▸ **Form Target:** gibt das Target des abgeschickten Formulars zurück.

▸ **Form URL:** gibt die URL zurück, auf die das Formular verweist.

▸ **Form Text:** gibt den Textinhalt des angeklickten Formularelements zurück.

Beispiel:

```
<form class="big form" id="form1" action="/thankyou.html" method="post">
  <div>
    <label for="name">Name:</label>
    <input type="text" id="name" name="user_name">
  </div>
  <div>
    <label for="mail">E-mail:</label>
    <input type="email" id="mail" name="user_mail">
```

```
    </div>
    <div>
      <label for="msg">Message:</label>
      <textarea id="msg" name="user_message"></textarea>
    </div>
  <button type="submit">Absenden</button>
  </form>
```

Listing 6.6 Ein Formular auf einer Website

Ein Absenden des Formulars würde in den Werten aus Tabelle 6.5 resultieren:

Name	Beispiel
Form Classes	big form
Form Element	/thankyou.html
Form URL	http://www.example.com/thankyou.html
Form ID	Form1
Form Target	
Form Text	Absenden

Tabelle 6.5 Die Namen der Formular-Variablen mit den Werten aus dem Beispiel

6.2.6   Die Verlauf-Variablen

Manchmal befinden sich am Ende von URLs *Fragmente*. So bezeichnet man die Teile einer URL, die nach der Raute (#) kommen.

```
https://www.gtm-buch.de/tutorial#einleitung
```

Listing 6.7 Ein Beispiel für eine URL mit Fragment

Es sind die sogenannten Anker-Links. Im Google Tag Manager gibt es eingebaute Variablen, die Ihnen dazu die entsprechenden Werte zurückgeben:

▶ **New History Fragment:** Diese Variable gibt einen String mit dem neuen URL-Fragment zurück, nachdem ein Austausch stattgefunden hat.

▶ **Old History Fragment:** gibt das Fragment zurück, wie es vor dem Austausch war.

▶ **New History State:** gibt ein Objekt mit dem neuen Verlauf-Status zurück, nachdem ein pushState ausgeführt wurde.

▶ **Old History State:** gibt ein Objekt mit dem alten Verlauf-Status zurück.

▶ **History Source:** gibt einen String zurück, der den Event beschreibt, der den Austausch eingeleitet hat (popState vs. pushState).

6.2.7   Die Video-Variablen

Der Google Tag Manager ermöglicht das Reagieren auf und das Auslesen von Variablen rund um das Abspielen von Videos auf der Seite. Zum aktuellen Zeitpunkt wird nur YouTube unterstützt. Aber alle interessanten Werte, die die Beobachtung der Video-Nutzung liefern kann, können wir über folgende Variablen auslesen:

▶ **Video Provider:** gibt den Anbieter des Videos zurück. Aktuell wird nur YouTube unterstützt.

▶ **Video Status:** gibt den Status des Videos zurück, der den Trigger ausgelöst hat. Das kann einer der folgenden Werte sein: start, pause, buffering, progress oder complete.

▶ **Video URL:** gibt die URL des eingebetteten Videos zurück.

▶ **Video Title:** gibt den Titel des Videos zurück.

▶ **Video Duration:** gibt die Gesamtdauer des Videos in Sekunden zurück.

▶ **Video Current Time:** gibt die Spielzeit des Videos an, und zwar von dem Moment an, als der Trigger ausgelöst wurde.

▶ **Video Percent:** gibt die Position im Video in Prozent an.

▶ **Video Visible:** gibt true oder false zurück, um zu melden, ob das Video im sichtbaren Bereich des Browsers war.

6.2.8   Die Scrollvariablen

Viele Website-Betreiber möchten inzwischen wissen, ob ihre Inhalte auch gelesen werden. Der Google Tag Manager hilft dabei und stellt die Variablen zum Scrollverhalten des Nutzers zur Verfügung. Mit dem Scrollverhalten ist gemeint, dass Sie messen können, wenn der Nutzer die Website vertikal oder auch horizontal scrollt.

▶ **Scroll Depth Treshold:** gibt eine Zahl zurück, deren Wert auf dem jeweiligen Schwellenwert des Trackingabstands beruht, der zurückgelegt wurde. Dieser Wert kann in Pixel und Prozent definiert werden. Die entsprechenden Schwellenwerte definieren Sie im jeweiligen Tag.

▶ **Scroll Depth Units:** gibt die Einheit der *Scroll Depth Treshold* zurück (wahlweise in Zentimeter oder Prozent).

▶ **Scroll Direction:** gibt die Richtung der *Scroll Depth Treshold* an (vertikal bzw. horizontal). Beides kann im entsprechenden Tag konfiguriert werden.

6.2.9   Die Sichtbarkeitsvariablen

Zeitgleich mit dem Scrolltracking wurden auch die Sichtbarkeitsvariablen eingeführt. Mit ihnen kann abgefragt werden, wie viel von einem Element auf der Website sichtbar war bzw. wie lange es zu sehen war. Es gibt die folgenden Variablen:

- ▶ **Percent Visible:** gibt an, wie viel Prozent eines Elements zu sehen waren.
- ▶ **On-Screen-Duration:** gibt die Zeit in Sekunden an, die ein Element insgesamt im Viewport des Nutzers war.

6.3   Volle Freiheit: Benutzerdefinierte Variablen

Die in den Google Tag Manager integrierten Variablen ermöglichen Ihnen schon sehr viel. Aber die benutzerdefinierten Variablen gehen noch einen Schritt weiter: Viele dieser Variablen bieten weitgehende Anpassungsmöglichkeiten, und wenn Ihnen die Möglichkeiten noch nicht reichen, können Sie auf die Universal-Variable *Benutzerdefiniertes JavaScript* zurückgreifen. In Kapitel 7, »Benutzerdefinierte Tags und Variablen«, behandele ich die benutzerdefinierte JavaScript-Variable gesondert. Mit ausreichend JavaScript-Wissen ist Ihrer Kreativität dann keine Grenze gesetzt.

Die einfachen benutzerdefinierten Variablen werden in fünf Bereiche unterteilt:

- ▶ Navigation
- ▶ Seitenvariablen
- ▶ Seitenelemente
- ▶ Dienstprogramme
- ▶ Containerdaten

6.3.1   Der Variablentyp »Navigation«

Im Bereich NAVIGATION gibt es die beiden Variablen *HTTP-Verweis-URL* und *URL*.

HTTP-Verweis-URL

Für das, was die Variable *HTTP-Verweis-URL leistet,* gibt es auch die integrierte Variable *Referrer.* »Referrer« ist der Begriff für die URL der verweisenden Seite. Sie könnten jetzt argumentieren, dass man keine benutzerdefinierte Variable für diesen Zweck benötigt, wenn es schon eine integrierte gibt, aber diese Variable bietet extrem viele Möglichkeiten, den Rückgabewert zu beeinflussen: Sie geht über das hinaus, was Ihnen die integrierte Variable *Referrer* ausgibt.

Zwar kann die Variable *HTTP-Verweis-URL* einfach die gesamte Verweis-URL zurückgeben, aber dafür sollten Sie tatsächlich die integrierte Variable *Referrer* und nicht die Option VOLLSTÄNDIGE URL benutzen (siehe Abbildung 6.16). Die Variable *HTTP-Verweis-URL* nutzen Sie dann, wenn Sie nur bestimmte Teile der URL benötigen. Mit dieser Variablen können Sie die Verweis-URL in ihre Einzelteile zerlegen, die Sie in Abbildung 6.15 sehen.

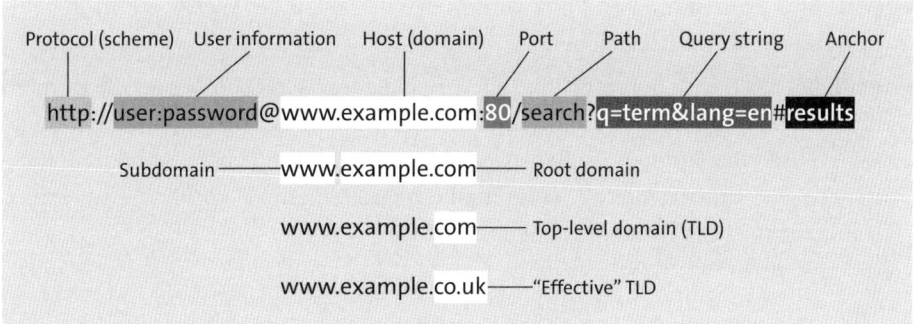

Abbildung 6.15 Eine URL besteht aus diversen Komponenten.

Die Möglichkeiten zur Zerlegung erhalten Sie über ein Dropdown-Menü bei KOMPO-
NENTENTYP (siehe Abbildung 6.16).

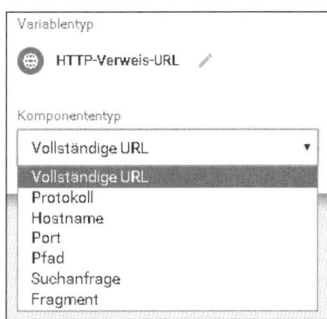

Abbildung 6.16 Die Auswahl der einzelnen Bestandteile der URL

Sehen wir uns an, was die einzelnen Optionen bewirken:

▶ **Protokoll:** Wenn Sie im Dropdown-Menü PROTOKOLL wählen, erhalten Sie in dieser Variablen das Protokoll der verweisenden URL. »Protokoll« bedeutet in diesem
Zusammenhang »HTTP« oder »HTTPS«.

▶ **Hostname:** Wählen Sie HOSTNAME, bekommen Sie die vollständige Domain der
verweisenden URL ausgegeben. Als zusätzliche Funktion können Sie ein gegebenenfalls vorhandenes »www« aus dem Wert entfernen (siehe Abbildung 6.17).

Abbildung 6.17 Der Variablentyp »HTTP-Verweis-URL«
mit dem Komponententyp »Hostname«

- **Port:** Bei der Auswahl von PORT wird in der Variablen der jeweilige Port der verweisenden URL zurückgegeben.

- **Pfad:** Bei PFAD wird der reine Pfad als Variable zurückgegeben. Weder die Domain noch Suchparameter oder andere Elemente werden bei dieser Variablen angezeigt. Zusätzlich können Sie STANDARDSEITEN definieren (siehe Abbildung 6.18). In der Regel ist das sinnvoll, wenn man ein gegebenenfalls vorhandenes »index.html« nicht in der Variablen haben möchte.

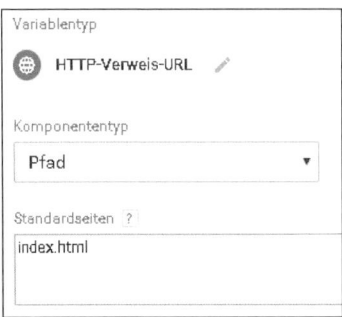

Abbildung 6.18 Der Variablentyp »HTTP-Verweis-URL« mit dem Komponententyp »Pfad«

- **Suchanfrage:** Mit dem Komponententyp SUCHANFRAGE kann man einzelne Suchparameter aus der URL extrahieren. Dabei können Sie für jeden Suchanfragenschlüssel eine eigene Variable erstellen (siehe Abbildung 6.19).

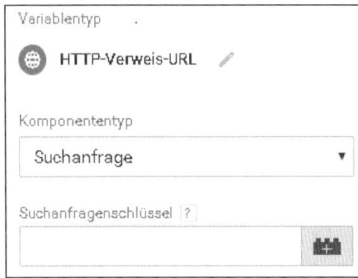

Abbildung 6.19 Der Variablentyp »HTTP-Verweis-URL« mit dem Komponententyp »Suchanfrage«

- **Fragment:** Wenn Sie FRAGMENT auswählen, wird Ihnen in der Variablen der Wert nach der Raute zurückgegeben.

  Die Beispiel-Verweis-URL *https://www.gtm-buch.de/ratgeber?search=gtm#inhalt* würde so aufgelöst werden wie in Tabelle 6.6 gezeigt:

Kompententyp	Zusätzlicher Wert	Rückgabewert
Protokoll		https
Hostname		*www.gtm-buch.de*
Port		443
Pfad		*/ratgeber*
Suchanfrage	search	gtm
Fragment		inhalt

Tabelle 6.6 Rückgabewerte zu diversen Komponententypen

URL

Der Variablentyp URL bietet die gleiche Auswahl an Anpassungen des Rückgabewerts wie der Variablentyp HTTP-VERWEIS-URL. Aber zusätzlich ist der Ausgangspunkt dieser Variable flexibel (siehe Abbildung 6.20). Das bedeutet: Sie sind nicht nur auf die URL der aufgerufenen URL beschränkt, sondern können jede andere URL, die Sie in einer Variablen hinterlegt haben, als Basis benutzen. Damit stehen Ihnen alle Komponententypen auch in selbst erstellten Variablen zur Verfügung. Standardmäßig ist es die URL der aufgerufenen Seite, aber man kann jede beliebige Variable als Basis für diese Variable auswählen.

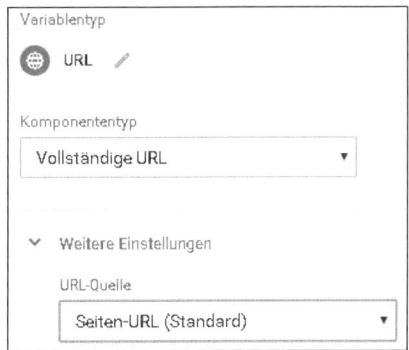

Abbildung 6.20 Der Variablentyp »URL« mit weiteren Einstellungen

6.3.2   Der Variablentyp »Seitenvariablen«

In Bereich SEITENVARIABLEN gibt es die Variablen *Benutzerdefiniertes JavaScript*, *Datenschichtvariable*, *First-Party-Cookie* und *JavaScript-Variable*.

Benutzerdefiniertes JavaScript

Die Variable *Benutzerdefiniertes JavaScript* ist die universellste Variable im Google Tag Manager. Mit entsprechenden JavaScript-Kenntnissen können Sie mit dieser Variablen nahezu alle Werte zur Verfügung stellen. Es wäre sogar möglich, sich die Wetter-Daten über eine API zu besorgen und mit dieser Variablen auszugeben. Diese Variable wird bei jeder Verwendung ausgeführt und mit dem jeweils aktuellen Wert gefüllt.

Diese Variable nimmt einfach eine JavaScript-Funktion auf, die eine Rückgabe liefert. Der Code kann dabei folgendermaßen aussehen:

```
function() {
  var now = new Date();
  return now.getTime();
}
```

Listing 6.8 Diese Funktion gibt die aktuelle Zeit zurück.

In Kapitel 7, »Benutzerdefinierte Tags und Variablen«, gehe ich ausführlich auf die Variable vom Typ *Benutzerdefiniertes JavaScript* ein.

Datenschichtvariable

Mit dem Variablentyp *Datenschichtvariable* können Daten innerhalb des Quelltextes bereitgestellt werden. In Kapitel 8, »Daten in der Website bereitstellen: die Datenschicht«, gehe ich noch genauer auf die Datenschicht ein. Mit der *Datenschichtvariable* können Sie direkt auf die Werte in der Datenschicht zugreifen. Wenn die Datenschicht folgendermaßen aussieht ...

```
<script>
  dataLayer = [{
    'pageCategory': 'signup'
}];
</script>
```

Listing 6.9 Ein einfaches Beispiel für die Datenschicht

... kann man mit dem Eintrag `pageCategory` in der Variablen den Wert `signup` bereitstellen. Auf die Version sowie auf den Zugriff auf Objekte und Arrays gehe ich in Kapitel 8 ein.

First-Party-Cookie

Cookies sind kleine gespeicherte Textdateien im Browser des Nutzers. Mit dem Variablentyp *First-Party-Cookie* können wir den Wert eines Cookies auslesen. Dafür benötigen wir nur den Namen des Cookies (siehe Abbildung 6.21). In Abschnitt 11.1.7 zeige ich anhand vom Ausschluss der eigenen Besuche aus Google Analytics einen Anwendungsfall für diesen Variablentyp.

Abbildung 6.21 Der Variablentyp »First-Party-Cookie«

JavaScript-Variable

Mit dem Variablentyp *JavaScript-Variable* können Sie auf vorhandene JavaScript-Variablen zugreifen. Diese Variablen befinden sich automatisch in der Seite und stehen zur Nutzung im Google Tag Manager zur Verfügung.

Zu diesen Variablen gehört unter anderen auch der Seitentitel. Um den Seitentitel als Variable innerhalb des Google Tag Managers bereitzustellen, benötigen Sie eine benutzerdefinierte Variable vom Typ *JavaScript-Variable*. Bei diesem Variablentyp können Sie mit dem Namen »document.title« den Seitentitel aus der Seite extrahieren (siehe Abbildung 6.22). Neben dem Seitentitel gibt es weitere globale Variablen, zum Beispiel auch die Browserkennung. Eine Liste verfügbarer globaler JavaScript-Variablen auf Document-Ebene finden Sie unter: *www.go.gtm-buch.de/jsglobalvars*

Abbildung 6.22 Der Variablentyp »JavaScript-Variable«

6.3.3 Der Variablentyp »Seitenelemente«

Die Variablen des Typs SEITENELEMENTE beziehen sich auf die Werte, die sich direkt mit der angezeigten Seite beschäftigen. Das heißt, diese Variablen beziehen sich direkt auf den Quelltext, wie das DOM-Element, oder auf Interaktionen mit dem Quelltext (Ereignis). Außer dem Variablentyp *DOM-Element* finden Sie hier noch die Typen *Sichtbarkeit von Elementen* und *Variable für automatisches Ereignis*.

DOM-Element

Das Kürzel *DOM* steht für *Document Object Model*. Damit ist das Resultat gemeint, das der Browser aus dem Quelltext der Seite produziert. Während der Quelltext der Seite einfach nur Text ist, hat das DOM eine baumähnliche Struktur. Mithilfe dieser baumähnlichen Struktur kann man jedes Element auf der Website direkt ansprechen und als Variable extrahieren.

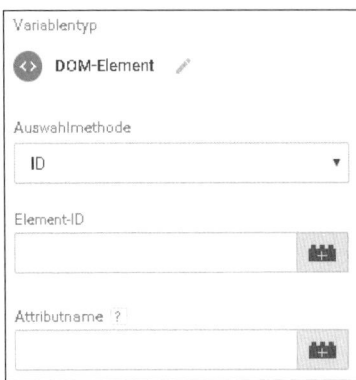

Abbildung 6.23 Der Variablentyp »DOM-Element«

Mit dem Variablentyp DOM-Element können Sie nicht nur den Text von DOM-Elementen im Google Tag Manager zur Verfügung stellen, sondern auch den Wert eines beliebigen Attributs des jeweiligen Elements (siehe Abbildung 6.23).

Sichtbarkeit von Elementen

Mit der Variablen Sichtbarkeit von Elementen können Sie erfahren, ob ein Element sichtbar ist oder nicht. Dabei können Sie das Element anhand der CSS-ID oder eines CSS-Selektors bestimmen.

Der Rückgabewert kann entweder ein Boolean sein (true oder false) oder die Sichtbarkeit in Prozent. Bei Ersterem wird eine Mindestsichtbarkeit festgelegt, und wenn dieser Wert überschritten ist, gibt die Variable »true« zurück.

Variable für automatisches Ereignis

Die Variable für automatisches Ereignis wirkt erst mal unscheinbar, ist aber komplexer, als es der erste Anschein vermuten lässt. Diese Variable ermöglicht Ihnen den Zugriff auf die Werte des Elements, das von einem automatischen Ereignis aktiviert wurde. Automatische Ereignisse können Klicks, Sichtbarkeit, Videoabspielung oder andere Ereignisse sein. Bei der Variablen für automatische Ereignisse können Sie festlegen, welchen Wert Sie zurückerhalten möchten (siehe Abbildung 6.24).

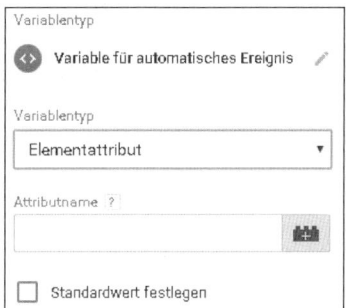

Abbildung 6.24 Der Variablentyp »Variable für automatisches Ereignis«

Sie haben die Auswahl zwischen folgenden Optionen:

▶ **Element:** Mit der Einstellung ELEMENT können Sie auf das gesamte DOM-Element zugreifen. Für diese Einstellung gibt es auch eigene Variablen: *Click-Element* und *Form-Element*.

▶ **Elementattribut:** Mit dieser Einstellung erhalten Sie den Wert des angegebenen Attributs.

▶ **Elementklassen:** Mit dieser Einstellung erhalten Sie alle CSS-Klassen des Elements.

▶ **Element-ID:** Mit dieser Einstellung erhalten Sie die IDs des jeweiligen Elements.

▶ **Elementziel:** Mit dieser Einstellung erhalten Sie das jeweilige Target des Elements, wenn eines vorhanden ist.

▶ **Elementtext:** Mit dieser Einstellung liefert die Variable entweder den `textContent` oder den `innerText` des Elements des automatischen Ereignisses. Der Rückgabewert wird am Anfang und Ende von Leerzeichen befreit und so umgewandelt, dass das Ergebnis in allen Browsern identisch ist. Diese Maßnahmen sind nötig, weil unterschiedliche Browser ansonsten unterschiedliche Werte liefern würden.

▶ **Element-URL:** Mit dieser Einstellung liefert die Variable entweder die URL des `<href>`-Werts oder des `<action>`-Werts. Das hängt davon ab, ob es ein Link oder ein Formular ist. Zusätzlich gibt es die gleichen Möglichkeiten wie bei der URL-Variablen (siehe oben).

▶ **Verlauf – neues URL-Fragment:** Mit dieser Einstellung erhalten Sie das neue URL-Fragment bei einem Browser-History-Event.

▶ **Verlauf – bisheriges URL-Fragment:** Mit dieser Einstellung erhalten Sie das alte URL-Fragment bei einem Browser-History-Event.

▶ **Verlauf – neuer Status:** Gibt das `NewState`-Objekt des Browser-History-Events zurück.

▶ **Verlauf – bisheriger Status:** Gibt das bisherige `State`-Objekt zurück.

▶ **Verlauf der Quellenänderung:** Gibt das Ereignis zurück, das für die Änderung verantwortlich war (pushState oder popState).

6.3.4   Der Variablentyp »Dienstprogramme«

Zu dem Variablentyp DIENSTPROGRAMME zählen die Variablen *Benutzerdefiniertes Ereignis, Google Analytics-Einstellungen, Konstant, Suchtabelle, RegEx-Tabelle, Umgebungsname* und *Zufallszahl*.

Benutzerdefiniertes Ereignis

Die Variable *Benutzerdefiniertes Ereignis* gibt den Namen des aktuellen Events aus der Datenschicht zurück. Mehr Informationen zur Datenschicht folgen in Kapitel 8, »Daten in der Website bereitstellen: die Datenschicht«. Hier sehen Sie ein erstes Beispiel:

```
dataLayer.push({
    'event' : 'einEreignis'
});
```

Listing 6.10 Ein benutzerdefiniertes Ereignis wird in die Datenschicht geschrieben.

In diesem Fall ist der Wert der Variablen `einEreignis`.

Google Analytics-Einstellungen

Die Variable *Google Analytics Einstellungen* ist diejenige Variable mit den meisten Formularfeldern (siehe Abbildung 6.25). In ihr können Sie alle Einstellungen eintragen, die Sie für Google Analytics benötigen.

Abbildung 6.25 Die Variable des Typs »Google Analytics-Einstellungen«

Sie können damit nicht nur die Google Analytics-Tracking-ID speichern, sondern auch global für alle Google Analytics-Tags die Zuweisungen der benutzerdefinierten Dimensionen oder die Einstellung für die Anonymisierung der IP-Adressen (siehe Kapitel 7, »Benutzerdefinierte Tags und Variablen«).

Konstant

Die Variable vom Typ *Konstant* nimmt einen Wert auf (siehe Abbildung 6.26) und gibt ihn beim Abruf zurück. Dabei kann dieser Wert eine beliebige Zeichenfolge sein; man spricht dabei von einem *String*. Dieser Wert kann auch eine Variable oder eine Kombination von anderen Variablen sein.

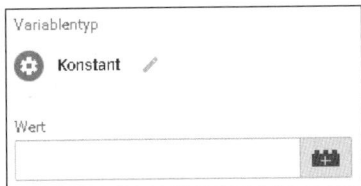

Abbildung 6.26 Die Variable vom Typ »Konstant«

Suchtabelle

Die Variable *Suchtabelle* gibt Ihnen einen Wert entsprechend eines Eingabewertes zurück. Das bedeutet: Anhand einer Eingabevariablen wird eine Entsprechung in der Suchtabelle gesucht, und bei einer Übereinstimmung wird der entsprechende Ausgabewert zurückgegeben.

Abbildung 6.27 Die Variable »Suchtabelle« mit den Optionen zur Suche nach Domainnamen

Ein typischer Anwendungsfall ist die Suchtabelle mit einer Zuordnung von Google Analytics-Tracking-IDs zu der aufgerufenen Domain. Das Beispiel dazu sehen Sie in Abbildung 6.27 und in Abschnitt 11.1. Übrigens: Die damit erstellte Variable können Sie auch direkt in der Variablen *Google Analytics-Einstellungen* als Wert für die Tracking-ID nutzen. Wichtig zu wissen ist, dass die Werte bei der Suchtabelle exakt übereinstimmen müssen.

RegEx-Tabelle

Die *RegEx-Tabelle* (siehe Abbildung 6.28) ist eine Variable, die sich viele Anwender des Google Tag Managers sehnlichst gewünscht haben. Im Prinzip hat sie die gleiche Funktion wie die *Suchtabelle*, aber bei diesem Variablentyp kann der Eingabewert in der Suchtabelle mit einem regulären Ausdruck definiert werden.

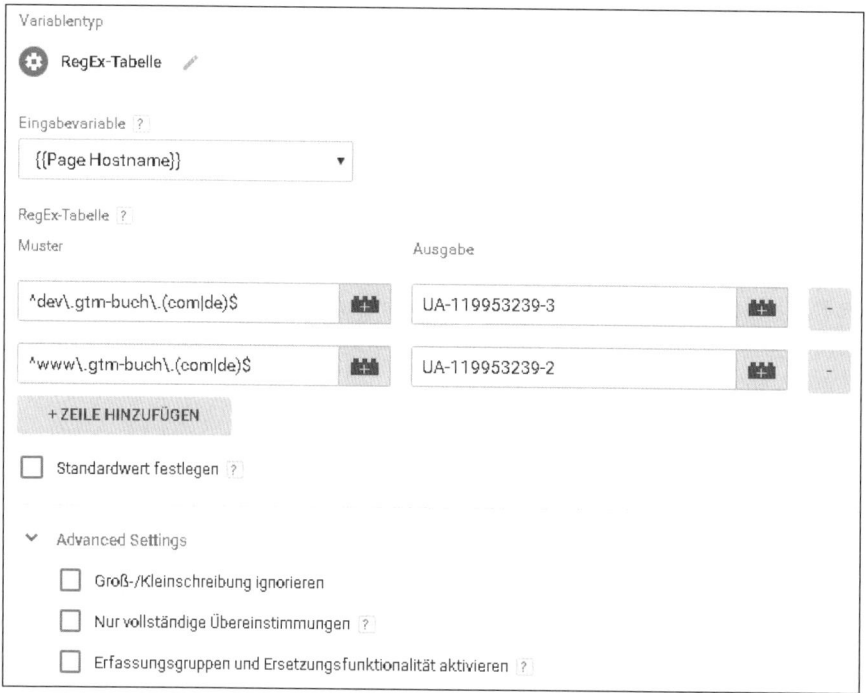

Abbildung 6.28 Die Variable »RegEx-Tabelle«

Reguläre Ausdrücke sind überall

Wenn man von regulären Ausdrücken spricht, sagt man oft auch *RegEx*. Diese Abkürzung kommt vom englischen Begriff *regular expressions*.

Sie werden oft über reguläre Ausdrücke stolpern, denn sie werden nahezu in jeder Programmiersprache benutzt. Auch in den Google Analytics-Berichten können Sie sie benutzen.

»Reguläre Ausdrücke« kann man am besten mit »Suchmuster« übersetzen. Man erstellt Muster und definiert dabei genau, welche Zahlen, Buchstaben oder Zeichen wo vorkommen können. Es ist sinnvoll, wenn Sie sich Basiswissen über reguläre Ausdrücke aneignen. Sie finden eine Übersicht über die wichtigsten Muster unter: *go.gtm-buch.de/regex*

Zusätzlich zu den Feldern für das MUSTER und den AUSGABEWERT gibt es noch erweiterte Einstellungen (ADVANCED SETTINGS in Abbildung 6.28). Damit kann das Erkennungsverhalten der RegEx weiter beeinflusst werden.

Umgebungsname

De Variable *Umgebungsname* gibt genauso wie die eingebaute Variable *Environment Name* den Namen der Umgebung zurück. Auf die Erstellung und Nutzung der Umgebungen gehe ich in Kapitel 9 ein. Ohne weitere Einstellungen gibt diese Variable den Entwurfsmodus zurück. Im Live-Modus gibt diese Variable keinen Wert aus.

Zufallszahl

Die Variable *Zufallszahl* gibt eine Zufallszahl zurück. Diese Zahl hat einen Wert zwischen 0 und 2.147.483.647. Die Länge der Zahl ist nicht beeinflussbar. Wenn Sie eine kürzere Zahl benötigen, müssen Sie diese Zahl gegebenenfalls mit einer eigenen JavaScript-Funktion verarbeiten. Die Zufallszahl wird bei jedem Ereignis, wozu auch der Seitenaufruf zählt, neu generiert.

6.3.5 Der Variablentyp »Containerdaten«

Zu dem Variablentyp CONTAINERDATEN zählen die Variablen *Container-ID*, *Containerversionsnummer* und *Debug Modus*.

Container-ID

Die benutzerdefinierte Variable *Container-ID* gibt die ID des Containers zurück.

Containerversionsnummer

Die benutzerdefinierte Variable *Containerversionsnummer* gibt die Version des ausgespielten Google Tag Manager-Containers zurück.

Debug Modus

Die Variable *Debug Modus* gibt den Wert true zurück, wenn sich der Google Tag Manager-Container im Vorschaumodus befindet.

6.4   Das Format von Variablen ändern

Variablen können in den unterschiedlichsten Formaten im Google Tag Manager ankommen. Besonders die Variablen, die unterschiedlich geschrieben ankommen können, bedürfen einer weiteren Behandlung.

Zum Beispiel kann ein URL-Parameter kleingeschrieben werden oder aber auch mit einem Großbuchstaben anfangen. Aber viele Auswertungssysteme sehen Groß- und Kleinschreibung als unterschiedliche Wörter an. Das bedeutet, der Parameter filter ist ein anderer als Filter. Diesen besonderen Umstand müssen Sie in Ihrem System berücksichtigen. Sie können für Ihre Variable eine entsprechende JavaScript-Funktion nutzen, mit der Sie die Variable umwandeln. Da aber dieses Problem öfter auftauchen kann, gibt es im Google Tag Manager fertige Formatumwandlungen (siehe Abbildung 6.29), die Sie bei den Variablen einsetzen können.

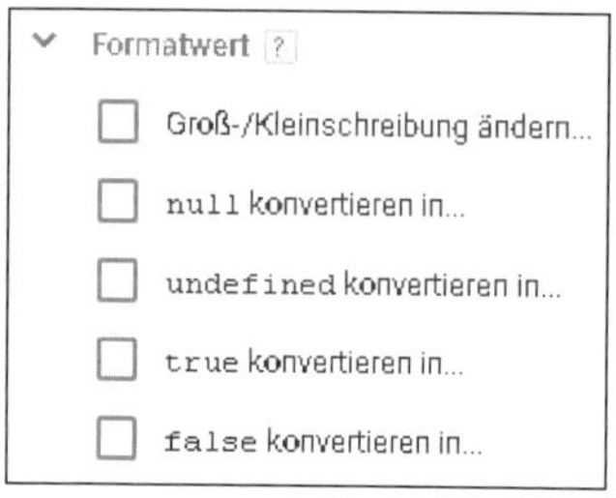

Abbildung 6.29 Die Optionen zum »Formatwert« für die Variablen

Sie finden diese Funktionen am Ende des VARIABLEN-Formulars. Sie öffnen die Auswahl mit einem Klick auf FORMATWERT.

Folgende Auswahlmöglichkeiten haben Sie:

▸ **Groß-/Kleinschreibung ändern**: Sie können auswählen, ob die Variable komplett in Kleinbuchstaben, also als filter oder aber in Großbuchstaben, also als FILTER ausgegeben wird.

▸ **null konvertieren in**: Wenn die Variable den Wert null zurückgibt, können Sie bestimmen, dass ein anderer Wert zurückgegeben wird. Es kann auch der Wert einer anderen Variablen zurückgegeben werden.

Beispiel: Sie wollen einen Zahlenwert zurückgeben. Auch beim Nicht-Vorkommen des Wertes, was normalerweise mit null signalisiert wird, benötigen Sie eine mathematische Null (also 0). In diesem Fall tragen Sie eine »0« in das Formular ein (siehe Abbildung 6.30).

▸ **undefined konvertieren in**...: In dem Fall, dass eine Variable undefined zurückgibt (z. B. wenn auf einen Wert zurückgegriffen wird, den es gar nicht gibt), kann alternativ ein anderer Wert oder der Wert einer anderen Variablen zugewiesen werden.

Abbildung 6.30 »null« wird zu einer mathematischen Null.

▸ **true konvertieren in**...: Wenn eine Variable den Wert `true` zurückgibt, Sie aber den Wert als binären Wert (also in diesem Fall 1) benötigen, können Sie `true` durch diesen Wert oder einen beliebigen Wert ersetzen.

▸ **false konvertieren in:** Wenn ihre Funktion `false` zurückgibt, Sie aber gegebenenfalls den Wert als binären Wert (also in diesem Fall als 0) benötigen, können Sie `false` durch diesen Wert oder einen beliebigen Wert ersetzen. Natürlich können Sie den Wert auch durch eine andere beliebige Variable ersetzen.

Es können auch Felder kombiniert werden. Das bedeutet, Sie können erst Kleinschreibung festlegen und dann auch bestimmen, dass beim Vorkommen von `null` die Variable einen bestimmten Wert zurückgibt.

6.5   Namenskonventionen von benutzerdefinierten Variablen

Sobald Sie immer mehr Variablen im Google Tag Manager-Container ablegen und der Container wächst, werden Sie es zu schätzen wissen, wenn Sie auf einem Blick erkennen können, was eine Variable beinhaltet. Dafür ist es sinnvoll, sich an eine Namenskonvention zu halten. Sollten in Ihrem Unternehmen schon entsprechende Benennungsregeln etabliert sein, dann bleiben Sie am besten dabei. Wenn Sie noch keine Regeln haben, empfehle ich Ihnen folgende Vorgehensweise.

Insgesamt gibt es bis zu drei Informationen, die eine Variable bestimmen:

▸ Herkunft

▸ Tool

▸ Feldname

Das Wichtigste ist, dass der Variablenname genau beschreibt, welche Funktion bzw. Aufgabe sich hinter dem Namen für eine Variable versteckt. Bei der Google Analytics Tracking-ID sollte der Name also die Information `Google Analytics Tracking-ID` enthalten.

Damit Sie die benutzerdefinierten Variablen von den integrierten Variablen unterscheiden können, empfehle ich, die von Ihnen erstellten benutzerdefinierten Variablen im Format *Lower-Camel-Case* zu schreiben. Lower-Camel-Case bedeutet, dass die Variable ohne Leerzeichen geschrieben wird, dass der erste Buchstabe kleinge-

schrieben wird und dass alle Wortanfänge im Namen der Variablen wiederum großgeschrieben werden. Aus `Tracking-Id` wird dementsprechend `trackingId`.

Zusätzlich kann es sinnvoll sein, im Namen der Variablen auch den Typ der Variablen
zu nennen. Besonders wenn Sie vom Suchen-Feld intensiven Gebrauch machen, wird
Ihnen diese Information sehr hilfreich sein. Denn dann müssen Sie nur den Typ
angeben und erhalten direkt alle entsprechenden Variablen aufgelistet. Dadurch
können Sie Variablen schneller finden und bearbeiten.

Ich persönlich empfehle die Abkürzungen für die einzelnen Variablentypen zu nutzen, die Sie in Tabelle 6.7 sehen.

Variablentyp	Abkürzung
HTTP-Verweis-URL	ref
URL	url
Benutzerdefiniertes JavaScript	js
Datenschichtvariable	dl
First-Party-Cookie	cookie
JavaScript-Variable	jsglobal
DOM-Element	dom
Sichtbarkeit von Elementen	vis
Variable für automatisches Ereignis	auto
Benutzerdefiniertes Ereignis	custom
Google Analytics-Einstellungen	ga
Kontstant	const
RegEx-Tabelle	regex
Suchtabelle	lookup
Umgebungsname	env
Zufallszahl	rand
Container-ID	gtm
Containerversionsnummer	gtm
Debug-Modus	debug

Tabelle 6.7 Abkürzungen für die einzelnen Variablentypen im Google Tag Manager

Eine Google Analytics Tracking-ID nennen Sie dementsprechend const googleAnalyticsTrackingId, den Seitentitel anhand einer JavaScript-Variable entsprechend
jsglobal documentTitle.

6.6   Debugging von Variablen

Im Google Tag Manager hilft Ihnen der Vorschaumodus bei der Arbeit mit den Variablen. Sie können den Wert jeder einzelnen Variablen zum Zeitpunkt eines jeden
Ereignisses einsehen.

Falls Ihnen noch nicht klar ist, wie Sie den Vorschau-Modus erreichen: Im Google Tag
Manger klicken Sie IN VORSCHAU ANSEHEN an und rufen anschließend die Website
auf, in der Sie den Container eingebunden haben. Jetzt sehen Sie am unteren Ende
der Website das Debug-Fenster des Google Tag Managers.

Summary	Window Loaded			
	Variable	Variable Type	Return Type	Value
6 Window Loaded	_event	Benutzerdefiniertes Ereignis	string	'gtm.load'
5 gtm.formSubmit	_triggers	Datenschichtvariable	string	'1051900_103'
4 Message	Click Classes	Datenschichtvariable	string	''
3 DOM Ready	Click Element	Datenschichtvariable	object	[object HTMLFormElement]
2 Page View				

Abbildung 6.31 Das Debug-Fenster des Google Tag Managers

Auf der linken Seite des Google Tag Manager-Debug-Fensters sehen Sie die einzelnen
Ereignisse. Nach dem Klick auf VARIABLES in der oberen Leiste sehen Sie die Variablen, den Variablentyp, den Rückgabetyp und den entsprechenden Wert der Variablen. So können Sie den Wert einer jeden Variablen überprüfen. Die Werte können je
nach ausgewähltem Ereignis variieren, denn bei jedem Ereignis werden die entsprechenden Variablen neu ausgeführt bzw. mit Inhalt gefüllt.

6.7   Zusammenfassung

In diesem Kapitel haben Sie die unterschiedlichen integrierten Variablen kennengelernt. Zusätzlich haben Sie erfahren, was Sie mit den benutzerdefinierten Variablen
anfangen können.

Kapitel 7

Benutzerdefinierte Tags und Variablen

Schon die eingebauten Tags und Variablen bieten viele Möglichkeiten, die unterschiedlichsten Anwendungsfälle im Google Tag Manager umzusetzen. Aber mit den benutzerdefinierten Tags und Variablen ist nahezu alles möglich.

Wie Sie in den vorangegangenen Kapiteln gesehen haben, bietet der Google Tag Manager enorm viele Funktionen und Möglichkeiten, die man ganz ohne Programmierkenntnisse nutzen kann. Sie können Tags von Google Analytics oder Google Ads einbinden, ohne in direkten Kontakt mit den JavaScript-Snippets kommen zu müssen. Dabei sind Sie nicht nur auf die Tags von Google-Produkten beschränkt, sondern es gibt passende Tag-Vorlagen von unzähligen weiteren Anbietern. Im Großen und Ganzen benötigen Sie für diese Standardaufgaben keine Kenntnisse in HTML oder JavaScript.

Die Funktionen und Möglichkeiten bei den Variablen sind ähnlich umfangreich wie bei den Tags. Sie können auf Elemente der HTML-Seite zugreifen, Elemente aus der URL nutzen oder Werte ausgeben, die mit Klicks auf Elemente zu tun haben. Sie haben auch hier eine große Palette an Möglichkeiten, ohne programmieren können zu müssen.

Aber was ist, wenn diese Vielfalt noch nicht reicht? Wenn Sie zum Beispiel ein Tag einbinden wollen, für das es keine entsprechende Tag-Vorlage gibt? Das ist zum Beispiel beim Facebook-Pixel der Fall. Für das Einbinden des Facebook-Pixels gibt es keine Tag-Vorlage. Und außer Facebook gibt es noch viele andere Technologie-Anbieter, die in den Tag-Vorlagen nicht berücksichtigt sind.

Genauso ist es, wenn Sie Variablen nutzen wollen, für die es bisher keine fertig eingebaute Funktion zum Bereitstellen der Variable gibt. Das kann zum Beispiel das Suchen eines beliebigen Textfragments oder Wortes auf der Website sein. Dafür gibt es bisher keine eingebaute Variable.

Aber für diese beiden Fälle bietet der Google Tag Manager die volle Freiheit in Form der benutzerdefinierten Tags und Variablen. Bei den Tags gibt es das benutzerdefinierte HTML und bei den Variablen das benutzerdefinierte JavaScript. Dieses Tag und auch das JavaScript bietet ein Eingabefeld, in das Sie HTML bzw. JavaScript-Code einfügen können.

Aber Achtung! Beide Möglichkeiten sollten mit Bedacht genutzt werden. Denn mit wenigen Zeichen ist es möglich, die gesamte Website lahmzulegen. Wenn Sie diese Möglichkeiten einsetzen, müssen Sie das Verhalten des Codes auf der Website immer testen!

Mehr Sicherheit bei benutzerdefiniertem HTML und JavaScript

Da man in diese Tags und Variablen jeglichen Code einschleusen kann, sind diese Möglichkeiten auch ein Sicherheitsrisiko. Während Sie oder ein anderer Nutzer mit den *eingebauten* Tags und Variablen nur geprüfte Skripte nachladen können, ist es mit *benutzerdefiniertem* HTML und JavaScript möglich, jeglichen Code nachzuladen.

Das bedeutet: Sie können damit JavaScript von einem anderen Webserver aufrufen und in die Website einbinden. Das können durchaus auch »böse« Skripte sein, die eigentlich auf Ihrer Website nichts zu suchen haben.

Solange Sie aber die Login-Daten für den Google Tag Manager sicher verwahren und niemand sonst Zugriff auf den Google Tag Manager hat, müssen Sie keinen Angriff von außen fürchten.

Damit Ihr Google Tag Manager aber noch sicherer ist, gibt es eine Funktion, die eine weitere Sicherheitsstufe beim Einfügen von eigenem Code zwischenschaltet. Sie können in den Kontoeinstellungen (VERWALTUNG • KONTOEINSTELLUNGEN) das Feld FÜR BESTIMMTE VORGÄNGE BESTÄTIGUNG DER ANMELDUNG IN ZWEI SCHRITTEN ERFORDERLICH aktivieren (siehe Abbildung 7.1). Das Aktivieren dieses Feldes hat zur Folge, dass Sie unter anderem beim Speichern von benutzerdefiniertem HTML oder benutzerdefiniertem JavaScript zwingend mit der Zwei-Faktor-Authentifizierung belegen müssen, dass Sie tatsächlich die Person sind, die eingeloggt ist.

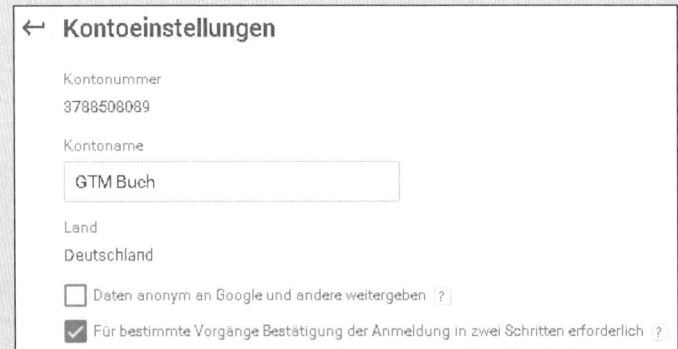

Abbildung 7.1 Mit dem Feld »Für bestimmte Vorgänge ...« aktivieren Sie eine weitere Sicherheitsstufe in den Kontoeinstellungen.

Um eine Website extrem bei der Darstellung zu behindern, reicht es schon, folgenden Code als benutzerdefiniertes JavaScript zu hinterlegen:

```
function(){
 alert('bitte wegklicken');
  return true;
}
```

Listing 7.1 Der Code für das Pop-up eines JavaScript-Hinweises

Sobald dieser Code als Variable angelegt ist, erscheint bei jedem automatischen Event ein Pop-up, das erst durch Klicken auf OK verschwindet. Bevor Sie nicht OK klicken, wird die Seite nicht weiter geladen. Da Variablen bei jedem Ereignis ausgelöst werden, müssen Sie beim Aufrufen einer Seite mindestens dreimal das Pop-up (siehe Abbildung 7.2) wegklicken: einmal beim Seitenaufruf, dann, wenn das DOM fertig ist, und zum Schluss, wenn die gesamte Seite geladen ist. Und das sind nur die Standard-Events, die beim Google Tag Manager ausgeführt werden. Sollten Sie noch weitere Events eingefügt haben, rate ich Ihnen vom Testen dieser Zeilen ab. Es könnte sehr anstrengend werden.

Abbildung 7.2 Das JavaScript-Pop-up mit unserer Meldung

Aber die benutzerdefinierten HTML- und JavaScript-Elemente bieten nicht nur solche gefährlichen Möglichkeiten, sondern eine Vielfalt und Freiheit, auf die ich auf den nächsten Seiten eingehe.

7.1   Tags: Das benutzerdefinierte HTML

Das benutzerdefinierte HTML bietet Ihnen die Möglichkeit und Freiheit, Tags einzubinden, für die es bisher keine Tag-Vorlage gibt. Aber nicht nur Tags können damit eingebunden werden, sondern Sie können damit auch beliebigen JavaScript-Code einbinden. Sie finden das Tag Benutzerdefiniertes HTML in dem Bereich, wo Sie auch alle anderen Tag-Vorlagen finden. Dieses Tag bietet nicht viele Einstellungsmöglichkeiten. Eigentlich ist es nur ein großes Feld, in das Sie Text eintragen (siehe Abbildung 7.3).

Abbildung 7.3 Das Tag »Benutzerdefiniertes HTML«

Das Tag heißt zwar »Benutzerdefiniertes HTML«, aber in der Regel werden Sie haupt-sächlich JavaScript-Code in das Textfeld schreiben. Rein technisch gesehen, ist es aber ein HTML-Feld, denn Sie müssen das JavaScript jeweils mit der entsprechenden JavaScript-Auszeichnung umschließen. Wenn Sie JavaScript-Code benutzen, müssen Sie also am Anfang und Ende des Codes folgendermaßen beginnen bzw. enden:

```
<script>
// Hier den Code einfügen
</script>
```

Listing 7.2 Auszeichnung des JavaScript-Codes in HTML

Bei HTML4 mussten Sie noch für die Auszeichnung von JavaScript den Code-Block sowohl mit <script> einleiten als auch die Art des Codes angeben. Das sah folgender-maßen aus:

```
<script type="text/javascript">
//Hier den Code einfügen
</script>
```

Listing 7.3 JavaScript-Auszeichnung in HTML4

Seit HTML5 ist die Auszeichnung der Art bzw. der Typ nur noch optional anzugeben.

Innerhalb des Feldes für die Texteingabe können Sie alle vorhandenen Variablen nut-zen. Dabei werden die Variablen, genauso wie in anderen Feldern im Google Tag Mana-ger, mit jeweils zwei geschweiften Klammern am Anfang und am Ende umschlossen. Sollten Sie programmieren können und ein Programmierumgebung mit Auto-Ver-vollständigung nutzen, werden Sie das Verhalten kennen. Für alle anderen: Sobald Sie mit der Eingabe einer Variablen starten, also zwei öffnende geschweifte Klammern eingeben, werden Ihnen direkt die vorhandenen Variablen vorgeschlagen (siehe Abbildung 7.4).

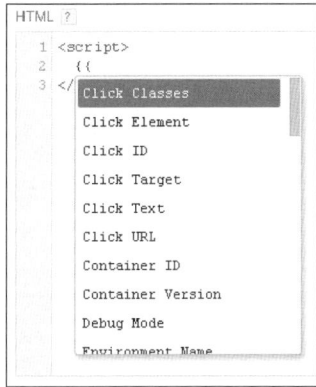

Abbildung 7.4 Das Auto-Vervollständigen-Feature bei der Eingabe von benutzerdefiniertem HTML

Aus dem Dropdown können Sie dann die Variable aussuchen, die Sie benötigen. Im täglichen Gebrauch werden Sie an dieser Stelle merken, dass eine sinnvolle Benennung der Variablen Ihnen viel Zeit und Nachdenken spart.

Wenn Sie ein Tag erstellt haben und in der Vorschau ansehen wollen, kann es passieren, dass Ihnen ein Pop-up entgegenspringt. Denn vor der Vorschau und auch dem Veröffentlichen versucht der Google Tag Manager den Code zu validieren, also auf Gültigkeit und Fehler zu überprüfen. Wenn bei dieser Überprüfung Fehler auftauchen, erscheint ein Pop-up wie das aus Abbildung 7.5.

Abbildung 7.5 Der Container kann nicht validiert werden.

Bevor dieses Problem nicht gelöst ist, kann keine Vorschau angezeigt werden und der Container kann nicht veröffentlicht werden. Wenn Sie auf den Tag-Namen bei Position klicken, öffnet sich das Tag und Sie können es direkt korrigieren.

Die BESCHREIBUNG des Fehlers kann wie in diesem Fall recht nichtssagend sein oder auch spezifischer auf den Fehler eingehen. Auf jeden Fall hilft bei der Korrektur von Fehlern ein wenig Wissen in JavaScript. Achtung: Auch wenn der Container validiert (also den Test besteht), bedeutet es nicht zwingend, dass der Code auch das erwartete Ergebnis liefert. Diese Validierung prüft nur den Aufbau des Codes.

Filter für bestimmte HTML-Elemente

Das Feld BENUTZERDEFINIERTES HTML lässt nur bestimmte Elemente zu. Es validiert recht streng. Data-attributes können inzwischen problemlos abgespeichert werden. Wenn Sie aber ARIA-Elemente zur barrierearmen Auszeichnung nutzen wollen, können Sie das nicht direkt über den HTML-Quelltext machen.

In solchen Fällen müssen Sie einen Umweg gehen und diese Auszeichnung über JavaScript vornehmen. Simo Ahava hat dazu eine Anleitung veröffentlicht:

https://www.simoahava.com/analytics/add-html-elements-page-programmatically/

7.1.1   Die Sonderfunktion »document.write« in älteren Tags

Beim benutzerdefinierten HMTL gibt es eine Checkbox, mit der Sie document.write aktivieren können. Was das genau bedeutet und was diese Funktion so wichtig macht, erkläre ich in diesem Abschnitt.

Einige Tool-Anbieter, die JavaScript-Snippets zum Einbinden anbieten, greifen auf eine sehr alte JavaScript-Funktion zurück: document.write. Diese Methode war sehr verlässlich und man konnte sich auf die Ausführung verlassen. Ihr Code sieht wie folgt aus:

```
<script>
document.write("Hello World!");
</script>
```

Listing 7.4 Einfaches Beispiel für »document.write«

Sie stammt aus der Zeit, als Trackingpixel noch synchron geladen wurden. Das Problem an dieser document.write-Funktion ist, dass diese Tags eigentlich nicht mit der asynchronen Ausführung des Google Tag Managers klarkommen. Das bedeutet, diese Skripte bzw. Trackingpixel werden nicht ordnungsgemäß ausgeführt.

Das ist besonders ungünstig, weil sich die die Anbieter darauf verlassen müssen, dass ihr Tag ausgeführt wird. Aber im Google Tag Manager gibt es einen Schalter, der es ermöglicht, auch diese synchronen Tags auszuführen. Und der Google Tag Manager macht es sogar besser!

Aber ich fange vorne an: Wenn ein Anbieter document.write in seinem Skript benutzt, dann weiß er genau, dass dieses Skript bei einer synchronen Ausführung zwischen dem Seitenaufruf und dem kompletten Laden der Seite ausgeführt wird. Er kann sich sicher sein, dass es aufgerufen wird und dass keine unerwünschten Nebeneffekte auftauchen.

Bei einer Ausführung mit dem Google Tag Manager kann es passieren, dass Tags nicht direkt an der Stelle ausgeführt werden, die Sie als Trigger angegeben haben. Auch wenn Sie definiert haben, dass das Tag beim Seitenaufruf startet, kann die Ausführung sich durchaus hinziehen und erst nach dem vollständigen Laden der Seite die Stelle erreichen, an der die document.write-Funktion ausgeführt wird. Wenn das passieren würde, würde der Browser die Seite neu schreiben, und zwar mit dem Inhalt dieser Funktion. Und das muss unter allen Umständen vermieden werden! Denn der Besucher Ihrer Website würde nur eine weiße Seite sehen. Ohne den Google Tag Manager war das kein großes Problem, denn die Trackingpixel wurden ja direkt in den Quellcode geschrieben. Dadurch gab es keine Probleme.

Damit jetzt keine Probleme auftauchen, gibt es im Google Tag Manager eine Checkbox namens DOCUMENT.WRITE UNTERSTÜTZEN. Für Sie ist das einfach nur ein Klick, aber im Hintergrund ist dies eine clevere und gut ausgedachte Lösung (siehe Abbildung 7.6).

Abbildung 7.6 »document.write« unterstützen

Wenn im Google Tag Manager diese Checkbox aktiviert wird, dann ersetzt der Google Tag Manager zur Laufzeit des benutzerdefinierten HTMLs die im Browser eingebaute Funktion document.write durch eine eigene sicherere Version.

Wenn Sie direkt im benutzerdefinierten HTML-Tag die document.write-Funktion einsetzen, so wie in Listing 7.4, warnt der Google Tag Manager Sie sofort (siehe Abbildung 7.7). In diesem Fall müssen Sie die Checkbox für die document.write-Unterstützung aktivieren. Sollten Sie es nicht tun, wird Ihr Tag unter Umständen nicht ordnungsgemäß funktionieren.

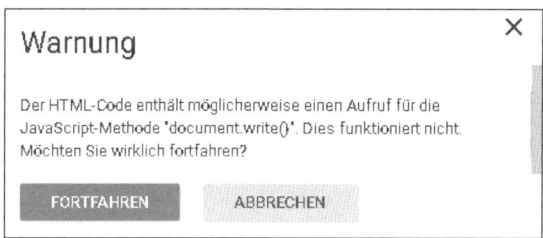

Abbildung 7.7 Warnung vor inkludiertem »document.write«

Aber Sie müssen beachten, dass der Google Tag Manager das nur anmahnt, wenn sich der Funktionsaufruf innerhalb des Texteingabefelds befindet. Es ist durchaus üblich, dass sich der `document.write`-Aufruf in einem nachgeladenen Skript befindet. In diesem Fall warnt der Google Tag Manager Sie nicht vor dem nicht funktionierenden JavaScript-Aufruf! Entweder informiert der Anbieter des Trackingpixels Sie darüber oder aber Sie entdecken das Problem in der Entwicklerkonsole des Browsers.

Technisch funktioniert diese Checkbox so, dass der Google Tag Manager die Funktion `document.write` während der Laufzeit durch ein `document.create`-Element ersetzt. Dabei wird das Resultat dieser Funktion in ein `<div>`-Element geschrieben und an das Ende der Seite angehängt. Dadurch funktionieren Tags, die eigentlich synchron geladen werden müssen, auch mit dem Google Tag Manager. Und diese Art der Einbindung ist auch sicherer und besser für die gesamte Seite.

7.1.2   Beispiel für benutzerdefiniertes HTML: Das Facebook-Pixel

Für das Facebook-Pixel gibt es bisher keine Tag-Vorlage im Google Tag Manager. Das bedeutet, Sie müssen dieses Pixel mithilfe des benutzerdefinierten HTML-Tags in die Seite implementieren.

> **Hinweis: Datenschutz klären**
>
> Ich erkläre Ihnen hier anhand des Facebook-Pixels, wie man dieses in den Quellcode der Seite einbaut. Bevor Sie das nachmachen, vergewissern Sie sich, dass das mit den Datenschutzbestimmungen übereinstimmt und dass Sie berechtigt sind, das Pixel einzubauen. Ansonsten vollziehen Sie diese Anleitung bitte nur theoretisch nach.

Facebook bietet auch eine automatische Integration des Zählpixels in den Google Tag Manager an. Ich persönlich rate davon ab, das automatische Implementieren zu nutzen. Denn Facebook kopiert nicht nur den Zählpixel-Code in Ihren Google Tag Manager-Container, sondern stößt auch sofort die Veröffentlichung an. Sie haben keine Chance, die Implementierung vorab zu prüfen.

Deshalb erkläre ich hier am Beispiel des Facebook-Pixels, wie Sie es selbst einbauen. Als Erstes benötigen Sie das Facebook-Pixel, das Sie in Ihrem Facebook-Werbekonto finden. Wenn Sie keinen Facebook-Account haben, können Sie diese Anleitung am besten einfach nur theoretisch nachvollziehen.

Der HTML-Code des Facebook-Pixels sieht folgendermaßen aus:

```
<!-- Facebook Pixel Code -->
<script>
  !function(f,b,e,v,n,t,s)
  {if(f.fbq)return;n=f.fbq=function(){n.callMethod?
  n.callMethod.apply(n,arguments):n.queue.push(arguments)};
```

```
if(!f._fbq)f._fbq=n;n.push=n;n.loaded=!0;n.version='2.0';
n.queue=[];t=b.createElement(e);t.async=!0;
t.src=v;s=b.getElementsByTagName(e)[0];
s.parentNode.insertBefore(t,s)}(window, document,'script',
'https://connect.facebook.net/en_US/fbevents.js');
fbq('init', 'XXXXXXXXX');
fbq('track', 'PageView');
</script>
<noscript><img height="1" width="1" style="display:none"
   src="https://www.facebook.com/tr?id=XXXXXXXXX&ev=PageView&noscript=1"
/></noscript>
<!-- End Facebook Pixel Code -->
```

Listing 7.5 Der Facebook-Pixel-Code

Bei diesem Facebook-Pixel-Code habe ich meine ID durch eine Anzahl X unkenntlich gemacht. Für diese Demonstration reichen die X. In Ihrem Facebook-Konto finden Sie den gleichen Code mit den entsprechenden Ziffern.

Nachdem Sie den Code aus Ihrem Werbekonto kopiert haben, gehen Sie in Ihren Google Tag Manager und legen ein neues Tag mit dem Typ BENUTZERDEFINIERTES HTML an. Kopieren Sie dann den Facebook-Pixel-Code in das Textfeld (siehe Abbildung 7.8).

Abbildung 7.8 Der Facebook-Pixel-Code als benutzerdefiniertes HTML

In diesem Fall benötigen Sie nicht die Aktivierung von document.write. Der Facebook-Code ist aktuell und greift nicht auf diese veraltete Funktion zu. Bevor Sie dieses Tag speichern, weisen Sie ihm noch den Trigger ALL PAGES zu. Wenn Sie dann das Tag gespeichert haben, schauen Sie es sich in der Vorschau an.

Der Facebook Pixel Helper

Für das Google Analytics-Tag und den Google Tag Manager und andere Google-Produkte gibt es zur Diagnose von Problemen bzw. zum Testen der Implementierung den *Google Tag Assistant*.

Viele Anbieter von Pixeln bieten ihre eigenen Lösungen zum Überprüfen der Implementierung an. Auch Facebook bietet Ihnen ein passendes Plugin für Chrome an: den *Facebook Pixel Helper*. Sie finden ihn unter diesem Link:

http:/go.gtm-buch.de/fb-pixel-helper

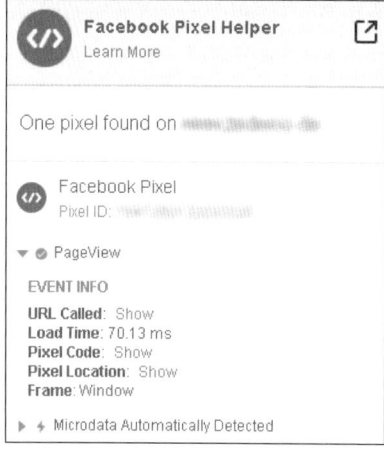

Abbildung 7.9 Der »Facebook Pixel Helper« hat ein Pixel auf der Seite entdeckt.

Zusätzlich können Sie das Tag mit dem Facebook Pixel Helper testen (siehe Abbildung 7.9). Wenn alles funktioniert, können Sie Ihr Tag veröffentlichen. Vergessen Sie nicht, in den Versionstext zu schreiben, was Sie gemacht haben!

7.2   Variablen: Das benutzerdefinierte JavaScript

Das benutzerdefinierte JavaScript ermöglicht es Ihnen, die schon sehr große Auswahl an Variablen zu erweitern. Sie können damit neue Variablen erstellen, aber auch aus vorhandenen Variablen zusammengesetzte oder berechnete Variablen erstellen. Die Eingabe für das benutzerdefinierte JavaScript ist ähnlich schlicht wie beim benutzerdefinierten HTML (siehe Abbildung 7.10).

Abbildung 7.10 Benutzerdefiniertes JavaScript

Beim benutzerdefinierten JavaScript gibt es nicht mal mehr die Checkbox für docu-
ment.write. Denn mit dem benutzerdefinierten JavaScript sollen Sie auch nichts in
die Website schreiben. Da es eine Variable ist, wird es bei jedem Trigger ausgeführt.
Würden Sie also in diesem benutzerdefinierten JavaScript ein Tracking unterbringen,
würde bei jedem Ereignis das Tracking anspringen und den entsprechenden Aufruf
senden.

Deshalb sollen Sie auch, auch wenn es möglich ist, keine Cookies oder Ähnliches mit
dem benutzerdefinierten JavaScript ausführen. Solcher Code ist in den benutzerdefinierten HTML-Tags besser aufgehoben.

> **Variablen sind nur für Variablen**
>
> Auch wenn es verlockend ist, die Variablen dafür zu nutzen, Code nachzuladen, Coo-
> kies zu schreiben oder andere Dinge auszuführen, die Veränderungen am Quelltext
> oder Website vornehmen – die Variablen sind der falsche Platz!
>
> Vielleicht wundern Sie sich, dass Sie etwas Ähnliches schon einen Absatz weiter
> oben gelesen haben. Aber es ist so wichtig, dass Sie es keineswegs überlesen sollen.
> Im Internet gibt es nämlich viele Anleitungen, die einem zeigen, wie man mithilfe
> des benutzerdefinierten JavaScripts Code nachladen oder Cookies schreibt. Aber wie
> ich schon erwähnt habe: Die benutzerdefinierten Variablen sind dafür der komplett
> falsche Platz!

7.2.1   Aufbau des Codes

Während Sie beim benutzerdefinierten HTML eigentlich an keinerlei Vorgaben
gebunden sind, müssen Sie beim benutzerdefinierten JavaScript zwei wichtige Vor-

gaben einhalten. Wenn Sie sie nicht einhalten, werden Sie die entsprechende Variable nicht speichern können. Der Google Tag Manager weist beim Speichern auf diese Vorgaben hin.

Die erste Vorgabe ist, dass das JavaScript sich innerhalb einer Funktion befinden muss. Das sieht dann folgendermaßen aus:

```
function(){
// … hier kommt der JavaScript-Code hin
}
```

Listing 7.6 Das JavaScript befindet sich innerhalb einer Funktion.

Zusätzlich – da es um Variablen geht, sollte es Ihnen eigentlich klar sein – muss dieses JavaScript einen Wert zurückliefern. Deshalb ist ein Rückgabewert bei der benutzerdefinierten JavaScript-Variablen eine zwingende Voraussetzung. (Im allgemeinen Kapitel 6 zu den Variablen finden Sie weitere Informationen zu den Rückgabewerten.) Das kann dann folgendermaßen aussehen:

```
function(){
return location.hostname.toUpperCase()
}
```

Listing 7.7 Diese Funktion gibt den Hostnamen in Großbuchstaben zurück.

Mehr Anforderungen gibt es für die benutzerdefinierte JavaScript-Variable nicht.

Dadurch dass sich der JavaScript-Code innerhalb einer Funktion befindet, müssen Sie übrigens keine Rücksicht auf eventuell vorhandene Variablenbezeichnungen nehmen. Die Variablen innerhalb der Funktion haben keinen Einfluss auf globale JavaScript-Variablen.

7.2.2 Beispiel für die Nutzung der benutzerdefinierten JavaScript-Variablen

Die benutzerdefinierte JavaScript-Variable nutzen Sie immer dann, wenn es eine ähnliche Funktion nicht schon eingebaut gibt.

Stellen Sie sich vor, Sie möchten von einem direkt in den Quelltext eingebauten Google Analytics auf eine Implementierung mit dem Google Tag Manager umsteigen. Damit Sie bei der Umstellung keine Daten verlieren oder zu viel messen, dürfen die beiden Codes nicht gleichzeitig ausgeführt werden. Da das Deployment aber durch die IT erfolgt und Sie den Google Tag Manager bedienen, ist es schwer, das Umstellen zeitlich abzustimmen. Einfacher wäre es, wenn Sie einfach einen ausschließenden Trigger nutzen, der nach dem Vorkommen des alten Google Analytics-Codes sucht. Genau das ist mit dem benutzerdefinierten JavaScript möglich.

Nehmen wir an, Sie müssen eine Installation mit dem alten Google Analytics-Code ersetzen. Mit »alt« meine ich in diesem Fall den Code, der noch über die URL *www.google-analytics.com/ga.js* aufgerufen wird. Das bedeutet, Sie müssen im Quelltext nach dieser URL innerhalb eines Script-Elements suchen. Haben Sie keine Angst, wenn Sie bisher noch nicht so viel mit JavaScript gemacht haben; der entsprechende Code sieht so aus:

```
function() {
    i = 0
    len = 0;
    var gaFound = false;

    for (i, len = scripts.length; i < len; i += 1) {
        if (/www\.google-analytics\.com\/ga\.js/.test(scripts[i].src)) {
            gaFound = true;
        }
    }
return false;
}
```

Listing 7.8 Eine Variable, die nach dem alten Google Analytics-Code sucht

Diese Funktion durchsucht den Quelltext, insbesondere die eingebundenen Skript-Elemente, und wenn die URL *www.google-analytics.com/ga.js* gefunden wird, wird für die Variable js oldGoogleAnalyticsInSource der Rückgabewert true geliefert. In der Vorschau können Sie überprüfen, ob die Variable korrekt funktioniert und den entsprechenden Wert ausgibt (siehe Abbildung 7.11).

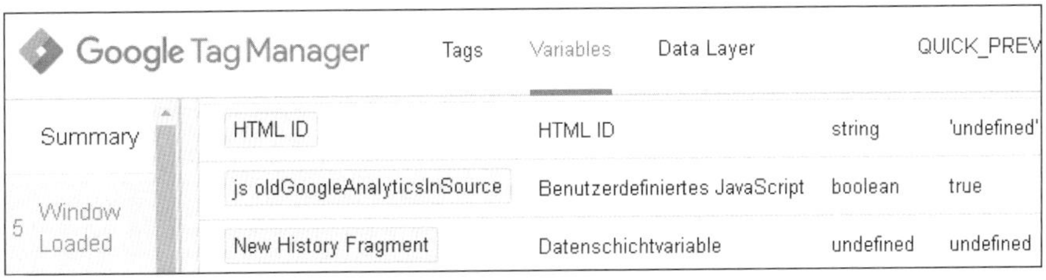

◆ Google Tag Manager	Tags	Variables	Data Layer		QUICK_PREV
Summary	HTML ID	HTML ID	string	'undefined'
Window Loaded	js oldGoogleAnalyticsInSource	Benutzerdefiniertes JavaScript	boolean	true
5	New History Fragment	Datenschichtvariable	undefined	undefined

Abbildung 7.11 Die Variablen im Debug-Fenster

Diese Variable ist ein Beispiel dafür, wie flexibel Sie den Google Tag Manager nutzen können. Für diesen Zweck benötigen Sie aber zumindest grundlegende Kenntnisse in JavaScript: Zwar können Sie aus dem Internet Skripte per Copy & Paste in Ihren Google Tag Manager kopieren, aber spätestens beim Auftauchen kleiner Fehler hilft das Wissen um die Basics in JavaScript.

7.3   JavaScript ist wichtig

In den vorangehenden Abschnitten hatten Sie wieder Kontakt mit echtem Code. Dabei wurde Ihnen doch bei der Einführung des Google Tag Managers versprochen, dass diese Zeiten vorbei sind und dass alles ganz einfach ohne Code-Kenntnisse zu bedienen ist!

Irgendwie stimmt das auch, denn für die meisten Funktionen und Anwendungsfälle des Google Tag Managers benötigen Sie keinen speziellen JavaScript-Code. Nur dann, wenn Sie über die Vielfalt der eingebauten Tags und Variablen hinausgehen wollen, führt kein Weg an JavaScript-Code vorbei.

Aber zum Glück ist JavaScript eine sehr einfache Sprache, die Sie schnell lernen können. Dafür gibt es im Rheinwerk Verlag ein Buch mit dem Titel »Einstieg in JavaScript« von Thomas Theis. Falls Sie lieber online lernen, empfehle ich Ihnen die Codecademy *https://www.codecademy.com/*. Der dort angebotene kostenlose JavaScript-Kurs ist exzellent.

Kapitel 8

Daten in der Website bereitstellen: die Datenschicht

Die Datenschicht ist die schnellste Verknüpfung zwischen Website-inhalt und Google Tag Manager.

Die Datenschicht oder, wie man im Englischen sagt, der *Data Layer*, ist eine der stützenden Säulen des Google Tag Managers. Viele Funktionalitäten des Google Tag Managers beruhen auf dem Vorhandensein der Datenschicht. Ich gebe zu, dass die Datenschicht für Nicht-Techies nicht ganz so leicht zu verstehen ist, aber für Techies sind es einfach ein paar Zeilen JavaScript. Und deshalb ist es gut und wichtig, dass Sie sich – auch wenn Sie bisher nicht mit JavaScript in Berührung gekommen sind – ein wenig diese einfache Programmiersprache aneignen. Keine Angst, die Basisfunktionen reichen vollständig, um das grundlegende Konzept der Datenschicht zu verstehen.

Das Konzept der Datenschicht zu verstehen ist nicht wirklich schwierig. Sie brauchen nur ein wenig Geduld und eine gute technische Auffassungsgabe. Da Sie dieses Buch bis hierhin geschafft haben, bin ich mir sicher, dass Sie über beides verfügen. Fehlende Fachbegriffe werde ich in diesem Kapitel erklären. Mein Ziel ist es, dass Sie am Ende dieses Kapitels die Datenschicht verstehen und einsetzen können. Und wenn Sie die Datenschicht einmal verstanden haben, werden Sie das Konzept zu schätzen wissen. Ab diesem Zeitpunkt entfaltet der Google Tag Manager sein ganzes Potenzial.

Abbildung 8.1 Die Datenschicht ist die Verbindung zwischen dem Google Tag Manager und der Website.

Die Datenschicht ist eigentlich nur eine virtuelle Schicht zwischen der Website und dem Google Tag Manager (siehe Abbildung 8.1). Es handelt sich um eine Zwischenschicht, die Daten für den Google Tag Manager bereitstellt. Diese Daten werden vom Server bzw. vom Programmcode bereitgestellt. Der Programmierer des Systems schreibt Daten, die im System sind, in die Datenschicht, damit sie im Google

Tag Manager genutzt werden können. Diese Daten können unterschiedlicher Natur sein. In der Regel sind es Daten, die ansonsten nicht in der Website wären oder Daten, die man extra extrahieren müsste. Eine Datenschicht für den Google Tag Manager kann folgendermaßen aussehen:

```
({
  "visitorType": "administrator",
  "visitorEmail": "m.janssen@zedwoo.de",
  "pagePostType": "post",
  "pagePostAuthor": "Michael",
  "postID": 2385
});
```

Listing 8.1 Ein Data Layer, wie er von einem WordPress-Plugin erstellt wird

Bei der Datenschicht geht es darum, dass Daten gespeichert, verarbeitet und weitergegeben werden. Das Ziel ist es, mit der Datenschicht zu erreichen, dass möglichst viele Tools die Daten nutzen können. Und dafür hat sich das Konzept der Datenschicht etabliert. Der Google Tag Manager ist nicht das einzige System, das eine Datenschicht benutzt. Auch andere Systeme wissen die Vorteile des Datenschicht-Konzepts zu schätzen.

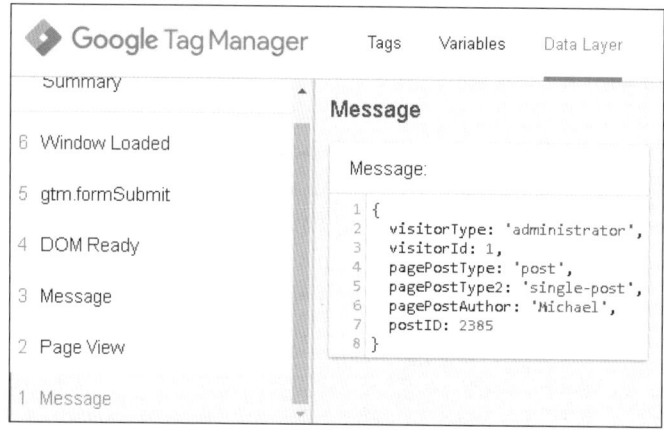

Abbildung 8.2 Die Datenschicht im Vorschaumodus

Die Datenschicht ist programmiertechnisch nur ein ganz normales assoziatives Java-Script-Array, das den Namen *dataLayer* trägt. Genauere technische Informationen dazu finden Sie in Abschnitt 8.5. In der Datenschicht gibt es das Key-Value-Prinzip (Schlüssel-Wert-Prinzip): Jeder Wert ist eindeutig durch einen Schlüssel adressierbar. Wenn man im Google Tag Manager vom Wert einer Datenschichtvariablen spricht, ist der entsprechende Wert aus der Datenschicht gemeint. Sie können diesen Wert über die Vorschau im Debug-Fenster sehen (siehe Abbildung 8.2). Dafür klicken Sie im Debug-Fenster in der oberen Navigation auf DATA LAYER. Aber ein Wert, der sich in der Datenschicht befindet, ist nicht automatisch auch eine Variable im Google Tag Manager. Erst wenn Sie im Google Tag Manager eine Datenschichtvariable anlegen, können Sie im Google Tag Manager auf diesen Wert zugreifen.

Um aus dem *postType* in der Datenschicht, wie Sie ihn in Listing 8.1 bzw. Abbildung 8.2 sehen, eine Datenschichtvariable im Google Tag Manager zu machen, gehen Sie in den Bereich VARIABLEN im Google Tag Manager und klicken auf NEU.

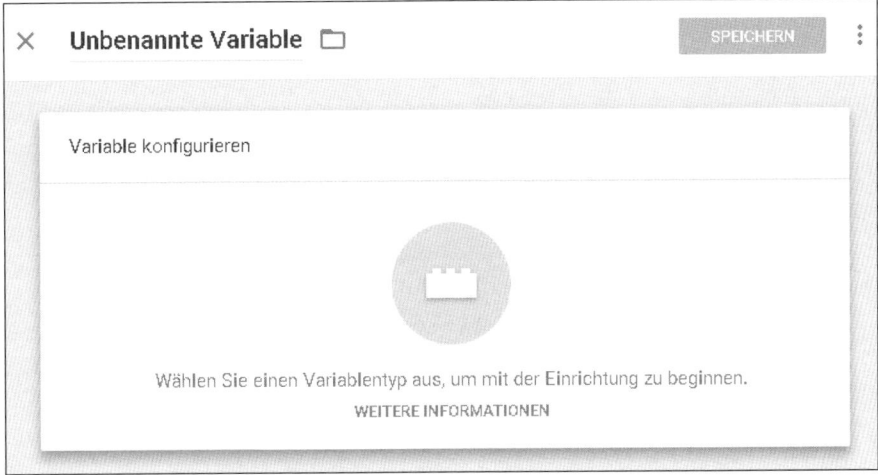

Abbildung 8.3 Eine neue Variable anlegen

Nach dem Klick auf VARIABLE KONFIGURIEREN(siehe Abbildung 8.3) wählen Sie den Variablentyp DATENSCHICHTVARIABLE aus. In dem nun sichtbaren Formular (siehe Abbildung 8.4), tragen Sie bei NAME DER DATENSCHICHTVARIABLE »pagePostType« ein. Wenn Sie jetzt die Variable unter »dl pagePostType« abspeichern, steht sie Ihnen ab sofort im Google Tag Manager zur Verfügung.

Abbildung 8.4 Der »pagePostType« als Datenschichtvariable

8.1 Daten aus der Datenschicht sind wiederverwendbar

Die Datenschichtvariable ist ein Wert, der eigentlich aus der Datenbank oder einer anderen Quelle stammt. In Abschnitt 11.1.8 gehe ich noch genauer auf das erweiterte eCommerce-Tracking von Google Analytics ein. Dieses Tracking macht intensiv Gebrauch von der Datenschicht. Nahezu alle Werte, die für das eCommerce-Tracking benötigt werden, werden von der Datenschicht geliefert. Der Teil für ein einzelnes Produkt sieht dann dementsprechend so aus:

```
dataLayer({
  'ecommerce': {
    'detail': {
      'actionField': {'list': 'Apparel Gallery'},
      'products': [{
        'name': 'Triblend Android T-Shirt',
        'id': '12345',
        'price': '15.25',
        'brand': 'Google',
        'category': 'Apparel',
        'variant': 'Gray'
      }]
    }
  }
});
```

Listing 8.2 Ausschnitt aus der Datenschicht für das eEcommerce-Tracking

Mit diesem Code wird das erweiterte eCommerce-Tracking auf einer Produkteinzelseite ausgeführt. Ein einzelnes Produkt wird angezeigt und die entsprechenden Tracking-relevanten Werte werden an Google Analytics übertragen. Aber ein Ziel der Datenschicht ist es unter anderem, vorhandene Werte auch in mehrere Systeme zu übertragen. Für das Retargetingsystem von Criteo benötigen wir auf der gleichen Seite mit der Produkteinzelansicht auch ein Tag mit der Produkt-ID (siehe Abbildung 8.5).

Wenn Sie das erweiterte eCommerce-Tracking von Google Analytics in Verbindung mit dem Google Tag Manager nutzen, haben Sie wahrscheinlich die Produkt-ID schon in der Datenschicht. Sie müssen jetzt nur noch aus der Variablen in der Datenschicht eine Datenschichtvariable im Google Tag Manager machen.

Dafür gehen Sie in den Bereich der Variablen im Google Tag Manager, klicken auf Neu und auf Variable konfigurieren. Bei den Variablentypen wählen Sie Datenschichtvariable aus. Nun tragen Sie in das Feld Name der Datenschichtvaria-

BLEN den gesamten Pfad zur ID in der Datenschicht ein. In diesem Fall ist das
»ecommerce.detail.products.0.id«. (In Abschnitt 9.1.5 gehe ich auch noch darauf ein,
wie man den Pfad findet.) Nach dem Speichern der Variablen können Sie die Variable
jetzt dem Criteo OneTag hinzufügen.

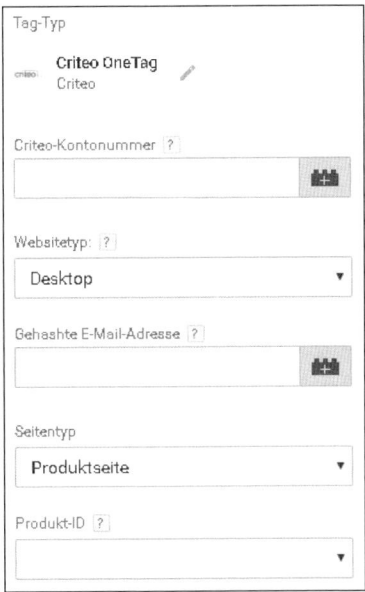

Abbildung 8.5 Das Criteo OneTag für eine Produktseite

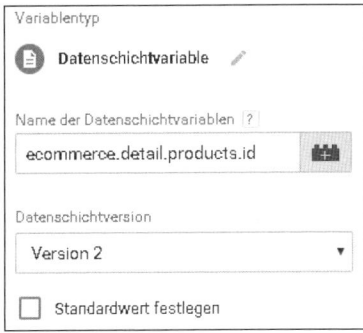

Abbildung 8.6 Die Datenschichtvariable für die Produkt-ID auf der Einzelansicht

Um die Produkt-ID zu erhalten, müsste man nicht zwingend einen Wert aus der
Datenschicht benutzen. Man könnte den Wert auch aus der Seite extrahieren. Man
spricht dann in der Regel von *scrapen*. Das bedeutet, man findet heraus, wie man den
Wert innerhalb der Seite finden kann, und definiert dann eine passende Variable, die
diesen Wert zurückgibt.

8.2   Aus dem Quelltext scrapen statt Datenschicht nutzen

Wie das Scrapen funktioniert, zeige ich Ihnen am Beispiel des *Google Merchandise-Store*. Wie vorhin benötigen Sie die Produkt-ID für das Criteo-Tag. Leider ist die Produkt-ID nicht in der Datenschicht vorhanden. Aber die Produkt-ID wird auf der Produktseite angezeigt (siehe Abbildung 8.7).

Abbildung 8.7 Ein Google-Kinder-T-Shirt im offiziellen Merchandise-Store von Google

Da die Produkt-ID nicht in der Datenschicht erscheint, müssen Sie im Quelltext nachschauen, ob es Elemente gibt, anhand derer man die Position erkennen kann. In diesem Fall sehen die HTML-Elemente direkt um die Produkt-ID so aus:

```
<p class="productID productName">
  <span id="ContentPlaceHolder1_spnProductCode">GGL1076</span>
</p>
```

Listing 8.3 Der Produktcode im HTML

Direkt um die Produkt-ID gibt es einen Container mit der CSS-ID `ContentPlaceHolder1_spnProductCode`. Diese Information können Sie nutzen, um den Produktcode aus der Seite zu scrapen. Dafür gehen Sie wieder in den Bereich der Variablen, wählen NEU und klicken auf VARIABLE KONFIGURIEREN. Da Sie ein Element aus der Website extrahieren wollen, wählen Sie das DOM-ELEMENT (siehe Abbildung 8.8). Sollte es noch nicht ausgewählt sein, wählen Sie als Auswahlmethode ID und in das Feld ELEMENT-ID schreiben Sie die ID des HTML-Spans »ContentPlaceHolder1_spnProductCode«.

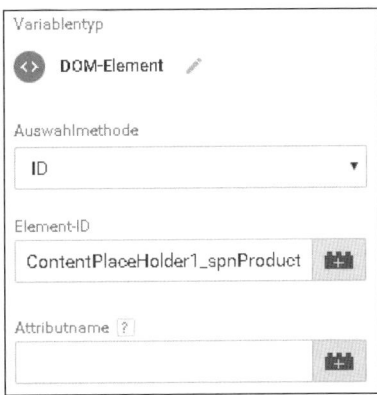

Abbildung 8.8 Das DOM-Element zum Scrapen von Inhalten

Nach dem Speichern und dem Zuweisen zum Criteo OneTag finden Sie im Vorschaumodus die Variable im Bereich VARIABLEN. Die Produkt-ID wurde erfolgreich extrahiert (siehe Abbildung 8.9).

Abbildung 8.9 Die extrahierte Produkt-ID im Debug-Fenster

Wie Sie an diesem Beispiel sehen, ist man nicht auf die Datenschicht angewiesen, um Daten für die verschiedenen Tags zu erhalten. Aber das Scraping ist leider recht aufwendig und nicht unbedingt stabil, denn die HTML-Struktur mit ihren <div>s und <span>s kann sich jederzeit ändern. Auch die Bezeichnungen von Klassen können sich ohne Ankündigung ändern. Und selbst kleine Änderungen können das gesamte Extrahieren zerstören. Deshalb ist das Scraping oft nur die zweite Wahl.

8.3 Scraping oder Datenschicht: Was ist besser?

Der Vorteil beim Scraping im Gegensatz zum Zuweisen von Variablen aus der Datenschicht ist, dass es in der Regel schneller geht. Neue Funktionen können mithilfe des Scrapings oftmals schneller online gehen: Während Sie noch um Ressourcen in der IT für die Erweiterung der Datenschicht kämpfen müssen, läuft die Funktion mit dem Scraping schon. Deshalb greift man gern auf das Scraping bzw. Extrahieren über das

DOM-Objekt zurück, wenn die Änderungen an der Datenschicht zeitnah nicht möglich sind.

Aber Sie dürfen nie vergessen, dass die Variablen, die auf dem DOM-Objekt basieren, nicht sehr stabil sind. Als schnelle Lösung, also als sogenannter Quick-Fix sind sie gut. Auch wenn Sie schnell einen Proof of Concept benötigen, können und sollten Sie auf diese Methode zurückgreifen. Aber als langfristige Lösung sollten diese Variablen immer in der Datenschicht landen.

8.4   Praxis: Die Datenschicht für Google Analytics mit WordPress nutzen

In den Abschnitten oben bin ich recht abstrakt auf die Möglichkeiten der Datenschicht eingegangen. Dieser Abschnitt dient dazu, dass Sie das Gezeigte direkt nachmachen können. Dafür benötigen Sie nur eine WordPress-Seite, alternativ können Sie auch die Testseite unter *test.gtm-buch.de* zusammen mit dem *Google Tag Manager Injector* benutzen.

In diesem Abschnitt geht es darum, dass Sie lernen, mithilfe der Datenschicht vier benutzerdefinierte Dimensionen an Google Analytics zu übertragen. Es geht dabei um folgende Dimensionen:

- ▶ Seitentyp
- ▶ Kategorie
- ▶ Autorenname
- ▶ eindeutige ID des Blogartikels

Alle vier Werte stellt uns das WordPress-Plugin *Google Tag Manager for WordPress* zur Verfügung. Nähere Informationen zur Installation finden Sie in Abschnitt 2.4.2.

Loggen Sie sich in Ihr WordPress ein, und gehen Sie zu den Einstellungen des Plugins. Sie finden es unter EINSTELLUNGEN • GOOGLE TAG MANAGER. Bei den Tabs wählen Sie BASIC DATA aus (siehe Abbildung 8.10). Nun haben Sie eine Übersicht mit den Basisdaten, die das Plugin in die Datenschicht schreiben kann.

Überprüfen Sie, dass folgende Optionen angehakt sind:

- ▶ Posttype of current post/archive
- ▶ Post author name
- ▶ Post ID
- ▶ Category list of current post/archive

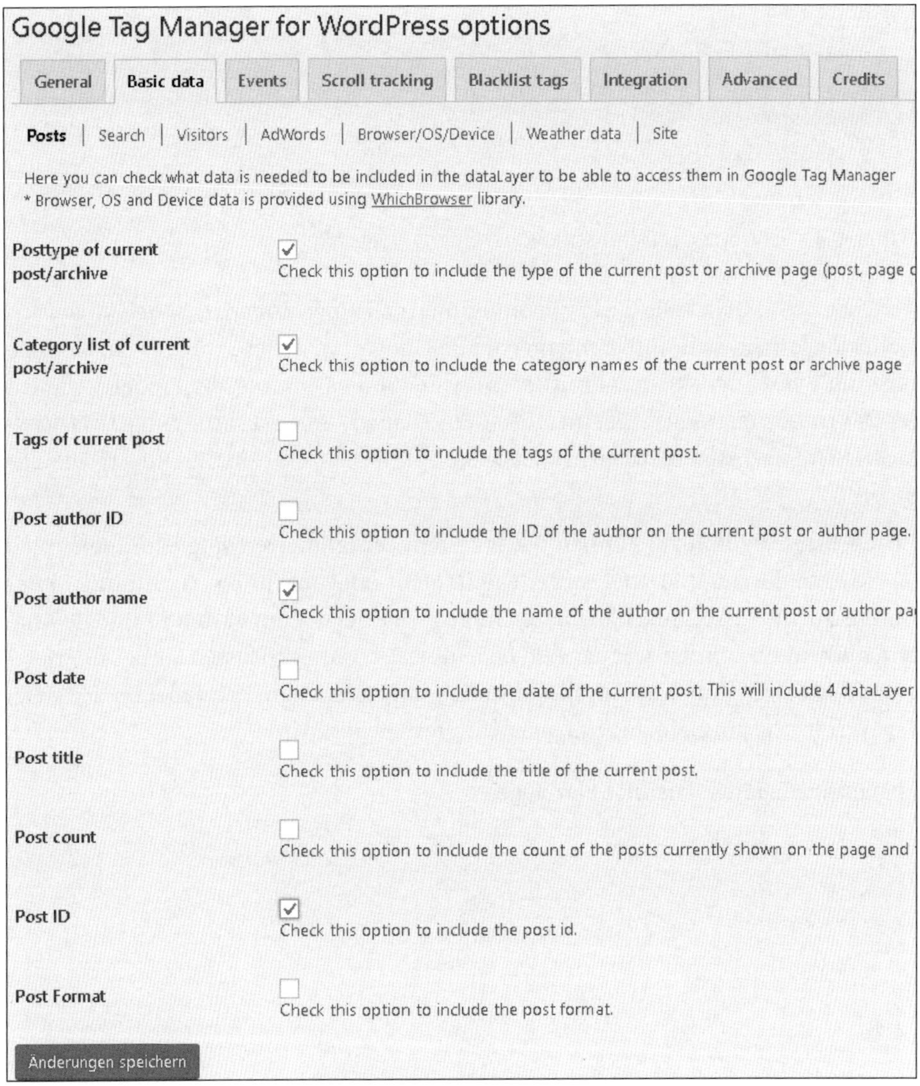

Abbildung 8.10 Das Google Tag Manager-Plugin mit der Auswahl der Basisdaten für Blogartikel

Damit haben Sie dem Plugin mitgeteilt, welche Werte Sie in der Datenschicht benötigen. Nach dem Speichern der Änderungen können Sie sich im Blog vergewissern, dass es übernommen wurde.

Die Datenschicht enthält dann die folgenden Werte:

```
{
    "pagePostType": "post",
    "pagePostType2": "single-post",
```

```
   "pageCategory": [
      "gtm-advanced"
   ],
   "pagePostAuthor": "Michael",
   "postID": 2320
}
```

Listing 8.4 Die Werte der Datenschicht bei einem Blogartikel

Als Nächstes erstellen Sie die benutzerdefinierten Dimensionen in Google Analytics. Dafür loggen Sie sich in die entsprechende Google Analytics-Property ein und klicken auf VERWALTUNG. In der mittleren Spalte für die Optionen der Property wählen Sie BENUTZERDEFINIERTE DEFINITIONEN und danach BENUTZERDEFINIERTE DIMENSIONEN. Im nächsten Bildschirm klicken Sie auf NEUE BENUTZERDEFINIERTE DIMENSION.

Im nächsten Bildschirm können Sie die benutzerdefinierte Dimension benennen (siehe Abbildung 8.11). Dabei ist der NAME nicht relevant für die Zuordnung in der Datenschicht. Er ist einfach die Bezeichnung, mit der Sie am besten in Google Analytics erkennen können, was das Feld bedeutet. Den UMFANG lassen Sie bei allen jetzt erstellten benutzerdefinierten Dimensionen auf HIT stehen. Das bedeutet, dass dieser Wert im Zusammenhang mit jeder URL gespeichert wird.

Abbildung 8.11 Die benutzerdefinierte Dimension
in Google Analytics hinzufügen

Nach dem Speichern erfahren Sie den INDEX der Dimension, mit dem Sie den Wert im Tracking-Code adressieren können. Für alle vier benutzerdefinierten Dimensionen sieht das in meiner Google Analytics-Property so aus wie in Abbildung 8.12.

Name der benutzerdefinierten Dimension	Index ↓	Umfang	Zuletzt geändert	Status
Autor	1	Hit	31.07.2018	Aktiv
Posttyp	2	Hit	31.07.2018	Aktiv
Kategorie	3	Hit	31.07.2018	Aktiv
Post-ID	4	Hit	31.07.2018	Aktiv

+ NEUE BENUTZERDEFINIERTE DIMENSION   🔍 Suche

16 benutzerdefinierte Dimensionen übrig

Abbildung 8.12 Die Übersicht der benutzerdefinierten Dimensionen in Google Analytics

Nun müssen Sie noch die entsprechenden Variablen im Google Tag Manager anlegen. Dafür gehen Sie in den Google Tag Manager-Container. Dort rufen Sie den Bereich VARIABLEN auf und klicken dort auf NEU. Als Erstes benennen Sie die Variable. In diesem Fall tragen Sie »dl pagePostAuthor« als Namen ein. Am Namen erkennen Sie und Ihre Kollegen jetzt immer, dass es sich um eine Variable aus der Datenschicht handelt (»dl« steht für »Data Layer«) und welchen Wert sie enthält.

Klicken Sie nun auf VARIABLE KONFIGURIEREN, und wählen Sie als Variablentyp DATENSCHICHTVARIABLE aus. In das Feld NAME DER DATENSCHICHTVARIABLEN schreiben Sie den Schlüssel der Datenschichtvariablen (siehe Abbildung 8.13) und speichern die Variable.

Abbildung 8.13 Die Datenschichtvariable für den Autor

Als Nächstes legen Sie die Variable für die Kategorie an. Bei der Kategorie sind mehrere Werte möglich. Denn ein Beitrag kann in mehrere Kategorien einsortiert werden. Deshalb ist der Wert im Google Tag Manager auch in eckige Klammern gesetzt:

```
{
"pageCategory": [
      "gtm-advanced"
   ]
}
```

Listing 8.5 »PageCategory« ist als JavaScript-Objekt in der Datenschicht eingebunden.

An den eckigen Klammern erkennen Sie, dass es ein JavaScript-Objekt ist. Damit es einfach bleibt, betrachten wir hier nur die erste zugeordnete Kategorie. Wir erstellen also eine Datenschichtvariable, die uns nur die erste zugeordnete Kategorie liefert.

Indem Sie NEU klicken, öffnen Sie das Formular für eine neue Variable. Sie nennen sie dieses Mal »dl pageCategory1« (siehe Abbildung 8.14). Die »1« am Ende weist Sie darauf hin, dass es die erste Kategorie ist. So verstehen Sie auch nach längerer Zeit einfach, was diese Variable für einen Wert enthält. In das Feld schreiben Sie die Bezeichnung der Variablen aus der Datenschicht, und damit Sie nur das erste Element zurückerhalten, ergänzen Sie am Ende einen Punkt und eine »0«. Dann speichern Sie diese Variable und haben damit auch die Kategorie definiert.

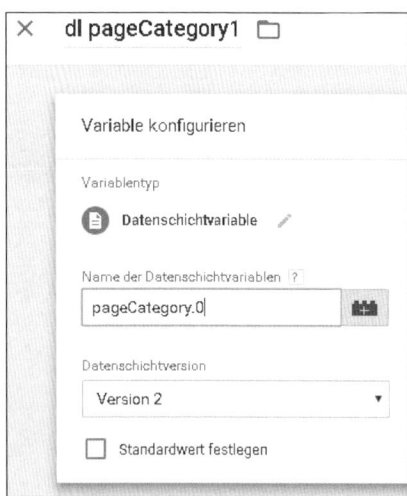

Abbildung 8.14 Die Datenschichtvariable für die erste Kategorie

---

Zählen beginnt mit 0

Falls Sie bisher wenig mit Programmiersprachen in Kontakt gekommen sind, kommt es Ihnen vielleicht seltsam vor, dass Sie für das erste Element eine 0 ans Ende setzen

---

müssen. Aber in der Programmierung ist es üblich, dass man bei Arrays, mit dem Zählen bei 0 anfängt. Dem ersten Element wird also immer die Zahl 0 zugeordnet, dem zweiten Element die Zahl 1 usw.

Als Nächstes legen Sie die Variable für den Seitentyp fest. Diese Variable hat eine Besonderheit: Sie besteht eigentlich aus zwei Werten in der Datenschicht:

```
{
    "pagePostType": "post",
    "pagePostType2": "single-post"
}
```

Listing 8.6 Die beiden Datenschichtvariablen für den Seitentyp

Diese beiden Variablen legen Sie erst mal als einzelne Datenschichtvariablen im Google Tag Manager an. Achtung: Dieses Mal haben Sie zwei Variablen für einen Wert. Aber dieses Mal handelt es sich nicht um ein Objekt wie bei der Kategorie, sondern einfach nur um zwei normale Variablen. Wir werden diese beiden Variablen aber bei der Zuweisung in Google Analytics verbinden.

Um die Variablen anzulegen, klicken Sie auf Neu und vergeben den Namen. In diesem Fall lautet der Name »dl pagePostType« bzw. »dl pagePostType2«. Und in das Feld Name der Datenschichtvariablen schreiben Sie den jeweiligen Namen aus der Datenschicht. Einmal schreiben Sie »pagePostType« (siehe Abbildung 8.15), und in der zweiten Variablen schreiben Sie »pagePostType2«. Nach dem Speichern haben Sie jetzt den Seitentyp erfolgreich als Variable angelegt.

Abbildung 8.15 Der Seitentyp als Datenschichtvariable

Die letzte verbliebene Variable für die Post-ID ist eine Zahl. Wenn Sie sich den Wert in der Datenschicht genau anschauen, werden Sie entdecken, dass um den Wert keine Anführungszeichen stehen:

```
{
"postID": 2320
}
```

Listing 8.7 Die Post-ID in der Datenschicht

Das liegt daran, dass Ganzzahlen (man spricht auch von Integern) ein anderer Typ von Variablen sind als Zeichenfolgen (Strings). Die Datenschicht kann beide Typen aufnehmen, und dem Google Tag Manager ist der Typ beim Anlegen der Variablen auch egal. Sie müssen dabei auf nichts achten. Sie legen wie auch in den vergangenen Fällen eine Variable an, geben Ihr den Namen »dl postId« und tragen beim Namen der Datenschichtvariable »postID« ein (siehe Abbildung 8.18). Nach dem Speichern steht auch diese Variable zur Verfügung.

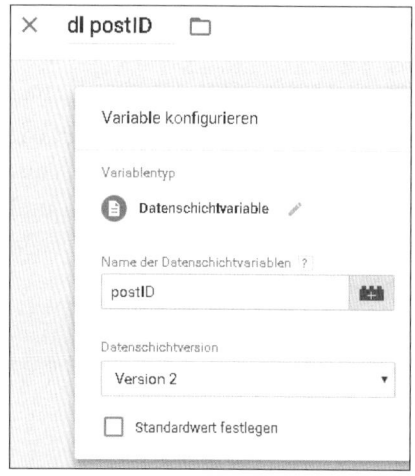

Abbildung 8.16 Die Variable für die PostID

Um die Variablen jetzt dem Google Analytics-Tracking-Code zuzuweisen, öffnen Sie Ihre Variable mit den Google Analytics-Basiseinstellungen. Sie haben diese Variable in Kapitel 2, »Die Praxis beginnt: Den Container einsatzfähig machen«, angelegt.

Durch einen Klick auf WEITERE EINSTELLUNGEN und dann auf BENUTZERDEFINIER-TE DIMENSIONEN erhalten Sie die Felder zum Eintragen der Variablen (siehe Abbildung 8.17).

Die jeweilige Indexzahl finden Sie in Ihrem Google Analytics. Es ist durchaus möglich, dass sich diese Zahl bei Ihnen von meinen Zahlen unterscheidet. Die Vergabe ist immer abhängig von der Reihenfolge des Eintragens. In das Feld DIMENSIONSWERT tragen Sie die entsprechenden Variablen ein. Bei meiner Dimension mit dem Index 1 ist es {{dl pagePostAuthor}}.

Abbildung 8.17 Die benutzerdefinierten Dimensionen in den Google Analytics-Basiseinstellungen im Google Tag Manager

Meine zweite Dimension ist der Seitentyp und damit ein Sonderfall. Sie hatten dafür ja zwei Variablen angelegt. Jetzt tragen Sie beide Variablen in das DIMENSIONSWERT-Feld ein. Dabei trennen Sie die beiden Variablen durch Leerzeichen und einen Bindestrich (siehe Abbildung 8.18). So erscheint die Dimension in Google Analytics später in dieser Form: »post - single-post«.

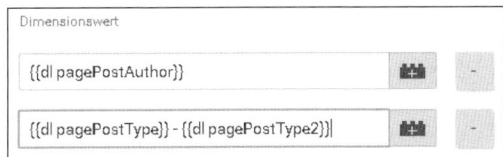

Abbildung 8.18 Zwei Variablen in einem Dimensionswert

Wenn Sie alle vier Dimensionen in der Variablen Google Analytics-Einstellungen eingetragen haben (siehe Abbildung 8.19), können Sie das Ergebnis mit dem Vorschaumodus im Debug-Fenster testen.

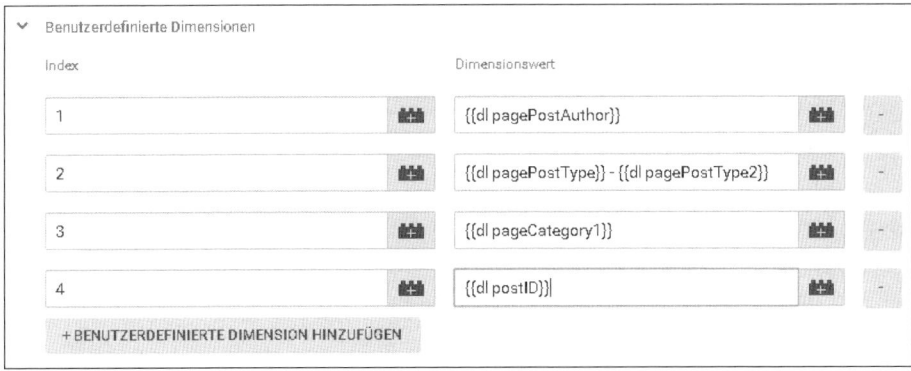

Abbildung 8.19 Sie haben alle vier Dimensionen zugeordnet.

8.5 Die Datenschicht: Technisch betrachtet

Die Datenschicht ist eigentlich nur eine Methode, um Variablen und Objekte innerhalb eines HTML-Dokuments zur Verfügung zu stellen. Dabei ist die Datenschicht in der Regel ständig im Fluss. Sie wird optimiert aufgeteilt, sortiert und wieder zusammengeführt. In diesem Abschnitt vermittele ich Ihnen das nötige Handwerkszeug und Wissen, um die Schönheit und Praktikabilität der Datenschicht zu erkennen.

Das Konzept der Datenschicht ist kein Konzept, das der Google Tag Manager für sich allein beansprucht. Das Konzept der Datenschicht gibt es in mehreren Systemen und Kontexten. Im Bereich der Websites haben die Datenschichten die Gemeinsamkeit, dass sie in der Regel ein JavaScript-Objekt oder Array sind. Dabei haben sich die Entwickler des Google Tag Managers dafür entschieden, die Datenschicht als JavaScript-Array bereitzustellen. Andere Systeme nutzen gegebenenfalls die Datenschicht als JavaScript-Objekt.

> **Eine kurze Erklärung des Arrays**
>
> Ein Array ist ein Datentyp, der in vielen Programmiersprachen zum Einsatz kommt. In einem Array kann man mehrere gleiche oder auch unterschiedliche Datentypen speichern. In einem Array kann auch wiederum ein anderes Array der Wert eines Feldes sein.
>
> In einem Array gibt es immer ein Indexfeld und den entsprechenden Wert. In der Datenschicht ist der Variablenname der Index und der zugeordnete Variablenwert ist der Wert. Im Englischen spricht man auch von *Key* und *Value*.

8.5.1 Die Datenschicht in der Website

Damit im Google Tag Manager die Datenschicht zur Verfügung steht, müssen Sie nichts zusätzlich machen. Automatisch mit dem Einfügen des Google Tag Manager-Container-Codes wird direkt beim Aufrufen der Seite die Datenschicht initialisiert. Diese Datenschicht können Sie nicht im Quelltext der Seite finden, aber in der Chrome-Konsole sichtbar machen. Dafür drücken Sie im Chrome-Browser die Funktionstaste `F12`.

In das Feld der Konsole schreiben Sie jetzt `dataLayer` (Achtung: `dataLayer` müssen Sie im Programmcode mit großem `L` schreiben) und drücken die `↵`. Jetzt zeigt Ihnen die Ausgabe der Konsole den Inhalt der Datenschicht an. Für die Anzeige der Datenschicht gibt es übrigens mehrere Möglichkeiten. In Kapitel 9, »Debugging und Vorschau: Immer kontrollieren«, erkläre ich einige davon.

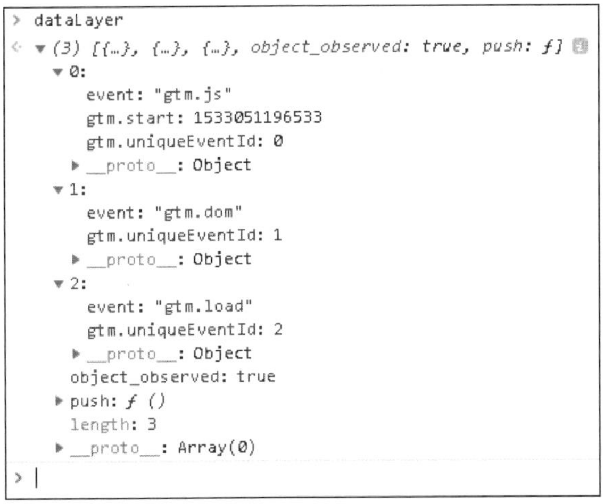

```
>  dataLayer
<  ▼(3) [{…}, {…}, {…}, object_observed: true, push: ƒ]  ⓘ
      ▼0:
          event: "gtm.js"
          gtm.start: 1533051196533
          gtm.uniqueEventId: 0
        ▶__proto__: Object
      ▼1:
          event: "gtm.dom"
          gtm.uniqueEventId: 1
        ▶__proto__: Object
      ▼2:
          event: "gtm.load"
          gtm.uniqueEventId: 2
        ▶__proto__: Object
        object_observed: true
      ▶push: ƒ ()
        length: 3
      ▶__proto__: Array(0)
>  |
```

Abbildung 8.20 Die Ausgabe der Browser-Konsole für die Datenschicht

Wenn Sie eigene Daten in der Datenschicht benötigen, wie zum Beispiel den Autor eines Artikels oder Ähnliches, dann müssen Sie vor dem Google Tag Manager-Container-Script eine Datenschicht initialisieren und mit dem Inhalt füllen.

Das sieht dann so aus:

```
<script>
  dataLayer = [{
    'author': 'Michael'
  }];
</script>
<!-- Google Tag Manager -->
...
<!-- End Google Tag Manager -->
```

Listing 8.8 Eine einfache Datenschicht oberhalb des Google Tag Manager-Codes. Den Google Tag Manager selbst habe ich der Übersicht halber durch Auslassungspunkte ersetzt.

Damit die Daten aus der Datenschicht innerhalb des Google Tag Managers beim Trigger »Seitenaufruf« zur Verfügung stehen, muss die Datenschicht im Quelltext zwingend vor dem Google Tag Manager-Skript stehen, ansonsten stehen Ihnen die Werte bei den Variablen für den Seitenaufruf nicht zur Verfügung.

So wäre es *nicht* korrekt:

```
<!-- Google Tag Manager -->
...
<!-- End Google Tag Manager -->
<script>
```

```
dataLayer = [{
  'author': 'Michael'
}];
</script>
```

Listing 8.9 Diese Datenschicht und auch der Google Tag Manager-Container würde nicht funktionieren.

Wenn Sie die Datenschicht erst nach dem Google Tag Manager-Code in die Website einbinden, ist nicht sichergestellt, dass die Werte auch entsprechend im Google Tag Manager zur Verfügung stehen. Deshalb müssen Sie die Datenschicht immer vor dem Google Tag Manager in den Quelltext setzen. Auch der Google Tag Manager kann bei der falschen Reihenfolge aus Listing 8.9 nicht mehr korrekt funktionieren, denn auch die Events wie *gtm.js* landen in einem anderen Geltungsbereich.

Dadurch, dass der obige Code eine komplett neue Datenschicht erstellt und keine Rücksicht auf eine eventuell vorhandene Datenschicht nimmt, kann es passieren, dass ein vorhandener Inhalt der Datenschicht überschrieben wird. Deshalb erweitert man den Code für die Initialisierung der Datenschicht und überschreibt sie nicht, sondern fügt Werte hinzu. Das sieht dann folgendermaßen aus:

```
<script>
window.dataLayer = window.dataLayer || [];
window.dataLayer.push({
'author': 'Michael'
});
</script>
```

Listing 8.10 Die sicherste Art, die Datenschicht zu befüllen

In diesem Beispiel prüfen Sie mit der ersten Zeile, ob die Datenschicht schon initialisiert wurde. Wenn sie noch nicht vorhanden ist, wird sie initialisiert und anschließend mit einem Push-Befehl mit Inhalt gefüllt. Sollte schon eine Datenschicht vorhanden sein, wird sie nicht überschrieben, sondern nur mit dem neuen Wert ergänzt. Mit dieser Methode können Sie die Datenschicht auch an mehreren Stellen oberhalb des Google Tag Manager-Container-Codes mit Werten füllen. Sie verhindern damit, dass eventuell Werte überschrieben werden.

Nutzen Sie »window.dataLayer«, um Komplikationen zu vermeiden

Die Datenschicht ist eine globale JavaScript-Variable. Sie kann von jedem Code benutzt werden, der auf den Bereich des window in JavaScript zugreifen kann. Um Komplikationen mit Variablen im lokalen Geltungsbereich zu vermeiden, sollten Sie dem dataLayer immer das »window« voranstellen: window.dataLayer. Dadurch kann die korrekte Datenschicht angesprochen werden und es entstehen keine Probleme.

Übrigens: Für die Fälle, in denen Werte, die in die Datenschicht gehören, erst später zur Verfügung stehen, kann man mit dem push-Befehl auch zusätzliche Werte nachträglich in die Datenschicht pushen. Dafür müssen Sie aber zusätzliche Events übertragen. Zu dem Verfahren erfahren Sie mehr in Abschnitt 11.1.8

Die Variablen bzw. Werte in der Datenschicht stehen Ihnen während des Anzeigens der jeweiligen Seite zur Verfügung. Wenn der Nutzer eine neue Seite lädt, muss die Datenschicht wieder in den Quelltext der Seite gesetzt werden. Denn der Browser merkt sich die Datenschicht nicht, sondern liest sie bei jedem neuen Seitenaufruf ein.

Immer mit großem »L«

Es hat schon viele Entwickler und Web-Analysten zur Verzweiflung gebracht. Die Datenschicht war in der Seite und enthielt auch Werte, aber im Google Tag Manager kam nichts an. In den meisten Fällen lag es daran, dass »dataLayer« falsch geschrieben wurde. Denn der Google Tag Manager erwartet, dass »dataLayer« im Lower-Camel-Case-Format geschrieben wird. Das bedeutet: Ein Wort fängt mit einem Kleinbuchstaben an und beim nächsten Wort wird für die bessere Lesbarkeit ein Großbuchstabe gesetzt. So kommt es, dass bei »dataLayer« das »L« großgeschrieben wird.

8.5.2 Name und Anzahl der Datenschichten

Der Name »dataLayer« hat sich für die Variable der Datenschicht etabliert. In vielen System heißt diese Variable so. Sollte es in Ihrem Kontext Probleme mit dieser Benennung geben, ist das kein Beinbruch. Denn Sie können den Namen der Variable frei vergeben.

Im vorhandenen Google Tag Manager-Code müssen Sie nur einen Wert ändern:

```
<!-- Google Tag Manager -->
<script>(function(w,d,s,l,i){w[l]=w[l]||[];w[l].push({'gtm.start':
new Date().getTime(),event:'gtm.js'});var f=d.getElementsByTagName(s)[0],
j=d.createElement(s),dl=l!='dataLayer'?'&l='+l:'';j.async=true;j.src=
'https://www.googletagmanager.com/gtm.js?id='+i+dl;f.parentNode.insertBefore(j,f);
})(window,document,'script','meineNeueDatenschicht','GTM-XXXX');</script>
<!-- End Google Tag Manager -->
```

Listing 8.11 Der Google Tag Manager-Code mit einem selbst vergebenen Namen für die Datenschicht

Sie müssen den vorhandenen Namen »dataLayer« nur durch den von Ihnen gewählten Namen austauschen (im Code fett markiert). Anschließend müssen Sie alle Verweise auf diese Datenschicht mit der gleichen Benennung ausführen:

```
<script>
  meineNeueDatenschicht = [{
    // ...
  }];
  meineNeueDatenschicht.push({'variable_key': 'variable_value'});
</script>
```

Listing 8.12 Die Befüllung der Datenschicht mit dem geänderten Namen
»meineNeueDatenschicht«

Mehrere Container, aber nur eine Datenschicht

Sie können auf Ihrer Website mehrere Google Tag Manager-Container einbauen.
Aber aus technischen Gründen ist es nicht möglich, diesen unterschiedlichen Containern unterschiedliche Datenschichten zuzuweisen. Wenn Sie das probieren, kann
es passieren, dass Trigger nicht mehr funktionieren. Sie können also die Datenschicht für alle Container ändern, aber nicht für einzelne.

8.5.3   Die Struktur der Datenschicht

Die Datenschicht ist prinzipiell zunächst nur eine JavaScript-Variable, die andere
Variablen enthält. Für den Google Tag Manager ist festgelegt, dass es ein Array ist, das
alle anderen Typen von Variablen aufnehmen kann. Je nach Typ müssen Sie unterschiedliche Methoden nutzen, um auf die Variablen zuzugreifen. In Kapitel 11, »Der
Google Tag Manager in der Praxis«, gehe ich genauer darauf ein.

```
window.dataLayer.push({
    typeNumber: 7, // eine Zahl
    typeString: 'hallo', // eine Zeichenkette
    typeObject: { Key: 'Value' }, // ein Objekt
    typeArray: [1,2,3,4], // ein Array
    typeFunction: function() { return 'hallo'!; }, // eine Funktion
    typeBoolean: true // ein Boolean
});
```

Listing 8.13 Mögliche Variablen in der Datenschicht

Die Datenschicht nimmt andere Variablen und Werte nach dem Key-Value-Prinzip
auf. Dabei ist der *Key* der Index und der *Value* der Wert der Variablen:

```
<script>
  dataLayer = [{
```

```
    'key': 'value'
}];
</script>
```

Listing 8.14 Einfaches Key-Value-Prinzip

Wie in JavaScript üblich, ist die genaue Schreibweise wichtig. Genauso wie die Datenschicht als »dataLayer« mit großem »L« geschrieben werden muss und auch nur so erkannt wird, müssen Sie bei allen anderen Variablen penibel auf die Schreibweise Acht geben: Die Namen der Variablen müssen bei jedem Auftauchen in der Datenschicht immer identisch sein!

Beim strukturellen Aufbau gibt es prinzipiell zwei Möglichkeiten:

- flach
- hierarchisch

Bei der flachen Struktur befinden sich alle Variablen im Code bei der Einrückung auf einer Ebene:

```
var dataLayer = {
  "userId": "5647",
  "userEmail": "mj@gtm-buch.de",
  "pageType": "productview",
  "productSku": "789DF",
  "productPrice": "45.90",
  "productName": "Sneaker XY"};
```

Listing 8.15 Eine Datenschicht mit flacher Struktur

Sie können jede dieser Variablen als Datenschichtvariable anlegen, indem Sie den Schlüssel der Datenschichtvariablen in das Feld NAME DER DATENSCHICHTVARIABLEN eintragen (siehe Abbildung 8.21).

Abbildung 8.21 Die Datenschichtvariable im Google Tag Manager für die SKU des Produktes

Bei der hierarchischen Struktur werden alle Variablen nach Themen sortiert und in Arrays abgelegt. Sie erkennen die Zuordnung zu Themen an den Einrückungen im Code und an zusätzlichen geschweiften Klammern:

```
var dataLayer = {
  "user": {
    "id": "5647",
    "email": "mj@gtm-buch.de"
    },
  "page": {
    "type": "productview"
    },
  "product": {
    "sku": "789DF",
    "price": "45.90",
    "name": "Sneaker XY"}};
```

Listing 8.16 Eine hierarchisch sortierte Datenschicht

Auf die Variablen in der hierarchisch sortierten Datenschicht können Sie zugreifen, indem Sie zwischen den Variablennamen einen Punkt setzen (siehe Abbildung 8.22). Auf die weiteren Möglichkeiten, wie Sie auf die Variablen der Datenschicht zugreifen können, gehe ich in Kapitel 5, »Die richtige Gelegenheit: Trigger«, ein.

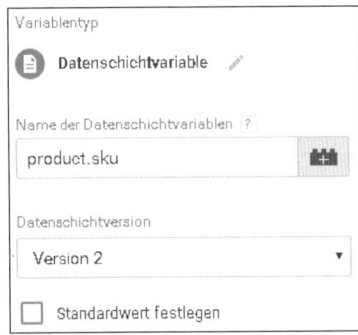

Abbildung 8.22 Zugriff auf eine Datenschichtvariable innerhalb eines Arrays

Welche der beiden Strukturen Sie verwenden, ist Ihnen komplett selbst überlassen. Manchmal werden Sie auch keinen Einfluss auf die Auswahl der Struktur haben, zum Beispiel wenn die Datenschicht von einem Plugin generiert wird. Ich persönlich versuche in Projekten, in denen ich vollen Einfluss auf die Gestaltung der Datenschicht habe, die hierarchische Variante einzubinden. Diese Variante bietet in meinen Augen eine bessere Übersicht.

8.5.4   Die einzelnen Variablen

Da die Datenschicht jede Art von Variablen aufnehmen kann, ist eine Dokumentation unerlässlich. Damit sich jeder Entwickler und auch die Nicht-Entwickler in den Werten der Datenschicht auskennen, empfehle ich Ihnen, dass Sie für ihre Projekte bzw. Ihre Firma festlegen, wie der jeweilige Schlüssel in der Datenschicht benannt werden soll. Anhand des Namens soll unverkennbar klar sein, welchen Wert er enthält.

Es gibt verschiedene Möglichkeiten, Variablen in JavaScript zu benennen. Ich empfehle das sogenannte Lower-Camel-Case-Verfahren. Dabei wird der erste Buchstabe einer Variablen kleingeschrieben und immer, wenn ein neuer Begriff hinkommt, wird ein Großbuchstabe benutzt. Dadurch sind die Variablen schnell zu erkennen und gut lesbar. Beispiele:

- userID
- productSku

Wenn Sie die hierarchische Struktur der Datenschicht wählen, werden die meisten Variablen aus mehreren zusammengesetzten Wörtern bestehen, die Sie im Google Tag Manager durch einen Punkt getrennt eingeben (siehe Abbildung 8.23).

Im Code sieht die User-ID in einer hierarchisch strukturierten Datenschicht folgendermaßen aus:

```
var dataLayer = {
  "user": {
    "id": "5647"
}};
```

Listing 8.17 Die User-ID in einer hierarchisch strukturierten Datenschicht

In der entsprechenden Datenschichtvariablen im Google Tag Manager erscheint die Variable aus Listing 8.17 jedoch mit dem Punkt, wie Sie es in Abbildung 8.23 sehen.

Abbildung 8.23 Die User-ID aus der Datenschicht als Variable im Google Tag Manager

Ich empfehle Ihnen, ein Dokument anzulegen, auf das alle Beteiligten Zugriff haben und in dem sie gegebenenfalls Änderungen vornehmen können. Denn die Datenschicht ist in der Regel ständig im Fluss, und die neueste Version sollte in dieser einfachen Dokumentation zu finden sein.

Es reicht, wenn Sie in Ihre Dokumentation folgende Informationen als einfache Tabelle aufnehmen:

▶ Name der Variablen

▶ Variablentyp (Integer, String etc.)

▶ Art der Seite/Bereich

▶ Beispielwert

▶ kurze Beschreibung

▶ Verantwortlicher

Der Name der Variablen sollte, wie oben mehrfach erklärt, möglichst in Lower-Camel-Case geschrieben sein, und der Variablentyp beschreibt, welchen Wert Sie erhalten. Der Beispielwert ist dafür da, den Variablentyp noch einfacher erkennbar zu machen. Die kurze Beschreibung hilft, die Variable zu verstehen. Und der Verantwortliche ist derjenige, der die Variable benötigt bzw. der informiert werden muss, wenn sich etwas ändert.

8.5.5   Integraler Bestandteil des Google Tag Mangers: Events

Um mit dem Google Tag Manager effektiv zu arbeiten, müssen Sie nicht die Datenschicht benutzen. Trotzdem beruhen die grundlegenden Funktionen und Trigger auf der Datenschicht. Die Datenschicht ist, auch wenn sie für Sie vielleicht nicht direkt sichtbar ist, die direkte Schnittstelle zur Website.

Der Google Tag Manager überwacht die Datenschicht die ganze Zeit. Immer wenn ein neuer Push ausgeführt wird, prüft der Google Tag Manager, ob es eine Variable mit dem Namen event gibt. Falls es diese Variable gibt, achtet der Google Tag Manager auf den Wert und wandelt ihn gegebenenfalls in eine Aktion um. Sogar die einfachen Trigger (wie der Seitenaufruf, »DOM fertig« und »Seite geladen«) haben eigene Events in der Datenschicht.

Wenn Sie den Google Tag Manager-Code in Ihre Website einbauen und keine weitere Datenschicht mit Inhalt füllen, sieht die Datenschicht trotzdem ungefähr folgendermaßen aus:

```
dataLayer = [{
    "gtm.start": 1424445515356,
    "event": "gtm.js"
  },{
```

```
    "event": "gtm.dom"
  },{
    "event": "gtm.load"
  }
]
```

Listing 8.18 Die Datenschicht, wie sie ohne weitere Modifikation bei einem
Seitenaufruf erscheint

Es werden insgesamt drei Events in der Datenschicht ausgegeben, und alle drei
Event-Variablen haben eine Entsprechung bei den Triggern):

▸ "gtm.js" ist der Event für den Seitenaufruf, löst also den Trigger *Seitenaufruf* aus
  (siehe Abbildung 8.24).

▸ "gtm.dom" meldet, dass das DOM-Objekt fertig ist.

▸ "gtm.load" gibt Bescheid, dass alle Elemente der Seite geladen wurden.

Alle Variablen und Werte, die sich vor dem Aufruf in der Datenschicht befinden, sind
für den Google Tag Manager direkt erreichbar.

Abbildung 8.24 Der Triggertyp »Seitenaufruf« basiert auf »gtm.js«.

Kein »gtm.js«, »gtm.dom« oder »gtm.load« in Sicht?

Sie haben die Datenschicht mit einem Tool wie in Abschnitt 2.5.3 beschrieben überprüft und finden diese drei Events nicht in Ihrer Datenschicht? Dann sollten Sie den
Einbau noch einmal überprüfen. Denn wenn diese drei Events nicht in der Datenschicht stehen, muss es Probleme geben. Diese drei Events werden bei jedem Seitenaufruf in die Website geschrieben.

Die Events/Ereignisse nutzt die Datenschicht, um neue Werte an den Google Tag
Manager melden zu können. Sämtliche Trigger im Google Tag Manager beruhen auf
Event-Variablen, die in die Datenschicht gepusht werden. Immer wenn Sie Tags aus-
führen wollen, die beim Seitenaufruf nicht zur Verfügung stehen, müssen Sie auf
einen Event aus der Datenschicht zurückgreifen. Der Google Tag Manager macht es
Ihnen einfacher, denn viele der vorhandenen Trigger basieren auf entsprechenden
Events in der Datenschicht. Wenn Sie zusätzliche Events benötigen, können Sie diese
in den Quelltext der Website einbauen.

8.5.6   Version 1 oder Version 2: Die Datenschicht

In Abschnitt 8.5.4 bei den Datenschichtvariablen bin ich auf eine Einstellung nicht eingegangen, denn diese Einstellung müssen Sie im normalen Gebrauch eher selten ändern. Aber da wir jetzt tiefer in die technische Basis der Datenschicht einsteigen, ist nun genau der richtige Zeitpunkt, das zu erklären.

Es geht jetzt um die DATENSCHICHTVERSION. Der Google Tag Manager bietet Ihnen beim Erstellen einer Datenschichtvariablen auch die Auswahl der Version an. Dabei haben Sie die Wahl zwischen zwei Versionen (siehe Abbildung 8.25).

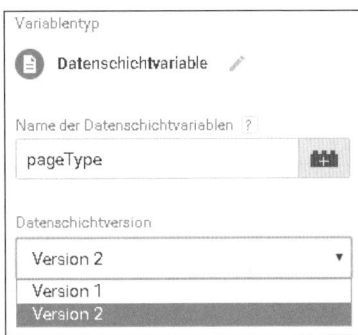

Abbildung 8.25 Die Einstellungen für die Datenschichtversion

Ganz genau genommen, gibt es nicht zwei unterschiedliche Arten von Datenschichten, also Version 1 und Version 2, sondern es gibt zwei unterschiedliche Verfahren, auf diese Datenschicht zuzugreifen.

Normalerweise sollte man annehmen, dass die Auswahl der Version bei der Erstellung der Datenschicht wichtig ist und nicht beim Abruf. Das ist aber beim Google Tag Manager nicht so! Der Grund sind das spezielle Datenschichtmodell und das Handling, das im Google Tag Manager genutzt wird.

Das bedeutet: Sie entscheiden, welches Verfahren in dem Moment genutzt werden soll, wenn Sie die Datenschichtvariable abrufen. Dabei können Sie innerhalb eines Google Tag Manager-Containers problemlos beide Versionen der Datenschicht nutzen.

Übrigens: Wenn Sie bei Ihrem Google Analytics-Tag das erweiterte eCommerce-Tracking aktivieren, nutzen Sie die Version 1 der Datenschicht. Wieso das so ist, erkläre ich Ihnen im Folgenden.

Die Eigenschaften der Version 1

Die Version 1 der Datenschicht hat ein sehr einfaches Verhalten und auch simple Anforderungen. Alle Variablen befinden sich bei Version 1 im sogenannten *Root* des Arrays. Das bedeutet, es wird nur die erste Ebene genutzt. Auf verschachtelte Werte können Sie nicht zugreifen, aber durchaus auf Werte mit Punkten im Variablennamen:

```
window.dataLayer.push({
  'product.sku' : '34509'
});
```

Listing 8.19 Datenschichtversion 1

Auf verschachtelte Werte können Sie in Version 1 nicht direkt zugreifen. Das bedeutet, dass Sie im folgenden Code-Beispiel die SKU nicht erreichen können:

```
window.dataLayer.push({
  'product' : {
    'sku' : '34509'
  }
});
```

Listing 8.20 Abruf als Datenschichtversion 2

Um in diesem Fall an die SKU zu kommen, müssten Sie erst die Variable für product abrufen und dann das erhaltene Objekt mit benutzerdefiniertem JavaScript so bearbeiten, dass Sie auf die sku zugreifen können.

Das Besondere beim Pushen in Version 1 ist, dass eventuell vorhandene Variablenwerte komplett überschrieben werden. Dazu gehört auch, dass vielleicht vorhandene verschachtelte Werte einfach gelöscht werden! Am Beispiel aus Listing 8.21 sehen Sie die Auswirkungen.

Als Erstes pushen Sie die SKU eines Produkts in die Datenschicht:

```
window.dataLayer.push({
  'product' : {
    'sku' : '34509'
  }
});
```

Listing 8.21 »sku« mit Datenschichtversion 2

Wenn Sie jetzt die Datenschichtvariable mit der Version 1 abrufen, erhalten Sie für product das Object {'sku' : '34509'} zurück.

Als Nächstes pushen Sie den Namen des gleichen Produkts in die Datenschicht:

```
window.dataLayer.push({
  'product' : {
    name : 'Powerbank'
  }
});
```

Listing 8.22 »name« mit Datenschichtversion 2

In diesem Fall erhalten Sie als Rückgabewert der gleichen Variablen nur den Namen zurück: {'name' : 'Powerbank'}. Das liegt daran, dass alles, was sich unterhalb von product befindet, in der Version 1 überschrieben wird.

Das ist alles, was die Version 1 macht. Es ist im Prinzip ein ganz einfaches Datenmodell.

Die Eigenschaften der Version 2

Die Datenschichtversion 2 ist ein wenig komplexer, aber auch flexibler als Version 1. Besonders, wenn Sie mit JavaScript programmieren können, werden Sie sich mit dem Konzept der Datenschichtversion 2 sehr schnell anfreunden.

In der Version 2 der Datenschicht werden bei verschachtelten Werten die vorhandenen Werte nicht alle gelöscht und durch neue Werte ersetzt, sondern es erfolgt ein Zusammenführen der jeweiligen Werte.

Beim obigen Beispiel, in dem Sie erst die SKU in die Datenschicht gepusht haben und anschließend den Namen des Produktes, haben Sie anschließend beide Werte in der Datenschicht. Das sieht dann nach den beiden Befehlen so aus:

```
{
  'sku' : '34509',
  'name' : 'Powerbank'
}
```

Listing 8.23 Die verschachtelten Werte von »product« nach den zwei Pushs

Die Datenschichtvariable in der Version 2 sucht also im Datenschicht-Objekt rekursiv, ob es einen aktuelleren Wert gibt und nimmt den neusten.

Warum gibt es zwei Versionen?

Vielleicht fragen Sie sich, warum es überhaupt noch zwei Versionen gibt und wo gegebenenfalls der Vorteil von Version 1 ist.

Einer der größten Vorteile und auch der wichtigsten Anwendungsfälle für Sie wird die Nutzung der Version 1 beim Übertragen der Daten für das erweiterte eCommerce-Tracking in Google Analytics sein. Denn beim erweiterten eCommerce-Tracking wird immer wieder das eCommerce-Objekt in die Datenschicht gepusht – jedes Mal mit einem anderen Wert und auch einem anderen Kontext.

In der Praxis kann das so aussehen, dass Sie erst die Impressions der Produkte in die Datenschicht schreiben und anschließend an Google Analytics übertragen:

```
window.dataLayer.push({
  'ecommerce' : {
```

```
  'impressions' : [{ ... products ... }]
  }
});
```

Listing 8.24 Die Impressions werden in die Datenschicht geschrieben.

Auf der gleichen Seite übertragen Sie dann das Hinzufügen zum Warenkorb:

```
window.dataLayer.push({
  'ecommerce' : {
    'add' : { ... product ... }
  }
});
```

Listing 8.25 Ein Produkt wird zum Warenkorb hinzugefügt.

Wenn Sie jetzt die Datenschichtvariable `ecommerce` mit der Datenschichtversion 2 abfragen, erhalten Sie am Ende zweimal die Impressions und einmal das Hinzufügen zum Warenkorb. Das ist in der Regel nicht das Verhalten, das Sie benötigen.

Und genau deshalb gibt es die Version 1: Die Version 1 würde in diesem Fall beim Schreiben von neuen Inhalten unterhalb von `ecommerce` alle Werte löschen und durch neuen ersetzen. Deshalb erhalten Sie bei jeder Abfrage nur das letzte eCommerce-Objekt zurück. Wie das gerade mit dem erweiterten eCommerce-Tracking in der Praxis aussieht, zeige ich Ihnen in Kapitel 11, »Der Google Tag Manager in der Praxis«.

8.6   Zusammenfassung

Wenn Sie sich genauer mit dem Google Tag Manager befassen, werden Sie nicht umhinkommen, sich eingehender mit der Datenschicht zu beschäftigen. Sie ist ein integraler Bestandteil des Google Tag Managers und bietet eine Schnittstelle zum HTML-Code der Website.

Kapitel 9
Debugging und Vorschau: Immer kontrollieren

In den letzten Kapiteln haben Sie gelernt, wie man Tags, Trigger und Variablen anlegt. In diesem Kapitel lernen Sie, wie man die Erstellung überprüfen und auf Herz und Nieren testen kann.

9

Wenn Sie die vorhergehenden Kapitel gelesen und durchgearbeitet haben, besitzen Sie das Handwerkszeug, um Tags, Trigger und Variablen anzulegen. Das bedeutet, Sie können jetzt beliebige Marketing-Tags in Websites einbauen. In diesem Kapitel geht es darum, wie Sie den Einbau vor dem Veröffentlichen überprüfen können. Es geht auch darum, wie Sie gegebenenfalls Fehler finden und ausmerzen können.

Debugging – was ist das?

Wenn Sie selbst nicht programmieren können oder kaum Kenntnisse in der Programmierung haben, ist Ihnen der Begriff *Debugging* wahrscheinlich nicht geläufig. Aber jeder Programmierer kennt das: Bevor Code fertig ist und funktioniert, muss man ihn debuggen.

Debuggen bedeutet, dass der Programmcode getestet wird und dass vorhandene Fehler aus dem Programm entfernt werden.

Bei der Arbeit mit dem Google Tag Manager ist es wichtig, dass Sie die erstellten Tags, Variablen und Trigger auf ihre Funktionsfähigkeit testen. Es ist auch wichtig, dass Sie eventuell entstehende Nebeneffekte erkennen und verhindern, falls sie ungewollt und negativ sind. Ohne den Google Tag Manager war eine Suche innerhalb der Marketing-Tags nach Problemen bei der Ausführung nicht so einfach. Es gibt zwar viele Tools, die beim Debuggen helfen, aber das beste Tool bringt der Google Tag Manager schon mit: die *Vorschau*.

Neben der eingebauten Vorschau gibt es auch noch weitere Browser-Plugins und Software, die beim Debuggen helfen kann. In diesem Kapitel lernen Sie die unterschiedlichen Tools und Möglichkeiten für das Debugging kennen. Denn oftmals reicht nicht ein einziges Tool, sondern Sie benötigen einen kleinen Werkzeugkasten. Sie müssen jedoch nicht alle Tools aus diesem Kapitel beherrschen und nutzen, sondern nur die, die Sie für die Erfüllung Ihrer Aufgabe benötigen.

9.1 Der Vorschaumodus: Das eingebaute Debugging-Tool

Wenn Sie im Google Tag Manager auf die Schaltfläche IN VORSCHAU ANSEHEN klicken, werden nicht nur die Tags ausgeführt, die noch nicht veröffentlicht sind, sondern am unteren Ende Ihrer Website erscheint ein Bereich mit Informationen zu den Einstellungen im Google Tag Manager (siehe Abbildung 9.1). Dieser Bereich ist das Debug-Fenster. Um es zu sehen, müssen Sie nichts weiter tun, als nach dem Aktivieren des Vorschaumodus Ihre Website aufzurufen. Damit der Vorschaumodus funktioniert, muss einzig und allein das JavaScript des Google Tag Managers im Quellcode vorhanden sein. Wie von Zauberhand erscheint dann am unteren Ende Ihres Browserfensters ein Bereich des Google Tag Managers.

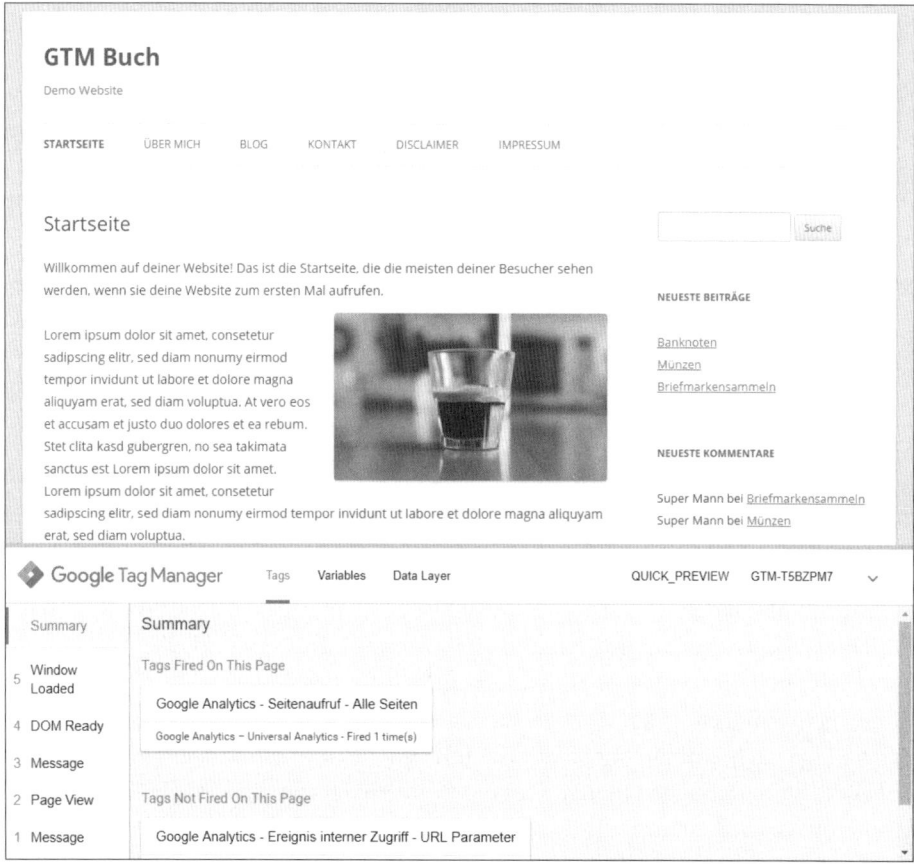

Abbildung 9.1 Der Vorschaumodus mit dem Google Tag Manager

Die Vorschau bietet Ihnen beim Aufruf Ihrer Website die Möglichkeit, genau zu sehen, welche Tags abgefeuert wurden und welche nicht abgefeuert wurden. Sie können sehen, welche Variablen es gibt, und für jedes Ereignis, das der Google Tag Manager erfasst, erkennen Sie, welchen Wert die Variable hat. Natürlich können Sie auch sehen, welche Trigger für die Auslösung der Tags gesorgt haben.

In den vorhergehenden Kapiteln hatten Sie schon Kontakt mit dem Vorschaumodus. In diesem Kapitel behandele ich den Vorschaumodus im Detail.

Debug-Fenster geht nicht mehr weg

Gerade bei Neulingen im Google Tag Manager kann es vorkommen, dass das auf der Website eingeblendete Debug-Fenster nicht mehr verschwindet. Es loszuwerden, ist aber ganz einfach: Sie klicken einfach im Google Tag Manager auf die Schaltfläche VORSCHAUMODUS BEENDEN (siehe Abbildung 9.2). Damit werden die Vorschau und auch das Einblenden des Debug-Fensters wieder beendet.

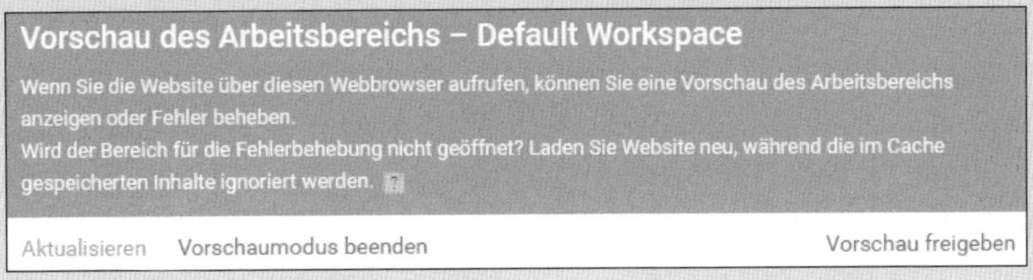

Vorschau des Arbeitsbereichs – Default Workspace

Wenn Sie die Website über diesen Webbrowser aufrufen, können Sie eine Vorschau des Arbeitsbereichs anzeigen oder Fehler beheben.

Wird der Bereich für die Fehlerbehebung nicht geöffnet? Laden Sie Website neu, während die im Cache gespeicherten Inhalte ignoriert werden. 🔲

Aktualisieren   Vorschaumodus beenden   Vorschau freigeben

Abbildung 9.2 Hinweis im Google Tag Manager auf den Vorschaumodus

Wenn das Debug-Fenster wichtige Bereiche der Website verdeckt, können Sie es einfach vergrößern oder auch verkleinern. Dafür klicken Sie auf den oberen Rand und ziehen es kleiner oder größer. Wenn Sie es kurzfristig minimieren wollen, klicken Sie einfach auf den nach unten gerichteten Pfeil in der rechten oberen Ecke. Um es wieder zu maximieren, klicken Sie dann auf den gleichen Pfeil, der aber nun am unteren Bildschirmrand sitzt und nach oben zeigt.

Wenn Sie den Vorschaumodus nicht mehr benötigen, gehen Sie in die Oberfläche des Google Tag Managers und beenden die Vorschau, indem Sie auf VORSCHAUMODUS BEENDEN klicken.

9.1.1 Probleme beim Anzeigen des Vorschaumodus

Es kann unter Umständen passieren, dass auf Ihrer Website der Vorschaumodus nicht funktioniert und auch das Debug-Fenster nicht zu sehen ist. Das kann eine ganze Anzahl von Gründen haben. Wir sehen uns die häufigsten Gründe in den folgenden Abschnitten an.

Grund 1: Das Google Tag Manager-JavaScript ist noch nicht im Quelltext eingefügt

Der Vorschaumodus funktioniert erst, wenn auch der Google Tag Manager im Quelltext der Seite vorhanden ist. Der Vorschaumodus funktioniert natürlich auch, wenn

Sie das Plugin *Tag Injector* (siehe Abschnitt 2.4.3) benutzen. Sollten Sie den Tag Injector benutzen und scheinbar alles korrekt eingetragen haben, dann finden Sie für den Tag Injector die Tipps zur Abhilfe ebenfalls in Abschnitt 2.4.3.

Eine einfache Möglichkeit, um zu überprüfen, ob der Google Tag Manager-Code im Quelltext vorhanden ist, besteht darin, entweder das Browser-Plugin *Tag Assistant* zu installieren und damit zu überprüfen, ob der Google Tag Manager-Code gefunden wird. Oder Sie rufen mit Strg + U (für Mac: Cmd + U) den Quelltext der Website auf und suchen darin das Google Tag Manager-Script.

Es kommt übrigens öfter vor, als Sie denken, dass das Skript aus dem Quelltext auch nachträglich verschwindet. Meistens gab es ein Update und der Web-Entwickler hat vergessen, darauf zu achten, dass das Skript in der Website bleibt.

Grund 2: Das falsche Google Tag Manager-Skript steht in der Website

Wenn Sie im Quelltext oder mit dem Google Tag Assistant herausgefunden haben, dass ein Google Tag Manager-Skript im Quellcode ist, das Debug-Fenster aber trotzdem nicht angezeigt wird, dann kann es sein, dass das falsche Google Tag Manager-Skript in die Seite eingebaut wurde.

Vergleichen Sie die beiden Container-IDs miteinander. Sie finden die Container-ID im Google Tag Manager direkt neben der Schaltfläche zum Aktivieren der Vorschau (siehe Abbildung 9.3).

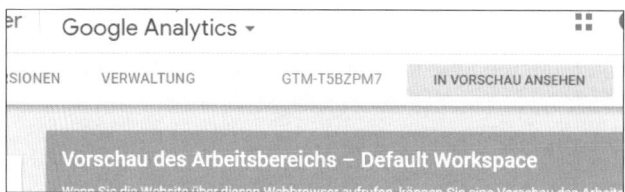

Abbildung 9.3 Die Container-ID im Google Tag Manager

Die Container-ID beginnt mit den Buchstaben »GTM«. Im Quelltext der Website finden Sie die Container-ID im Google Tag Manager-Skript, und zwar einmal im Head der Seite:

```
<!-- Google Tag Manager -->
<script>(function(w,d,s,l,i){w[l]=w[l]||[];w[l].push({'gtm.start':
new Date().getTime(),event:'gtm.js'});var f=d.getElementsByTagName(s)[0],
j=d.createElement(s),dl=l!='dataLayer'?'&l='+l:'';j.async=true;j.src=
'https://www.googletagmanager.com/gtm.js?id='+i+dl;f.parentNode.insertBefore(j,f);
})(window,document,'script','dataLayer','GTM-T5BZPM7');</script>
<!-- End Google Tag Manager -->
```

Listing 9.1 Der erste Teil des Google Tag Manager Container-Skripts

Und zusätzlich finden Sie die ID auch noch im zweiten Teil des Container-Skripts:

```
<!-- Google Tag Manager (noscript) -->
<noscript><iframe src="https://www.googletagmanager.com/ns.html?id=GTM-T5BZPM7"
height="0" width="0" style="display:none;visibility:hidden"></iframe></noscript>
<!-- End Google Tag Manager (noscript) -->
```

Listing 9.2 Der zweite Teil des Google Tag Manager-Skripts

Damit der Vorschaumodus funktioniert, muss unbedingt zumindest der erste Teil eingebunden sein.

Grund 3: Sie benutzen unterschiedliche Browser

Damit der Vorschaumodus des Google Tag Managers funktioniert, müssen Sie den gleichen Browser benutzen. Das bedeutet: Der Browser, in dem Sie die Google Tag Manager-Oberfläche geöffnet und den Vorschaumodus aktiviert haben, muss der gleiche Browser sein wie der, mit dem Sie die Website aufrufen. Wenn Sie also für die Bedienung des Google Tag Managers wie empfohlen den Browser Chrome benutzen, aber für die Ansicht der Website mit dem Vorschaumodus den Firefox-Browser, kann der Vorschaumodus nicht funktionieren.

Grund 4: Der Vorschaumodus ist im Inkognito-Modus oder Sie benutzen ein anderes Profil

Der Chrome-Browser und auch andere Browser bieten die Möglichkeit, ein Inkognito- oder Gast-Fenster zu öffnen. Der Vorschaumodus funktioniert auch nicht, wenn Sie im normalen Fenster die Google Tag Manager-Oberfläche geöffnet haben und versuchen, die Vorschau im Inkognito-Fenster anzusehen. Das Gleiche gilt nicht nur für das Gast-Fenster, sondern auch, wenn Sie unterschiedliche Profile im Browser benutzen.

Damit der Vorschaumodus funktioniert, müssen Sie beide URLs mit einem Browser bzw. Browserprofil geöffnet haben.

Grund 5: Sie haben die Seite nicht aktualisiert

Damit das Debug-Fenster angezeigt wird, müssen Sie das Fenster mit der zu untersuchenden Website einmal neu laden.

Grund 6: Eine alte Version ist im Cache

Es kann vorkommen, dass der Vorschaumodus nicht angezeigt wird, weil sich im Cache des Browsers noch eine alte Version der Website bzw. des JavaScripts befindet. Der Vorschaumodus wird erst angezeigt, wenn diese Version aktualisiert wird. Das kann durchaus auch erst nach 10 oder 15 Minuten der Fall sein.

Um das Problem in Chrome zu lösen, gibt es zwei Wege. Ich persönlich nutze sehr gern das Chrome-Plugin *Clear Cache* (Sie finden es im Chrome Webstore unter: *http:// go.gtm-buch.de/clear-cache*). Zur Ausführung des Vorschaumodus reicht es vollkommen, den Cache der letzten Stunde zu der Seite zu löschen. Dies kann man dort gezielt einstellen, und das ist meine bevorzugte Einstellung (siehe Abbildung 9.4).

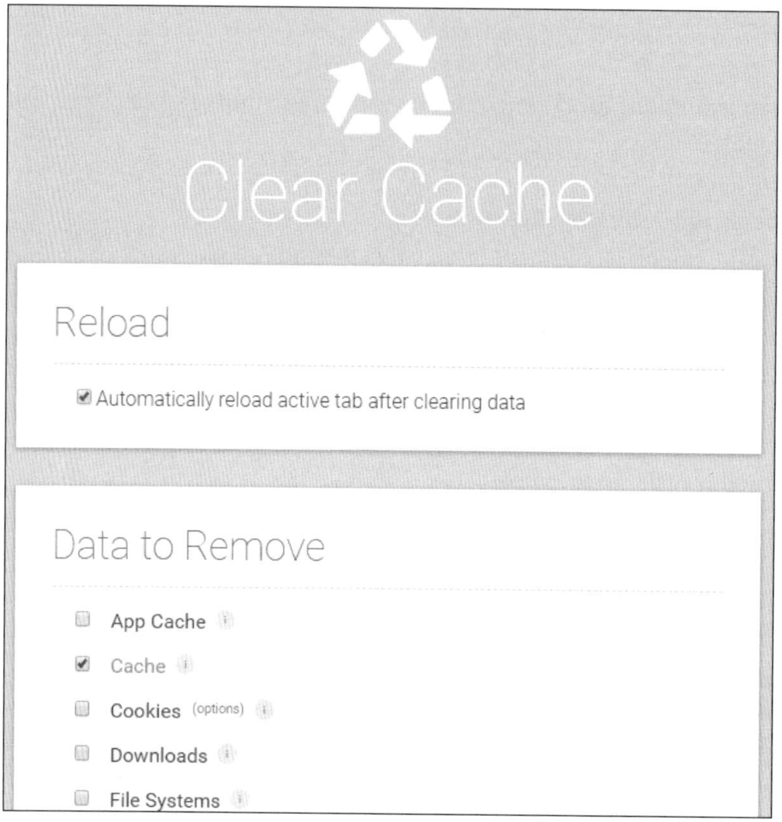

Abbildung 9.4 Die Einstellungsseite des Chrome-Plugins »Clear Cache«

Grund 7: Der AdBlocker blockiert die Ausführung des Vorschaumodus

Wenn der Vorschaumodus nicht angezeigt wird, kann das auch daran liegen, dass Sie einen AdBlocker installiert haben. Meiner persönlichen Meinung nach ist es eine ganz blöde Idee, beim Konfigurieren und Einrichten von Marketing-Tags einen AdBlocker eingeschaltet zu haben.

Deshalb: Wenn Sie auf den AdBlocker nicht verzichten können, dann schalten Sie ihn zumindest beim Konfigurieren der Marketing-Tags ab. Ansonsten können Sie die Implementierung unter Umständen auch gar nicht richtig testen.

Grund 8: Der Browser akzeptiert das Cookie des Google Tag Managers nicht

Damit der Vorschaumodus funktioniert, muss der Google Tag Manager ein entsprechendes Cookie in Ihrem Browser ablegen. Es soll Menschen geben, die aus Sicherheitsgründen bestimmte Arten von Cookies ablehnen. Dazu gehören oftmals die Cookies von Drittanbietern, die sogenannten 3rd-Party-Cookies. Aber genau so ein Cookie muss für das Starten des Google Tag Managers abgelegt werden!

Wenn Sie also wissentlich oder unwissentlich die 3rd-Party-Cookies blockieren, wird der Vorschaumodus nicht funktionieren.

Es gibt zwei Möglichkeiten: Entweder lassen Sie generell alle Cookies von Drittanbietern zu (was ich beim Debugging des Google Tag Managers empfehle) oder Sie erlauben zumindest dem Google Tag Manager, das entsprechende Cookie abzulegen.

Für den Chrome-Browser funktioniert das folgendermaßen: Sie geben in den Browser *chrome://settings/content/cookies* ein und deaktivieren entweder DRITTANBIETER-COOKIES BLOCKIEREN oder tragen am Ende bei ZULASSEN die URL *www.googletag-manager.com* ein (siehe Abbildung 9.5).

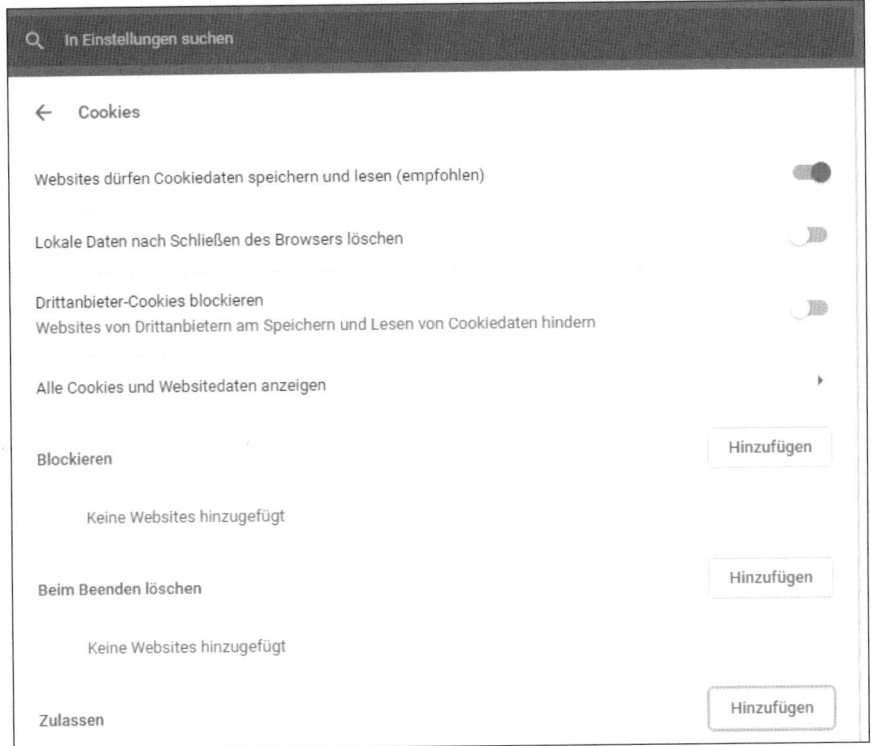

Abbildung 9.5 Die Cookies-Einstellungen im Browser Chrome

Grund 9: Die Content-Security-Policy verhindert das Ausführen des Vorschaumodus

Um Websites sicherer zu machen, wurde ein Feature namens *Content-Security-Policy* eingeführt. Damit ist es möglich, im Quelltext der Website zu hinterlegen, von welchen externen Domains Skripte bzw. Inhalte nachgeladen werden dürfen.

Dieses Sicherheitsfeature ist recht sinnvoll, hat aber das Problem, dass es ständig gepflegt werden muss. Denn sobald ein neues Skript hinzugefügt wird, muss gegebenenfalls die Policy angepasst werden. Und das Wichtigste ist: Sie müssen auch daran denken.

Wenn der Google Tag Manager mit der entsprechenden Domain (*googletagmanager.com*) nicht im Rahmen der Content-Security-Policy aufgelistet wird, kann der Vorschaumodus nicht funktionieren bzw. funktioniert die gesamte Einbindung des Google Tag Managers nicht.

Weitere Informationen zur Content-Security-Policy gibt es unter diesem Link:

https://developer.mozilla.org/en-US/docs/Web/HTTP/CSP

Wenn Sie die Entwicklerkonsole bedienen können (siehe auch Abschnitt 9.2), sehen Sie im Bereich Console gegebenenfalls die Meldung Refused to load ... because it violates the following Content Security Policy. Dann können Sie sicher sein, dass die Content-Security-Policy aktiv ist und Skripte an der Ausführung hindert.

Zusammenfassung

Es kann passieren, dass der Vorschaumodus nicht funktioniert. Wenn Sie aber erst mal den Fehler gefunden und behoben haben, können Sie alle Funktionalitäten nutzen.

Sollten diese ganzen Tipps nicht helfen, den Vorschaumodus zu aktivieren, dann besuchen Sie die URL *go.gtm-buch.de/trouble*. Dort finden Sie weitere mögliche Gründe und Hilfe.

9.1.2   Debugging der Ereignisse

Das Ausspielen der einzelnen Tags beruht immer auf dem Vorhandensein von Ereignissen. Auch der einfache Seitenaufruf ist ein Ereignis, auf das man mit dem entsprechenden Trigger reagieren kann. Nicht jedes Ereignis führt auch zu einem Auslösen eines Tags. Es ist durchaus üblich, dass es Ereignisse gibt, für die kein Tag im Google Tag Manager ausgelöst wird.

Im Vorschaumodus gibt Ihnen der Google Tag Manager die Möglichkeit, jedes einzelne Ereignis zu sehen und zu untersuchen. Dafür gibt es im Debug-Fenster auf der linken Seite eine Liste aller Ereignisse (siehe Abbildung 9.6), die bis zu dem Zeitpunkt des Anschauens aufgetreten sind.

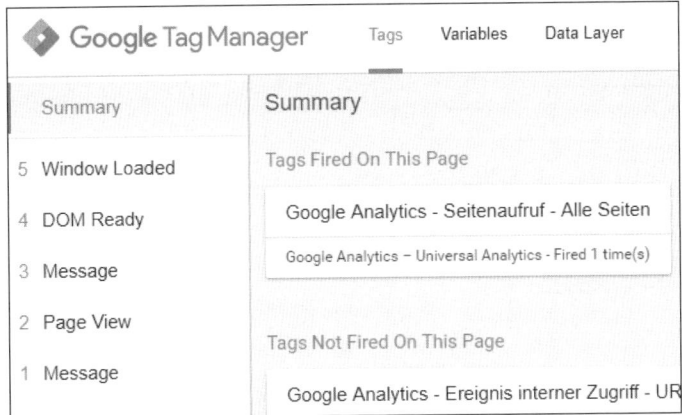

Abbildung 9.6 Das Debug-Fenster mit den Ereignissen auf der linken Seite

Die Ereignisse werden in der Reihenfolge ihres Auftretens durchnummeriert und aufgelistet. An den Positionen, an denen Sie MESSAGE lesen können, ist kein Ereignis passiert, sondern es wurde eine Änderung an der Datenschicht vorgenommen, bei der kein Ereignis definiert wurde.

Im Screenshot aus Abbildung 9.6 sehen Sie die drei Standardereignisse Seitenaufruf (PAGE VIEW), DOM ist bereit (DOM READY) und Fenster ist geladen (WINDOW LOADED). Durch einen Klick auf den jeweiligen Ereignisnamen können Sie den Status aller Tags, Variablen und der Datenschicht zum Zeitpunkt des jeweiligen Ereignisses anschauen.

Klicks sichtbar machen

Sobald Sie neue Trigger im Google Tag Manager anlegen, können Sie diese auch im Debug-Fenster sehen. Zum Testen legen Sie jetzt einen neuen Trigger an, und zwar einen Trigger, der auf KLICK – ALLE ELEMENTE reagiert. Wenn Sie nicht mehr genau wissen, wie das geht, können Sie in Kapitel 5, »Die richtige Gelegenheit: Trigger«, nachschauen.

Abbildung 9.7 Der Klicktrigger

Sie lassen zu Testzwecken den Trigger bei jedem Klick ausführen (siehe Abbildung 9.7). Nach dem Abspeichern aktualisieren Sie die Vorschau, indem Sie auf die Schaltfläche AKTUALISIEREN klicken (siehe Abbildung 9.8). Sollten Sie den Vorschaumodus noch nicht aktiviert haben, aktivieren Sie ihn jetzt, indem Sie auf IN VORSCHAU ANSEHEN klicken.

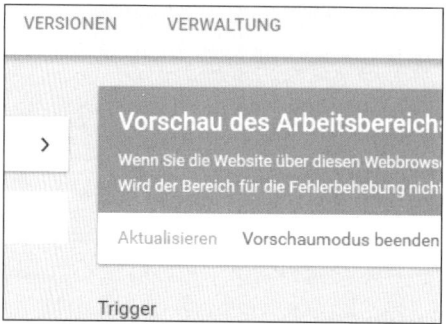

Abbildung 9.8 Aktualisieren der Vorschau

Wenn Sie jetzt die Website mit dem eingebauten Google Tag Manager-Skript aufrufen, sehen Sie das Debug-Fenster, und sobald Sie irgendwo in die Website klicken, erscheint ein neues Ereignis in der Ereignisliste (siehe Abbildung 9.9).

Summary	Summary
6 gtm.click	Tags Fired On
5 Window Loaded	Google Anal
4 DOM Ready	Google Analytic
3 Message	
2 Page View	Tags Not Fired
	Google Anal
1 Message	

Abbildung 9.9 Die Ereignisse mit dem Klick-Event

Für jeden Klick in die Website erscheint jeweils ein neues Ereignis im Debug-Fenster. Das Klicken auf beliebige Elemente der Website hat zur Folge, dass als Name für das Ereignis im Debug-Fenster dann GTM.CLICK steht. Die Liste aller Ereignisnamen finden Sie in Kapitel 5, »Die richtige Gelegenheit: Trigger«.. Mit dem Debug-Fenster können Sie jedes einzelne Ereignis genau nachverfolgen und auch sehen, wenn es gar nicht auftritt, obwohl Sie es so konfiguriert haben.

9.1.3   Debugging der Tags

Nach dem Sie gelernt haben, wie man jedes einzelne Ereignis auswählt und dementsprechend untersuchen kann, geht es jetzt um das Debugging der einzelnen Marketing-Tags. Denn Sie können sich ganz genau anschauen, welches Tag bei welchem

Ereignis abgefeuert wurde. Sie sehen nicht nur, dass das Tag abgefeuert wurde, sondern auch, mit welchem Parameter. In der Summary, also der Zusammenfassung aller Ereignisse, können Sie die einzelnen Tags sehen, die abgefeuert wurden, aber auch alle, die nicht abgefeuert wurden.

Leider ist der Google Tag Manager genau wie Google Analytics ein wenig inkonsequent bei der Übersetzung der Oberfläche. Während die größten Teile der Google Tag Manager-Oberfläche auf Deutsch sind, ist die Vorschau leider komplett auf Englisch. Aber auch ohne tiefgehende Englischkenntnisse sollten die einzelnen Punkte klar sein.

Mit einem Klick auf das jeweilige Tag erhalten Sie weitere Informationen zu dem Tag (siehe Abbildung 9.10). Beim Google Analytics-Tag sehen Sie die genauen Einstellungen. Sie können die Tracking-ID sehen, aber auch, welche Felder gesetzt wurden, zum Beispiel anonymizeIp. Je nach Tag unterscheidet sich natürlich die Art der Informationen, die Sie vorfinden.

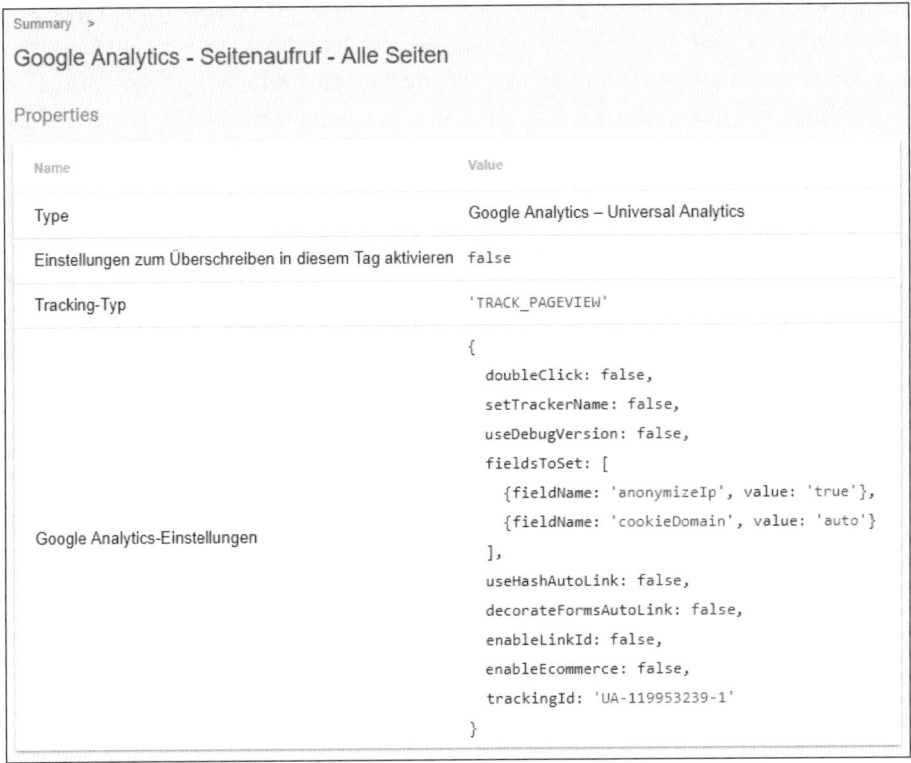

Abbildung 9.10 Das aufgeklappte Tag im Debug-Fenster

Unterhalb der Detailinformationen des Tags finden Sie weitere Informationen zu den Ereignissen und Triggern, die zum Abfeuern des Tags geführt haben (siehe Abbildung 9.11).

Abbildung 9.11 Ereignisse und Trigger des Analytics-Tags

In Abbildung 9.11 sehen Sie, dass das angezeigte Tag beim Ereignis *Page View*, also beim Seitenaufruf, abgefeuert wurde. Der Trigger, der dafür verantwortlich war, war der *All Pages*-Trigger. Dieser wiederum basiert rein technisch auf dem Event, der in der Datenschicht als *gtm.js* auftaucht. Und wie Sie inzwischen schon gelernt haben sollten, steht der Event *gtm.js* einfach nur für den Seitenaufruf. Das bedeutet: In diesem Fall wurde kein besonderer Filter benutzt.

Bei den BLOCKING TRIGGERS werden die blockierenden Trigger aufgeführt. In diesem Fall wurde dem Tag kein blockierender Trigger zugewiesen, und deshalb gibt es keinen blockierenden Trigger in dieser Ansicht. Wenn es einen blockierenden Trigger gibt, wird er so wie in Abbildung 9.12 dargestellt. Die grünen Häkchen und roten Kreuze erscheinen, wenn Sie sich die jeweiligen Tags direkt im entsprechenden Ereignis anschauen.

Abbildung 9.12 Blockierender und abfeuernder Trigger in einer Ansicht

---

»Abgefeuert« heißt nicht unbedingt »erfolgreich abgesendet«

Es kann durchaus vorkommen, dass ein Tag vom Google Tag Manager abgefeuert wird, das Zielsystem aber keine Information erhält. Wenn das Tag im Google Tag Manager als abgefeuert aufgeführt wird, bedeutet das nur, dass das JavaScript aufgerufen wurde. Wie Sie prüfen können, ob das Tag erfolgreich gesendet bzw. ausgeführt wurde, erkläre ich in Abschnitt 9.2.2.

9.1.4 Variablen in den Triggern sichtbar machen

Wenn Sie in Ihren Triggern Variablen benutzen – was immer der Fall ist, wenn Sie die Ausführung auf bestimmte Seiten oder Ereignisse etc. einschränken –, haben Sie im Debug-Fenster die Möglichkeit, zwischen der Anzeige der Namen der Variablen und der Werte der Variablen zu wechseln (siehe Abbildung 9.13). Diese Option mit Radiobuttons befindet sich im oberen Teil des Debug-Fensters. Aber Sie sehen sie nur, wenn Sie ein Tag ausgewählt haben, das bei den Triggern auch Variablen benutzt (siehe Abbildung 9.13).

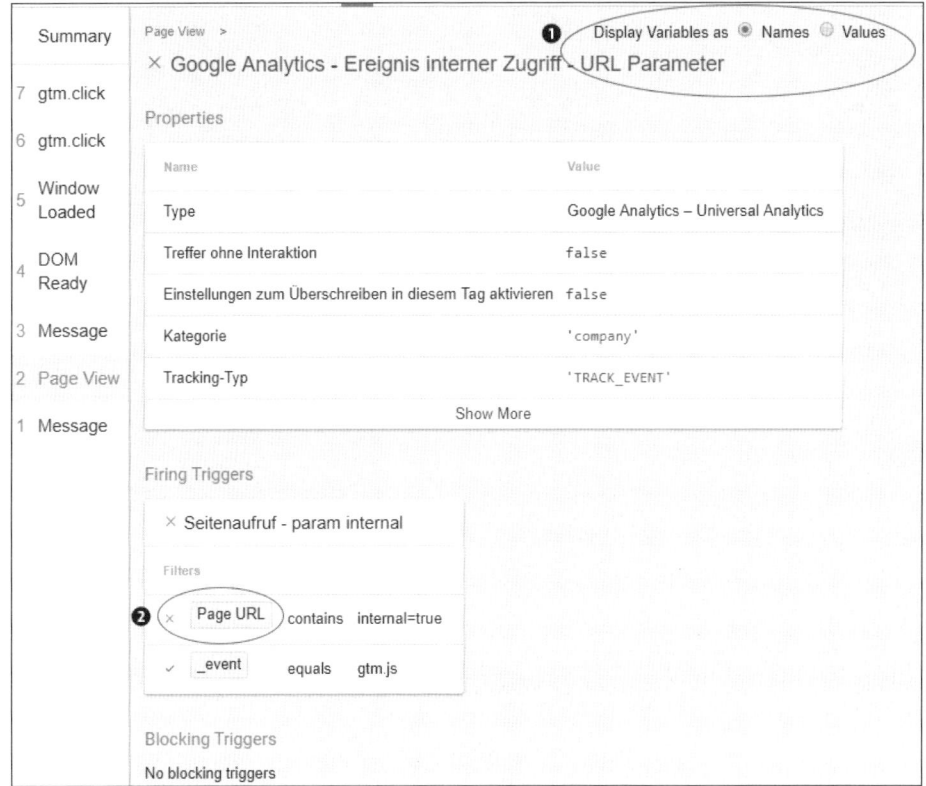

Abbildung 9.13 Tag mit einer Variablen beim Trigger

Sobald Sie bei ❶ von NAMES auf VALUES wechseln, wird bei ❷ statt des Variablennamens der tatsächliche Wert der Variablen angezeigt.

9.1.5   Debugging der Variablen

Außer den Ereignissen und den Marketing-Tags können Sie natürlich im Debug-Fenster auch die Variablen debuggen. Besonders wenn Sie herausfinden wollen, welchen Wert Sie für einen bestimmten Klick als Trigger-Filter verwenden wollen, hilft Ihnen das Debug-Fenster. Sie erreichen die Variablen über den Menüpunkt VARIABLES am oberen Rand des Debug-Fensters (siehe Abbildung 9.14).

Anders als bei den Tags müssen Sie für die Variablen unbedingt ein Ereignis oder eine Nachricht (*Message*) auswählen. Denn der Wert der Variablen kann sich je nach Zeitpunkt bzw. Ereignis ändern. Jeder Event löst ein neues Auflösen der Variablen aus. Das kann unter Umständen zu merkwürdigen Werten in den Variablen führen. Aber mithilfe des Debug-Fensters können Sie die Variablen zu jedem Zeitpunkt überprüfen.

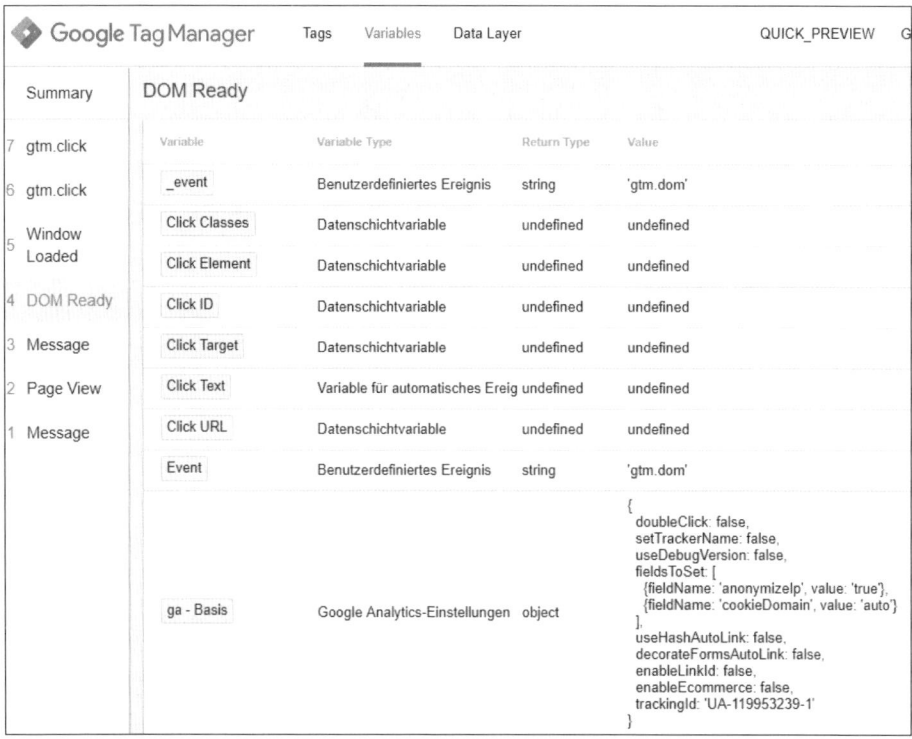

Abbildung 9.14 Die Übersicht der Variablen im Debug-Fenster

Die Variablen, denen kein Wert zugewiesen ist, werden in der Ansicht mit dem Wert undefined angegeben. »Undefined« bedeutet in diesem Fall genau das, was es wörtlich heißt: Der Wert der Variablen ist noch nicht definiert. Bei den Klick-Variablen wie *Click-Classes* wird das `undefined` im Moment des Klicks mit dem jeweiligen Wert ergänzt.

Während viele Variablen nur einen einzelnen Wert beinhalten, gibt es Sonderfälle, zum Beispiel die Suchtabelle oder auch die Google Analytics-Einstellungen. Das sind Variablen, die komplexer sind und dementsprechend auch mehr Werte enthalten.

Die Tabelle mit den Variablen enthält keinerlei Möglichkeit zur Interaktion. Sie können nirgendwo klicken oder das Aussehen verändern. Leider gibt es auch keinen Filter oder Ähnliches.

9.1.6   Debugging der Datenschicht

Das Debugging der Datenschicht erreichen Sie, indem Sie in der oberen Navigation des Debug-Fensters auf DATA LAYER klicken (siehe Abbildung 9.15). Hier wird Ihnen der Inhalt der Datenschicht zum Zeitpunkt des jeweiligen Ereignisses angezeigt.

Abbildung 9.15 Das Debugging der Datenschicht

Wenn Sie ein Ereignis auswählen, wie in Abbildung 9.15, sehen Sie auf der linken Seite die Datenschicht des jeweiligen Events. Das ist der Teil der Datenschicht, der bei diesem Ereignis mit dem Push-Befehl zur Datenschicht hinzugefügt wurde. Auf der rechten Seite sehen Sie den Inhalt der gesamten Datenschicht, wie sie nach dem Ereignis mit den neuen Inhalten aussieht.

Bei jedem Ereignis und auch bei jeder Nachricht (*Message*) ändert sich die Datenschicht. Auch wenn kein neuer Inhalt der Datenschicht hinzugefügt wird, ändern sich zumindest der Wert des Events und der Wert für den Start sowie die eindeutige Event-ID beim Schlüssel *gtm*.

9.1.7 Den Vorschaumodus weitergeben

Um den Vorschaumodus des Google Tag Managers zu nutzen, müssen Sie nicht zwingend eingeloggt sein. Ich weiß, ich habe in Abschnitt 9.1.1, als es um die Probleme bei der Anzeige des Vorschaumodus ging, geschrieben, dass man eingeloggt sein muss, aber es gibt eine Ausnahme.

Wenn Sie den Vorschaumodus in einem anderen Browser verwenden müssen oder einer anderen Person ermöglichen wollen, die Tags vor der Veröffentlichung zu testen, können Sie einen speziell für diesen Zweck generierten Link nutzen.

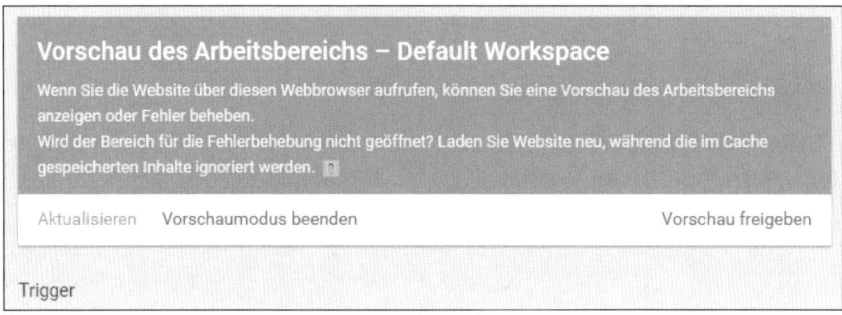

Abbildung 9.16 Der Hinweis auf den Vorschaumodus

Beim Hinweis auf den Vorschaumodus in der Google Tag Manager-Oberfläche (siehe Abbildung 9.16) gibt es den Punkt VORSCHAU FREIGEBEN. Wenn Sie auf diesen Text klicken, öffnet sich ein Fenster mit der Möglichkeit, eine Ziel-URL einzugeben.

Abbildung 9.17 Einen »Vorschau freigeben«-Link generieren

Bei der Ziel-URL geben Sie die Seite ein, auf der der Google Tag Manager-Container eingebunden ist. Das Häkchen bei Aktivieren Sie Debugging in der Vorschau lassen Sie gesetzt. Zum Schluss kopieren Sie den Link aus dem Feld unten und schicken ihn an die Person, die die Vorschau und den Debugmodus nutzen soll.

Auch mobil testen

Unter Umständen kann es wichtig sein, den Google Tag Manager auch in bestimmten Browsern auf dem Smartphone zu testen. Dazu können Sie diesen generierten Link auch benutzen. Sie müssen sich also gar nicht umständlich auf dem Smartphone in den Google Tag Manager einloggen, sondern rufen einfach diesen speziellen Link auf und können alle Tags testen.

Sobald Sie oder jemand anderes diesen Link aufruft, erscheint eine Website mit einem kurzen Hinweistext (siehe Abbildung 9.18). Erst nach dem Klicken auf die angegebene Website wird der Vorschaumodus aktiviert.

Preview Container

Your browser is now in preview and debug mode for the **Draft Environment 1 2018-09-19 01:14:18** environment of **Container GTM-T5BZPM7**. To start previewing, please visit the website: http://gtmbuch.zedwoo.info/

Exit preview and debug mode

Abbildung 9.18 Hinweis beim Aufruf des Vorschau-Links

Ab diesem Zeitpunkt werden auf der Website die neuen Tags ausgespielt. Aber nur die Person mit diesem Link sieht sie. Zum Beenden des Vorschaumodus muss unbedingt wieder der Link aufgerufen werden und am unteren Ende auf Exit preview and debug mode geklickt werden. Ansonsten bleibt das Debug-Fenster erhalten.

Wichtig: Empfänger genau aufklären

Der letzte Absatz ist besonders wichtig. Ich hatte schon Teilnehmer in meinen Google Tag Manager-Seminaren, die direkt in der Vorstellungsrunde fragten, wie man denn dieses Debug-Fenster wieder aus dem Browser entfernt. Nach der Erklärung war diese Person sehr erleichtert. Übrigens, wenn Sie den Preview-Link nicht mehr haben, aber wissen, wie man Cookies löscht, dann hilft auch das. Der verantwortliche Cookie hat den Schlüssel `gtm_debug`.

Es gibt noch viel mehr Möglichkeiten, den Vorschaumodus zu teilen, auch im Zusammenhang mit Versionen. Auf die Methoden komme ich in Kapitel 10, »Veröffentlichen: Versionen und Workspaces«, zu sprechen.

9.2   Debugging mit den Chrome-Entwicklertools

Für jeden, der sich mit Web-Entwicklung oder dem Quellcode von Websites beschäftigt, sind sie aus dem Alltag nicht wegzudenken: die Chrome-Entwicklertools. Diese Tools bieten einen ganzen Werkzeugkasten an unterschiedlichen Funktionen. Und das Tolle ist: Der Chrome-Browser bringt diesen Werkzeugkasten automatisch mit!

Ein Teil des Werkzeugkastens ist die CONSOLE bzw. auf Deutsch *Konsole*. Auf ihr erhalten Sie Informationen und können auch selbst Code ausführen. Aber ich gebe zu, die Bedienung der Konsole erfordert ein wenig mehr technisches Verständnis als die Bedienung des Google Tag Managers.

Sie erhalten Zugriff auf die Entwicklertools, indem Sie unter Windows [F12] drücken oder auf dem Mac die Tastenkombination [Cmd] + [OPT] + [J]. Sobald Sie die entsprechenden Tasten drücken, erscheint im Browser der Bereich mit den Entwicklertools (siehe Abbildung 9.19).

Die Entwicklertools können an verschiedenen Stellen erscheinen; standardmäßig befinden sie sich am unteren Rand. Ich nutze sie aber am rechten Rand. Sie können auch einstellen, dass die Entwicklertools am unteren Browserrand sind oder aber komplett losgelöst vom Browser in einem eigenen Fenster erscheinen. Dafür klicken Sie auf die drei Punkte ganz rechts oben in der Ecke der Entwicklertools und wählen dann die von Ihnen präferierte Position aus.

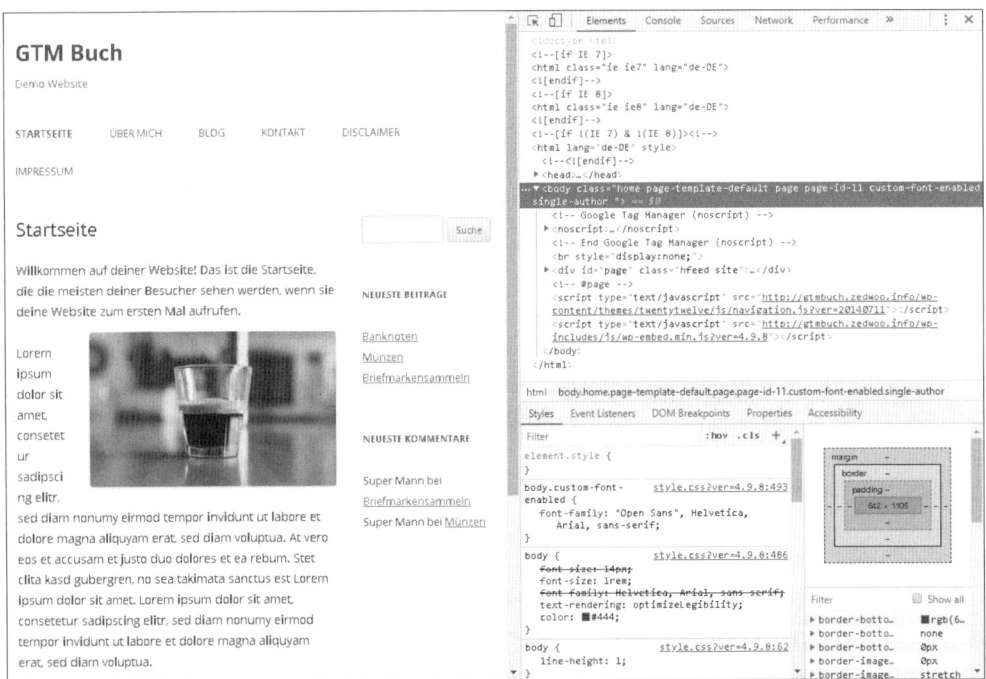

Abbildung 9.19 Die ausgeklappten Chrome-Entwicklertools auf der rechten Seite

Übrigens, viele Tools bzw. Plugins, die es für Google Analytics oder den Google Tag Manager gibt, nutzen die Chrome-Entwicklertools als Basis und fügen ihre eigenen Funktionen und Ausgaben hinzu. Es ist also sinnvoll, sich mit der Bedienung der Entwicklertools anzufreunden.

Für das Debugging nutzen Sie in erster Linie die Konsole. Auch die anderen Bereiche – NETWORK, APPLIKATION etc. – sind interessant und sinnvoll. Aber uns reicht erst mal die CONSOLE. Die Arbeit auf der Konsole ist nicht wirklich komfortabel, aber oftmals der schnellere Weg, wenn Sie nur kurz etwas testen wollen. Der Komfort kommt mit den Tools, die ich später beschreibe.

Wenn Sie die zu untersuchende Website öffnen und in den Entwicklertools auf CONSOLE wechseln, sehen Sie hoffentlich eine Fläche ohne irgendwelche Fehler. Je nachdem, wie umfangreich Ihre Website ist und wie viel JavaScript und Ähnliches benutzt wird, kann die Textausgabe der Konsole sehr unübersichtlich werden. Aber generell können Sie schauen, ob Sie Fehlermeldungen mit `gtm.js` oder `Google Tag Manager` oder Ähnliches sehen. Dann wissen Sie schon mal, dass ein Fehler vorliegt und Sie gegebenenfalls tiefer analysieren müssen.

Aber die Konsole ist kein unflexibles Ausgabeprogramm, sondern Sie können auf die Ausgabe auch Einfluss nehmen.

9.2.1   Die Datenschicht auf der Konsole ausgeben

Auf der Konsole haben Sie schnellen Zugriff auf die Datenschicht. Um das JavaScript-Objekt der Datenschicht anzuzeigen, reicht es, wenn Sie folgenden Befehl auf der Konsole schreiben und dann die Eingabetaste drücken:

```
dataLayer
```

Listing 9.3 Der Aufruf der Datenschicht auf der Konsole

Nach dem Betätigen der Eingabetaste erscheint in der Konsole das gesamte Java-Script-Objekt (siehe Abbildung 9.20). Hier kann jedes einzelne Ereignis oder jeder einzelne Wert nachgeschaut und überprüft werden. Die Konsole kann gerade dann sinnvoll sein, wenn Sie den Vorschaumodus des Google Tag Managers nicht nutzen können. Das kann zum Beispiel dann der Fall sein, wenn Sie gar nicht Ihre eigene Seite, sondern fremde Seiten untersuchen.

Sie können mit der Konsole auch auf jedes einzelne Element des Google Tag Managers zugreifen. Denn der Google Tag Manager erstellt beim Aufruf ein JavaScript-Objekt, auf das Sie in der Konsole zugreifen können. Das erstellte Objekt finden Sie mit dem Namen `google_tag_manager["GTM-XXXX"]`.

```
> dataLayer
< ▼ (6) [{…}, {…}, {…}, {…}, {…}, {…}, push: f] 🛈
    ▼ 0:
        pagePostAuthor: "Michael"
        pagePostType: "frontpage"
        pagePostType2: "single-page"
        postID: 920
      ▶ __proto__: Object
    ▼ 1:
        event: "gtm.js"
        gtm.start: 1537431172256
        gtm.uniqueEventId: 0
      ▶ __proto__: Object
    ▼ 2:
        event: "gtm.dom"
        gtm.uniqueEventId: 2
      ▶ __proto__: Object
    ▶ 3: {gtm.start: 1537431172983, event: "gtm.js", gtm.uniqueEventId: 3}
    ▶ 4: {event: "gtm.load", gtm.uniqueEventId: 5}
    ▶ 5: {gtm.element: form#[object HTMLInputElement], gtm.elementClasses: "",
    ▶ push: f ()
      length: 6
    ▶ __proto__: Array(0)
```

Abbildung 9.20 Die Datenschicht einer Website auf der Konsole

Dabei ersetzen Sie die Xe natürlich durch die entsprechende Google Tag Manager-ID. Um einen einzelnen Wert aus der Datenschicht abzurufen, können Sie Folgendes in die Konsole schreiben:

```
google_tag_manager["GTM-XXXX"].dataLayer.get('event')
```

Listing 9.4 Abruf des Events über die Konsole

Als Rückgabewert in der Konsole erhalten Sie das letzte ausgeführte Ereignis. Da es unter Umständen mühselig ist, auf jeder Seite die entsprechende Google Tag Manager-ID einzutragen, können Sie in der Konsole auch auf die ID zugreifen. Dafür ersten Sie die ID durch diesem Befehl: (Object.keys(google_tag_manager)[1]). Wenn Sie nun beide Codes zusammenführen, erhalten Sie den letzten ausgeführten Event auf der Seite (siehe Abbildung 9.21).

```
> google_tag_manager[(Object.keys(google_tag_manager)
  [1])].dataLayer.get('event')
< "gtm.load"
> |
```

Abbildung 9.21 Die Ausgabe des letzten Events mit dynamischer GTM-ID

Die Konsole ist recht flexibel und wird zu Recht als Schweizer Taschenmesser der Webentwicklung betrachtet. Denn neben diesen sehr rudimentären Ausgaben des Rückgabewerts ist noch mehr möglich. Wenn Sie z. B. die Datenschicht als Tabelle ausgeben wollen, dann schreiben Sie in die Konsole einfach folgenden Befehl:

```
console.table(dataLayer)
```

Listing 9.5 Die Rückgabe wird in eine Tabelle geschrieben.

Als Rückgabewert erhalten Sie daraufhin die Datenschicht als Tabelle (siehe Abbildung 9.22).

(index)	pagePostType	gtm.start	event	gtm.uniqueEv...	name
0	"bloghome"				
1		1537430933821	"gtm.js"	0	
2			"gtm.dom"	2	
3			"gtm.load"	3	
push					" "
▶ Array(4)					

Abbildung 9.22 Die Datenschicht auf der Konsole, als Tabelle formatiert

9.2.2   Verbindungsprobleme aufdecken

Nur weil das Google Tag Manager-Skript im Quellcode der Seite vorhanden ist, heißt das noch lange nicht, dass es auch ausgeführt wird und den Zielserver erreicht. Sie können dies aber schnell und einfach prüfen, wenn Sie in den Entwicklertools auf den Reiter NETWORK gehen und in das Suchen-Feld »gtm.js« ❶ eintragen. Jetzt sollte in der Tabelle bei NAME ein Aufruf mit gtm.js ❷ stehen und bei STATUS die 200 ❸ erscheinen (siehe Abbildung 9.23). Wenn dort 404 oder ein anderer Code steht, funktioniert etwas mit der Kommunikation des Google Tag Manager-Servers nicht.

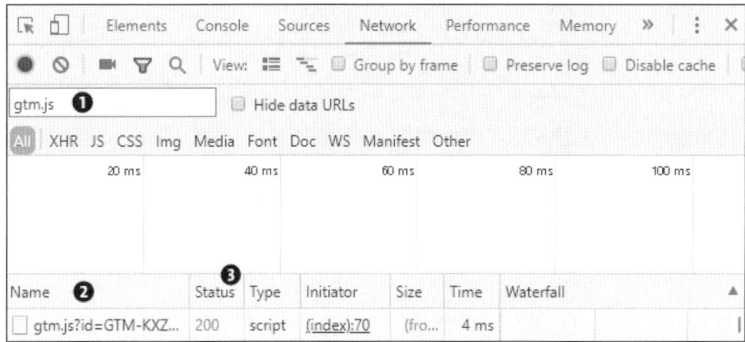

Abbildung 9.23 Der Reiter »Network« in der Konsole

Google Analytics-Code überprüfen

Genauso wie die Ausführung des Google Tag Managers können Sie auch andere Tags, zum Beispiel Google Analytics, daraufhin prüfen, ob sie beim Zielserver ankommen. Dafür suchen Sie im Fall von Google Analytics einfach nach collect?v=, denn das ist der Aufruf für das JavaScript, das die Daten an den Google Analytics-Server schickt. Auch hier benötigen Sie dann beim entsprechenden Namen in der Tabelle einen Status 200. Denn er bedeutet, dass der Aufruf angekommen ist.

9.2.3   JavaScript-Code lesbar machen

Heutzutage wird fast nur noch minimierter JavaScript-Code ausgeliefert. Dieser Java-Script wird komplett in eine Zeile geschrieben, um Platz bzw. Zeit bei der Übertragung zu sparen. Dieser Code steht im Quellcode der Website oder in den eingebundenen Dateien. Vielleicht werden Sie irgendwann einmal genötigt sein, den JavaScript-Code wieder lesbar zu machen – zum Beispiel, um einen Fehler zu finden. Es gibt die Möglichkeit, das jeweilige JavaScript in ein Online-Tool zu kopieren und es lesbarer zu machen. Aber auch in die Konsole ist eine entsprechende Funktion eingebaut.

Um sie zu nutzen, klicken Sie auf den Reiter Sources und suchen sich in der linken Spalte eine JavaScript-Datei aus. Durch das Anklicken erscheint sie im Fenster daneben. Um aus einer minimierten JavaScript-Datei jetzt eine lesbar formatierte Form zu machen, müssen Sie nur unten auf die beiden geschweiften Klammern ❶ klicken (siehe Abbildung 9.24). Wie von Zauberhand wird der Code schön formatiert.

Abbildung 9.24 Code in den Entwicklertools lesbar machen

9.3   Debugging mit dem Google Tag Assistant

Der Google Tag Assistant gehört zu den Standardwerkzeugen eines jeden, der mit Google-Tags arbeitet. Zu diesen Tools zählen nicht nur der Google Tag Manager, sondern auch Google Analytics, Google Ads, Google Optimize etc.

Der Google Tag Assistant gibt Auskunft über den Status aller Marketing-Tags. In vorhergehenden Kapiteln haben Sie den Google Tag Assistant schon zur Kontrolle benutzt. Aber der Google Tag Assistant kann noch viel mehr, als nur das aktuelle Tag anzeigen.

Sollten Sie den Google Tag Assistant noch nicht installiert haben, was ich mir kaum vorstellen kann, dann rufen Sie im Chrome einfach diese URL auf: *http://go.gtm-buch.de/tag-assistant*

Auch wenn uns in diesem Buch eigentlich fast nur der Google Tag Manager interessiert, mit dem Google Tag Assistant haben Sie ein Allzweckwerkzeug für alle Google Tags:

- Google Analytics (*ga.js*)
- Google Analytics (*dc.js*)
- Google Analytics (*gtag.js*)
- Google Ads Conversion Tracking
- Google Ads Remarketing (veraltet)
- Google Ads Remarketing (neu)
- Doubleclick Floodlight
- Campaign Manager
- Google Tag Manager
- Google Consumer Survey
- Google Optimize
- Google Trusted Stores
- Website Satisfaction Survey
- Google Publisher Tag

Nicht nur Google bietet so ein Plugin zum Erkennen von Tags auf der Website an, es gibt auch vergleichbare Plugins für Facebook und andere Tag-Anbieter.

9.3.1   Grundeinstellungen für den Google Tag Assistant

Damit ich den Google Tag Assistant vernünftig nutzen kann, habe ich ein paar Grundeinstellungen vorgenommen. Ich finde sie sinnvoll, aber Sie können selbst entscheiden, ob Sie sie übernehmen wollen.

Bei jedem Seitenaufruf Tags anzeigen

Die Standardeinstellung ist, dass Sie jedes Mal, wenn Sie einen neuen Tab benutzen, den Tag Assistant aktivieren müssen. Besonders dann, wenn Sie sehr viel mit Tags wie Google Analytics oder dem Google Tag Manager zu tun haben, kann das lästig sein, immer erst den Tag Assistant zu aktivieren und dann die Seite noch einmal neu zu laden.

Deshalb habe ich mir den Tag Assistant so eingestellt, dass jede Seite automatisch getrackt wird. Dafür klicken Sie erst auf das Icon des Tag Assistants, um ihn zu öffnen, und dann klicken Sie auf die drei Punkte (siehe Abbildung 9.25) in dem Plugin-Fenster. Daraufhin öffnet sich ein Menü und Sie können das Feld AUTO VALIDATION OFF auf ON schalten. Ab sofort läuft der Tag Assistant bei jedem Seitenaufruf mit und Sie sehen direkt, ob es auf der entsprechenden Seite gegebenenfalls Probleme mit den Tags gibt.

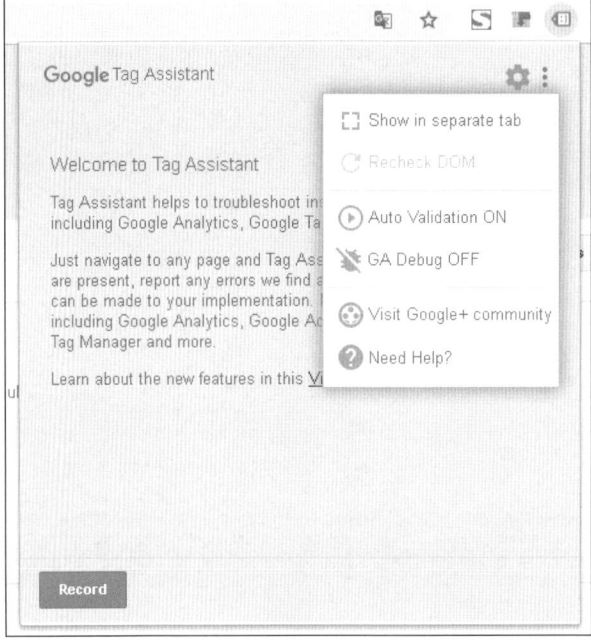

Abbildung 9.25 Das Kontextmenü des Google Tag Assistant

»GA Debug« ist im Google Tag Assistant eingebaut

Sollten Sie für das Google Analytics-Debugging bisher noch das Plugin *GA Debug* genutzt haben: Das ist jetzt nicht mehr nötig. Der Google Tag Assistant bringt dieses Plugin direkt mit. Sie können es im Kontextmenü aktivieren, das sich hinter den drei Punkten versteckt.

Detailebene festlegen

Der Google Tag Assistant bietet die Möglichkeit, die Detailtiefe festzulegen. Bei der Arbeit mit dem Google Tag Manager und mit Google Analytics ist es für mich sehr wichtig, möglichst detailreiche Informationen zu bekommen. Deshalb achte ich darauf, dass die Informationen möglichst ausführlich erfolgen. Das habe ich mit entsprechenden Einstellungen im Google Tag Assistant erreicht.

Klicken Sie auf das kleine Zahnrad im Plugin-Fenster. Daraufhin öffnet sich ein neuer Tab. In diesem Tab gibt es mehrere Einstellungsmöglichkeiten. In diesem Fall interessiert uns LEVEL OF DETAIL (siehe Abbildung 9.26). Dort prüfen Sie, ob der DEFAULT LEVEL auf DETAILED INFORMATION steht und ob auch bei GOOGLE ANALYTICS und bei GOOGLE TAG MANAGER der Eintrag DEFAULT steht.

Abbildung 9.26 »Level of Detail«-Einstellungen im Google Tag Assistant

9.3.2   Das Tag auf der Seite untersuchen

Nachdem Sie die entsprechenden Grundeinstellungen vorgenommen haben, können Sie nun bei jeder aufgerufenen Seite den Google Tag Assistant nutzen. Auch ohne dass Sie ihn öffnen, erhalten Sie direkt farblich geordnetes Feedback zu den eingebundenen Tags. Sobald Sie aber auf das Plugin-Symbol klicken, erhalten Sie mehr Informationen zu jedem einzelnen Tag.

Der Google Tag Assistant symbolisiert dabei mit vier Farben und Gesichtsausdrücken den aktuellen Status des Tags (siehe Tabelle 9.1).

Farbe	Gesichtsausdruck	Aussage
Grün	Glücklich	Alles ist in Ordnung und funktioniert korrekt.
Blau	Überrascht	Blau zeigt an, dass das jeweilige Tag funktioniert, aber dass es Potenzial für Verbesserung gibt.
Gelb	Rausgestreckte Zunge	Ein kleiner Fehler ist aufgetreten, der beseitigt werden sollte.
Rot	Schräger Mund	Ein schwerwiegendes Problem wurde erkannt. Damit das Tag funktioniert, muss das Problem behoben werden

Tabelle 9.1 Die verschiedenen Symbole bei den unterschiedlichen Tags

Google Analytics: Blau und überrascht

Lassen Sie sich nicht davon verwirren, dass Ihr Google Analytics-Tag eventuell blau mit einem überraschten Gesicht ist. Das ist nämlich auch dann der Fall, wenn Sie den Google Analytics-Code über den Google Tag Manager eingebunden haben. Denn für den Google Tag Assistant ist das eine nicht standardkonforme Art der Einbindung. Zur Sicherheit sollten Sie aber einmal auf das Tag klicken und es genauer überprüfen.

Am besten ist es, wenn das Icon vor dem Google Tag Manager grün ist und lächelt. Dann ist alles okay. Der Tag Assistant überprüft dabei nicht nur die Einbindung, sondern auch, ob das Signal beim anderen Server ankommt.

Wenn das Icon also grün lächelt, müssen Sie keine Fehler beheben. Aber sollte das Icon eine andere Farbe als Blau haben, dann hilft Ihnen der Tag Assistant, das Problem zu identifizieren. Dafür klicken Sie auf den Eintrag und sehen dann am unten Ende des Plugin-Fensters einen entsprechenden Hinweis (siehe Abbildung 9.27).

In Abbildung 9.27 sehen Sie die Meldung, dass das JavaScript für den Google Tag Manager nicht im Head der HTML-Seite eingebaut wurde. Der Google Tag Manager funktioniert trotzdem, aber er funktioniert besser, wenn er im Head eingebaut wird.

Im oberen Bereich sehen Sie die entsprechende Container-ID, die ich hier allerdings unkenntlich machen musste. Mit einem Klick auf CODE SNIPPET können Sie sich den aufgerufenen Code genau ansehen.

Spannender für Sie ist aber der Klick auf DATA LAYER. Denn hier erfahren Sie direkt, was im Data Layer steht – und zwar ohne merkwürdige Codezeilen in der Konsole einzugeben. Der Tag Assistant gibt im Gegensatz zum Debug-Fenster diese Information auch für fremde Seiten aus!

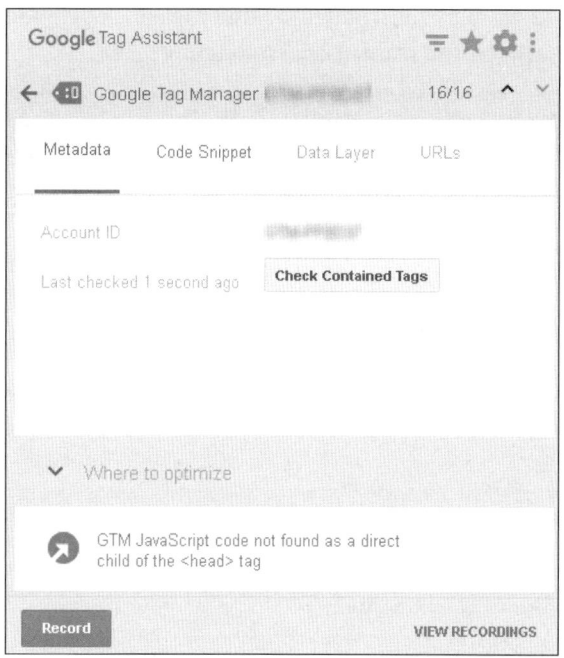

Abbildung 9.27 Die Metadaten des Google Tag Manager Containers im Tag Assistants

Der Menüpunkt DATA LAYER wird übrigens nur angezeigt, wenn auch eine Daten-schicht in der Seite eingebunden ist. Sollte die Datenschicht einen anderen Namen als dataLayer haben, dann wird auch das ausgegeben.

9.3.3 Mehrere Seiten in Folge aufnehmen und auswerten

Der Google Tag Assistant hat die überaus praktische Funktion, dass man mit ihm auch die Verwendung des Google Tag Managers über mehrere Seiten hinweg auf-zeichnen kann. Dafür klicken Sie einfach, nachdem Sie das Plugin-Fenster geöffnet haben, auf den Button RECORD am unteren Ende.

> **Aufnehmen über mehrere Tabs**
>
> Normalerweise würde der Tag Assistant nur die Tags aus dem aktuellen Tab aufneh-men. Da es aber passieren kann, dass ein Klick einen neuen Tab öffnet, können Sie beim Starten der Aufzeichnung entscheiden, ob der Tag Assistant die Aufzeichnung auch in anderen Tabs aufnehmen soll.

Wenn der Tag Assistant aufnimmt, wird ein kleiner roter Kreis am Icon angezeigt. Zum Stoppen und Anschauen der Aufzeichnung öffnen Sie das Plugin und klicken auf STOP RECORD.

Im nächsten Bildschirm können Sie sich dann anschauen, ob und wie der Google Tag Manager auf jeder einzelnen Seite aufgerufen wurde (siehe Abbildung 9.28).

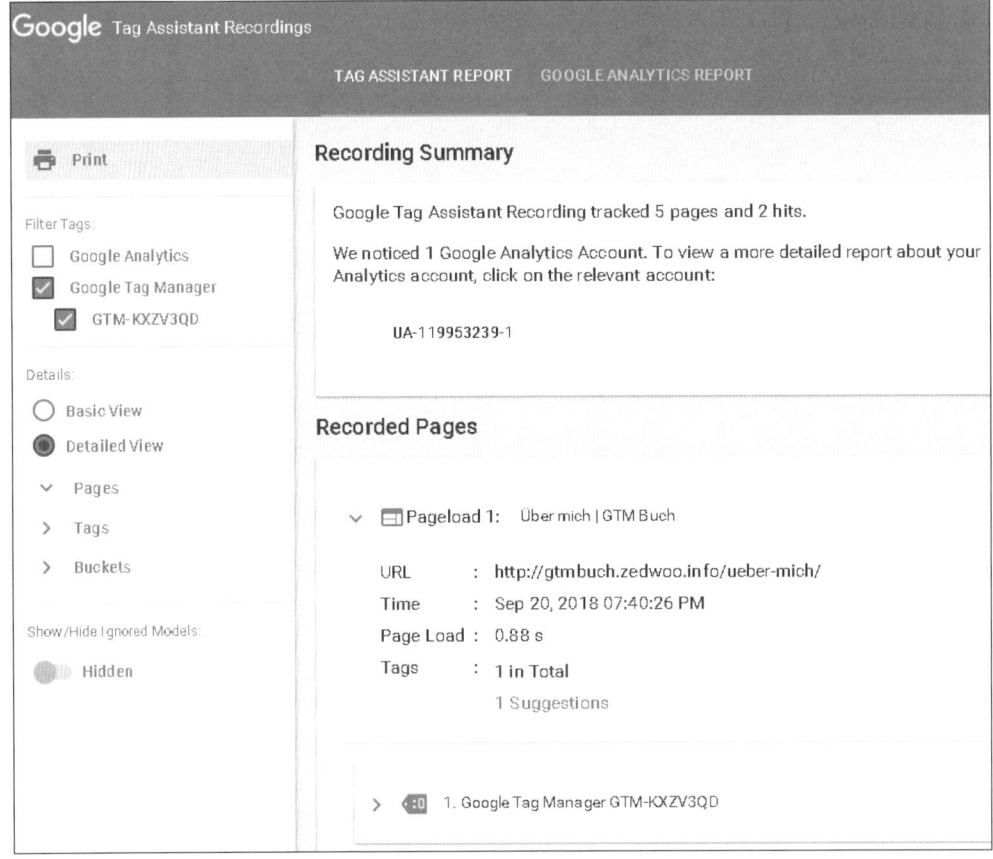

Abbildung 9.28 Die Aufzeichnung im Google Tag Assistant

Bei Bedarf können Sie die Aufzeichnung auch ausdrucken. Dafür klicken Sie einfach links oben auf PRINT.

9.4 Debugging der harten Fälle

Wenn Sie sich eingehender mit Tags auseinandersetzen, werden Sie vielleicht Situationen erleben, in denen die bisher vorgestellten Hilfsmittel nicht wirklich weiterhelfen: Sie müssen tiefer analysieren. Das bedeutet unter Umständen, dass Sie die Kommunikation zwischen Ihrem Browser und dem Zielserver des Tags abhören müssen. Wie die Überschrift dieses Abschnitts andeutet, geht es dabei um die harten Fälle. Das sind jene Fälle, in denen Sie mit dem Debug-Fenster und Chrome-Erweiterungen nicht weiterkommen.

Informationen für Fortgeschrittene

In diesem Abschnitt geht es um Netzwerkverkehr, Requests und Inhalte von Daten-übertragungen. Das geht weit über das hinaus, was die meisten können müssen, wenn sie den Google Tag Manager bedienen. Es ist dementsprechend harte Kost und nur für die fortgeschrittenen Nutzer gedacht. Lassen Sie sich nicht entmutigen, wenn Sie nicht alles in diesem Abschnitt verstehen. Eventuell werden Sie es auch nie brauchen.

Was Sie in diesem Fall benötigen, ist ein Abhörprogramm für Ihren Netzwerkverkehr. Sollten Sie schon länger in der Web-Analyse und der Tag-Implementierung unterwegs sein, wird Ihnen solche Software wahrscheinlich geläufig sein. Denn es gibt immer wieder Situationen, in denen man so etwas benötigt.

Für die harten Fälle kommt bei mir *Charles Proxy* zum Einsatz. Mit dieser Software ist es möglich, den Netzwerkverkehr zwischen dem Browser und dem Google Tag Manager oder jedem anderen aufgerufenen Zielserver zu überwachen. Aber Sie können damit nicht nur den Netzwerkverkehr überwachen, sondern auch Änderungen vornehmen.

Man-in-the-Middle-Attacke, aber harmlos

Die Technologie, die Sie bei der Nutzung von Charles Proxy nutzen, ist die gleiche, die auch Kriminelle im Netz nutzen. Es ist die sogenannte Man-in-the-Middle-Attacke. Dabei setzt sich der Kriminelle in der Kommunikation zum Beispiel zwischen Ihren Browser und die Website Ihres Online-Bankings. Während das illegal und kriminell ist, ist das, was Sie mit Charles Proxy machen, nicht illegal, denn Sie erledigen alles auf Ihrem Rechner: Sie überprüfen nur Ihren eigenen Netzwerkverkehr.

Charles Proxy können Sie kostenlos für 14 Tage nutzen. Darüber hinaus gibt es kostengünstige Lizenzen (aktuell 50 USD). Mit dem Kauf erhalten Sie ein umfangreiches Werkzeug und unterstützen die Weiterentwicklung.

Charles Proxy ist keine Software, die extra für die Web-Analyse entwickelt wurde. Die Web-Analyse ist nur eine Möglichkeit, wie Sie dieses vielfältige Tool einsetzen können. Es wurde auch nicht für technikfremde Web-Analysten entwickelt. Deshalb ist es wichtig, dass Sie zumindest ein technisches Grundverständnis haben, um die folgende Anleitung und Tipps nachvollziehen zu können.

Es ist nicht schlimm, wenn Sie diese Kenntnisse nicht haben. Dann springen Sie einfach zum nächsten Abschnitt. Bei diesem Werkzeug geht es wirklich nur um die harten Fälle, und vielleicht benötigen Sie dieses Tool auch nie. Aber für alle, die tiefer einsteigen wollen, folgen hier mehr Informationen.

In der Web-Analyse können Sie Charles Proxy in mehreren Situationen einsetzen, um

- jeden einzelnen Request an andere Server nachzuvollziehen,
- ganze Web-Sessions mit allen Requests aufzuzeichnen,
- Google Tag Manager-Container auszutauschen und zu testen,
- Google Tag Manager-Implementierungen auf Browsern auf Smartphones zu debuggen und um
- Google Tag Manager-Implementierungen in Apps auf Android und dem iPhone zu debuggen.

Im Zusammenhang mit diesem Buch sind besonders die letzten beiden Punkte für Sie interessant. Wenn Charles Proxy erst mal installiert ist, stellen aber auch die ersten beiden Punkte keine Herausforderung mehr für Sie dar.

9.4.1   Installation von Charles Proxy

Charles Proxy ist eine Software, die Sie auf Ihrem Rechner installieren müssen. Diese Software gibt es für Linux, macOS und Windows. In dieser Anleitung beschränke ich mich auf die Installation auf einem Windows-System. Auf der Website von Charles Proxy (*https://www.charlesproxy.com/*) können Sie die für Ihr Betriebssystem richtige Softwareversion herunterladen.

Nach dem Download starten Sie das Programm und installieren die Software mit den Standardeinstellungen. Nach wenigen Augenblicken ist die Software installiert und Sie können das Programm starten. Wahrscheinlich wird sich beim Start des Programms die Windows-Firewall melden. Damit Charles Proxy funktioniert, müssen Sie die Freigabe für das Programm erteilen.

Damit die Software auch entsprechende Werte anzeigt, müssen Sie jetzt noch ein paar Einstellungen vornehmen bzw. überprüfen.

Als Erstes überprüfen Sie die Proxy-Einstellungen (siehe Abbildung 9.29). Damit Charles Proxy funktioniert, ist es wichtig, dass bei Windows Proxy ein Häkchen gesetzt ist.

In den Standardeinstellungen wird verschlüsselter Netzwerkverkehr von Charles Proxy nicht im Klartext angezeigt. Sie wollen aber den Netzwerkverkehr im Klartext lesen. Deshalb müssen Sie die entsprechenden Domains (in diesem Fall die Domains für den Google Tag Manager und Google Analytics) in eine Liste eintragen.

Sie erreichen diese Liste über den Menüpunkt SSL Proxying Settings im Menüpunkt Proxy (siehe Abbildung 9.29). Mit Add können Sie im nächsten Bildschirm jeden Server eintragen, dessen Netzwerkverkehr Sie trotz Verschlüsselung im Klartext anschauen wollen (siehe Abbildung 9.30). Standardmäßig sollten Sie dort den

Google Tag Manager und Google Analytics eintragen. Dann haben Sie zum Analysieren dieser beiden Produkte schon alles vorbereitet.

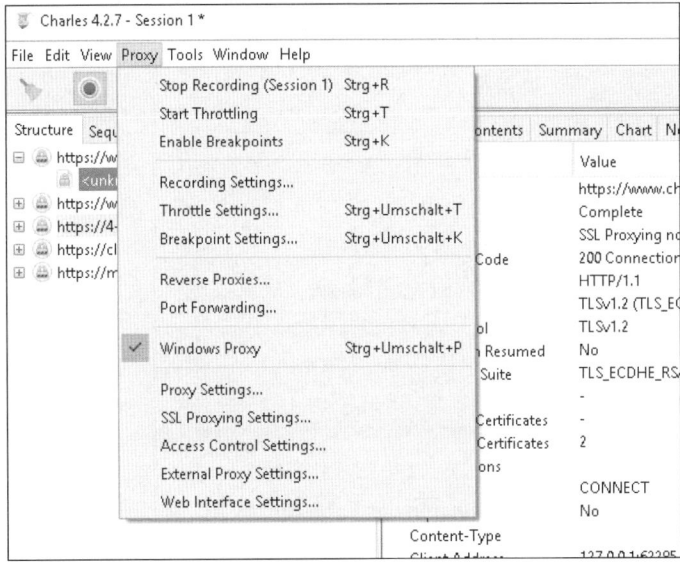

Abbildung 9.29 Proxy-Einstellungen in »Charles Proxy«

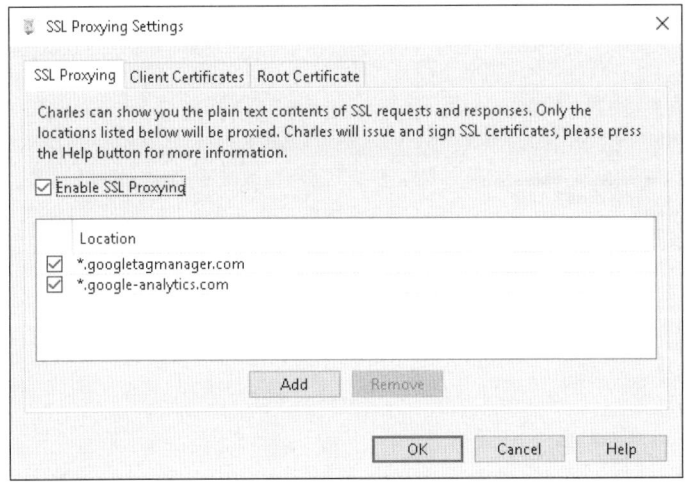

Abbildung 9.30 »SSL Proxying« in »Charles Proxy«

Als Nächstes müssen Sie noch das Root-Zertifikat von Charles Proxy installieren. Ohne dieses SSL-Zertifikat ist es nicht möglich, den Inhalt zu lesen. Der Transport von Ihrem Browser zum Zielserver würde automatisch verweigert werden. Charles Proxy bietet eine gute Hilfe bei der doch recht komplexen Installation des Zertifikats. Nichtsdestotrotz ist es ein langer Weg, den Sie klickend zurücklegen müssen.

Los geht's. Sie klicken auf HELP und suchen im Menü nach SSL PROXYING. In dem Menü, das nun aufklappt, wählen Sie INSTALL CHARLES ROOT CERTIFICATE aus (siehe Abbildung 9.31).

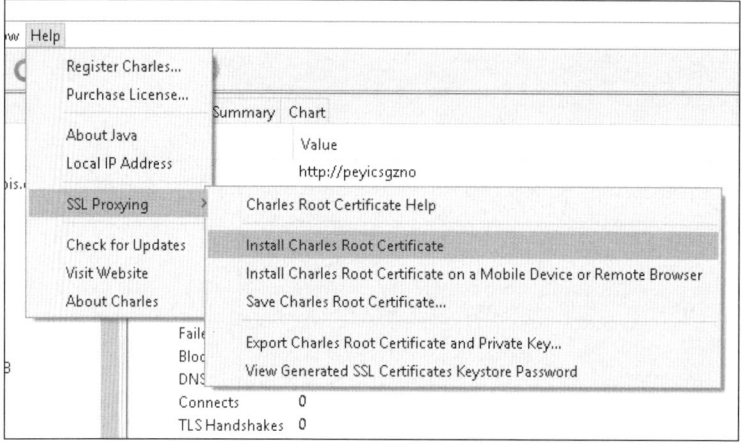

Abbildung 9.31 Das Kontextmenü zum Installieren des Root-Zertifikats

Dann öffnet sich ein Fenster auf Ihrem Desktop, das Zertifikatsinformationen enthält. Hier klicken Sie auf ZERTIFIKAT INSTALLIEREN (siehe Abbildung 9.32).

Abbildung 9.32 Zertifikatsinformationen

Im nächsten Fenster wählen Sie Alle Zertifikate in folgendem Speicher speichern und klicken auf Durchsuchen (siehe Abbildung 9.33).

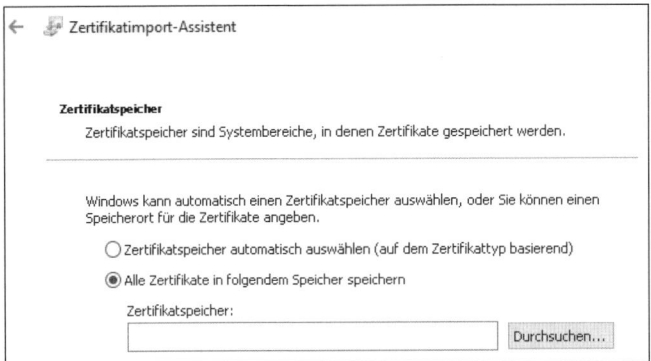

Abbildung 9.33 Der Zertifikatimport-Assistent

In dem aufpoppenden Fenster wählen Sie als Speicherort Vertrauenswürdige Stammzertifizierungsstelle aus und klicken auf Ok (siehe Abbildung 9.34). Die nächsten Fenster bestätigen Sie.

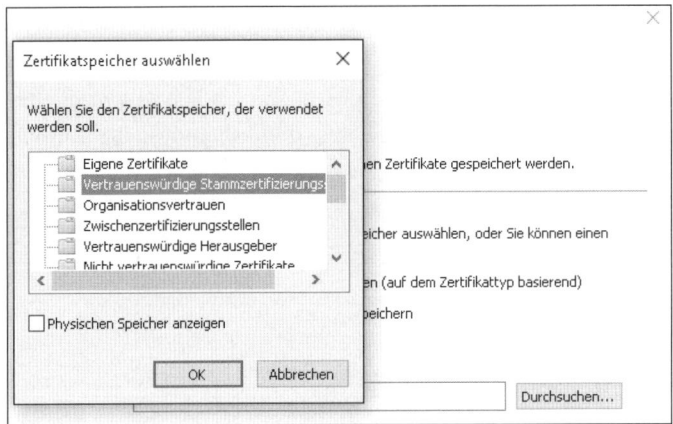

Abbildung 9.34 Zertifikatsspeicher auswählen

Kurz vor dem Ziel erscheint noch eine wichtige Sicherheitswarnung (siehe Abbildung 9.35). Diese müssen Sie noch einmal mit Ja bestätigen, und dann ist es geschafft. Das Sicherheitszertifikat ist installiert und Charles Proxy ist einsatzbereit.

Wenn Sie alles korrekt installiert haben, kann es unter Umständen dennoch nötig sein, den Browser einmal neu zu starten, aber ab diesem Zeitpunkt können Sie sich genau den Inhalt jedes Hits von Google Analytics und dem Google Tag Manager anschauen.

Abbildung 9.35 Sicherheitswarnung bei der Installation des Zertifikats

9.4.2 Jeden einzelnen Hit untersuchen

Mit dem erfolgreichen Setup von Charles Proxy können Sie jetzt jeden einzelnen Hit untersuchen. Jeglicher Netzwerkverkehr wird nun durch Charles Proxy angezeigt. In der vorgenommenen Konfiguration können Sie die Hits von Google Analytics und dem Google Tag Manager ganz genau anschauen. Selbst den Inhalt des Hits können Sie lesen (siehe Abbildung 9.36).

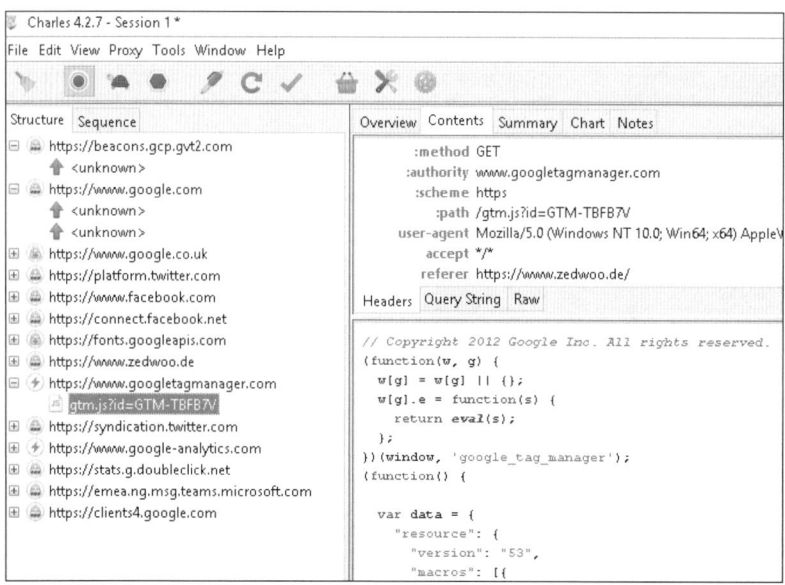

Abbildung 9.36 Der Hit des Google Tag Manager-Containers in »Charles Proxy«

Nicht nur der HTTP-Header ist lesbar, sondern auch der Inhalt der Übertragung. Natürlich können Sie jetzt auch die Hits von Facebook und anderen Zählpixeln untersuchen und prüfen. Damit Sie aber nicht nur die aufgerufene URL des Hits sehen, müssen Sie bei SSL-Verbindungen die Domains auch noch in die Liste aufnehmen. Ab diesem Zeitpunkt sehen Sie dann genau, was an den jeweiligen Server übertragen wird.

9.4.3 Austausch des Containers

In diesem Abschnitt lernen Sie, wie man mithilfe von Charles Proxy einen komplett neuen Container testen kann, während der eigentlich vorhandene Container noch in der Seite eingebaut ist. Mit dem *Google Tag Injector* können Sie jederzeit einen Container einer Seite hinzufügen.

Wenn aber aus technischen Gründen ein kompletter Containeraustausch ansteht, können Sie *Charles Proxy* benutzen, um den Container vorher zu testen. Gerade in den Fällen, in denen die Arbeit mit den Workspaces oder der Versionierung nicht ausreicht, kann diese Funktion sehr wertvoll sein. Das Vorteilhafte an dieser Methode ist, dass Sie den Container nicht hinzufügen, sondern komplett ersetzen.

Das Einzige, was Sie eigentlich tun müssen, ist die Container-ID beim Aufruf des Containers auszutauschen. Und genau das ist mit Charles Proxy sehr einfach möglich. Sie klicken im Menü Tools auf Map Remote (siehe Abbildung 9.37). Im nächsten Fenster aktivieren Sie Enable Map Remote und klicken auf Add.

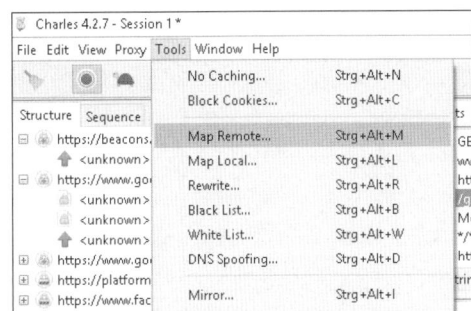

Abbildung 9.37 Das »Tools«-Menü

Im folgenden Formular (siehe Abbildung 9.38) tragen Sie die Daten für die Änderung ein:

- Im Bereich Map Form:
  - Host: www.googletagmanager.com
  - Query: die ID des vorhandenen Containers
- Im Bereich Map To:
  - Query: die ID des neuen Containers

Sobald Sie die Einstellungen gespeichert haben, ist das Umschreiben der URL aktiv. Unter Umständen müssen Sie im Browser noch den Cache löschen, bevor die Änderungen sichtbar werden. Aber ansonsten sieht es auf Ihrem Rechner jetzt so aus, als ob der neue Container schon im Quelltext eingebaut ist. Sie können ihn also in Ruhe debuggen. Sie können die Umleitung jederzeit wieder pausieren. Dafür gehen Sie noch mal in das Menü TOOLS, klicken dort auf MAP REMOTE und entfernen das Häkchen vor Ihrem Eintrag.

Abbildung 9.38 Die Änderung der Container-ID

9.4.4   Debugging von Apps

Gerade im Zusammenhang mit Apps ist die Nutzung von Tools wie Charles Proxy extrem wichtig. Denn das Besondere bei Apps ist, dass Sie keinen Vorschaumodus anschalten können, um zu sehen, was gerade in der App passiert. Es gibt zwar für jede Plattform eigene Tools, die so etwas bieten. Aber am besten ist es, wenn man alle Plattformen mit einem Tool abdecken kann. In diesem Fall ist das *Charles Proxy*. Aber mit Charles Proxy können Sie direkt sehen, welche Tags abgefeuert werden und welche eventuell nicht ankommen. Die Konfiguration ist noch aufwendiger als für den Browser. Da die Anleitung komplexer ist, weise ich Sie hier nur auf eine Anleitung von Stephane Hamel hin. Sie finden die Anleitung für die Konfiguration unter:

https://go.gtm-buch.de/charles-proxy-anleitung

9.5   Weitere nützliche Helferlein

Neben dem Vorschaumodus, den Chrome-Entwicklertools und dem Google Tag Assistant gibt es noch eine Reihe weiterer nützlicher Tools und Chrome-Erweiterungen. Einige Tools bieten dabei Lösungen für ein ganz bestimmtes Problem und wiederum andere bieten ganz viele Lösungen in einer kleinen Suite. In den folgenden Abschnitten stelle ich kurz die Helferlein vor, die Sie beim Debugging nutzen können.

9.5.1   WASP.inspector

Das »WASP« in Namen dieses Tools ist die Kurzform von *Web Analytics Solution Profiler*. Der *WASP.inspector* hat dabei eine ähnliche Funktionalität wie der Google Tag Assistant, nämlich das Anzeigen von Tags, aber er geht in der Anzahl der erkannten Tags und in der Visualisierung viel weiter. Anhand von Abbildung 9.39 können Sie einen ersten Eindruck gewinnen, wie umfangreich die Ausgabe des WASP.inspector ist.

Der WASP.inspector versucht automatisch jedes eingebundene Tag zu erkennen. Für Sie ist es im Zusammenhang mit diesem Buch besonders interessant, dass Sie den Google Tag Manager im Zusammenspiel mit den anderen Tags sehen und auch die Datenschicht genauer analysieren können.

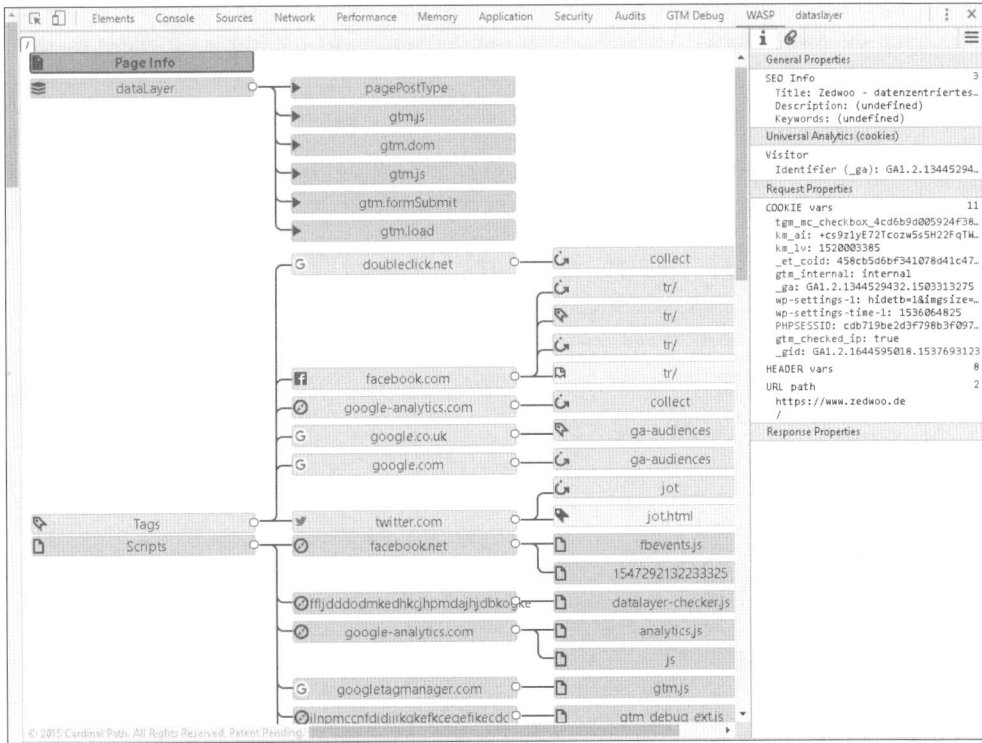

Abbildung 9.39 Die Ausgabe des »WASP.inspector«

Der WASP.inspector ist eine kostenlose Erweiterung für den Chrome-Browser. Sie erhalten die Erweiterung aus dem Google Chrome-Store unter:

https://go.gtm-buch.de/wasp-inspector

Nach der Installation steht Ihnen in den Chrome-Entwicklertools ein neuer Tab WASP zur Verfügung. Hinter diesem verbirgt sich die Oberfläche des WASP.inspector. Für Fragen und mehr Informationen hat der WASP.inspector auch eine eigene Website:

http://www.webanalyticssolutionprofiler.com/

Im Zusammenhang mit dem WASP.inspector werden Sie wahrscheinlich auch auf den *WASP.crawler* stoßen. Dieser Crawler ruft in der kostenlosten Version bis zu 100 Seiten einer Website auf und analysiert die darin vorhandenen Tags. Bitte beachten Sie, wenn Sie diesen Crawler benutzen, dass die Seitenaufrufe des Crawlers in Google Analytics als die Seitenaufrufe eines normalen Nutzers auftauchen.

9.5.2 Eine schönere Ansicht der Datenschicht: Der DataSlayer

Unter Umständen ist es sehr schwierig, die Datenschicht durch eine Ansicht des Quelltextes zu analysieren. Gerade deshalb gibt es eine Unmenge an Chrome-Erweiterungen, deren wichtigste Aufgabe die Visualisierung der Datenschicht ist. Der *DataSlayer* ist schon lange mein treuer Begleiter. Auch wenn andere Browser-Erweiterungen mehr Möglichkeiten und Funktionen bieten, greife ich immer wieder für einen schnellen Blick auf den DataSlayer zurück (siehe Abbildung 9.40).

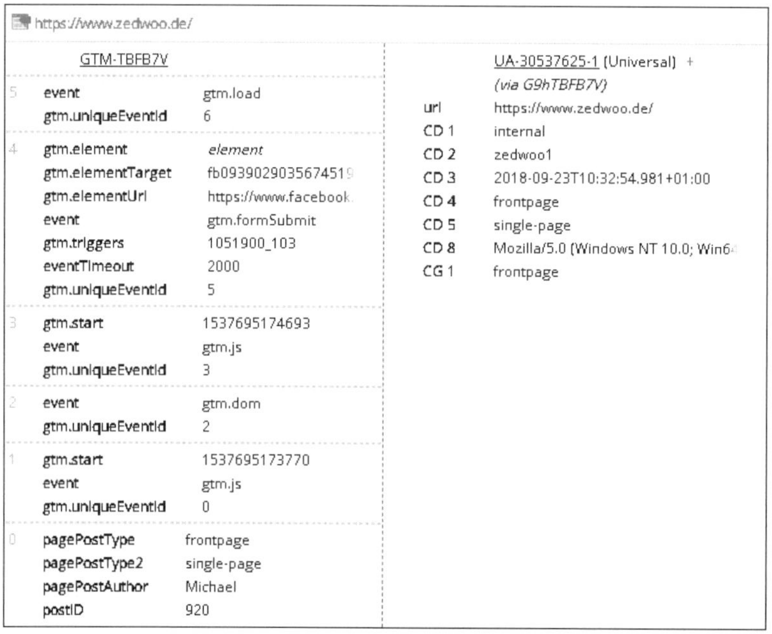

Abbildung 9.40 Die Ausgabe der Chrome-Erweiterung »DataSlayer«

Die Ausgabe des DataSlayers liefert auf einen Blick die unterschiedlichen Ereignisse, die in der Datenschicht zu beobachten sind. Zusätzlich werden die wichtigsten Parameter von Google Analytics gezeigt. Dazu gehören unter anderem auch die übertragenen benutzerdefinierten Dimensionen.

Sie finden den DataSlayer wie alle Chrome-Erweiterungen im Chrome-Web-Store unter:

http://go.gtm-buch.de/dataslayser

Nach der Installation finden Sie das Ausgabefenster der Erweiterung in den Chrome-Entwicklertools.

9.5.3   Der Data Layer Inspector+

Der *Data Layer Inspector+* ist eine weitere Chrome-Erweiterung, die dabei helfen soll, die Implementierung zu verstehen. Ich nutze diese Erweiterung sehr oft, denn während die Seite lädt, kann ich im Ausgabefenster der Entwicklerkonsole sehen, was Tag-mäßig auf der Seite los ist. Ich sehe genau, wann welches Datenschichtereignis auftritt, wann welcher Push weiterer Inhalte erfolgt, und auch, wann Informationen an Google Analytics geschickt werden.

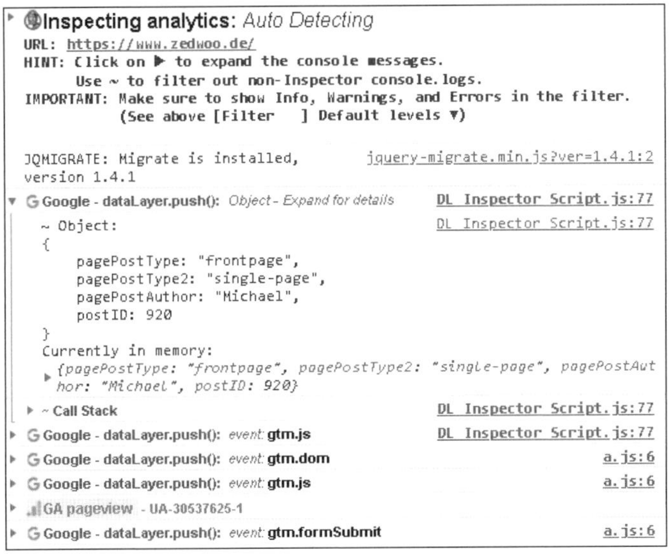

Abbildung 9.41 Die Ausgabe der Erweiterung »Data Layer Inspector+«

Sie finden diese Erweiterung im Chrome-Web-Store unter:

http://go.gtm-buch.de/dl-inspector

Die Ausgabe erfolgt dann direkt in den Chrome-Entwicklertools in der Konsole.

9.6   Viele weitere Erweiterungen

Mit den hier vorgestellten Erweiterungen und Möglichkeiten können Sie Ihre Google Tag Manager-Konfigurationen schon sehr gut debuggen und testen. Natürlich gibt es noch viele weitere Tools, die vielleicht genauso gut oder sogar noch besser sind. Diese kleine Auswahl an Chrome-Erweiterungen soll Ihnen nur die Möglichkeiten zeigen, die Sie haben. Ich bin mir sicher, dass Sie bei der täglichen Arbeit mit dem Google Tag Manager noch weitere Tools finden werden. Vielleicht finden Sie auch ein Tool, das alle diese Funktionen beinhaltet.

Sollten Ihnen die hier vorgestellten Tools nicht ausreichen oder nicht gefallen, können Sie auch meine Liste an Chrome-Erweiterungen studieren, die ich regelmäßig aktualisiere. Sie finden diese Liste unter:

https://www.zedwoo.de/die-besten-tools-fuers-debugging/

In diesem Kapitel haben Sie in erster Linie Chrome-Erweiterungen kennengelernt, die beim Debugging helfen. Es gibt außerdem noch Tools, die Ihnen bei der Verwaltung und beim Anlegen neuer Tags helfen. Diese Tools finden Sie in Kapitel 12, »Der Google Tag Manager mit AMP und Apps«.

Kapitel 10
Veröffentlichen: Versionen und Workspaces

Es gibt viele Möglichkeiten, die Arbeit mit dem Google Tag Manager schneller, besser und strukturierter zu machen. In diesem Kapitel lernen Sie ein paar Möglichkeiten kennen, wie Sie Struktur in Ihre Arbeit bringen.

In den bisherigen Kapiteln haben Sie gelernt, wie man den Google Tag Manager benutzt. Der Fokus lag auf dem Einbau und dem Prüfen der Tags. In diesem Kapitel geht es darum, wie Sie mit dem Google Tag Manager effizienter arbeiten können. Bisher war der Prozess sehr einfach:

1. Sie haben die Tags, Variablen und Trigger angelegt.
2. Sie haben mit der Vorschau geprüft, ob alles korrekt ist.
3. Sie haben gegebenenfalls nachgebessert.
4. Sie haben die neue Version veröffentlicht.

Eigentlich ist das ein sehr einfacher Prozess, aber es gibt Situationen, in denen er nicht ganz so einfach zu handhaben ist, zum Beispiel, wenn der Test erst mal auf einem Testsystem ausgeführt werden soll – und dabei auch noch von Personen, die nichts mit dem Google Tag Manager zu tun haben. Das heißt, diese Personen können sich nicht einfach einloggen und die Vorschau aktivieren. Denn oftmals haben sie keinen Zugang zum Google Tag Manager und wollen ihn auch gar nicht haben.

In einigen Setups ist es üblich, dass die Freigabe von neuen Implementierungen einen längeren Prozess durchläuft. Manchmal ist dieser Prozess sogar dreistufig. Da gibt es dann die Test-, die Staging- und die Live-Instanz. Aber auch für solche Setups bietet der Google Tag Manager eine Lösung.

Der einfache Workflow mit direktem Veröffentlichen funktioniert auch dann nicht, wenn Sie im Team am System arbeiten. Unter Umständen kann es passieren, dass der Kollege, der auch am gleichen Container arbeitet, Ihre halbfertigen Tags veröffentlicht und damit im schlimmsten Falle die Website funktionsunfähig macht.

Das bedeutet: Gerade wenn das Setup des Google Tag Managers in komplexeren Umgebungen genutzt wird, reicht dieser einfache Workflow nicht mehr wirklich aus. Dann müssen Sie weitere Funktionen nutzen.

10.1   Die volle Power der Versionierung

Bisher haben Sie die Versionierung dann benutzt, wenn Sie alle Änderungen vorgenommen hatten und die Tags, Trigger und Variablen ins Livesystem spielen wollten. Das heißt, Sie haben die Versionierung als Dokumentation der Änderungen genommen. Programmierer würden in diesem Fall von einem *Changelog* sprechen. Sie können im Google Tag Manager sehen, wer etwas veröffentlicht hat und was veröffentlicht wurde (siehe Abbildung 10.1).

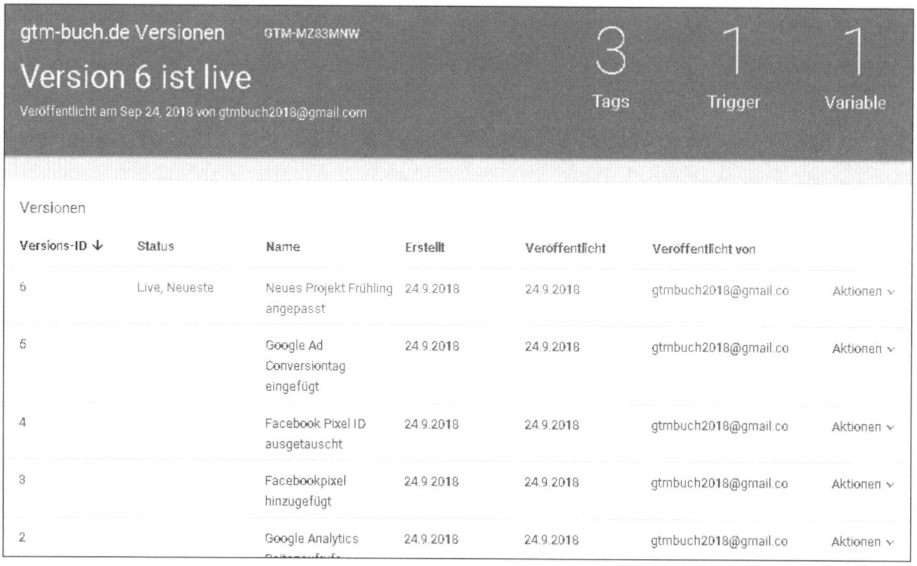

Abbildung 10.1 Die Versionsübersicht

Diese Ansicht der Versionen erreichen Sie über die obere Navigation in der Google Tag Manager-Oberfläche Ihres Containers. Im oberen Bereich dieser Ansicht sehen Sie, welche Version aktuell live ist, wann sie veröffentlicht wurde und auch von wem. Sie sehen auch den Namen des Containers und die Container-ID. Zusätzlich erhalten Sie noch die Anzahl der Tags, Trigger und Variablen. So haben Sie einen schnellen Überblick über die Informationen und Kennzahlen dieses Containers.

In der Tabelle auf dieser Seite erhalten Sie die Versionshistorie. Jede Veröffentlichung des Containers bekommt eine eigene Versions-ID. Diese ID ist aufsteigend und wird automatisch bei jeder Veröffentlichung vergeben. In der Spalte STATUS können Sie sehen, welche Version gerade live ist.

10.1.1 Zwischenversion speichern

Es ist nicht zwingend so, dass die Version mit der höchsten Nummer live ist, denn Sie können jederzeit, wenn Sie in der Arbeitsansicht sind, Ihre bis dahin vorgenommenen Einstellungen als neue Version speichern. Dafür klicken Sie im Arbeitsbereich wie beim Veröffentlichen auf SENDEN. Im nächsten Fenster ändern Sie aber die Einstellungen (siehe Abbildung 10.2). Dort wählen Sie im oberen Bereich den Kasten VERSION ERSTELLEN aus. Genau wie beim Veröffentlichen füllen Sie die Felder für den Namen und gegebenenfalls die Beschreibung aus. Dadurch, dass Sie auswählen, dass Sie eine neue Version erstellen, ändert sich auch rechts oben der Button von VERÖFFENTLICHEN auf ERSTELLEN.

Sobald Sie diesen Button anklicken, wird die neue Version erstellt und erscheint in der Versionsliste. Aber diese Version ist nicht automatisch live. Denn Sie haben nur eine neue Version erstellt, aber haben die Veröffentlichung noch nicht angestoßen.

Gerade dann, wenn Sie viele Änderungen vornehmen, ist die Zwischenspeicherung in Versionen sinnvoll. So können Sie die Änderungen in kleinen Schritten nachvollziehen.

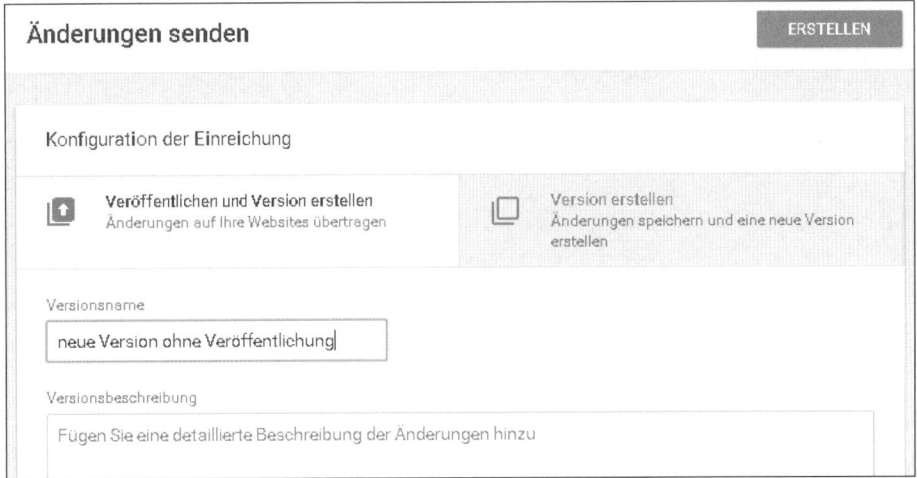

Abbildung 10.2 Erstellen einer neuen Version

Wenn Sie später die aktuellste Version online stellen, sind natürlich gleichzeitig auch alle Zwischenversionen mitveröffentlicht. Wenn Sie schon mal Computerspiele gespielt haben, dann kennen Sie bestimmt noch das Sichern eines Spielstandes, um von da aus weiterzuspielen, wenn Sie das Spiel zwischenzeitlich beenden mussten. Genau das ist mit dem Zwischenspeichern von Versionen möglich. Durch dieses Zwischenspeichern erhalten Sie also einen besseren Überblick über die Veränderungen. Besonders dann, wenn Sie im Team arbeiten, können Ihre Teammitglieder besser nachvollziehen, welche Änderungen Sie vorgenommen haben.

10.1.2   Vorschau auf bestimmte Versionen

Manchmal ist es nötig, dass Sie bestimmten Personen Zugriff auf die Vorschau geben. Das kann zum Beispiel sinnvoll sein, wenn Sie Affiliate-Tags für ein Affiliate-Netzwerk implementieren und das Netzwerk vor dem Live-Stellen die Implementierung testen will.

Genau das ist mit der Versionierung möglich. Sie können eine neue Version veröffentlichen und Ihrem Ansprechpartner einen Link generieren, der eine Vorschau der Tags aktiviert. Dadurch kann das Netzwerk die Implementierung testen, ohne dass die Tags live gehen müssen. Ohne den Google Tag Manager war es bei vielen Websites normal, dass die implementierten Tags erst getestet wurden, wenn sie live waren.

Durch den Google Tag Manager ist es jetzt so einfach geworden, eine bestimmte Version zu veröffentlichen. Dafür rufen Sie die Versionsliste auf, indem Sie oben in der Navigation auf VERSIONEN klicken. In der Versionsliste aus Abbildung 10.3 sehen Sie jetzt, dass die letzte, vorhin erstellte Version nicht live ist. Wenn Sie am Ende der Zeile auf AKTIONEN klicken, erscheint ein Kontextmenü, in dem Sie auf VORSCHAU klicken können und dann eine Vorschau für diese Version erhalten.

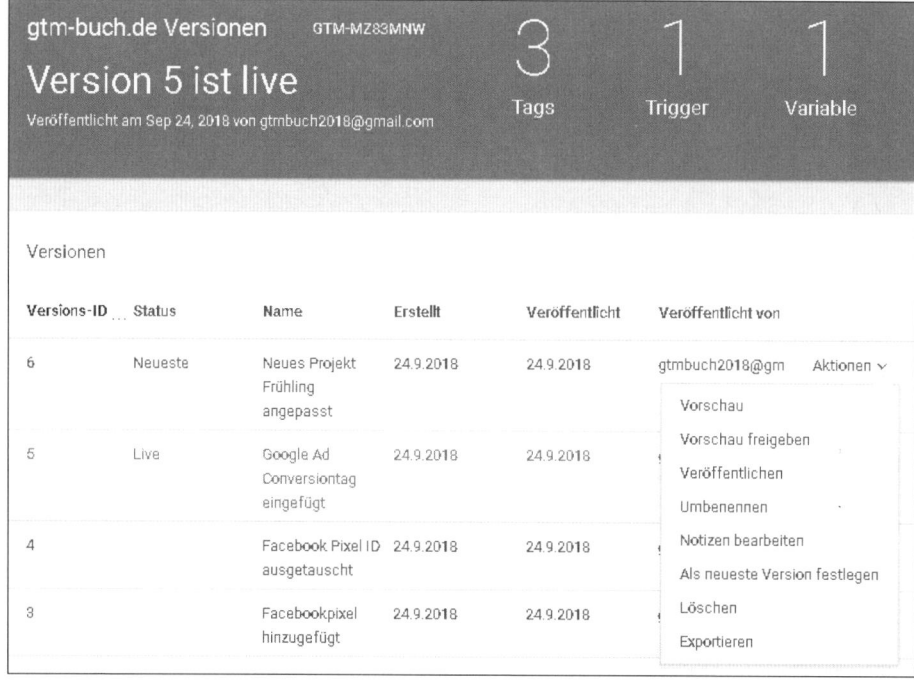

Abbildung 10.3 Die neue Version ist erstellt, aber nicht live.

Zum Freigeben der Vorschau klicken Sie jetzt auf VORSCHAU FREIGEBEN und generieren den entsprechenden Link. Das Formular zum Erstellen des Links (siehe Abbildung 10.4) sieht fast genauso aus wie das Formular, das Sie in den vorhergehenden Kapiteln genutzt haben. Aber es macht einen ganz großen Unterschied: Wenn dieser Link genutzt wird, sieht der Nutzer nicht den aktuellen Status mit allen Änderungen, die Sie in der Zwischenzeit vorgenommen haben. Sondern der Nutzer sieht exakt die Version, die Sie zur Vorschau freigegeben haben.

Abbildung 10.4 Vorschau für eine bestimmte Version freigeben

Es ist ein gewaltiger Unterschied, ob Sie die Vorschau für die *neueste* Version freigeben oder ob Sie die Vorschau für eine *ganz bestimmte* Version freigeben! Denn das Verhalten der neuesten Version, also derjenigen, in der Sie noch arbeiten, kann sich mit jeder Änderung verändern. Der Inhalt der neuesten Version ist nicht fixiert.

Das bedeutet: Indem Sie eine fixierte Version freigeben, wird sich der Inhalt nicht mehr ändern. Sobald genau diese Version getestet und für gut befunden wurde, können Sie genau diese Version live stellen. Währenddessen konnten Sie schon an der neuesten Version weiterarbeiten.

10.1.3 Eine bestimmte Version veröffentlichen

Ein weiterer Vorteil bei der Arbeit mit den Versionen ist, dass Sie jede beliebige Version veröffentlichen können – natürlich gerade ältere Versionen. Es gibt mehrere Gründe, diese Funktion zu benutzen. Ein wichtiger Grund ist, dass man jederzeit ein

Backup der letzten Implementierung hat. Sollte die Veröffentlichung im Live-Betrieb plötzlich doch noch Fehler aufweisen, kann diese Funktion alles retten.

Denn dadurch, dass Sie jede Version wieder veröffentlichen können, können Sie auch ganz einfach zur letzten funktionierenden Version zurückspringen. Dafür suchen Sie die passende Version aus, also diejenige, die zuletzt funktioniert hat, und klicken hinten wieder auf AKTIONEN. Dieses Mal wählen Sie den Menüpunkt VERÖFFENTLICHEN aus dem Kontextmenü aus. Nach dem Klick öffnet sich das Fenster aus Abbildung 10.5 und Sie haben mehrere Möglichkeiten.

Abbildung 10.5 Bestimmte Version veröffentlichen

Sie haben die Wahl zwischen dem Veröffentlichen der Version oder der Vorschau. Natürlich können Sie das Fenster auch wieder schließen. Das geht mit dem x in der rechten oberen Ecke oder der Schaltfläche ABBRECHEN.

Wenn Sie auf VORSCHAU klicken, aktivieren Sie den Vorschaumodus für diese Version. Mit dem Klicken auf JETZT VERÖFFENTLICHEN veröffentlichen Sie direkt diese Version. Sie müssen keinen Namen und keine Beschreibung für diese Version eingeben, denn das haben Sie ja schon bei der Erstellung bzw. Veröffentlichung der Version getan. Diese Version ist also sofort live.

Hinweis

Durch diese Veröffentlichung wird keine neue Version erstellt, sondern nur diese Version veröffentlicht. Das sehen Sie auch daran, dass in der Versionsliste der Status LIVE nach unten zur entsprechenden Version gerutscht ist (siehe Abbildung 10.6).

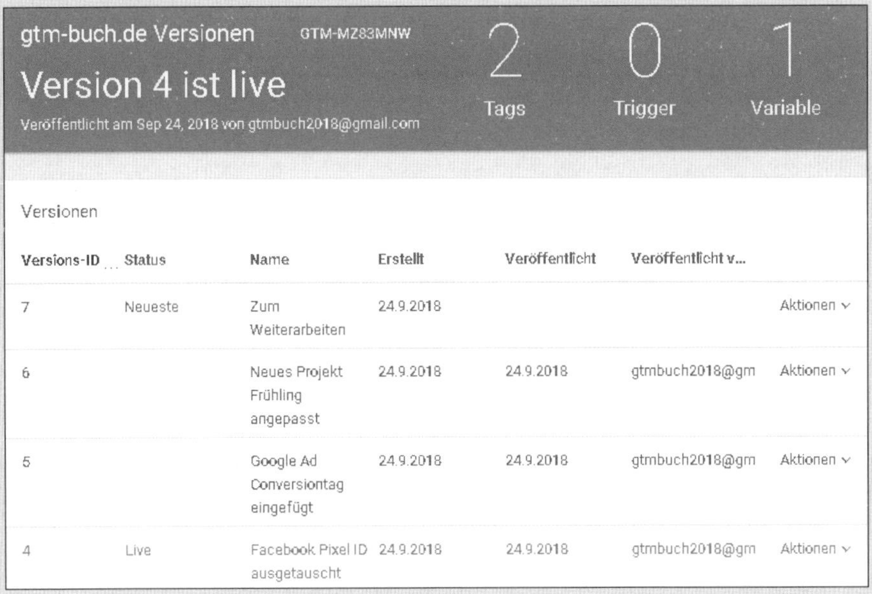

Abbildung 10.6 Eine alte Version ist live gegangen.

Sollten Sie eine ältere Version live gestellt haben, weil es Probleme mit der neuen Version gab, können Sie jetzt in Ruhe an der Implementierung arbeiten und Änderungen vornehmen, damit es im nächsten Anlauf vernünftig funktioniert.

10.1.4 Eine alte Version als Basis für eine neue verwenden

Es kann durchaus vorkommen, dass Sie alles im Container unbrauchbar gemacht haben, weil Sie etwas ausprobieren wollten und das gründlich schiefging. Vielleicht hat auch ein Kollege viele unsinnige Änderungen vorgenommen und es ist jetzt an Ihnen, den Container wieder aufzuräumen.

Alle Änderungen von Hand zurückzunehmen, kann unter Umständen sehr aufwendig sein. Aber es gibt eine Möglichkeit, wie das Zurücksetzen auf einen alten Stand viel schneller geht. Dafür suchen Sie nach der letzten funktionsfähigen Version und klicken auf AKTIONEN in der Zeile der Version. Wenn Sie sich nicht ganz sicher sind, ob das wirklich die richtige Version ist, können Sie diese Version in der Vorschau ansehen. Dafür wählen Sie den Menüpunkt VORSCHAU aus.

Wenn Sie sich jetzt sicher sind, dass es diejenige Version ist, die Sie als Basis für einen neuen Start verwenden wollen, können Sie diese Version als NEUESTE VERSION FESTLEGEN. Dafür klicken Sie einfach genau auf diesen Menüpunkt im Kontextmenü. Sobald Sie geklickt haben, gibt es noch ein Fenster mit Warnungen bzw. Hinweisen zur Festlegung (siehe Abbildung 10.7).

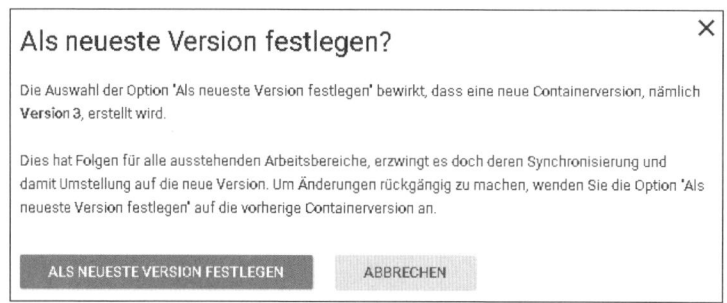

Abbildung 10.7 Eine neue Version festlegen

Der Text ist ein wenig verwirrend, denn in ihm steht (siehe Abbildung 10.7), dass in diesem Fall eine »Version 3« erstellt wird. Das ist nicht korrekt: Es wird eine neue Version mit einer neuen Versionsnummer erstellt. Die Versionsnummer ist um einen Zähler höher als die aktuell höchste Version. Aber der Inhalt der Version ist in diesem Fall der Inhalt der Version 3.

Wie immer in der Versionierung können Sie im Falle eines Falles auch diese Aktion rückgängig machen, indem Sie eine andere Version als neueste Version festlegen. In der Versionshistorie wird die neue Version mit dem Namen RESTORED_ geführt, gefolgt von der Versionsnummer, von der der Inhalt übernommen wurde (siehe Abbildung 10.8).

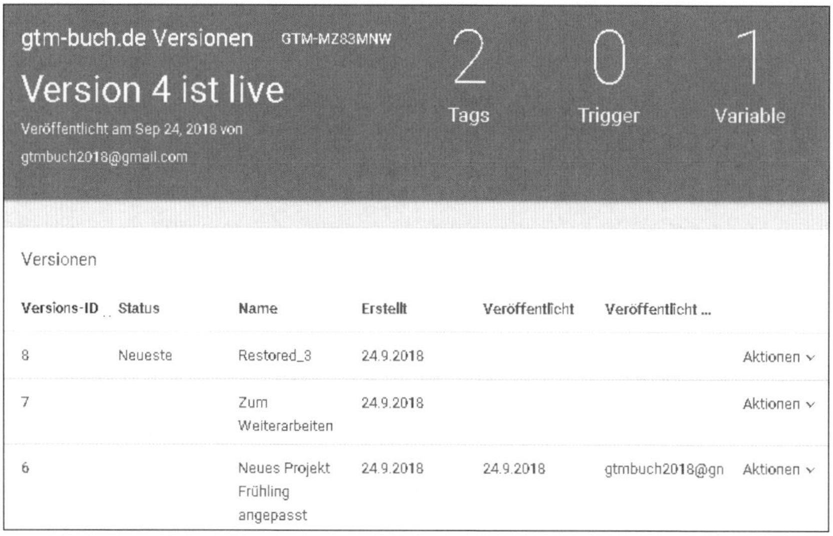

gtm-buch.de Versionen	GTM-MZ83MNW
Version 4 ist live	
Veröffentlicht am Sep 24, 2018 von	
gtmbuch2018@gmail.com	

	2	0	1
	Tags	Trigger	Variable

Versionen

Versions-ID	Status	Name	Erstellt	Veröffentlicht	Veröffentlicht ...	
8	Neueste	Restored_3	24.9.2018			Aktionen ⌄
7		Zum Weiterarbeiten	24.9.2018			Aktionen ⌄
6		Neues Projekt Frühling angepasst	24.9.2018	24.9.2018	gtmbuch2018@gn	Aktionen ⌄

Abbildung 10.8 Eine alte Version wurde als neue Version festgelegt.

Diese neu erstellte Version ist natürlich noch nicht live bzw. veröffentlicht. Sie können jetzt Ergänzungen vornehmen oder auch auf AKTIONEN klicken und diese Version jetzt veröffentlichen.

10.1.5   Welche Änderungen wurden vorgenommen? Änderungen sichtbar machen

Die Versionierung bietet Ihnen die Möglichkeit, anhand von Versionsnamen und Versionsbeschreibungen genau zu dokumentieren, welche Änderungen Sie vorgenommen haben. Manchmal kommt es nämlich auf das Detail an. In solchen Momenten ist es von Vorteil, dass Sie genau nachschauen können, welche Änderungen zwischen zwei Versionen vorgenommen wurden.

Dafür klicken Sie auf den Namen einer Version in der Versionshistorie. Damit öffnen Sie die genaue Beschreibung der Version (siehe Abbildung 10.9). In der VERSIONS-ZUSAMMENFASSUNG sehen Sie nicht nur die Fakten wie die Anzahl der Tags, Trigger und Variablen, sondern auch alle enthaltenen Tags, Trigger und Variablen. Zusätzlich können Sie auch genau sehen, an welchen Elementen Änderungen vorgenommen wurden.

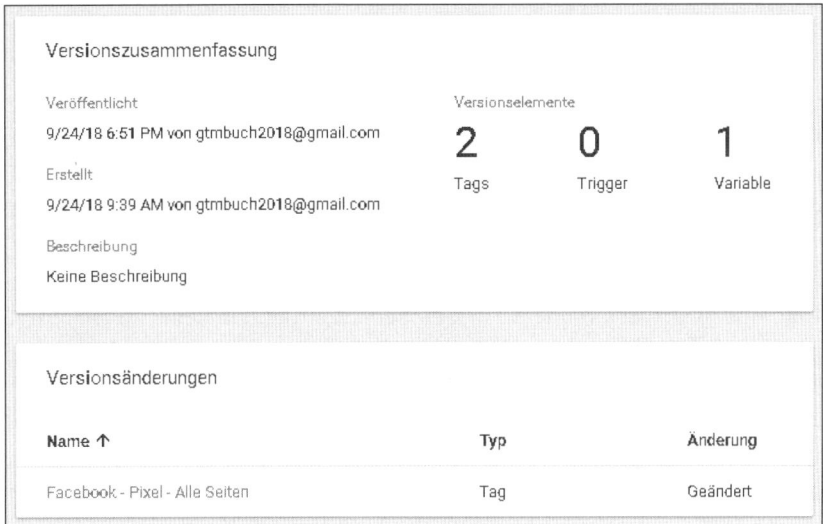

Abbildung 10.9 Die Versionszusammenfassung

In diesen Versionsänderungen finden Sie eine Auflistung aller Elemente, deren Inhalt geändert wurde. Dabei ist es irrelevant, wie groß die Änderung war. Um in dieser Liste zu erscheinen, reicht es auch schon aus, wenn ein einzelnes Zeichen geändert wurde. In Abbildung 10.9 sehen Sie, dass das Tag FACEBOOK – PIXEL – ALLE SEITEN geändert wurde.

Mit einem Klick auf den Namen des Elements öffnet sich eine weitere Seite und Sie können die Unterschiede in der Gegenüberstellung sehen. Das geht nicht nur für eingebaute Tags, sondern auch für benutzerdefiniertes HTML und dem Variablentyp benutzerdefiniertes JavaScript (siehe Abbildung 10.10).

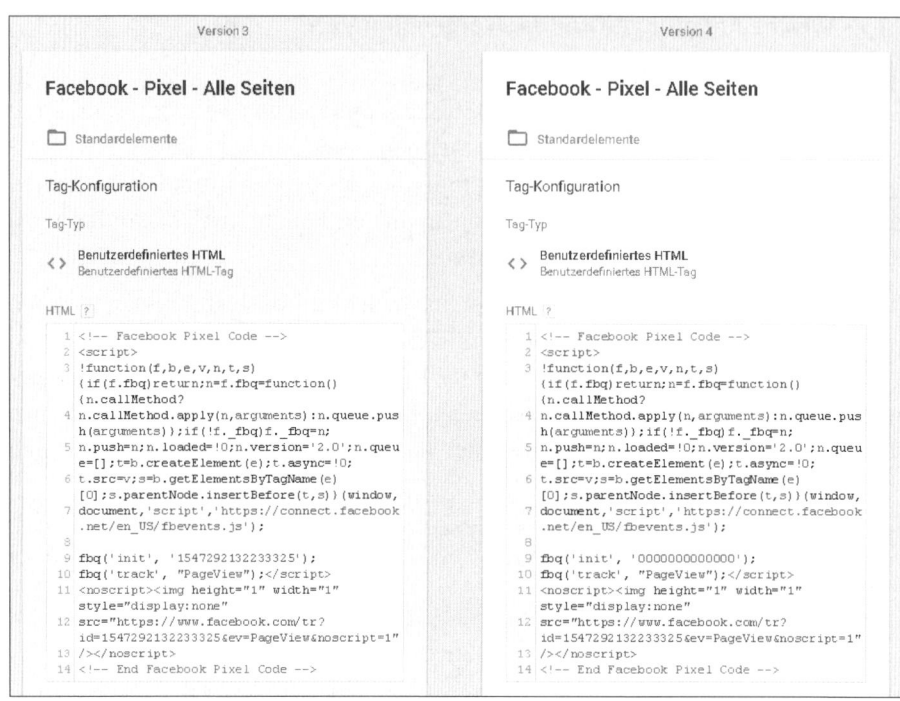

Abbildung 10.10 Die Gegenüberstellung zweier Versionen von benutzerdefiniertem HTML

Während beim benutzerdefinierten HTML nur die beiden Quelltext-Versionen angezeigt werden, sind die Unterschiede bei den eingebauten Tags einfacher zu erkennen.
Dort werden geänderte, gelöschte oder hinzugefügte Teile farbig und mit einem Pfeil
markiert (siehe Abbildung 10.11).

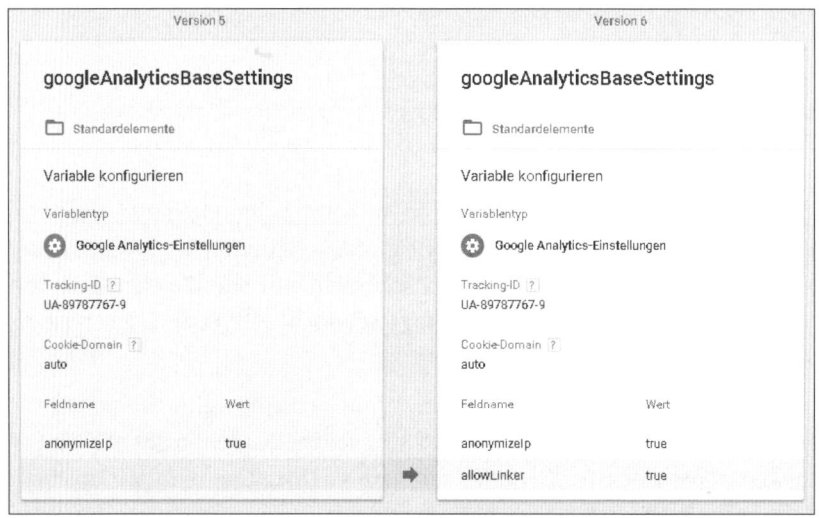

Abbildung 10.11 Versionsunterschied bei Google Analytics-Einstellungen

10.1.6 Weitere Funktionen für Versionen

Es gibt bei der Arbeit mit Versionen noch weitere Funktionen, die gegebenenfalls für Sie sinnvoll sein können. Dazu gehört das Löschen von ganzen Versionen. Dabei wird die Version nicht direkt vernichtet, sondern noch 30 Tage lang im virtuellen Papierkorb aufbewahrt. In diesem Zusammenhang ist es wichtig zu wissen, dass Sie eine Version, die gerade live ist, nicht löschen können.

Sie können gelöschte Versionen innerhalb dieser 30 Tage Aufbewahrungsdauer wiederherstellen. Sobald Sie eine Version gelöscht haben, erscheint in der Versionshistorie eine neue Checkbox namens GELÖSCHTE CONTAINERVERSIONEN ANZEIGEN (siehe Abbildung 10.12). Wenn Sie diese aktivieren, sehen Sie auch die gelöschten Versionen und können bei der jeweiligen Version auf AKTIONEN klicken und dann auf WIEDERHERSTELLEN. Die Version ist dann sofort wieder verfügbar.

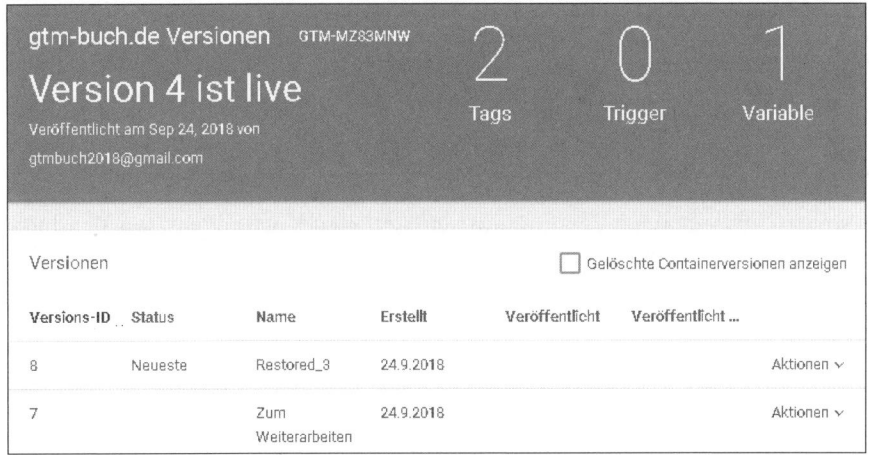

Abbildung 10.12 Gelöschte Containerversion wiederherstellen

Des Weiteren können Sie den Namen und die Notizen einer Version bearbeiten. Und Sie können auch eine gesamte Version exportieren und in einen neuen Container importieren. Die Möglichkeiten, die Versionierung zu nutzen, sind vielfältig.

10.2 Komplexere Setups gut handhabbar machen

Die bisher vorgestellten Methoden, um mit Versionen zu arbeiten, sind gut für kleine, überschaubare Prozesse geeignet. Aber in dem Moment, in dem die Prozesse umfangreicher werden, reicht die Freigabe einzelner Versionen nicht mehr aus. Denn auf diese Weise können immer nur Versionen kontrolliert und veröffentlicht werden. Sobald jedoch die Arbeit mit den Versionen nicht mehr ausreicht, muss eine weitere Ebene der Einteilung und der Veröffentlichung geschaffen werden.

Aber bevor ich dazu komme, was das bedeutet, ist es mir wichtig, zunächst noch die Funktionalität der *Versionierung* klar darzustellen. Anschließend werde ich das Konzept dann von der Arbeit mit den *Umgebungen* abgrenzen.

Die Arbeit mit Versionen läuft in der Regel linear ab (siehe Abbildung 10.13). Die vorletzte Version ist veröffentlicht und die allerletzte Version ist die Version, in der die neuen Tags, Trigger und Variablen eingebaut und getestet werden. Damit ist alles recht einfach und übersichtlich. Die Entwicklung läuft komplett linear. Natürlich kann es Ausnahmen geben, sie treten aber selten auf.

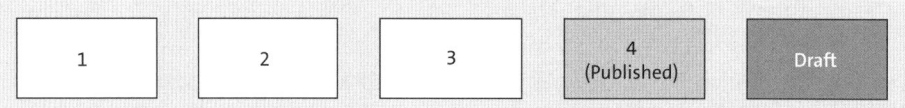

Abbildung 10.13 Normaler Ablauf der Versionen

Es kann durchaus vorkommen, dass eine vorvorletzte Version live ist, während die vorletzte Version getestet wird und an der aktuellen Version schon für die Zukunft gearbeitet wird. Das Problem dieser Arbeitsweise ist, dass eine Freigabe der Vorschau entweder immer den aktuellen Entwurf zeigt oder eine bestimmte Version.

Das bedeutet: Für jede neue Version muss ein neuer Link erstellt werden, der dann die jeweils gültige Version anzeigt. Das kann unter Umständen gerade in solchen Szenarien sehr umständlich sein, in denen ausgiebig durch eigene Teams getestet wird.

In solchen Szenarien gibt es oft einen sogenannten *Staging-Server*, auf dem die ungetesteten Funktionalitäten getestet werden können (siehe Abbildung 10.14). Dieser Staging-Server ist ein Abbild der Live-Website mit der Ausnahme, dass dort die ungetesteten Features laufen. Dort können Sie also die Implementierung auf Herz und Nieren testen, bevor alles auf dem Live-Server veröffentlicht wird.

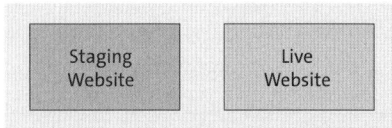

Abbildung 10.14 Staging- und Live-Website

Ich habe schon oft Projekte gesehen, in denen für die Trennung von Staging- und Live-Server jeweils eigene Google Tag Manager-Container genutzt wurden. In meinen Augen ist das weder sinnvoll noch sorgt es für Sicherheit bei der Implementierung. Denn beim Transfer der Tags, Trigger und Variablen in das Live-System können wieder unbeabsichtigt Fehler eingebaut werden. Und in der Regel werden dann zwei

Container benutzt, wenn die Verantwortlichen sich nicht gut genug mit dem Google Tag Manager auskennen.

Denn genau für das Szenario von Staging- und Live-Server bietet der Google Tag Manager die passende Lösung, damit Sie das Veröffentlichen von Versionen auf dem Staging- und dem Live-Server steuern können.

Mit dem Prinzip der *Umgebungen* können Sie mehrere unterschiedliche Versionen auf unterschiedliche Server bzw. Websites ausspielen (siehe Abbildung 10.15).

Abbildung 10.15 Unterschiedliche Versionen auf dem Live- und dem Staging-Server

Während auf dem Live-Server noch Version 3 läuft, läuft in diesem Beispiel die Version 4 schon auf dem Staging-Server. Davon unbeeindruckt, läuft die Entwurfsversion einfach normal weiter. Und das Besondere ist: Für diese Umgebungen müssen keine extra Links für jede neue Version verschickt werden, sondern die Staging-Umgebung wird einmal eingerichtet, und ab diesem Zeitpunkt können Sie sich aussuchen, ob Sie auf dem Live- oder auf dem Staging-Server veröffentlichen.

In den bisherigen Kapiteln haben Sie neue Versionen immer direkt in der Live-Umgebung veröffentlicht. In diesem Abschnitt lernen Sie, wie Sie die aktuelle Entwicklungsversion erst einmal auf dem Staging-Server veröffentlichen und anschließend in die Live-Umgebung überführen.

10.2.1   Das Anlegen der Umgebungen

Bevor Sie etwas auf dem Staging-Server veröffentlichen können, müssen Sie diesen erst mal anlegen. Für den Live-Server müssen Sie übrigens nichts extra tun – er ist schon automatisch mit dem Standard-Google-Tag-Manager-Code zugewiesen.

Um die Umgebung für den Staging-Server anzulegen, klicken Sie im Google Tag Manager auf VERWALTUNG. Im Verwaltungsbereich finden Sie auf der rechten Seite ganz unten den Punkt UMGEBUNGEN (siehe Abbildung 10.16).

Nachdem Sie auf den Menüpunkt UMGEBUNGEN geklickt haben, landen Sie auf der Übersicht der vorhandenen Umgebungen (siehe Abbildung 10.17). Standardmäßig sehen Sie dort die Live-Umgebung, in der Sie jeweils veröffentlichen, und die Latest-Umgebung, die jeweils den neuesten und auch unveröffentlichten Code enthält. Zu diesen beiden Umgebungen fügen Sie jetzt die Staging-Umgebung hinzu.

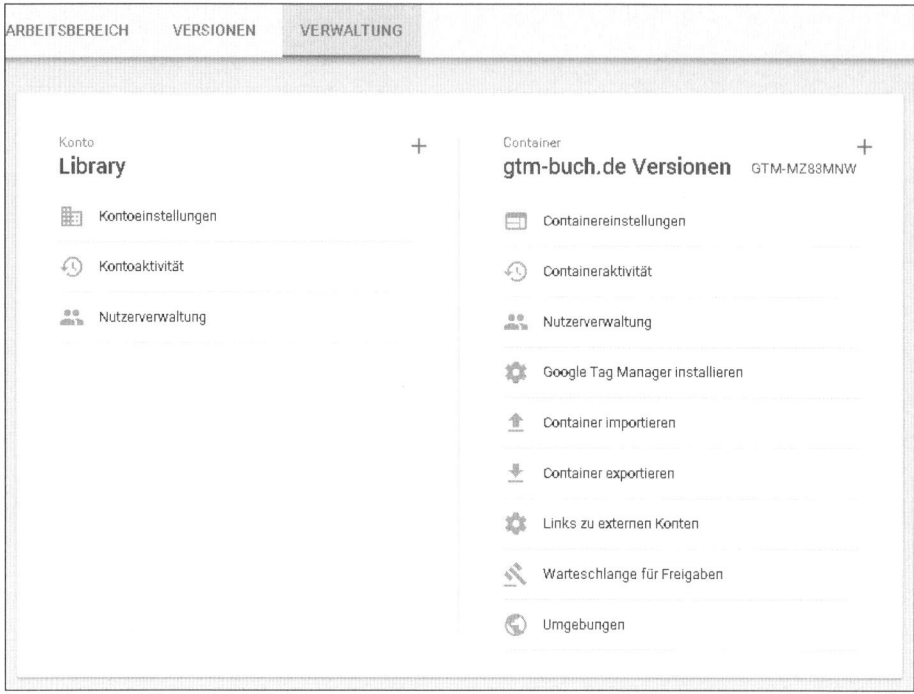

Abbildung 10.16 Der Verwaltungsbereich

Umgebungen

NEU

Standardumgebungen

Umgebungsname ↑	Versionsname	Versions-ID	Aktionen
Live (Live)	Facebook Pixel ID ausgetauscht	4	Aktionen ⌄
Latest (Neueste)	Restored_3	8	Aktionen ⌄

Abbildung 10.17 Die Übersicht der Umgebungen

Dafür klicken Sie auf NEU. Auf der Seite, die sich nun öffnet, können Sie die entsprechenden Einstellungen für die neue Umgebung vornehmen (siehe Abbildung 10.18). Es reicht, wenn Sie dieser Umgebung einen Namen geben. Zusätzlich könnten Sie das DEBUGGING STANDARDMÄSSIG AKTIVIEREN. Aber da sich die Staging-Umgebung wie die Live-Umgebung verhalten soll, empfehle ich, diesen Punkt deaktiviert zu lassen. Zusätzlich können Sie auch noch die URL zum Staging-Server hinterlegen, aber das benötigen wir in diesem Fall nicht. Zum Abschluss klicken Sie auf die Schaltfläche UMGEBUNG ERSTELLEN.

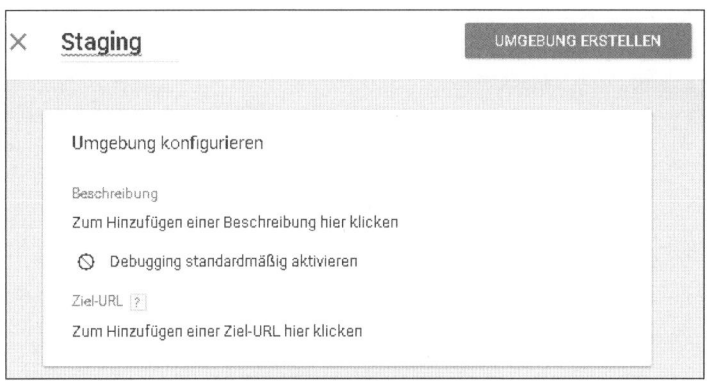

Abbildung 10.18 Das Formular für die Einstellungen der neuen Umgebung

Nun folgt ein Fenster, das Ihnen erklärt, dass es zwei Wege für die Verwendung dieser Umgebung gibt. Der eine führt über einen Link zur Website mit der Umgebung. Das ist der eher unpraktische Weg.

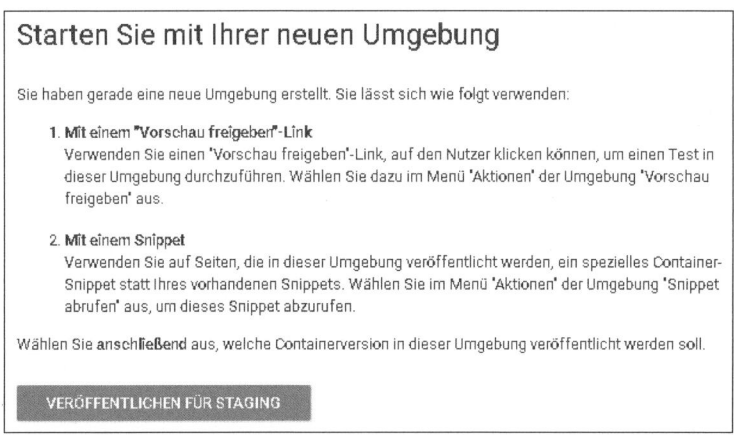

Abbildung 10.19 Die Möglichkeiten für die neue Umgebung

Der zweite Weg führt über die Einbindung eines *Snippets*. Das ist der Weg, der für einen Staging-Server sinnvoll ist. Nachdem Sie diese Information gelesen und bestätigt haben (siehe Abbildung 10.19), können Sie noch die erste Version auswählen, die direkt im Anschluss auf dem Staging-Server installiert wird. Für den Start können Sie einfach die vorausgewählte Version mit JETZT VERÖFFENTLICHEN bestätigen.

Damit die Staging-Umgebung funktioniert, muss ein Snippet im Quelltext der HTML-Seiten installiert werden. Dafür klicken Sie in der Umgebungsübersicht auf AKTIONEN (siehe Abbildung 10.20) und wählen SNIPPET ABRUFEN aus.

Danach wird Ihnen ein Google Tag Manager-Container-Snippet angezeigt. Dieses Snippet ersetzt auf dem Staging-Server das normale Google Tag Manager-Snippet. Das bedeutet, dass sich die beiden Systeme im Aufruf des Google Tag Manager-Codes unterscheiden. Das reicht aus, damit der Google Tag Manager weiß, auf welchem System er die Staging-Einstellungen laufen lassen soll.

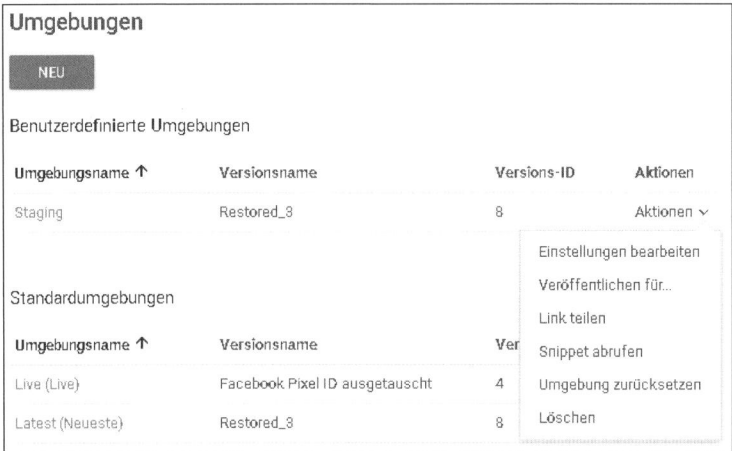

Abbildung 10.20 Die neue Umgebung: Staging

10.2.2 Das Veröffentlichen in der Staging-Umgebung

Wie bei jedem anderen Veröffentlichen der neuen Version klicken Sie im Google Tag Manager auf SENDEN. Das folgende Formular kennen Sie schon (siehe Abbildung 10.21). Dort ist Platz für den Versionsnamen und die Versionsbeschreibung. Aber unterhalb der Versionsbeschreibung findet sich ein Feld, dem Sie bisher wahrscheinlich kaum Beachtung geschenkt haben. Es trägt die Überschrift IN UMGEBUNG VERÖFFENTLICHEN.

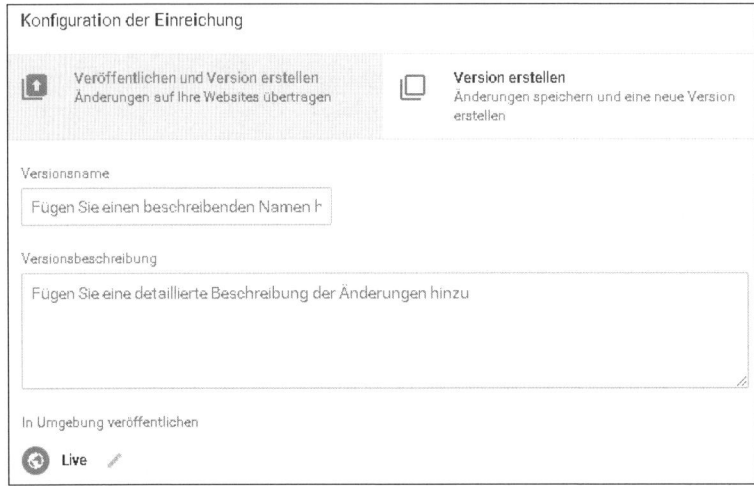

Abbildung 10.21 Veröffentlichen der Version

Standardmäßig veröffentlichen Sie automatisch in der Live-Umgebung. Da Sie aber dieses Mal nicht in der Live-Umgebung veröffentlichen wollen, sondern auf dem Staging-Server, klicken Sie auf den Bereich von der Weltkugel bis zu dem kleinen Bleistift bei dem Wort LIVE.

Nun öffnet sich eine Auswahlliste, in der Sie aus den unterschiedlichen Umgebungen auswählen können (siehe Abbildung 10.22). In dieser Liste befinden sich in unserem Beispiel die Live-Umgebung, die in allen Containern vorhanden ist, sowie die Staging-Umgebung, die ich im letzten Abschnitt angelegt habe. Mit einem Klick auf STAGING wählen Sie diese Umgebung für die Veröffentlichung aus.

10

	Umgebung auswählen	
Name	Beschreibung	
Live	This environment points to the currently published version.	
Staging		

Abbildung 10.22 Umgebung auswählen

Anschließend klicken Sie dann im Formular für das Senden von Änderungen auf VERÖFFENTLICHEN. Ihre Version ist damit auf dem Staging-Server veröffentlicht. Der Staging-Server kann jetzt ausgiebig zum Testen der Version genutzt werden.

Sie finden den Hinweis auf die Veröffentlichung auf dem Staging-Server auch direkt in der Versionshistorie (siehe Abbildung 10.23), die Sie erreichen, indem Sie in der oberen Navigation auf VERSIONEN klicken.

Versionen					☐ Gelöschte Containerversionen anzeigen	
Versions-ID	Umgebungen	Name	Erstellt	Veröffentlicht	Veröffentlicht von	
9	Neueste, Staging	Google Analytics Event hinzugefügt	25.9.2018			Aktionen ∨
8		Restored_3	24.9.2018			Aktionen ∨
7		Zum Weiterarbeiten	24.9.2018			Aktionen ∨
6		Neues Projekt Frühling angepasst	24.9.2018	24.9.2018	gtmbuch2018@gm	Aktionen ∨

Abbildung 10.23 Die Versionshistorie mit der Veröffentlichung auf der Staging-Umgebung

Das Veröffentlichen in anderen Umgebungen als der Live-Umgebung gilt nicht als Veröffentlichung im Sinne der Versionen. Erst wenn die Version in der Live-Umgebung veröffentlicht wird, erhält sie ein Datum in der Spalte VERÖFFENTLICHT.

Im nächsten Schritt werden Sie die Version, die sich aktuell noch in der Staging-Umgebung befindet, auf dem Live-System veröffentlichen. Dafür klicken Sie bei der entsprechenden Version auf AKTIONEN und wählen im Kontext-Menü VERÖFFENT-LICHEN FÜR. Im darauffolgenden Fenster (siehe Abbildung 10.24) können Sie diese Version mit einem Klick auf JETZT VERÖFFENTLICHEN auf dem Live-Server veröffentlichen.

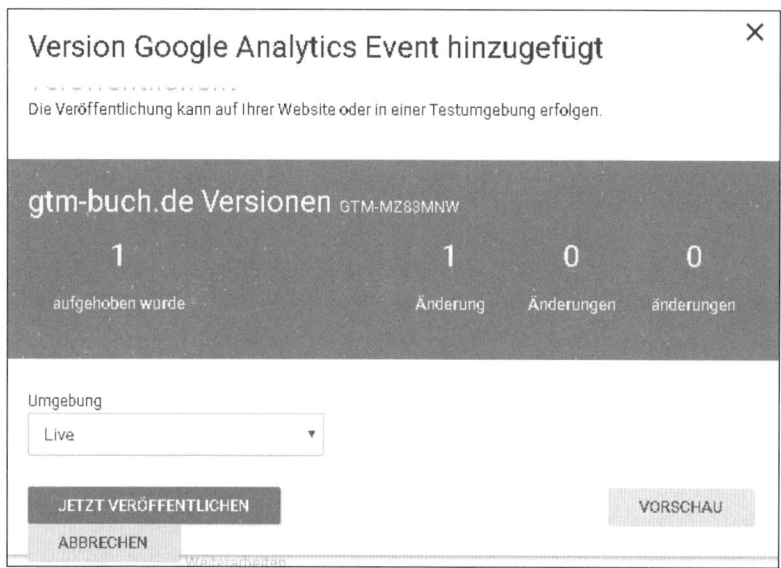

Abbildung 10.24 Die Staging-Version wird auf dem Live-Server veröffentlicht.

Durch die vorherige Veröffentlichung auf dem Staging-Server konnten Sie sämtliche Änderungen testen und gegebenenfalls noch Änderungen vornehmen. Dadurch ist ein Qualitäts-Audit möglich. Die Nutzung von Umgebungen kann die Qualität der Versionen verbessern. Aber das funktioniert in der Regel nur, wenn Sie einen Prozess etablieren, der die Nutzung der Umgebungen fordert.

10.2.3   Umgebungen in Variablen und Google Analytics

Wenn Sie Umgebungen nutzen, können Sie bei Bedarf auf die integrierte Variable *Environment Name* zugreifen. Sie können Trigger und Ähnliches auf diese Variable reagieren lassen. Zum Beispiel können Sie anhand einer Suchtabelle eine entsprechende Google Analytics-TrackingID zuweisen. Dadurch landen die Zugriffe auf dem Staging-Server in einer anderen Google Analytics-Property als alle anderen Zugriffe.

Ich selbst nutze eine andere Methode, um die Zugriffe auf Staging- und Live-Server in Google Analytics zu trennen: Ich schreibe den Umgebungsnamen mit der Variablen *Environment Name* in Google Analytics in eine benutzerdefinierte Dimension. Denn dann kann ich auf der Ebene der Filter die jeweiligen Zugriffe auf unterschiedliche Datenansichten verteilen. Das Beispiel finden Sie in Abschnitt 3.4.2.

10.3   In Ruhe an größeren Änderungen arbeiten: Die Arbeitsbereiche

Ein oft übersehener Punkt auf der Google Tag Manager-Oberfläche befindet sich ganz links in der Spalte mit den Begriffen wie TAGS, VARIABLEN, TRIGGER und ORDNER. Direkt oberhalb des Suchen-Feldes, das auch sehr praktisch ist, gibt es ein noch viel praktischeres Feld: AKTUELLER ARBEITSBEREICH (siehe Abbildung 10.25).

In meinen Seminaren und Workshops stelle ich immer fest, dass Anwender dieses Auswahlfeld einfach übersehen. Vielleicht gehören Sie auch zu denjenigen, die sich schon die ganze Zeit fragen, was dieses Feld bezweckt. Auf jeden Fall ist gerade dieses Auswahlfeld dafür verantwortlich, dass Sie in Ruhe an Änderungen arbeiten können: Während Ihre Kollegen oder Dienstleister im Google Tag Manager arbeiten, können auch Sie arbeiten, ohne dass Sie sich beim Veröffentlichen in die Quere kommen. Durch das Konzept der Arbeitsbereiche kann jeder seinen Arbeitsbereich haben, in dem er Änderungen vorbereitet und testet, ohne dass dies Einfluss auf die Arbeit des anderen hat. Erst wenn aus dem Arbeitsbereich heraus die Änderungen veröffentlicht werden, fließt wieder alles zusammen.

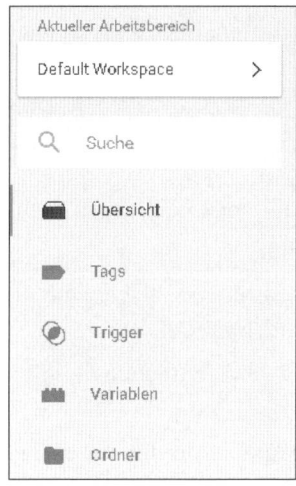

Abbildung 10.25 Die Auswahl des Arbeitsbereichs

10.3.1   Was sind Workspaces?

Standardmäßig besitzt jeder Google Tag Manager-Container einen eingerichteten Arbeitsbereich. Das ist der *Default Workspace*. Neben dem Default Workspace können Sie weitere Arbeitsbereiche anlegen. In der kostenlosen Version des Google Tag Managers sind Sie auf insgesamt drei Arbeitsbereiche beschränkt. Dabei ist der Default Workspace schon einer von diesen dreien. Das bedeutet, Sie können zwei weitere Arbeitsbereiche anlegen.

Jeder Arbeitsbereich enthält erst mal die Tags, Trigger und Variablen des Default Workspaces, die dieser bei seiner Erstellung beinhaltet. Sobald Sie diesen neuen Arbeitsbereich erstellt haben, ist er vorübergehend abgekoppelt vom anderen Arbeitsbereich. In diesem neu erstellten Arbeitsbereich können Sie Änderungen vornehmen, diese Änderungen in der Vorschau anschauen und auch in den verschiedenen Umgebungen veröffentlichen.

Im Moment der Veröffentlichung geht der Arbeitsbereich wieder in den gesamten Arbeitsbereich auf. In allen anderen Arbeitsbereichen erhalten Sie dann die Mitteilung, dass Sie die Änderungen in Ihren Bereich einfügen müssen. Dabei werden die unterschiedlichen Tags, Trigger und Variablen zusammengeführt. Sie erhalten auch die Möglichkeit, Konflikte zu lösen, die dadurch entstehen, dass das gleiche Element in verschiedenen Arbeitsbereichen bearbeitet wurde. Wie Sie mit diesen Konflikten umgehen, erkläre ich in Abschnitt 10.3.6, »Konflikte beheben«.

Das Zusammenführen geschieht auf Knopfdruck. Eigentlich ist es genau wie in der klassischen Versionierung, die Programmierer z. B. in Git oder anderen Versionierungssystemen ausführen. Wenn Sie also aus der Programmierung kommen, sollten Ihnen die Arbeit mit Versionen und das Zusammenführen unterschiedlicher Bearbeitungsstände geläufig sein. Wenn Sie es bisher nicht kannten, haben Sie es jetzt gelernt.

10.3.2   Veröffentlichungsworkflow

Damit Sie besser verstehen, wie der Arbeitsbereich und die Versionen zusammenspielen, zeigt Abbildung 10.26 eine schematische Darstellung.

1. Bei der *Version 1* wird ein neuer Arbeitsbereich erstellt. Zusammen mit dem vorhandenen Arbeitsbereich, dem *Default Workspace*, gibt es dann zwei Arbeitsbereiche.

2. Im Default Workspace nehmen Sie Änderungen vor und veröffentlichen diese als *Version 2*.

3. Durch die Veröffentlichung müssen Sie die Änderungen auch in den *Arbeitsbereich 2* synchronisieren. Das erfolgt automatisch nach einem Hinweis in der Oberfläche des Google Tag Managers.

4. Nun veröffentlichen Sie Arbeitsbereich 2 und schaffen damit eine neue *Version 3*.

5. Durch diese neue Version müssen Sie wieder die Änderungen des jeweils anderen Arbeitsbereichs in den unveröffentlichten Arbeitsbereich einfügen.

6. Im Default Workspace nehmen Sie Änderungen vor und veröffentlichen diese.

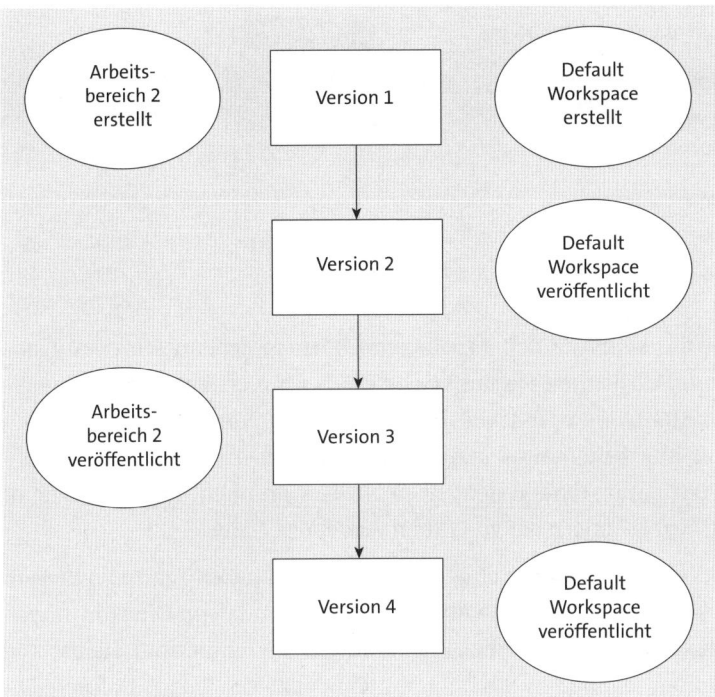

Abbildung 10.26 Die Arbeitsbereiche und Versionen

Durch die Arbeitsbereiche können zwei Personen, zum Beispiel Sie und Ihr Kollege, gleichzeitig im Google Tag Manager arbeiten, ohne dass Sie sich dabei in die Quere kommen. Jeder kann sich um seine Tags und seine Veröffentlichungen kümmern.

10.3.3   Einen neuen Workspace anlegen und nutzen

Das Anlegen eines Workspaces ist sehr einfach. Sie werden die Arbeit mit den Workspaces hier an einem Beispiel sehen. Es geht darum, das *Google Ads Conversiontag* in die Implementierung aufzunehmen. Es ist eine sehr einfache Aufgabe, für die die Nutzung der Arbeitsbereiche vielleicht ein wenig überdimensioniert ist, aber sie zeigt, wie Sie mit den Arbeitsbereichen umgehen können.

Da Sie wissen, was der Arbeitsbereich leisten soll, legen Sie ihn genau für diesen Zweck an. Dafür klicken Sie in der linken Navigation auf die Schaltfläche DEFAULT WORKSPACE. Direkt öffnet sich die Übersicht der vorhandenen Arbeitsbereiche. Wenn Sie bisher noch keinen Arbeitsbereich angelegt haben, ist dieser Bereich nur mit dem Default Workspace versehen. Sie klicken auf das Plus in der rechten oberen Ecke und erhalten das Formular zum Konfigurieren des neuen Arbeitsbereichs aus Abbildung 10.27.

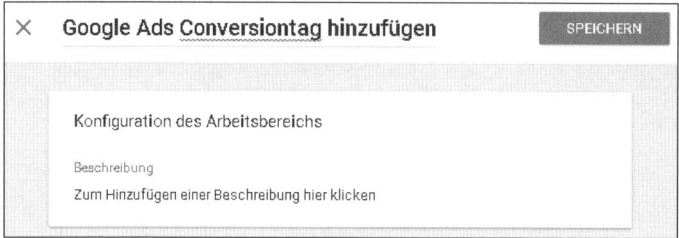

Abbildung 10.27 Das Formular für den neuen Arbeitsbereich

In der Regel reicht es, wenn Sie den Arbeitsbereich entsprechend seiner Aufgabe benennen. In diesem Fall nennen Sie ihn »Google Ads Conversiontag hinzufügen«. Nach dem Speichern steht Ihnen der Arbeitsbereich direkt zur Verfügung. Sie befinden sich auch direkt in dem Arbeitsmodus, in dem Sie diesen Arbeitsbereich nutzen können. Sie erkennen das daran, dass in der linken Navigation nicht mehr der Default Workspace genannt wird, sondern der von Ihnen vergebene Name.

Sie legen jetzt, wie Sie es in diesem Buch gelernt haben, ein neues Tag an, in diesem Fall ein *Google Ads-Conversiontag* (siehe Abbildung 10.28) und vergeben zum Testen einfach eine CONVERSION-ID, die aus beliebigen Ziffern besteht. Damit Sie das Tag auch speichern können, benötigen Sie noch ein CONVERSION-LABEL. Dafür reicht jeder beliebige Buchstabe. Da Sie die Erstellung nur testen, müssen die Werte keinen Sinn ergeben. Denn dieses Tag soll in dieser Form nie auf einem Live-System veröffentlicht werden. Zum Schluss fügen Sie der Vollständigkeit halber noch einen Trigger hinzu: Fertig ist das Beispiel-Tag für das Testen des Arbeitsbereichs.

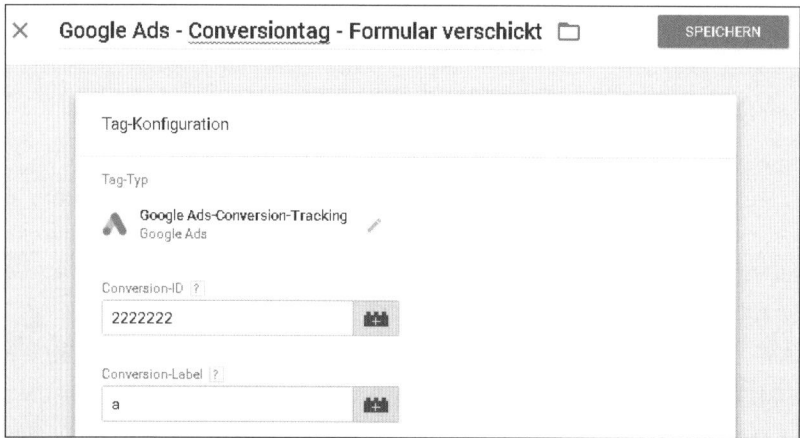

Abbildung 10.28 Ein »Google Ads Conversiontag« anlegen

Sie haben jetzt sämtliche Einstellungen in Ihrem neuen Arbeitsbereich vorgenommen. Im Default Workspace sind keine Änderungen angekommen. Sie können also in diesem Arbeitsbereich ganz normal arbeiten – genau so, wie Sie bisher immer im

Default Workspace gearbeitet haben. Um diese Änderungen zu testen, können Sie jetzt auf VORSCHAU ANSEHEN klicken und die Änderungen in diesem Arbeitsbereich anschauen und prüfen.

Nach dem erfolgreichen Test könnten Sie die Änderungen als neue Version veröffentlichen. Da Sie aber gegebenenfalls zum Testen ein ungültiges Conversiontag angelegt haben, sollten Sie dem Rest nur theoretisch folgen. Zum Veröffentlichen klicken Sie rechts oben auf SENDEN und erhalten das gleiche Formular wie bei allen anderen Veröffentlichungen auch. Der einzige Unterschied ist, dass im Feld VERSIONSNAME schon der Name des Arbeitsbereichs vorausgefüllt ist. Das Verhalten im zweiten Arbeitsbereich ist also nahezu identisch mit dem im Default Workspace.

Nach der Veröffentlichung des Arbeitsbereichs wird der Arbeitsbereich direkt durch den Google Tag Manager gelöscht. Denn dieser Arbeitsbereich wird nicht mehr benötigt. Da der vorhandene Arbeitsbereich jetzt aber andere Inhalte hat als die neueste Version, müssen Sie die Änderungen noch in den Default Workspace übertragen. Dabei hilft Ihnen der Google Tag Manager mit einem Hinweis am unteren Ende der Seite (siehe Abbildung 10.29).

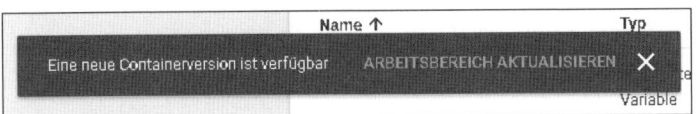

Abbildung 10.29 Arbeitsbereich aktualisieren

Mit einem Klick auf ARBEITSBEREICH AKTUALISIEREN werden die Änderungen in den aktuellen Arbeitsbereich übernommen. Mit dem x können Sie diesen Hinweis auch schließen und gegebenenfalls die Aktualisierung zu einem späteren Zeitpunkt ausführen. Dabei gehen keine Daten verloren, sondern Sie arbeiten noch nicht mit der eventuell endgültigen Version der Elemente.

Wenn Sie die Aktualisierung nicht direkt durchführen, gibt es auf der Containerübersichtseite einen Hinweis (siehe Abbildung 10.30). Dort können Sie die Aktualisierung auch jederzeit später anstoßen.

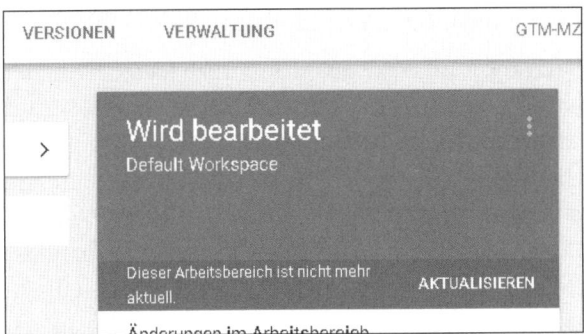

Abbildung 10.30 Die »Aktualisieren«-Schaltfläche auf der Containerübersicht

10.3.4 Der sichere Import: in den Arbeitsbereich

In Kapitel 11, »Der Google Tag Manager in der Praxis«, haben Sie gelernt, wie man komplette Containereinstellungen in den Google Tag Manager importiert. Ich hatte darauf hingewiesen, dass es da eine elegantere bzw. bessere Lösung gibt, die mit den Arbeitsbereichen zu tun hat. Hier ist sie.

Sie gehen über den Verwaltungsbereich auf CONTAINER IMPORTIEREN. Dort wählen Sie die Datei aus, die Sie importieren möchten. Als Nächstes klicken Sie bei ARBEITS-BEREICH AUSWÄHLEN auf NEU (siehe Abbildung 10.31).

Abbildung 10.31 Container in neuen Arbeitsbereich importieren

Dadurch öffnet sich wieder das Formular für die Erstellung eines neuen Arbeitsbereichs. Dort tragen Sie als Namen »Import von Einstellungen« ein und speichern das Formular. Wenn Sie jetzt den Import bestätigen, landen alle Ihre Änderungen in einem neuen Arbeitsbereich und Sie können die Änderungen in Ruhe testen und am Ende dann, wie im vorherigen Abschnitt erklärt, veröffentlichen und mit den vorhandenen Arbeitsbereichen abgleichen.

10.3.5 Arbeitsbereiche löschen

Sollte es mal vorkommen, dass Sie die Änderungen eines ganzen Arbeitsbereichs nicht benötigen und Sie den gesamten Arbeitsbereich löschen wollen, ist auch das möglich. Diese Funktion ist ein wenig versteckt, aber auffindbar.

Dafür klicken Sie in der linken Navigation auf den Namen des Arbeitsbereichs. In der Auswahlliste der vorhandenen Arbeitsbereiche, die sich nun öffnet, klicken Sie auf das »i« am Ende der Spalte mit dem Namen des Arbeitsbereichs. Dort sehen Sie alle vorgenommenen Änderungen (siehe Abbildung 10.32). Zum Löschen klicken Sie oben rechts auf die drei Punkte, und der Menüpunkt zum Löschen des Arbeitsbereichs erscheint. Nach dem Klicken müssen Sie den Löschbefehl noch bestätigen; dann ist der gesamte Arbeitsbereich mit allen Änderungen gelöscht. Dieser Vorgang ist unwiderruflich. Während bei anderen Löschvorgängen das endgültige Löschen erst nach 30 Tagen erfolgt, sind die Daten hier direkt entfernt.

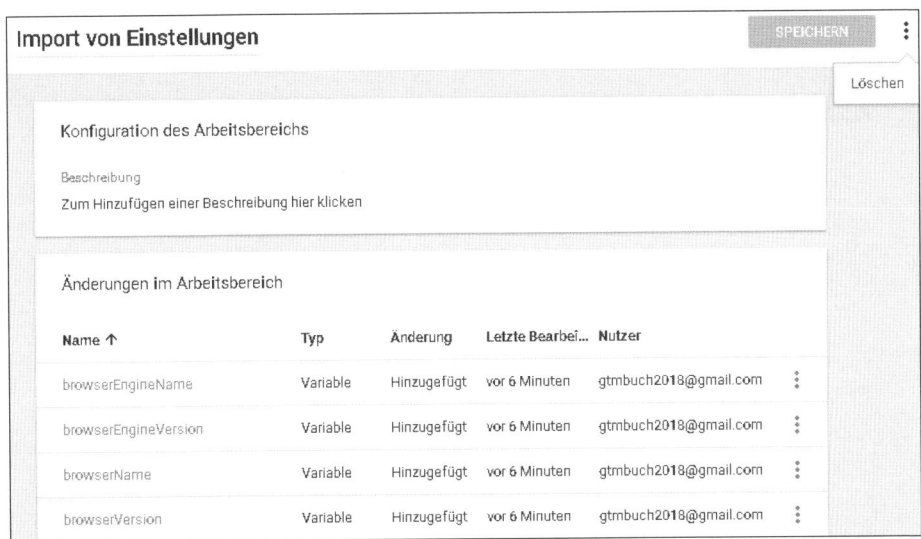

Abbildung 10.32 Die Übersicht über den Arbeitsbereich

10.3.6   Konflikte beheben

Es kann immer vorkommen, dass in zwei unterschiedlichen Workspaces Änderungen am gleichen Tag vorgenommen wurden. Solange diese Änderungen identisch sind, gibt es noch keinen Konflikt. Wenn aber Änderungen an Tags, Triggern oder Variablen vorgenommen wurden, die in unterschiedlichen Konfigurationen enden, weiß der Google Tag Manager nicht, welche Version die richtige ist.

Im Fall von Konflikten bei der Zusammenführung erhalten Sie einen Hinweis auf der Containerübersichtsseite (siehe Abbildung 10.33). Dort gibt es auch die Möglichkeit, die Änderung zu beheben. Dafür klicken Sie auf die Schaltfläche BEHEBEN.

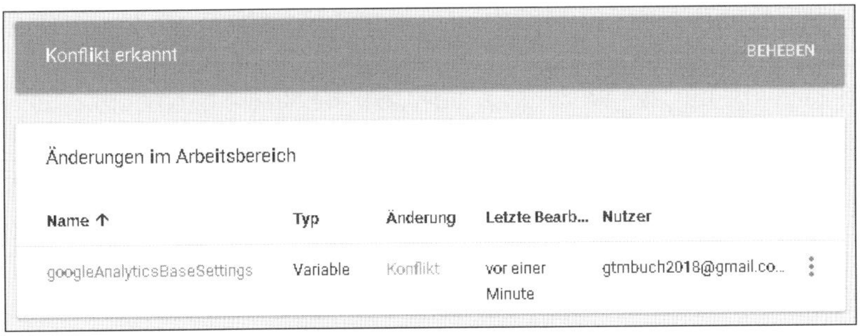

Abbildung 10.33 Ein Konflikt wurde erkannt.

Nach dem Klick auf BEHEBEN bekommen Sie alle Konflikte der Reihe nach angezeigt (siehe Abbildung 10.34). Wenn Sie auf den Pfeil bei einem Feld klicken, können Sie dann entscheiden, ob Sie die Änderung ignorieren wollen oder ob Sie die Änderung

kopieren. Nach der Bearbeitung aller Konflikte klicken Sie auf die Schaltfläche SPEI-
CHERN, und die Konflikte sind gelöst.

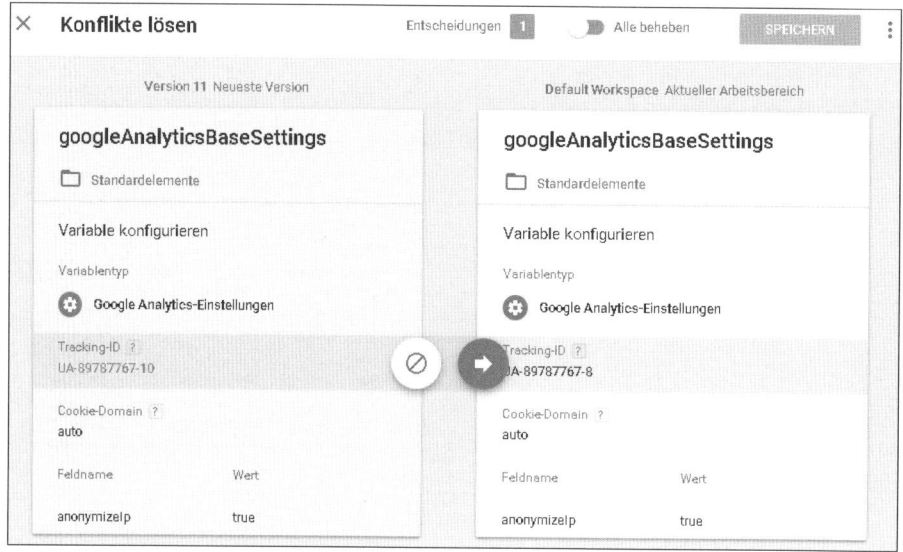

Abbildung 10.34 Konflikte lösen

10.4   Zusammenfassung

In diesem Kapitel haben Sie einen tieferen Einblick in die Arbeit mit den *Versionen*
erhalten. Sie haben gelernt, wie man eine Vorschau ganz bestimmter Versionen
erzeugt, aber auch, wie bestimmte alte Versionen wieder veröffentlicht werden können. Die Arbeit mit den Versionen ist sehr wichtig und Sie werden im laufenden
Betrieb bestimmt öfter davon Gebrauch machen.

Die Arbeit mit den *Umgebungen* ist für komplexere Setups gedacht. Ich kenne viele
Implementierungen, bei denen man keine Umgebungen braucht. Diese Setups kommen sehr gut auch nur mit den Workspaces aus. Aber sobald Sie in einem Kontext
arbeiten, der Staging oder eine strukturierte Qualitätskontrolle nutzt, wissen Sie,
dass Sie die Umgebungen einsetzen können und nicht für jede eigene Umgebung
einen eigenen Container benutzen müssen.

Ich bin mir sicher, Sie werden die *Arbeitsbereiche* in Ihrer täglichen Arbeit nutzen.
Zumindest wünsche ich mir, dass Sie sie nutzen. Denn das vereinfacht die Arbeit
enorm, und Sie können die Arbeitsbereiche für jede neue Veröffentlichung nutzen.

Mit den Funktionalitäten der Versionen, Umgebungen und Arbeitsbereiche haben
Sie Enterprise-Level-Werkzeuge an der Hand, die die Arbeit allein oder im Team sehr
vereinfachen können. Aber denken Sie immer dran: Nur gute Prozesse helfen, das
Potenzial von Tools auszunutzen.

Kapitel 11
Der Google Tag Manager in der Praxis

Jedes Tag hat seine Eigenheiten und manchmal auch seine Besonderheiten. Dieses Kapitel hilft Ihnen beim schnellen Umsetzen mithilfe von Praxisanleitungen.

Der einfachste Weg, etwas Neues zu lernen, ist das Nachmachen bzw. Nachbauen. In diesem Kapitel habe ich Ihnen die Tags zusammengestellt, die ich selbst am meisten nutze oder die extrem praxisrelevant sind. Dabei geht es von einfacher Integration über komplexere Trigger bis hin zu JavaScript-Funktionen zur Bereitstellung besonderer Daten.

Diese Beispiele sind nicht nur zum einfachen Copy & Paste gedacht, sondern zum Lernen. Denn die Funktionen und Möglichkeiten, die in diesen Beispielen oftmals mit Google Analytics gezeigt werden, funktionieren natürlich auch bei vielen anderen Marketing-Tags.

In dieses Buch habe ich sehr viele Beispiele zu Google Analytics aufgenommen. Zum einen, weil die Nutzung von Google Analytics beim Google Tag Manager sehr nahe liegt, und zum anderen, weil die Beispiele dadurch sehr leicht verständlich sind. Es ist immer das gleiche Prinzip; der Unterschied besteht nur darin, wie man die entsprechenden Variablen und Trigger erhält bzw. nutzt. Das Wichtigste ist also wie so oft: Sie müssen lernen, wie Sie die entsprechenden Trigger, Variablen oder Tags auf die eigenen Anforderungen übertragen. Aber da Sie es bis hierher im Buch geschafft haben, gehe ich davon aus, dass Sie diesen Transfer spielend meistern können.

Besonders wichtig ist diese Transferleistung, weil Sie in Ihrer täglichen Arbeit immer wieder auf neue Umstände treffen werden. Das macht diese Arbeit auch so spannend. Es ist ein wenig so wie Rätsel lösen. Leider werden nicht alle Rätsel einzig und allein mit dem Google Tag Manager lösbar sein. Es gibt immer wieder Situationen, in denen Sie gegebenenfalls Hilfe von den Web-Entwicklern benötigen. Oftmals ist die direkte Implementierung als Ereignisse der Datenschicht die stabilere Lösung.

Da das Abschreiben von Code eher langweilig und müßig ist, habe ich die Codes für Sie zum Download bereitgestellt, genauso wie die entsprechenden Container. Sie finden sie unter *www.gtm-buch.de/codebeispiele*.

11.1 Google Analytics

Wie bereits am Anfang des Buches erwähnt, wurde der Google Tag Manager ursprünglich für die einfache und schnelle Einbindung von Google Analytics programmiert. Google Analytics ist dabei ein gutes Beispiel für eine sehr gut umsetzbare Strategie bei der Nutzung des Google Tag Managers. Ausnahmslos alle Einstellungen, die ich bisher mit normalem JavaScript-Code programmieren konnte, den ich im Quelltext platzierte, sind auch mit dem Google Tag Manager möglich. Die einzige Grenze ist nur das eigene Wissen und Können. Das klingt vielleicht erst mal hochtrabend, aber ich bin mir sicher, dass spätestens bei der Einbindung des erweiterten Enhanced Ecommerce klar wird, was ich meine. Aber fangen wir vorne an.

Voraussetzung für die nächsten Aufgaben ist das Vorhandensein der Variable *Google Analytics-Einstellungen*, die Sie in Abschnitt 2.5.1 angelegt haben. Genauso werde ich bei den Beispielen nicht mehr auf das Anlegen eines einfachen Seitenaufrufes eingehen. Denn auch diese Anleitung finden Sie in Abschnitt 2.5.

11.1.1 Unterschiedliche Tracking-IDs anhand der Domain

Oftmals werden für das gleiche Projekt unterschiedliche Google Analytics Tracking-IDs genutzt. Das kann sinnvoll sein, wenn man die Daten vom Test- oder Live-System nicht zusammen in einer Google Analytics-Property speichern möchte. Denn in jeder Google Analytics-Property werden nur die Daten gesammelt, die mit der jeweiligen einmaligen Tracking-ID gesammelt werden. Am einfachsten ist es, wenn Sie für jede Domain festlegen, welche Tracking-ID ausgespielt werden soll. Denn das Speichern in zwei unterschiedlichen Google Analytics-Properties können Sie erreichen, indem Sie je nach Domain unterschiedliche Google Analytics-Tracking-IDs verwenden.

Lösbar wäre das Problem, wenn Sie für jede Domain bzw. Tracking-ID eigene Google Analytics-Tags konfigurieren würden, die dann als Trigger auf den Hostnamen achten würden. Das würde aber bedeuten, dass Sie für jede einzelne Domain bzw. Tracking-ID alle Konfigurationen vornehmen müssten. Dadurch würde der Google Tag Manager sehr schnell fehleranfällig und unübersichtlich werden.

Denn für jedes System müssen Sie alle Tags duplizieren. Das Ganze geht mit dem Google Tag Manager viel einfacher als mit der herkömmlichen Implementierung. Dafür verwenden Sie die Variable vom Typ *Suchtabelle*.

Für diese Anleitung gehe ich davon aus, dass sich Entwicklungs-, Test- und Live-System anhand des aufgerufenen Hostname unterscheiden:

System	Hostname
Dev	dev.gtm-buch.de
Test	test.gtm-buch.de
Live	live.gtm-buch.de

Tabelle 11.1 Die Hostnamen der Beispiel-Systeme

Um für jeden Hostnamen eine eigene Tracking-ID abrufen zu können, benötigen wir als Erstes den Hostnamen als Variable im System. Die Domain bzw. der Hostname ist eine integrierte Variable. Sollte sie bei den integrierten Variablen nicht in der Liste erscheinen (siehe Abbildung 11.1), müssen Sie diese noch aktivieren.

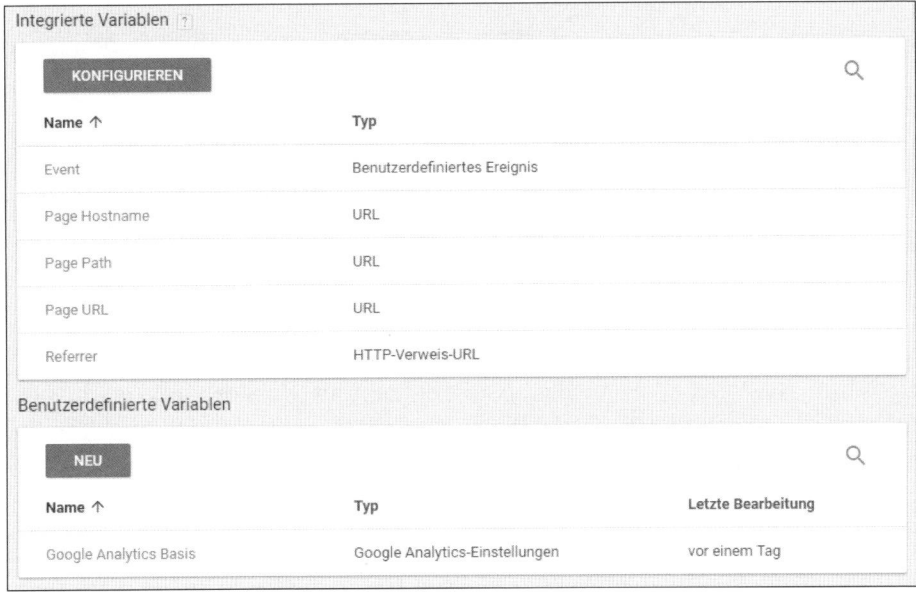

Abbildung 11.1 Die Liste der integrierten Variablen enthält alle Variablen, die vom Google Tag Manager bereitgestellt werden.

Dafür klicken Sie um Bereich der Variablen auf KONFIGURIEREN und setzen ein Häkchen bei PAGE HOSTNAME. Ab sofort steht Ihnen diese Variable zur Nutzung zur Verfügung.

Als Nächstes wird eine neue Variable für die Aufnahme der Tracking-IDs erstellt. Für die Zuordnung von Tracking-IDs zu den Hostnames nutzen Sie eine Suchtabelle. Klicken Sie dafür bei den BENUTZERDEFINIERTEN VARIABLEN auf NEU, und geben Sie der Variablen als Erstes einen aussagekräftigen Namen. In diesem Fall wähle ich »googleAnalyticsTrackingId«.

Im nächsten Schritt wählen Sie mit einem Klick auf die große Fläche VARIABLE KON-
FIGURIEREN den entsprechenden Variablentyp aus. Wählen Sie die SUCHTABELLE
aus.

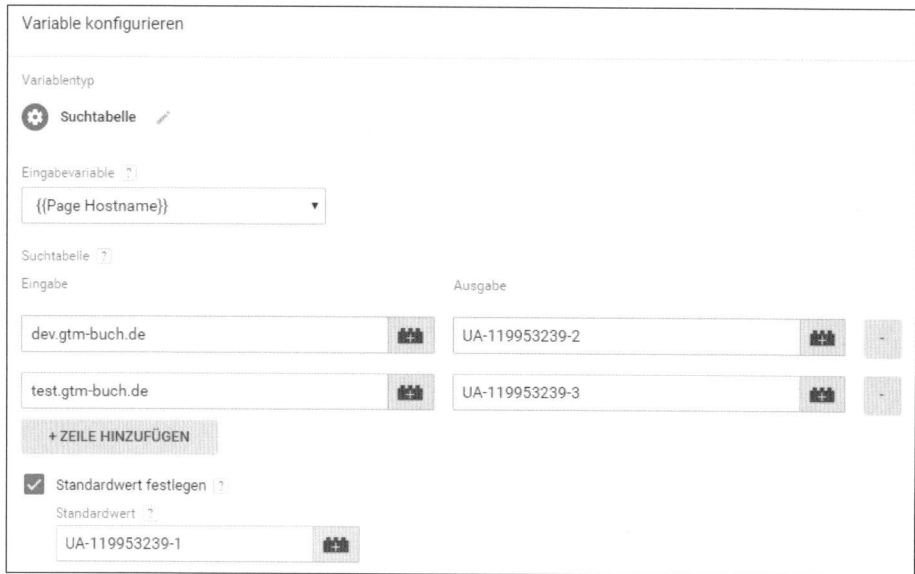

Abbildung 11.2 Die Suchtabelle ermöglicht uns die Zuordnung von Tracking-IDs zu aufgerufenen Domains.

In der Suchtabelle (siehe Abbildung 11.2) wählen Sie bei EINGABEVARIABLE die Variable {{PAGE HOSTNAME}}. Sollte diese Variable nicht im Dropdown-Feld erscheinen,
haben Sie die Variable noch nicht aktiviert. Schauen Sie bitte im Abschnitt 6.1.2 nach,
wie das geht, und machen Sie anschließend hier weiter.

Bei EINGABE tragen Sie, wie in Abbildung 11.2 zu sehen, die entsprechenden zusätzli-
chen Hostnamen ein. Die passenden Tracking-IDs tragen Sie bei AUSGABE ein. Die
Tracking-ID für die Live-Version der Website tragen Sie bei STANDARDWERT ein.
Dadurch wird dieser Wert immer zurückgegeben, wenn es weder die Dev- noch die
Test-Domain ist.

Die Zuordnung würde dann bei einem Aufruf bestimmter URLs folgendermaßen
aussehen:

URL	Tracking-ID
test.gtm-buch.de/kontakt	UA-119953239-3
dev.gtm-buch.de/kontakt	UA-119953239-2

Tabelle 11.2 Zuordnung von URL zu Tracking-ID

URL	Tracking-ID
www.gtm-buch.de/kontakt	UA-119953239-1
www.gtm-buch.de/hilfe	UA-119953239-1

Tabelle 11.2 Zuordnung von URL zu Tracking-ID (Forts.)

Nach dem Speichern dieser neuen Variablen müssen Sie noch die Zuordnung in der Google Analytics-Einstellungsvariable vornehmen. Dafür öffnen Sie die Variable *googleAnalyticsBasis* und tragen bei TRACKING-ID die neu erstellte Tracking-ID-Variable {{Google Analytics – Tracking-ID}} ein (Abbildung 11.3).

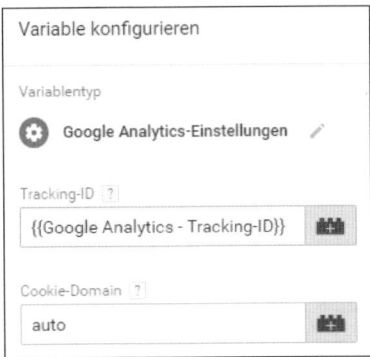

Abbildung 11.3 Die Tracking-ID ist jetzt durch die Suchtabelle definiert.

Immer wenn jetzt das Google Analytics-Tag mit der eingebundenen Google Analytics-Einstellungsvariablen aufgerufen wird, wird je nach aufrufender Domain die jeweilige Google Analytics Tracking-ID zurückgegeben. So landen alle Aufrufe der jeweiligen Domain in der passenden Google Analytics-Property.

11.1.2   Domainübergreifendes Tracking einrichten

Wenn Sie eine Google Analytics-Property über mehrere Domains hinweg einsetzen wollen, geht das nicht mit der Standardkonfiguration. Bei jedem Domainwechsel würde der Besucher als neuer Besucher in Google Analytics erscheinen. Dadurch startet auch gleichzeitig eine neue Sitzung. Wenn Sie zum Beispiel Ihre Website und einen entsprechenden Shop auf unterschiedlichen Domains laufen haben, würden Sie beim Domainwechsel sämtliche Informationen des Nutzers verlieren. Sie wüssten nicht mehr, über welche Quelle der Nutzer gekommen ist, und auch nicht, welche Zielseite er aufgerufen hatte. In dem Moment, in dem er auf der Shop-Domain landet, wissen Sie nur noch, dass er von Ihrer Website kam. Alle weiteren Informationen werden erst wieder neu gesammelt.

Das liegt daran, dass Google Analytics einen sogenannten First-Party-Cookie nutzt. Anhand einer eindeutigen ID, die in diesem First-Party-Cookie gespeichert wird, kann der Nutzer immer wiedererkannt werden. Aber nur innerhalb einer Domain kann auf diesen Cookie zugegriffen werden. Bei einem Domainwechsel schaut Google Analytics auf der anderen Domain nach dem Cookie und nutzt diesen. Sollte dort kein Cookie sein, wird ein neuer Cookie angelegt. Im zweiten Fall findet dann aber kein Abgleich zwischen den Nutzern dieser Domains statt.

Mit Google Analytics gibt es die Möglichkeit, dass der Nutzer beim Klicken eines Links, der auf die andere Domain führt, in der URL einen Parameter übergibt, der die Nutzer-ID und ein paar Informationen für Google Analytics übergibt. Wenn diese Funktion korrekt implementiert ist, können die Nutzer domainübergreifend analysiert werden.

Damit das domainübergreifende Tracking funktioniert, müssen Sie sowohl bei der Einbindung vom Google Analytics-Tracking-Code Einstellungen vornehmen als auch in Google Analytics selbst. In diesem Beispiel gehen wir davon aus, dass es um zwei Domains geht, die in einer Property getrackt werden sollen.

▶ Domain 1: *gtm-buch.de*

▶ Domain 2: *gtm-buch.com*

Domainübergreifendes Tracking nur bei unterschiedlichen Domains
Wir benötigen das domainübergreifende Tracking nur, wenn sich die Root- bzw. Second-Level-Domain unterscheidet. Das ist der Fall bei *gtm-buch.de* und *gtm-buch.com*. Aber für unterschiedliche Sub-Domains wie *shop.gtm-buch.de* und *www.gtm-buch.de* wird kein domainübergreifendes Tracking benötigt.

Um das domainübergreifende Tracking zu aktivieren, öffnen Sie die Google Analytics-Einstellungsvariable *googleAnalyticsBasis* und öffnen dann den Unterpunkt Domainübergreifendes Tracking. Dort tragen Sie alle Domains ein, die in das domainübergreifende Tracking aufgenommen werden sollen (siehe Abbildung 11.4).

Dabei trennen Sie die Domains einfach mit einem Komma. Es reicht vollkommen aus, wenn Sie nur die Rootdomain bzw. die Second-Level-Domain eintragen: `gtm-buch.de,gtm-buch.com`. Die beiden Felder Hash als Trennzeichen verwenden und Formulare gestalten können Sie in diesem Zusammenhang außer Acht lassen.

Abbildung 11.4 Das domainübergreifende Tracking ist im Google Tag Manager schnell eingerichtet und aktiv.

Zusätzlich müssen Sie in der Google Analytics-Einstellungsvariable noch ein Feld hinzufügen: Dort, wo Sie schon das Feld anonymizeIp hinzugefügt haben, folgt jetzt noch ein weiteres. Fügen Sie jetzt noch das Feld allowLinker hinzu, und setzen Sie es, genau wie anonymizeIp, auf true (siehe Abbildung 11.5).

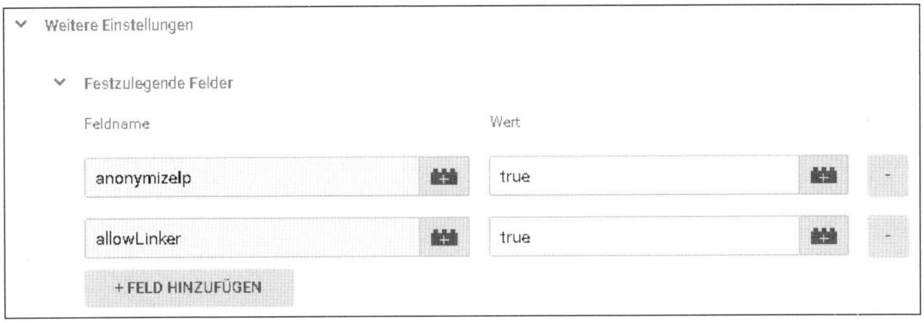

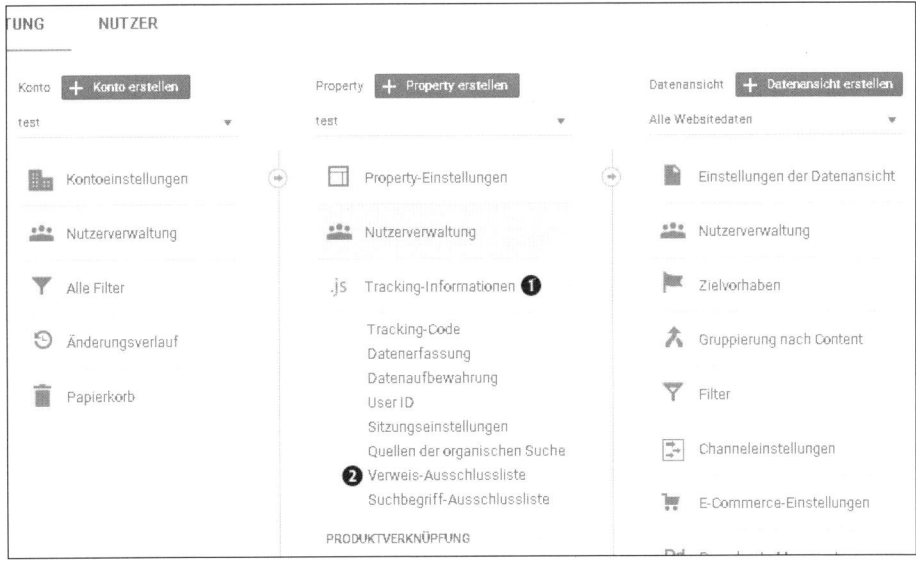

Abbildung 11.5 »allowLinker« bei den festzulegenden Feldern

Jetzt haben Sie alle Einstellungen im Google Tag Manager vorgenommen. Es fehlt noch eine Einstellung in Google Analytics. Denn wenn jetzt ein Besucher von *gtm-buch.de* zu *gtm-buch.com* wechseln würde, wäre es immer noch ein neuer Besucher, der als Quelle die Verweisdomain *gtm-buch.de* hätte. Damit das nicht passiert, nehmen Sie die beiden benutzten Domains in die Verweis-Ausschlussliste auf.

Dafür gehen Sie in die Verwaltung Ihrer Google Analytics-Property und klicken erst auf TRACKING-INFORMATIONEN ❶ und anschließend auf VERWEIS-AUSSCHLUSS-LISTE ❷ (siehe Abbildung 11.6).

Abbildung 11.6 Die Verwaltungsoberfläche in Google Analytics

Normalerweise ist in der Verweis-Ausschlussliste schon eine Domain eingetragen. Es ist die Domain, die Sie beim Anlegen der Property angegeben haben. Dort fügen Sie jetzt die zweite fehlende Domain hinzu (siehe Abbildung 11.7). Zum Schluss sollen da alle Domains aufgenommen sein, die Sie auch im Google Tag Manager als automatisch verknüpfte Domains aufgenommen haben.

Abbildung 11.7 Die Verweis-Ausschlussliste

Jetzt können Sie im Google Tag Manager den Vorschaumodus aktivieren und überprüfen, ob alles richtig eingerichtet ist. Dafür suchen Sie einen Link auf der einen Domain, zum Beispiel *gtm-buch.de*, der zu *gtm-buch.com* führt. Sie klicken auf diesen Link, und wenn alles korrekt eingetragen ist, können Sie in der Browserzeile einen Parameter sehen, der die Daten des Nutzers für Google Analytics überträgt (siehe Abbildung 11.8).

Abbildung 11.8 Der Domainaufruf mit dem Google Analytics-Parameter

Der Parameter hat den Schlüssel _ga, und der Wert ist eine lange Zahlenkette. In dieser Zahlenkette sind alle Informationen enthalten, damit Google Analytics den Nutzer auf der zweiten Domain wiedererkennt und ihm den gleichen Cookie-Wert gibt. Sollte es nicht funktionieren, gehen Sie die Anleitung noch einmal durch und überprüfen alle Einstellungen.

11.1.3   Externen Linkklick tracken

Ein Besuch einer Website besteht nicht nur aus Seitenaufrufen. Es kann auch wichtig oder informativ sein, welche externen Links angeklickt werden. Mit dem Google Tag Manager ist die Erfassung dieser Linkklicks schnell angelegt und live.

Während man für die Umsetzung früher noch die Mitarbeit des Programmierers brauchte, ist die Funktionalität inzwischen komplett im Google Tag Manager integriert. In diesem Beispiel zeige ich Ihnen, wie Sie externe Linkklicks als Google Analytics-Ereignisse aufzeichnen können.

Als Erstes legen Sie den entsprechenden Trigger an. Im Bereich TRIGGER klicken Sie auf NEU und geben dem Trigger den Namen »Externer Linkklick«. Durch den Klick auf das große Feld TRIGGERKONFIGURATION öffnet sich die Auswahl der unterschiedlichen Trigger. Sie wählen im Bereich KLICK den Trigger NUR LINKS. Denn in diesem Fall wollen Sie tatsächlich nur Links tracken.

Abbildung 11.9 Der Trigger »Klick – Nur Links« mit allen Einstellungen

Damit Sie sicher sein können, dass das Google Analytics-Tag auch wirklich ausgeführt wird, aktivieren Sie die Checkbox AUF TAGS WARTEN (siehe Abbildung 11.9). Die voreingestellte Zeit von 2000 Millisekunden bzw. 2 Sekunden ist ein guter Wert, falls der Analytics-Server nicht reagieren sollte. Damit auch nur erfolgreiche Klicks erfasst werden, aktivieren Sie die Checkbox BESTÄTIGUNG ÜBERPRÜFEN.

Nun legen Sie noch fest, wann das Tag aktiv sein soll. Da Sie die ausgehenden Links auf allen URLs Ihrer Domain messen wollen, setzen Sie die Bedingung PAGE URL auf ENTHÄLT und geben als Wert »/« an. Dadurch überwacht der Trigger schon mal jede URL.

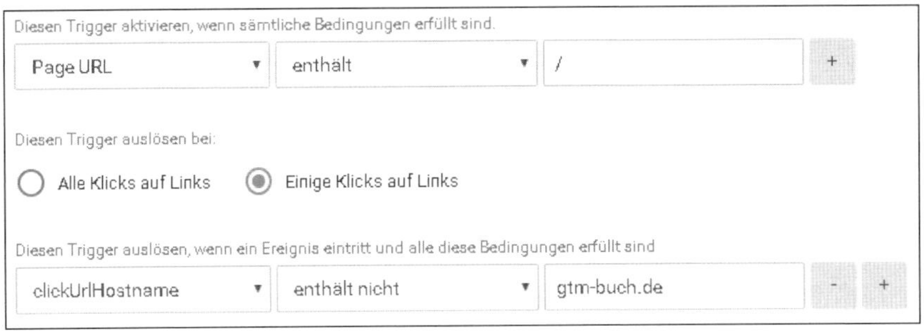

Abbildung 11.10 Diese Trigger registrieren, ob und wann das Tag ausgeführt wird.

Zum Schluss begrenzen Sie noch die Ausführung auf die externen Domains; im Beispiel sind das alle Links, die nicht die Domain *gtm-buch.de* enthalten (siehe Abbildung 11.10).

Bedingungen im Trigger sind immer UND-Verknüpfungen

Wenn Sie dieses Beispiel mit beiden Domains so wie im vorigen Abschnitt mit dem domainübergreifenden Tracking einsetzen wollen, ist das nicht mit einer zweiten Bedingung möglich. Denn die Bedingungen in Triggern sind immer UND-Verknüpfungen. Das bedeutet: Nur wenn beide Bedingungen zutreffen, löst der Trigger aus. Sie müssen also beide Regeln in eine Bedingung bringen. In diesem Fall könnten Sie aber, anstatt ENTHÄLT NICHT einzustellen, auch auf einen regulären Ausdruck prüfen, der dann beide Domains enthält. So ein regulärer Ausdruck würde in diesem Fall in etwa so aussehen:

gtm-buch\.(com|de)

Da es bei den Klick-Variablen aber den Hostnamen nicht als eigene Variable gibt, müssen Sie eine solche Variable noch selbst anlegen. Dafür nutzen Sie das Dropdown-Menü bei der Variablenauswahl für den Trigger und klicken auf NEUE VARIABLE ANLEGEN. Als Variablentyp wählen Sie URL aus. Der KOMPONENTENTYP ist HOSTNAME, und bei WEITERE EINSTELLUNGEN wählen Sie als URL-QUELLE die Variable {{CLICK-URL}} (siehe Abbildung 11.11).

Sollte diese Variable nicht vorhanden sein, müssen Sie sie noch aktivieren. Nach dem Speichern, zum Beispiel unter dem Namen »clickUrlHostname«, weisen Sie dann diese Variable entsprechend Ihrem Trigger zu (siehe Abbildung 11.10).

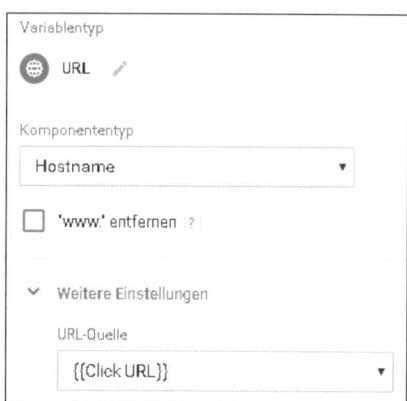

Abbildung 11.11 Die Variable »clickUrlHostname«

Als letzten Schritt legen Sie jetzt das Google Analytics-Tag an. Wie zuvor gehen Sie dazu in den Bereich TAGS und klicken auf NEU. Bevor Sie weitermachen, geben Sie dem Tag einen entsprechenden Namen: »Google Analytics – Externer Linkklick – Event«.

Beim Tag-Typ wählen Sie entsprechend UNIVERSAL ANALYTICS aus. Da Sie dieses Mal keinen Seitenaufruf, sondern einen Event messen wollen, wählen Sie im obersten Dropdown-Menü statt SEITENAUFRUF einfach EREIGNIS aus. Damit verändern sich auch die zur Verfügung stehenden Felder (siehe Abbildung 11.12).

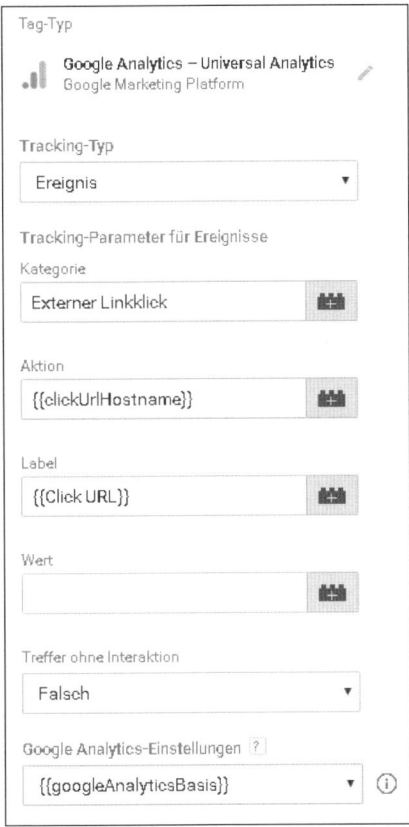

11

Abbildung 11.12 Das Google Analytics-Tag für den externen Linkklick

Damit Sie die entsprechenden Ereignisse auch in Google Analytics wiederfinden, vergeben Sie entsprechende Bezeichnungen für KATEGORIE, AKTION und LABEL. Die Event-Kategorie setzen Sie auf EXTERNER LINKKLICK, die Event-Aktion auf Ihre neu geschaffene Variable CLICKURLHOSTNAME, und als LABEL setzen Sie die Click-URL ein.

Durch diese dynamischen Werte haben Sie alle wichtigen Informationen für das Messen und Auswerten der externen Links aufgenommen. Das Feld WERT können Sie getrost leer lassen. Das benötigen wir aktuell nicht.

Eine wichtige Entscheidung ist noch, ob der Treffer mit oder ohne Interaktion an Google Analytics gesendet werden soll. Das entscheidet darüber, ob ein Linkklick Ihre

Absprungrate und auch Ihre Verweildauer beeinflusst. Für diese Einstellung gibt es kein Richtig oder Falsch, sondern nur eine Entscheidung, wie Sie das in Ihrem Tracking-Konzept vorsehen. Zum Abschluss wählen Sie dann noch die *googleAnalytics-Basis*-Variable für die Einstellungen aus.

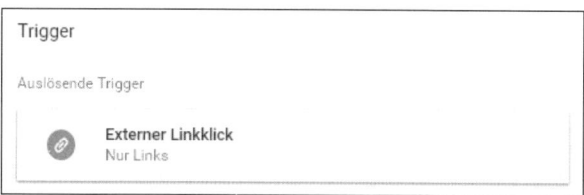

Abbildung 11.13 Sie weisen den Trigger für den externen Linkklick zu.

Bevor Sie das Tag speichern, müssen Sie noch den kurz zuvor erstellten Trigger EXTERNER LINKKLICK zuweisen (siehe Abbildung 11.13). Jetzt müssen Sie das Tag nur noch speichern, testen und veröffentlichen.

Beim Testen müssen Sie darauf achten, dass die Vorschau des *Google Tag Assistant* die Ausführung des Tags nur anzeigt, wenn sich der Link in einem neuen Tab bzw. Browserfenster öffnet. Ab der Veröffentlichung des Tags finden Sie das Klicken externer Links in Google Analytics im Bericht für die Ereignisse.

11.1.4   Downloads tracken

Nachdem Sie gelernt haben, wie man externe Links mit Google Analytics tracken kann, geht es jetzt an das Tracking von Downloads. In diesem Beispiel tracken Sie die Downloads von PDF-Dokumenten auf der Website.

Mit dem alleinigen Einbau des Google Analytics-Tags beim Trigger *Seitenaufruf* kann Google Analytics Downloads nämlich nicht erfassen. Dateien wie PDFs sind kein HTML und enthalten deshalb auch keinen Tracking-Code von Google Analytics. Das bedeutet, Sie können den Aufruf solcher Dateien nicht erfassen. Deshalb tracken Sie nicht den Aufruf eines PDF-Dokuments, sondern senden in dem Moment ein Signal an Google Analytics, wenn der Download gestartet wird. Und das ist der Moment, in dem der Link zum Download geklickt wird. Das bedeutet: Sie werden ein weiteres Mal einen Linkklick als Trigger benutzen, dieses Mal aber mit anderen Einstellungen.

In diesem Fall gehen wir davon aus, dass die Downloads, die Sie überwachen, die Dateiendung »pdf« besitzen und dass am Ende keine Parameter angehängt werden.

Also legen Sie den entsprechenden Trigger an: Es ist wieder ein Trigger *Klick – Nur Links*. Die Einstellungen (siehe Abbildung 11.14) ähneln den Einstellungen bei der Erfassung der ausgehenden Links.

Das bedeutet:

► Auf Tags warten: ja

► Bestätigung überprüfen: ja

► Die Variable PAGE URL enthält »/«.

Der Unterschied besteht in der Bedingung, zu der der Trigger ausgelöst wird. Denn dort überprüfen Sie dieses Mal, ob die CLICK URL mit folgendem regulären Ausdruck übereinstimmt: \.pdf$. Dieser reguläre Ausdruck sucht am Ende der Click-URL nach der Dateiendung *pdf*. Wenn das PDF erkannt wurde, löst der Trigger aus.

Abbildung 11.14 Die Bedingung für das Auslösen des PDF-Download-Triggers

Der Trigger ist jetzt fertig. Anschließend legen Sie noch das entsprechende Google Analytics-Tag an, und zwar folgendermaßen (siehe Abbildung 11.15):

► KATEGORIE: Dateidownload

► AKTION: PDF

► LABEL: {{Click URL}}

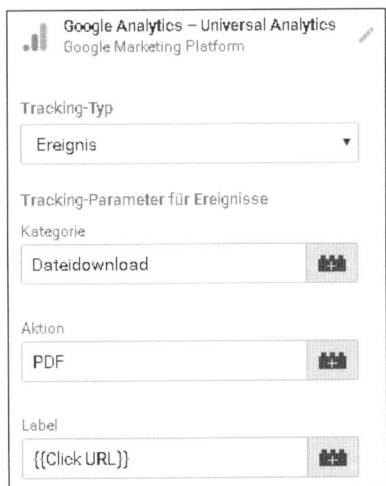

Abbildung 11.15 Die Ereigniseinstellungen für PDF-Downloads

11.1.5   YouTube-Videos tracken

Das heutige Internet ist kaum noch ohne Videos vorstellbar. Wahrscheinlich wurden noch nie so viele Videos online konsumiert wie heute. Da liegt es nahe, dass man auch auf der eigenen Website Videos anbietet.

Damit Sie die Nutzung dieser Videos auch messen können, ist in den Google Tag Manager ein Videotrigger eingebaut, der direkt mit YouTube funktioniert. Leider spricht dieser Trigger bisher ausschließlich auf YouTube-Videos an. Wenn Sie also Vimeo oder andere Plattformen zum Einbinden von Videos nutzen, können Sie diese einfache Methode nicht wählen.

Der YouTube-Video-Trigger lässt fast keine Wünsche offen. Folgende Situationen können den Trigger auslösen:

▶ Start des Videos

▶ Stopp des Videos

▶ Pause, Vorlauf und Zwischenspeichern

▶ Fortschritt (Schritte frei definierbar: Prozent oder Sekunden)

Jedes dieser Ereignisse können Sie einzeln im Trigger auswählen. Sie können also entscheiden, wann Ihr Tag mit diesem Trigger abgefeuert werden soll.

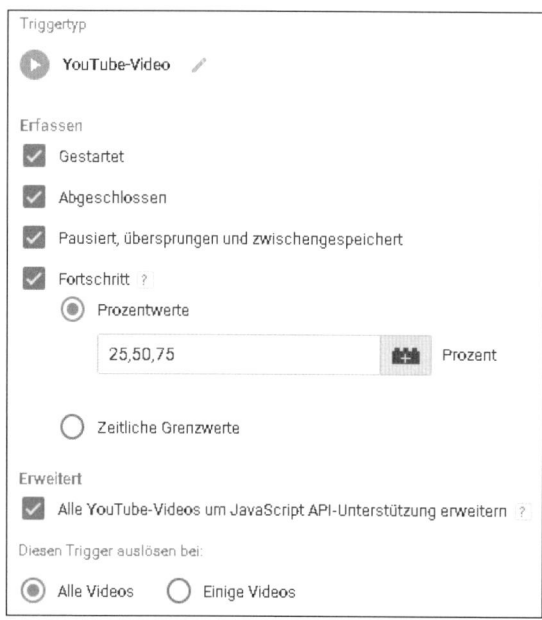

Abbildung 11.16 Der Videotrigger mit allen Einstellungen

Für das Beispiel aktivieren Sie in Abbildung 11.16 alle Checkboxen und tragen die Prozentwerte »25,50,75« ein. Damit der Videotrigger überhaupt funktionieren kann,

muss eigentlich an jedes eingebundene Video der Parameter enablejsapi=1 angehängt werden. Das müssen Sie aber nicht tun; es reicht, wenn Sie bei ERWEITERT den
Haken bei ALLE YOUTUBE-VIDEOS UM JAVASCRIPT API-UNTERSTÜTZUNG ERWEITERN
setzen. Dadurch wird diese Aufgabe automatisch vom Google Tag Manager erledigt.

YouTube-Videos auch bei LazyLoading

Sollten Sie auf Ihrer Website *LazyLoading* einsetzen, kann es Probleme mit diesem
Videotrigger geben. LazyLoading ist eine Funktion, bei der Seiteninhalte erst geladen
werden, wenn sie im sichtbaren Bereich der Website sind. Das spart dem Nutzer
gerade beim ersten Aufruf einiges an Ladezeit. Aber leider kann es Konflikte mit dem
Tracking geben.

Damit der Trigger auch beim LazyLoading funktioniert, müssen Sie sicherstellen,
dass die YouTube-API-Library vor den Videos geladen wird. Dafür müssen Sie in den
Head der Seite diesen Skriptaufruf einbauen:

```
<script src="https://www.youtube.com/iframe_api">
```

Das gilt nur für den Fall, dass Ihr Video oder Ihre Videos beim Seitenaufruf nicht
direkt sichtbar sind.

Sobald der Trigger gespeichert und die Vorschau aktiviert ist, wird bei jeder angeklickten Interaktion des Videos ein Push in die Datenschicht vorgenommen, der folgendermaßen aussieht:

```
{
    "event": "gtm.video",
    "gtm.videoProvider": "youtube",
    "gtm.videoStatus": "pause",
    "gtm.videoUrl": "https://www.youtube.com/watch?v=33oCclk_7tU",
    "gtm.videoTitle": "Ein tolles Video",
    "gtm.videoDuration": 125,
    "gtm.videoCurrentTime": 4,
    "gtm.videoElapsedTime": 4,
    "gtm.videoPercent": 3,
    "gtm.videoVisible": true,
    "gtm.triggers": "9608354_10",
    "gtm.uniqueEventId": 7
}
```

Listing 11.1 Alle Daten der Videointeraktion

Und für Ihren Komfort sind das alles Daten, die der Google Tag Manager schon als
integrierte Variablen bereitstellt. Sie müssen diese Variablen nur noch aktivieren.

Das bedeutet, Sie haben jetzt schon entsprechende Werte und müssen anschließend nur noch das entsprechende Google Analytics-Tag erstellen.

Bevor Sie dieses erstellen, müssen Sie aber noch die integrierten Videovariablen aktivieren. Sie benötigen folgende Variablen:

- *Video Status*
- *Video URL*
- *Video Title*
- *Video Percent*

Nachdem Sie die Variablen aktiviert haben, öffnen Sie ein neues Google Analytics-Tag und stellen den TRACKING-TYP auf EREIGNIS um. In den Feldern nehmen Sie die Eintragungen aus Abbildung 11.17 vor:

- KATEGORIE: Video
- AKTION: {{Video Title}} – {{Video URL}}
- LABEL: {{Video Status}}
- WERT: {{Video Percent}}

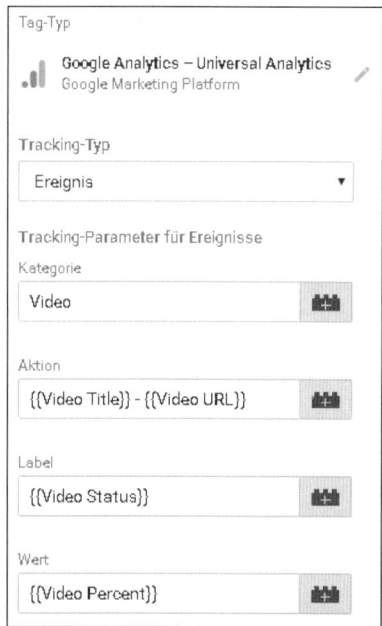

Abbildung 11.17 Die Einstellungen für das Videotracking

Nach dem Testen und Veröffentlichen finden Sie die Daten zu Ihren Videos in den Ereignissen Ihrer Google Analytics-Property.

> **Ereignisse, Ereignisse, Ereignisse**
>
> Sie merken, ich zeige hier sehr viel anhand von Google Analytics-Ereignissen. Das hat den ganz einfachen Hintergrund, dass es in Google Analytics hauptsächlich zwei verschiedene Arten von Tracking-Typen gibt, die beim Bewegen durch die Website auftauchen: *Seitenaufrufe* und *Ereignisse*. Während Seitenaufrufe sehr klar definiert sind, verwenden Sie Ereignisse für den gesamten Rest. Das heißt: Alles was kein Seitenaufruf ist, wird in der Regel mit einem Google Analytics-Ereignis in der Web-Analyse verewigt.

11.1.6   Scrolltracking

Es ist sinnvoll, nicht nur zu tracken, ob ein Seitenaufruf erfolgt ist, sondern auch, ob sich der Besucher der Website mit dem Inhalt beschäftigt hat. Die einfachste Art der Messung ist dabei das Scrolltracking.

Beim einfachen Scrolltracking erfassen Sie in Google Analytics, dass der Besucher auf der Website nach unten gescrollt hat. Um das mit dem Google Tag Manager zu realisieren, benötigen Sie den Scroll-Trigger.

Deshalb erstellen Sie einen neuen Trigger des Typs *Scrolltiefe*. Sie interessiert in erster Linie das Scrollen nach unten, also die vertikale Scrolltiefe. Deshalb klicken Sie auf Vertikale Scrolltiefe und tragen bei den Prozentsätzen folgende Werte ein: »50,75,100«. Das bedeutet: Immer wenn 50 %, 75 % oder 100 % der Seite gescrollt wurden, löst der Trigger aus (siehe Abbildung 11.18).

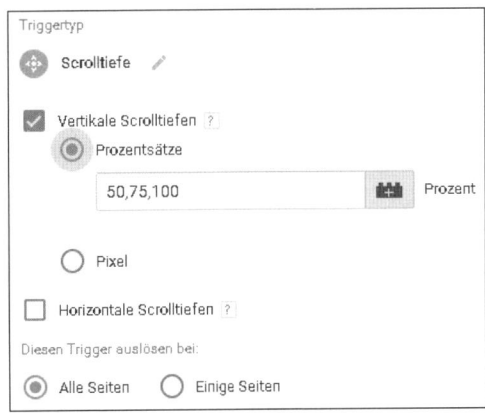

Abbildung 11.18 Der Trigger für die Scrolltiefe

Um auf die entsprechenden Werte zuzugreifen, aktivieren Sie folgende Variablen:

- *Scroll Depth Treshold*
- *Scroll Depth Units*

Um dieses Scrollen in Google Analytics zu erfassen, legen Sie im Google Tag Manager ein neues Tag an und setzen den Tracking-Typ wieder auf EREIGNIS.

In die Felder des Tags tragen Sie folgende Werte ein:

► KATEGORIE: UI/UX

► AKTION: Scrolling

► LABEL: {{Scroll Depth Threshold}} - {{Scroll Depth Units}}

Nach dem Testen und Veröffentlichen finden Sie die entsprechenden Ereignisse in Google Analytics in den Berichten zu den Ereignissen.

Trigger nicht nur für Google Analytics

Sie müssen diese Trigger nicht zwingend nur für Google Analytics einsetzen. Sie können durchaus auch kreativ werden und einen Scroll-Trigger für das Auslösen einer Conversion für Facebook nutzen. Denn auch das Bewegen bzw. Lesen des Inhalts kann eine Mikro-Conversion sein. Wie Sie das Facebook-Pixel einbauen, zeige ich Ihnen in Abschnitt 11.5.1.

11.1.7   Die eigenen Besuche ausschließen

In der Web-Analyse wie mit Google Analytics ist es wichtig, die eigenen Besuche aus den Daten auszuschließen. Denn die eigenen Zugriffe und die Zugriffe von Kollegen und Mitarbeitern können die Kennzahlen stark verfälschen. Es ist gar nicht so selten, dass die Zugriffe von Mitarbeitern aus dem Vertrieb und der Entwicklung über 20 % der Seitenaufrufe ausmachen – entweder weil der Vertrieb die eigene Website als Katalog zur Recherche für die Kunden nutzt oder weil die Entwickler ihre Programmierungen testen müssen.

In der Hilfe von Google Analytics gibt es einen Artikel, der beschreibt, wie Sie die Besucher anhand der IP-Adresse aus Ihrer Google Analytics-Datenansicht herausfiltern können. Aber: Dieser Filter gilt zum einen nur für Firmen, die eine feste IP-Adresse haben. Und zum anderen funktioniert dieser Filter auch dann nicht mehr: Denn dadurch, dass Sie aus Datenschutzgründen die IP-Adresse anonymisieren müssen, kommt die komplette IP-Adresse gar nicht mehr an.

Die Auswirkungen von »anonymizeIp«

Wenn Sie in Ihrem Google Analytics-Tag das Feld anonymizeIp auf true setzen, haben Sie unter Datenschutzaspekten schon mal alles richtig gemacht. Aber bei der IP-Adressen-Anonymisierung wird die IP-Adresse geändert. Eine normale IP-Adresse sieht zum Beispiel folgendermaßen aus: 87.251.124.87. Bei der Aktivierung von anonymizeIp

---

wird der Teil nach dem letzten Punkt auf »0« gesetzt. Dadurch ist die IP-Adresse ausreichend anonymisiert.

Aber Filter in Google Analytics, die auf die ganze IP-Adresse zielen, funktionieren dadurch nicht mehr. Denn die IP-Adresse sieht dann folgendermaßen aus: 87.241.124.0. Sie können die IP-Adresse allerdings nur dann für den Ausschluss nutzen, wenn Sie die gesamte C-Klasse der IP-Adresse nutzen. C-Klasse bedeutet, Ihrem Unternehmen gehören alle IP-Adressen, die mit 87.241.124 beginnen. Aber dieser Luxus ist nur wenigen Unternehmen vorbehalten.

Aus diesem Grund müssen Sie andere Maßnahmen ergreifen, damit Sie die eigenen Besuche ausschließen können. Dieses Ausschließen ist nicht nur für Google Analytics wichtig, sondern unter Umständen auch für andere Tools bzw. Marketing-Tags. Deshalb erkläre ich Ihnen im Folgenden, wie Sie generell für alle Tags die eigenen Mitarbeiter erkennen und gegebenenfalls darauf reagieren können.

Die eigenen Mitarbeiter markieren

Als Erstes geht es darum, dass die Browser der Mitarbeiter möglichst dauerhaft markiert werden – und zwar so markiert werden, dass Sie mit dem Google Tag Manager den Status des Nutzers abrufen können. »Status« bedeutet in diesem Fall, dass Sie wissen, ob der Nutzer ein interner Nutzer ist oder eben nicht.

Der einfachste Weg, um den Browser des Nutzers dauerhaft zu markieren, ist das Setzen eines Cookies. Dafür legen Sie ein neues HTML-Tag an. Da Sie ein Cookie setzen wollen und dafür JavaScript ausführen müssen, wählen Sie als Tag-Typ BENUTZERDEFINIERTES HTML, und in das HTML-Feld kopieren Sie folgenden Code (siehe Abbildung 11.19):

```
<script>
var basedomain = '.gtm-buch.de'; // Domain des Cookies
var cookieName = 'gtm_userstatus'; // Name des Cookies
var cookieValue = 'internal'; // Wert des Cookies
var expirationTime = 63072000000; // Gültigkeitsdauer des Cookies in
                                  Millisekunden

var date = new Date();
var dateTimeNow = date.getTime();

date.setTime(dateTimeNow + expirationTime); // Berechnet Millisekunden
                                            des Gültigkeitsdatums
var expirationTime = date.toUTCString(); // Berechnet aus den Millisekunden
                                         ein Datum
```

```
document.cookie = cookieName+"="+cookieValue+"; expires="+expirationTime+";
path=/; domain=" + basedomain; // Setzt das Cookie
</script> </script>
```

Listing 11.2 Der JavaScript-Code zum Schreiben des Cookies für den internen Nutzer

```
Tag-Typ

<>   Benutzerdefiniertes HTML
     Benutzerdefiniertes HTML-Tag

HTML  ?

 1  <script>
 2  var basedomain = '.gtm-buch.de'; // Domain des Cookies
 3  var cookieName = 'gtm_userstatus'; // Name des Cookies
 4  var cookieValue = 'internal'; // Wert des Cookies
 5  var expirationTime = 63072000000; // Gültigkeitsdauer des Cookies in Milisekunden
 6
 7  var date = new Date();
 8  var dateTimeNow = date.getTime();
 9
10  date.setTime(dateTimeNow + expirationTime); // Sets expiration time (Time now + one month)
11  var expirationTime = date.toUTCString(); // Converts milliseconds to UTC time string
12  document.cookie = cookieName+"="+cookieValue+"; expires="+expirationTime+"; path=/; domain=" +
    basedomain; // Sets cookie for all subdomains
13  </script>

☐  'document.write' unterstützen  ?
```

Abbildung 11.19 Der in das HTML-Tag kopierte Code

Bevor Sie das Tag abspeichern, müssen Sie noch die Variable in der zweiten Zeile ändern. Dort muss statt des Beispiels gtm-buch.de die Domain eingesetzt werden, auf der das Tag laufen soll. Danach können Sie das Tag unter den Namen »Cookie schreiben internal« speichern. Beim Speichern erhalten Sie einen Warnhinweis vom Google Tag Manager, dass kein Trigger vorhanden ist. Das ist in diesem Fall vollkommen okay und muss von Ihnen nicht weiter beachtet werden.

Immer wenn dieses Tag ausgeführt wird, schreibt das JavaScript ein Cookie mit dem Namen gtm_userstatus und dem Wert internal. Dieses Cookie bleibt im Browser für zwei Jahre gespeichert – es sei denn, die Person löscht das Cookie.

Den Besucherstatus auslesen

Als Nächstes benötigen Sie die Variable, die den Wert des Cookies zurückgibt. Dafür gehen Sie in den Bereich der VARIABLEN. Dort legen Sie eine neue Variable an, und als Typ wählen Sie FIRST-PARTY-COOKIE. Bei COOKIE-NAME tragen Sie den Namen des Cookies aus dem JavaScript ein: »gtm_userstatus« (siehe Abbildung 11.20). Diese Variable liest jetzt immer den Wert des Cookies aus. Wenn das Cookie nicht vorhanden ist, gibt sie ein undefined zurück. Diese Variable speichern Sie unter dem Namen »cookie gtm_userstatus«.

Abbildung 11.20 Die Variable mit dem Wert des Cookies »gtm_userstatus«

Den Besucherstatus an Google Analytics übertragen

Sie haben jetzt das Schreiben des Cookies und auch das Auslesen des Cookies gelernt. Bevor Sie die entsprechenden Trigger für das Schreiben des Cookies erstellen, kümmern Sie sich darum, dass die entsprechende Markierung auch in Google Analytics ankommt.

Dafür legen Sie in Google Analytics eine neue benutzerdefinierte Dimension an. Loggen Sie sich dazu in Ihr Google Analytics-Konto ein, und rufen Sie die Property auf, für die Sie die internen Nutzer markieren wollen. Dort gehen Sie in den Bereich VERWALTUNG. Sie finden die Schaltfläche zum Aufrufen der Verwaltung am linken unteren Rand in Ihrer Google Analytics-Datenansicht.

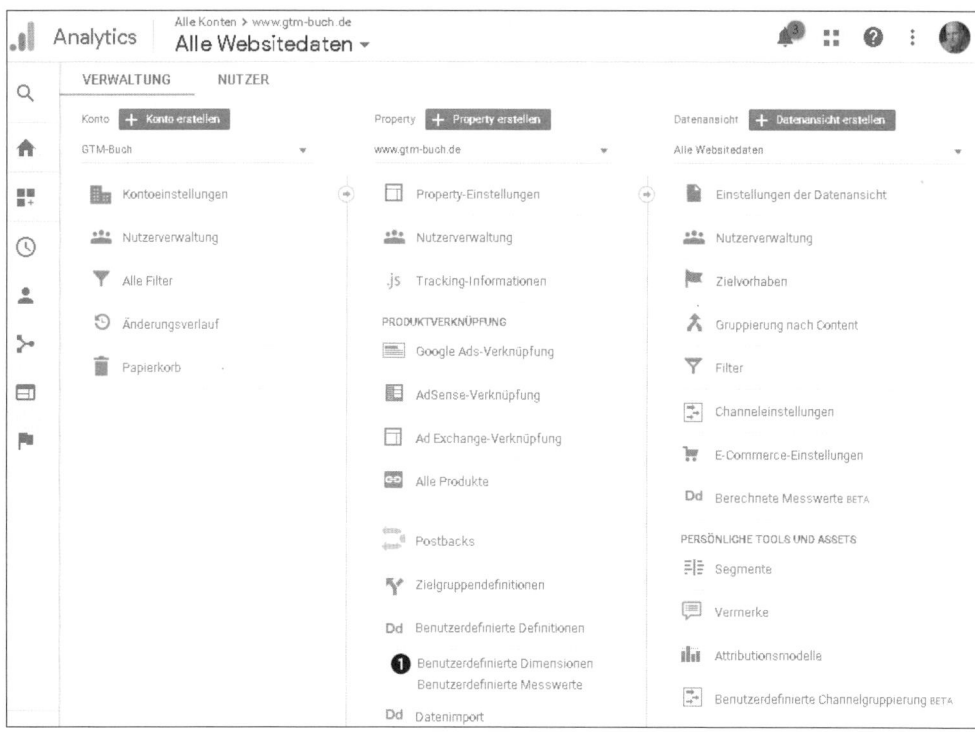

Abbildung 11.21 Die Verwaltung in Google Analytics

In der VERWALTUNG klicken Sie auf BENUTZERDEFINIERTE DEFINITIONEN, und im aufgeklappten Untermenü finden Sie den Punkt BENUTZERDEFINIERTE DIMENSIO-NEN ❶. Da klicken Sie dann noch mal drauf.

Im nächsten Bildschirm legen Sie eine neue benutzerdefinierte Dimension an. Sie klicken auf NEUE BENUTZERDEFINIERTE DIMENSION und vergeben einen Namen für diese Dimension, zum Beispiel »Nutzerstatus« (siehe Abbildung 11.22). Den UMFANG, also den Geltungsbereich dieser Dimension, setzen Sie auf NUTZER. Dadurch bleibt der Wert auch über mehrere Sitzungen hinweg erhalten. Google Analytics speichert damit dauerhaft, dass dem Nutzer dieser Wert in der Dimension zugewiesen wird, sobald der Nutzer wiedererkannt wird.

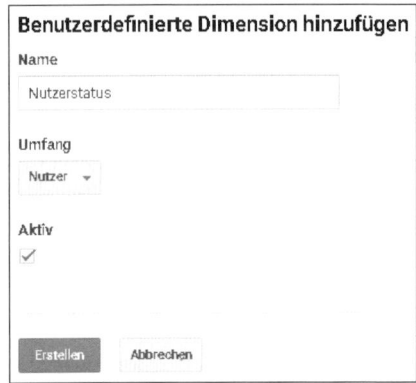

Abbildung 11.22 Benutzerdefinierte Dimension hinzufügen

Nach dem Speichern ist es wichtig, dass Sie sich den Index dieser neu erstellten benutzerdefinierten Dimension merken. Denn den Index benötigen Sie gleich im Google Tag Manager beim Google Analytics-Tag.

Sie können den Index jederzeit wieder nachschlagen; er steht in der Liste der angelegten benutzerdefinierten Dimensionen (siehe Abbildung 11.23). In diesem Fall ist der INDEX der benutzerdefinierten Dimension NUTZERSTATUS die 1. Es kann aber in Ihrem Fall auch jede andere Zahl zwischen 1 und 20 sein. Das hängt davon ab, ob in Ihrer Google Analytics-Property schon benutzerdefinierte Dimensionen vorhanden sind oder nicht.

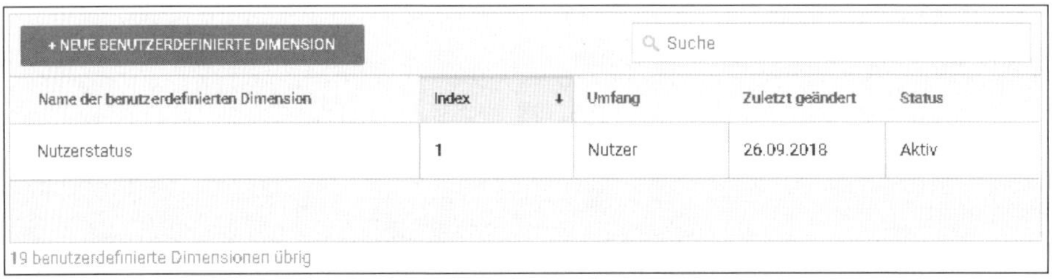

Name der benutzerdefinierten Dimension	Index	↓	Umfang	Zuletzt geändert	Status
Nutzerstatus	1		Nutzer	26.09.2018	Aktiv

+ NEUE BENUTZERDEFINIERTE DIMENSION   🔍 Suche

19 benutzerdefinierte Dimensionen übrig

Abbildung 11.23 Die Tabelle mit den angelegten benutzerdefinierten Dimensionen

Als Nächstes rufen Sie wieder den Google Tag Manager auf. Dort begeben Sie sich in den Container, in dem Sie schon das Tag für das Cookie angelegt haben. Jetzt verändern Sie die Variable mit den Einstellungen für Google Analytics.

Wenn Sie sich an meine Beispiele gehalten haben, heißt diese Variable *googleAnalyticsBasis*. Sie öffnen diese Variable (siehe Abbildung 11.23), und im Bereich WEITERE EINSTELLUNGEN gibt es den Unterpunkt BENUTZERDEFINIERTE DIMENSIONEN. Auf diesen Punkt klicken Sie.

Nun können Sie eine neue BENUTZERDEFINIERTE DIMENSION HINZUFÜGEN. Das tun Sie auch (siehe Abbildung 11.24). Als INDEX geben Sie den Index an, den Sie in der Google Analytics-Property angelegt haben; im Beispiel ist das die 1. Als DIMENSIONSWERT geben Sie den Namen des Cookies an, in dem Sie den Nutzerstatus gespeichert haben.

Abbildung 11.24 Die benutzerdefinierte Dimension hinzufügen

Nachdem Sie die Änderungen dieser Variablen gespeichert haben, sind Sie mit der Übermittlung des Besucherstatus an Google Analytics so weit fertig. Aber aktuell wird immer der Status undefined übertragen. Das bedeutet, die Nutzer werden noch nicht erkannt, denn die Information, dass ein Nutzer intern ist, wird noch nicht übermittelt. Das kommt jetzt.

Eine Art der Erkennung reicht in der Regel nicht

Im Folgenden werde ich Ihnen mehrere Möglichkeiten aufzeigen, wie Sie interne Nutzer markieren können. Sie müssen sich dabei nicht für ein einziges Prinzip entscheiden, sondern sollen vielmehr mehrere Wege der Markierung implementieren. Denn oftmals reicht es nicht, einen Weg für alle Mitarbeiter auszuwählen.

Den Benutzer anhand einer bestimmten URL erkennen

Den Browser eines Nutzers können Sie am einfachsten dann markieren, wenn er eine bestimmte URL aufruft. Genau dafür erstellen Sie jetzt einen passenden Trigger. Und zwar soll das Cookie-Tag dann ausgeführt werden, wenn der Nutzer eine URL aufruft, an die ein Parameter angehängt ist, der ihn als internen Nutzer markiert, zum Beispiel *www.gtm-buch.de?userstatus=internal*. In diesem Fall habe ich einfach an die vorhandene URL einen neuen Parameter angehängt. Die Website reagiert auf diesen Parameter nicht, sondern nur die Implementierung des Google Tag Managers.

Um einen Trigger zu erstellen, der auf diesen Parameter reagiert, müssen Sie als Erstes eine Variable erstellen, die den Wert des Parameters zurückgibt. Dafür gehen Sie in den Bereich VARIABLEN und erstellen eine neue Variable. Diese Variable ist vom Typ *URL*. Da die Variable uns Informationen zur Suchanfrage userstatus= zurückgeben soll, wählen Sie als KOMPONENTENTYP die SUCHANFRAGE, und beim SUCHANFRAGENSCHLÜSSEL tragen Sie den Namen des Parameters aus dem obigen Beispiel ein, also »userstatus« (siehe Abbildung 11.25). Würden Sie die obige Beispiel-URL aufrufen, würde diese Variable den Wert internal zurückgeben. Sie speichern diese Variable unter dem Namen »url param userstatus«.

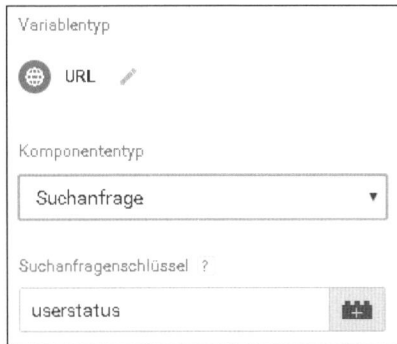

Abbildung 11.25 Die Variable für den Parameterwert von »userstatus«

Als Nächstes erstellen Sie den Trigger, der auslöst, wenn der Parameter userstatus gleich internal ist. Dafür gehen Sie in den Bereich TRIGGER und legen einen neuen Trigger an. Als Bedingung für das Auslösen des Triggers wählen Sie als Variable die eben erstellte Variable url param userstatus. Den Operator setzen Sie auf IST GLEICH und den Wert auf internal (siehe Abbildung 11.26). Speichern jetzt noch diesen Trigger unter dem Namen »url param userstatus ist gleich internal«.

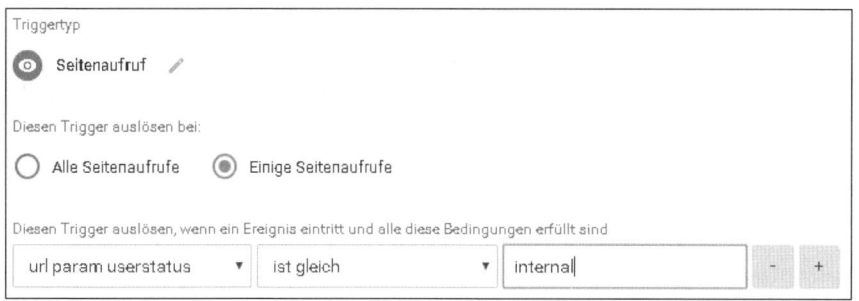

Abbildung 11.26 Der Trigger für die URL

Als Nächstes öffnen Sie das Tag *Cookie schreiben internal*, mit dem Sie das Cookie schreiben. Dort weisen Sie als Trigger den neu erstellten Trigger *url param userstatus ist gleich internal* zu. Jetzt speichern Sie das Tag und sind so weit fertig. Die erste Maßnahme zur Identifizierung interner Zugriffe ist fertig. Nun können Sie sie testen. Dafür aktivieren Sie den Vorschaumodus, indem Sie auf IN VORSCHAU ANSEHEN klicken.

Als Erstes rufen Sie die Seite ohne Parameter auf, also *http://demo.gtm-buch.de*. Das Tag sollte nicht ausgeführt werden. Wenn es doch ausgeführt wird, überprüfen Sie die Einstellungen, die Sie vorgenommen haben.

Als Nächstes hängen Sie den URL-Parameter an den Aufruf, also *http://demo.gtm-buch.de?userstatus=internal*. In diesem Fall sollte das Tag ausgeführt werden.

Nun können Sie nachschauen, ob das Cookie auch in den Speicher des Browsers geschrieben wurde. Dazu öffnen Sie die Chrome-Entwicklertools, klicken oben auf APPLICATION und auf der linken Seite der Entwicklertools dann auf COOKIES. Mit einem Klick auf Ihren Domainnamen erhalten Sie eine Übersicht über alle gesetzten Cookies. Oben in das Filterfeld können Sie jetzt »gtm_userstatus« eintragen. Sie sollten dann nur noch das gerade durch Ihr Tag gesetzte Cookie sehen (siehe Abbildung 11.27). Wenn das nicht der Fall ist, überprüfen Sie Ihre Einstellungen.

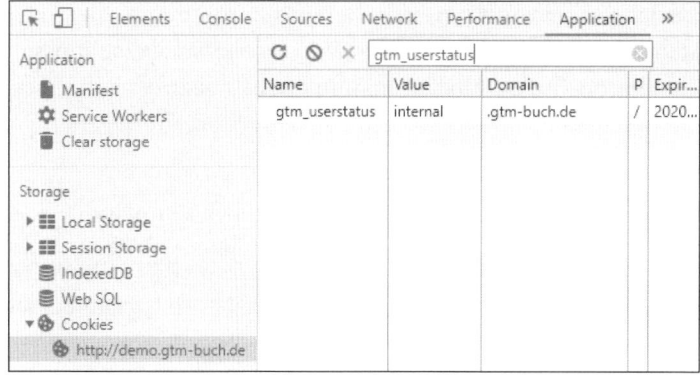

Abbildung 11.27 Das Cookie in den Entwicklertools

Als Nächstes prüfen Sie noch, ob jetzt auch die entsprechende Dimension an Google Analytics übertragen wird. Die Übertragung an Google Analytics erfolgt aber erst, wenn Sie noch eine weitere beliebige Seite auf der Domain aufgerufen haben. Dafür öffnen Sie nach dem Aufrufen einer weiteren Seite das Chrome-Browser-Plugin *Tag Assistant*, klicken auf den Google Analytics-Eintrag und wählen im nächsten Fenster den PAGEVIEW REQUEST aus. Wenn Sie dann oben auf CUSTOM METRICS klicken (siehe Abbildung 11.28), sehen Sie, dass die entsprechende benutzerdefinierte Dimension mit dem passenden Wert gefüllt ist.

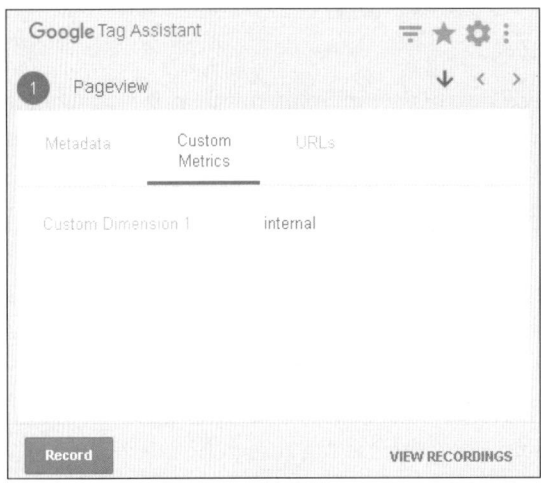

Abbildung 11.28 Der Google Tag Assistant mit der Ansicht der benutzerdefinierten Metriken

Den Besucherstatus anhand einer verweisenden URL erkennen

Im letzten Abschnitt haben Sie den Nutzer erkannt, da er eine spezielle URL aufgerufen hat. Im nächsten Schritt zeige ich Ihnen, wie Sie den Nutzer erkennen können, ohne dass er eine besondere URL aufruft. Bei diesem Verfahren machen Sie sich die Tatsache zunutze, dass der Nutzer von einer besonderen URL kommt. Da diese Methode extrem von Ihrem CMS oder Projektmanagement-Tool abhängig ist, müssen Sie testen, ob diese Methode bei Ihrem Projekt funktioniert. Es gibt zwei häufige verweisende URLs, die darauf hinweisen, dass ein Nutzer zu den Mitarbeitern gehört:

1. Der Nutzer besucht die Website über das Backend des CMS.
2. Der Nutzer besucht die Website über eine besondere Domain des Projektmanagement-Tools.

Für das Beispiel Nr. 1 müssen Sie sich vorstellen, dass die Person im Backend einer WordPress-Installation den Inhalt der Seite bearbeitet. Sobald diese Person auf einen Vorschaulink bei einem Blogpost oder einer Seite klickt, besucht sie die Website und hinterlässt Spuren, und zwar den verweisenden Link: den *Referrer*.

Um zu prüfen, ob der Referer entsprechend übergeben wird, nutzen Sie den Vorschaumodus. Dafür muss die HTTP-Verweis-URL, also die integrierte Referrer-Variable, aktiviert sein. Zusätzlich aktivieren Sie den Vorschaumodus, damit Sie die entsprechende URL im Debug-Fenster sehen können.

Wenn Sie sich jetzt im Backend Ihres WordPress-CMS befinden, erhalten Sie beim Aktualisieren eines Blogposts oder einer Seite einen Vorschaulink angezeigt. Wenn Sie auf diesen Link klicken, landen Sie auf der Website und erhalten unten das Debug-Fenster. Im Debug-Fenster können Sie bei den Variablen nachschauen, welche URL als REFERRER erfasst wurde (siehe Abbildung 11.29).

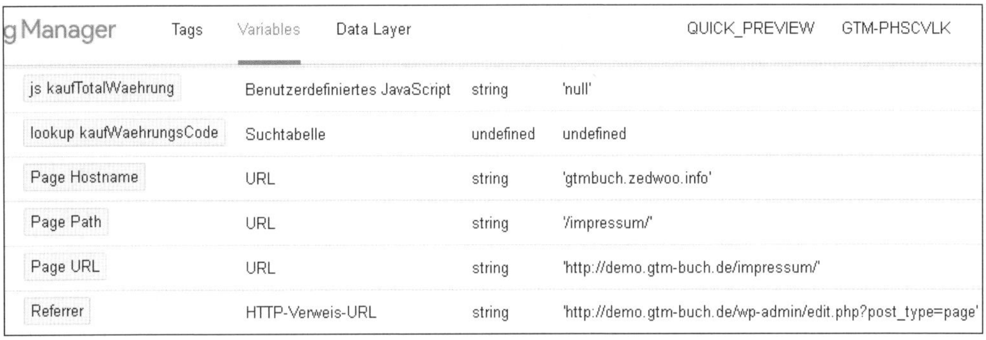

g Manager	Tags	Variables	Data Layer		QUICK_PREVIEW	GTM-PHSCVLK
js kaufTotalWaehrung	Benutzerdefiniertes JavaScript		string	'null'		
lookup kaufWaehrungsCode	Suchtabelle		undefined	undefined		
Page Hostname	URL		string	'gtmbuch.zedwoo.info'		
Page Path	URL		string	'/impressum/'		
Page URL	URL		string	'http://demo.gtm-buch.de/impressum/'		
Referrer	HTTP-Verweis-URL		string	'http://demo.gtm-buch.de/wp-admin/edit.php?post_type=page'		

Abbildung 11.29 Der Referrer mit der URL aus dem Backend von WordPress

Links aus dem Backend von WordPress sehen bei einem Blogpost so aus:

http://www.gtm-buch.de/wp-admin/post.php?post=2320&action=edit

Als Nächstes müssen Sie ein Suchmuster erstellen, anhand dessen Sie erkennen können, dass der Link aus dem Backend kommt. Während normale Besucher gegebenenfalls noch das Verzeichnis *wp-admin* mit der Login-Maske aufrufen können, ist es ganz klar ein Klick aus dem WordPress-Backend, wenn nach dem `wp-admin` noch ein / und ein Buchstabe stehen. Als regulärer Ausdruck sieht das dann folgendermaßen aus:

```
.*/wp-admin/.+
```

Dieses Suchmuster können Sie im Trigger nutzen. Dafür erstellen Sie einen neuen Trigger, und als TRIGGERTYP stellen Sie wieder SEITENAUFRUF ein. Da Sie den Trigger nicht bei allen Seitenaufrufen auslösen wollen, beschränken Sie ihn wieder auf EINIGE SEITENAUFRUFE.

Als Bedingungsvariable wählen Sie dieses Mal REFERRER, als Operator STIMMT MIT REGULÄREM AUSDRUCK ÜBEREIN, und als Ausdruck tragen Sie `.*/wp-admin/.+` ein (siehe Abbildung 11.30).

Abbildung 11.30 Die Erkennung anhand des Referrers

Als Nächstes fügen Sie diesen Trigger dann noch dem Tag hinzu, das das Cookie schreibt. Sobald Sie den Trigger hinzugefügt haben, wird das Tag bei beiden Triggern ausgeführt, die Sie zugewiesen haben.

Jetzt können Sie die Ausführung dieses Triggers testen. Vor dem Test sollten Sie gegebenenfalls das vorhandene Cookie vom letzten Test löschen. Dafür öffnen Sie die Entwicklerkonsole, klicken auf APPLICATIONS und in der linken Navigation auf COOKIES. Jetzt suchen Sie Ihre Domain und das entsprechende Cookie. Klicken Sie auf das Cookie, und drücken Sie die ⌫Entf⌫-Taste auf Ihrer Tastatur ist: Das Cookie wird gelöscht.

Den Besucherstatus anhand eines Wertes in der Datenschicht erkennen

Auch wenn Sie die komplette IP-Adresse nicht mehr in Google Analytics benutzen dürfen, spricht eigentlich nichts dagegen, die IP-Adresse auf Ihrem eigenen System auszuwerten. Denn dann kann Ihr Web-Entwickler einen entsprechenden Wert in die Datenschicht schreiben, den Sie anschließend auswerten können. Das kann zum Beispiel auch die Nutzerrolle aus dem CMS sein. Das WordPress-Plugin *Google Tag Manager for WordPress*, das ich in Abschnitt 2.4.2 vorgestellt habe, bietet auch diese Möglichkeit. Anhand dieses Plugins lernen Sie das Verfahren jetzt kennen.

Wenn Sie kein WordPress benutzen, können Sie diese Anleitung trotzdem theoretisch nachvollziehen und gegebenenfalls adaptieren.

Sie loggen sich in das WordPress-CMS ein und rufen über das linke Menü EINSTELLUNGEN und GOOGLE TAG MANAGER die Konfigurationsoberfläche des Plugins auf.

Dort wählen Sie oben BASIC DATA und eine Reihe darunter VISITORS (siehe Abbildung 11.31). Damit Sie die Benutzerrolle in der Datenschicht erhalten, setzen Sie das Häkchen bei LOGGED IN USER ROLE.

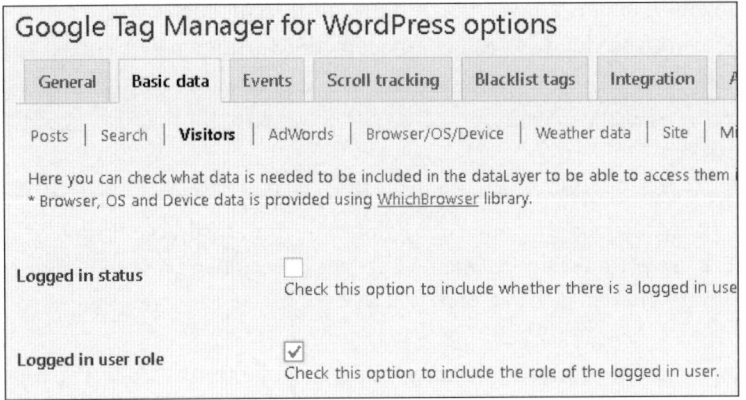

Abbildung 11.31 Die Einstellungsoberfläche des Plugins »Google Tag Manager for WordPress«

Die Aktivierung dieser Option sorgt dafür, dass die Rolle des Website-Nutzers in die Datenschicht geschrieben wird. Das sieht dann in der Datenschicht folgendermaßen aus:

```
{
"visitorType": "administrator"
}
```

Listing 11.3 Die Besucherrolle in der Datenschicht beim WordPress-Plugin

Für diese Rolle erstellen Sie jetzt eine Variable. Diese Variable ist vom Variablen-Typ *Datenschichtvariable*. Als Name der Datenschichtvariablen tragen Sie den Namen aus der Datenschicht ein, also »visitorType« (siehe Abbildung 11.32). Die Variable nennen Sie vor dem Speichern »dl visitorType«.

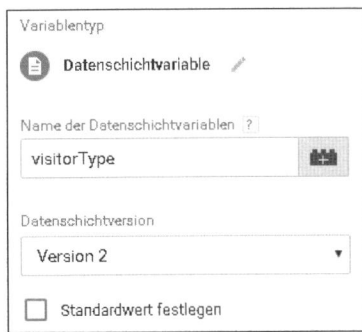

Abbildung 11.32 Die Datenschichtvariable für die Nutzerart

Nun erstellen Sie einen entsprechenden Trigger, der immer dann reagiert, wenn die Datenschichtvariable *visitorType* den Inhalt administator, editor oder author enthält. Immer dann soll das entsprechende Cookie geschrieben werden.

Dafür erstellen Sie einen neuen Trigger. Um auf drei unterschiedliche Werte prüfen zu können, können Sie entweder drei Trigger anlegen oder Sie nutzen den Vorteil der regulären Ausdrücke.

Reguläre Ausdrücke

Es gibt zwei Dinge, die die Arbeit mit dem Google Tag Manager extrem vereinfachen: das Lernen von JavaScript und das Anwenden der regulären Ausdrücke. Reguläre Ausdrücke (RegEx) werden Ihnen immer wieder begegnen. Sie finden sie nicht nur im Google Tag Manager, sondern auch in Google Analytics und vielen anderen Tools.

In diesem Fall nutzen Sie der Einfachheit halber einen regulären Ausdruck. Die Einstellungen für diesen Trigger sind:

▸ Variable: `dl visitorType`

▸ Operator: STIMMT MIT REGULÄREM AUSDRUCK ÜBEREIN

▸ Muster: `administrator|author|editor`

Der senkrechte Strich beim Muster steht für »oder«. Insgesamt sehen die Einstellungen dann so aus wie in Abbildung 11.33.

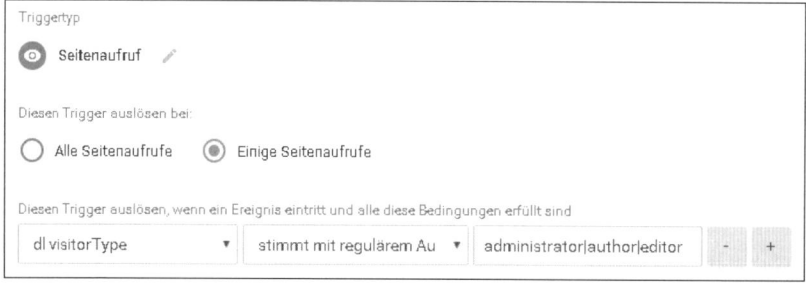

Abbildung 11.33 Die Einstellungen für den Trigger auf Basis der Benutzerrollen in WordPress

Als Nächstes weisen Sie dem Cookie-Tag noch diesen Trigger zu und testen es dann wieder. Denken Sie dran: Ohne Testen im Vorschaumodus soll keine Veröffentlichung stattfinden!

Die eigenen Besuche aus Google Analytics mit einem Filter ausschließen

Nachdem Sie die eigenen Besuche erfasst und den entsprechenden Wert als benutzerdefinierte Dimension an Google Analytics gesendet haben, müssen Sie jetzt noch dafür sorgen, dass die Besuche auch tatsächlich ausgeschlossen werden. Dafür erstellen Sie einen Filter in der Datenansicht in Ihrer Google Analytics-Property.

Dafür loggen Sie sich in Ihre Google Analytics-Property ein. Sie gehen wieder auf VERWALTUNG. Am rechten Rand, bei den Einstellungen zur DATENANSICHT, wählen Sie die richtige Datenansicht aus und klicken dann auf FILTER ❶ (siehe Abbildung 11.34).

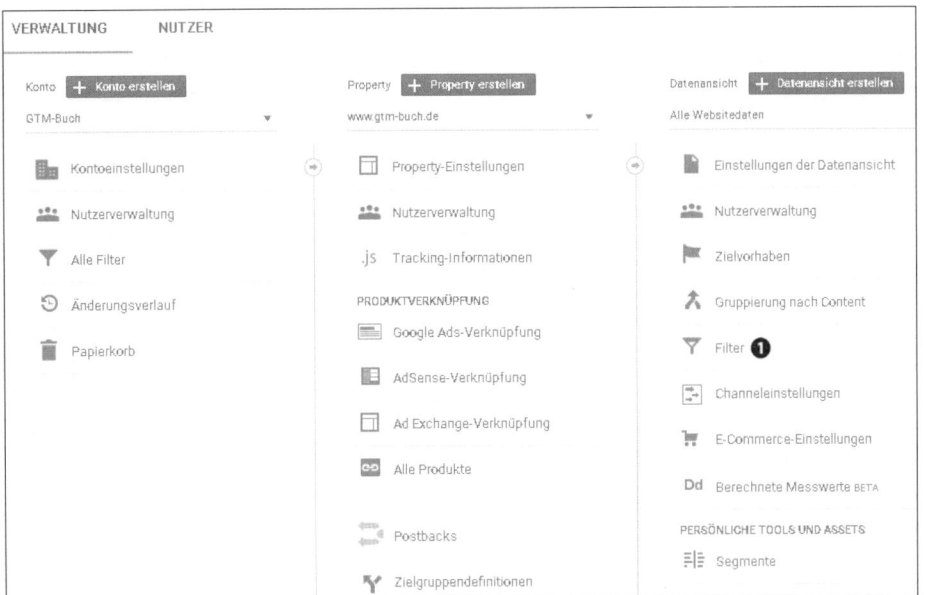

Abbildung 11.34 Der Menüpunkt »Filter« in der Datenansicht

Im nächsten Bildschirm klicken Sie auf FILTER HINZUFÜGEN. Nun geben Sie dem Filter einen Namen, zum Beispiel »Eigene Besuche ausschließen« (siehe Abbildung 11.35). Die vordefinierten Filter passen für diesen Anwendungsfall nicht, deshalb klicken Sie auf BENUTZERDEFINIERT. Da Sie die eigenen Besuche ausschließen wollen, klicken Sie bei den Optionsfeldern auf AUSSCHLIESSEN.

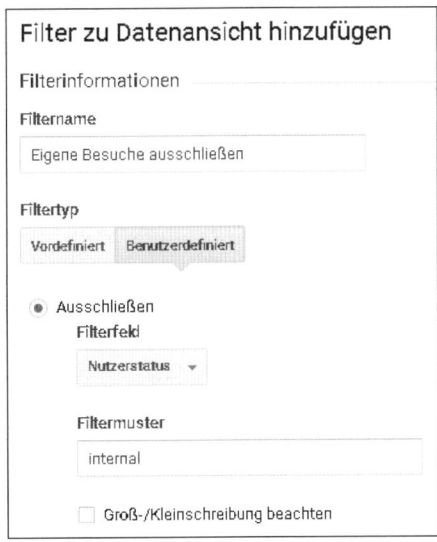

Abbildung 11.35 Filter zur Datenansicht hinzufügen

Beim FILTERFELD suchen Sie jetzt nach dem Namen Ihrer angelegten Dimension und wählen sie aus. In das FILTERMUSTER tragen Sie dann den Wert ein, den Sie als Dimensionswert an Google Analytics übertragen. In diesem Bespiel ist das »internal«.

Generell gilt im Umgang mit Filtern bei Google Analytics, dass Sie die Filter immer testen sollten, bevor Sie sie auf Ihre Live-Daten anwenden. Das gilt natürlich auch hier.

Eigene Datenansicht für interne Besucher

Wenn Sie sich schon die Mühe machen, die eigenen Besuche auszuschließen, ist es auch sinnvoll, diese Maßnahme zu kontrollieren. Ich kenne es aus meiner täglichen Praxis: Funktionen werden eingebaut, dann aber nicht genutzt. Aus diesem Grund erstelle ich in der Regel eine eigene Datenansicht nur für die internen Besucher. Wenn Sie das auch machen, können Sie mit einem Blick sehen, ob und wie viele Nutzer intern erfasst werden.

Zusammenfassung: Die eigenen Besuche ausschließen

Ich habe Ihnen in diesem Abschnitt drei Möglichkeiten gezeigt, wie Sie die eigenen Besuche markieren und anschließend in Google Analytics ausschließen können. Es gibt noch viele weitere Möglichkeiten, die eigenen Besuche zu erkennen und entsprechend zu markieren. Bestimmt finden Sie auch noch einen Weg, der besonders gut zu Ihren Anforderungen passt.

11.1.8 Das erweiterte eCommerce-Tracking

Das erweiterte eCommerce-Tracking in Google Analytics wurde zusammen mit *Universal Analytics* eingeführt. Das Besondere am erweiterten eCommerce-Tracking ist, dass Sie viel besser nachvollziehen können, was ein Besucher auf der Website getan hat: Sie können sehen, welche Produkte in den Listenansichten angeklickt wurden, welche Produkte in den Warenkorb gelegt wurden und vieles andere mehr. Das »alte« Standard-eCommerce-Tracking sendete einzig und allein beim Auftreten der Transaktion entsprechende Daten zum Warenkorb und den Produkten.

Die Vorarbeiten in Google Analytics

Das erweiterte eCommerce-Tracking ist standardmäßig in Google Analytics nicht aktiviert. Damit Sie die entsprechenden Daten sammeln können und Google Analytics diese auch auswertet, müssen Sie die zuständigen Einstellungen in Google Analytics aktivieren.

> **Erweiterte E-Commerce-Berichte nur mit Universal Analytics**
>
> Die erweiterten E-Commerce-Berichte funktionieren nicht mit dem klassischen Google Analytics-Code. Sie können zwar beide Codes nebeneinander benutzen, erhalten dadurch aber falsche Werte in Ihrer Property. Deshalb ist es wichtig, unbedingt vorab auf *Universal Analytics* umzustellen, wenn Sie erweiterte E-Commerce-Berichte nutzen wollen. Es ist inzwischen nicht mehr sinnvoll, den klassischen Code zu benutzen.

Dafür loggen Sie sich in Ihre Google Analytics-Property ein und gehen in die VER-WALTUNG. Die Einstellungen für die eCommerce-Funktionen laufen auf Datenansichtsebene. Deshalb klicken Sie in der Spalte der Datenansichtseinstellungen auf E-COMMERCE-EINSTELLUNGEN ❶ (siehe Abbildung 11.36).

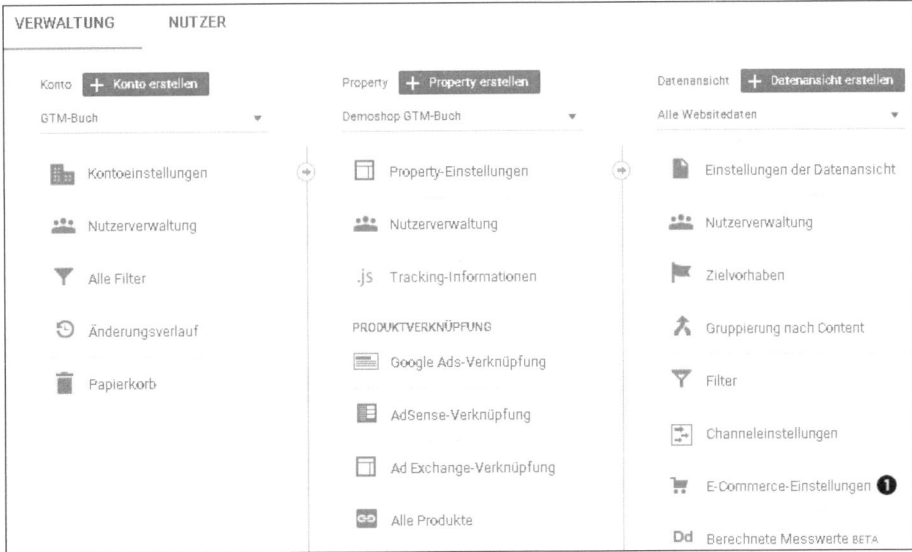

Abbildung 11.36 Die E-Commerce-Einstellungen

In den E-Commerce-Einstellungen aktivieren Sie als Erstes das generelle E-Commerce-Reporting, indem Sie E-COMMERCE AKTIVIEREN auf EIN stellen (siehe Abbildung 11.37). Anschließend stellen Sie auch ERWEITERTE E-COMMERCE-BERICHTE AKTIVIEREN auf EIN. Zum Abschluss ist es noch wichtig, diese Einstellungen zu SPEICHERN. Damit kann Ihr Google Analytics ab sofort die Daten der erweiterten E-Commerce-Berichte erfassen.

Übrigens: Das CHECKOUT LABELING ist dafür da, dass Sie beim Bericht *Bezahlverhalten* die entsprechenden Schritte mit Namen auszeichnen können. Die einzelnen Schritte sind je nach Konfiguration und System unterschiedlich. Deshalb können je nach System dort unterschiedliche Bezeichnungen stehen. Wenn Sie an dieser Stelle keine Eintragungen vornehmen, steht im Bericht später nur Step 1, Step 2 etc. Sie können aber zu jedem späteren Zeitpunkt dort die richtigen Bezeichnungen eintragen; diese werden sofort in den Bericht integriert.

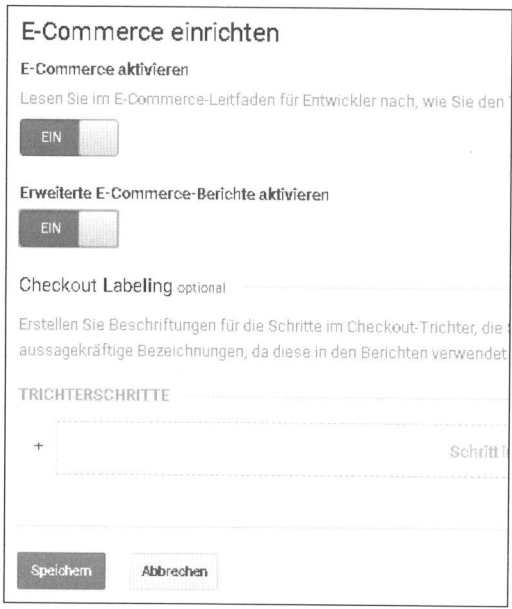

Abbildung 11.37 E-Commerce aktivieren

Mit diesen Einstellungen haben Sie jetzt alle Vorbereitungen innerhalb der Google Analytics-Konfigurationsoberfläche getroffen. Jetzt kommt der harte Job, bei dem die Daten an Google gesendet werden.

Die Basis im Shop-System einrichten

Damit der Google Tag Manager alle Interaktionen mit der Shop-Oberfläche an Google Analytics übertragen kann, müssen diese Informationen auch vorliegen. Dafür überträgt ein Shop in der Regel folgende Daten:

▸ Produkteinblendungen

▸ Klicks auf Produkte

▸ Aufrufen von Produktdetailseiten

▸ Einblendungen und Klicks auf interne Promotions/Werbung

▸ Hinzufügen und Entfernen von Produkten in und aus dem Warenkorb

▸ Starten des Bezahlvorgangs

▸ Kauf

▸ Erstattungen

Alle diese Aktivitäten können mithilfe von Daten in der Datenschicht an Google Analytics übertragen werden. Das bedeutet, Sie müssen dafür sorgen, dass die Daten in der Datenschicht auch vorliegen. In diesem Abschnitt werden Sie lernen, wie das erweiterte E-Commerce-Tracking richtig funktioniert. Sollten Sie für die Einrichtung in Ihrem Shop ein Plugin oder eine Erweiterung nutzen, können Sie gegebenenfalls diesen Abschnitt überspringen. Aber um die Datenschicht und das E-Commerce-Tracking besser zu verstehen, lohnt sich das Durcharbeiten dieses Abschnitts auf jeden Fall.

> **Wenn es eine fertige Lösung für Ihren Shop gibt**
>
> Es ist sehr aufwendig, die gesamte Datenschicht mit den entsprechenden Daten aus dem Shop-System zu füllen. Falls Sie ein Shop-System haben, das die Datenschicht als Feature eingebaut hat, empfehle ich Ihnen, unbedingt dieses System zu nutzen. Falls es alternativ für Ihr eingesetztes Shop-System ein entsprechendes Plugin gibt, sollten Sie es nutzen. Sie sparen durch die Nutzung von diesen Funktionen oder Erweiterungen sehr viele Ressourcen.
>
> Ich selbst hatte schon Projekte, als es noch keine vernünftigen Plugins gab. Diese Projekte haben in der Umsetzung mehrere Wochen gedauert. In Abschnitt 11.1.8 zeige ich Ihnen anhand des *WooCommerce*-Shop-Systems auf WordPress-Basis, wie einfach die Implementierung mit einem Plugin sein kann.
>
> Natürlich könnten Sie die Daten für die E-Commerce-Funktionen auch einfach mithilfe von JavaScript-Funktionen und DOM-Elementen aus der Website extrahieren. Das wäre aber recht instabil, denn bei jeder kleinen Änderung des Quelltextes kann sich die Syntax ändern!

Die einzelnen Informationen sollten immer als Push in die Datenschicht erfolgen. Für die Produkteinblendungen würde der Push folgendermaßen aussehen:

```
<script>
window.dataLayer.push({
  'ecommerce': {
    'currencyCode': 'EUR',        // optional.
    'impressions': [
     {
       'name': 'Triblend Android T-Shirt',
       'id': '12345',
       'price': '15.25',
       'brand': 'Google',
       'category': 'Apparel',
       'variant': 'Gray',
       'list': 'Search Results',
       'position': 1
```

```
    },
    {
      'name': 'Donut Friday Scented T-Shirt',
      'id': '67890',
      'price': '33.75',
      'brand': 'Google',
      'category': 'Apparel',
      'variant': 'Black',
      'list': 'Search Results',
      'position': 2
    }]
  }
});
</script>
```

Listing 11.4 Die Daten für Produkteinblendungen werden in die Datenschicht geschrieben.

»window« immer vor dem Datenschicht-Push

Sollten Sie parallel zu dieser Anleitung im Internet nach Anleitungen schauen, gegebenenfalls auch in der Google Analytics-Hilfe, könnten Sie jetzt irritiert sein. Dort wird unter Umständen kein window vor dataLayer.push geschrieben. Das muss Sie nicht verwirren, denn beides ist möglich. Aber mit window ist es technisch sicherer. Ich bin in Kapitel 8, »Daten in der Website bereitstellen: die Datenschicht«, genauer darauf eingegangen.

In diesem Beispiel werden zu zwei eingeblendeten Produkten auf einer Suchergebnisseite die Informationen in die Datenschicht geschrieben. Wenn der Aufbau der Datenschicht technisch korrekt ist und sie genau der Spezifikation entspricht, können Sie die Daten mit der Aktivierung der ERWEITERTEN E-COMMERCE-FUNKTIONEN im Google Analytics-Tag den Tag-Daten hinzufügen (siehe Abbildung 11.38).

Abbildung 11.38 Aktivieren der erweiterten E-Commerce-Funktionen und die Verwendung der Datenschicht im Google Analytics-Tag

Alle Werte, die mit den erweiterten eCommerce-Berichten zu tun haben, sind jeweils im Objekt ecommerce abgelegt, und zwar so, wie Sie es in Listing 11.5 sehen. Die Werte liegen unterhalb von ecommerce:

```
<script>
window.dataLayer.push({
    'ecommerce': {
// … hier kommen die Werte hin
   }
});
</script>
```

Listing 11.5 Die Basis für die Nutzung der Datenschicht für die erweiterten E-Commerce-Berichte

Zusätzlich ist es sinnvoll, wenn jeder Push von Informationen für die erweiterten E-Commerce-Berichte ein eigenes Ereignis erhält. Durch dieses Ereignis können Sie auf jeden einzelnen Push reagieren. Die Basis würde dann folgendermaßen aussehen:

```
<script>
window.dataLayer.push({
    'event': 'eec.impressions',
    'ecommerce': {
      // … hier kommen die Werte hin
   }
});
</script>
```

Listing 11.6 Die Basis für die Nutzung der Datenschicht mit dem Ereignis »eec.impressions« für die erweiterten E-Commerce-Berichte

Damit technisch auch dann alles funktioniert, wenn noch keine Datenschicht initialisiert wurde, fügen Sie natürlich jedem Push noch die entsprechende Zeile hinzu:

```
window.dataLayer = window.dataLayer || [];
window.dataLayer.push({
    'event': 'eec.impressions',
    'ecommerce': {
      // … hier kommen die Werte hin
   }
});
</script>
```

Listing 11.7 Die komplette Basis für den Push in die Datenschicht von E-Commerce-Daten

Grundsätzlich wird bei den Datentypen, die im Rahmen der erweiterten E-Commerce-Berichte in die Datenschicht geschrieben werden, unterschieden zwischen Aktionen (*Actions*), Einblendungen (*Impressions*) und Werbung (*Promotions*). Diese drei unterschiedlichen Typen mit ihren Unter-Definitionen stelle ich im Folgenden vor.

Wenn Sie so wie in meinem Vorschlag jede Übertragung mit einem Ereignis-Feld in die Datenschicht schreiben, können Sie für jeden Push einen eigenen Trigger und ein eigenes Google-Analytics-Tag anlegen. Das bringt Ihnen mehr Übersichtlichkeit und mehr Kontrolle beim Testen der Implementierung.

Aktion: Kauf

Der *Kauf* ist in meinen Augen die wichtigste Aktion, die an Google Analytics übertragen werden muss. Sollten Sie jemals Prioritäten bei der Implementierung von den erweiterten E-Commerce-Berichten setzen müssen, sollte der Kauf ganz oben auf der Umsetzungsliste stehen. Ohne den Kauf gibt es keine guten Daten für einen Online-Shop. Das bedeutet: Auch beim Testen sollten Sie großen Wert darauf legen, dass das Tag für den Kauf korrekt funktioniert.

Folgende Werte werden für den Kauf (*Purchase*) in der Datenschicht im `ecommerce.purchase`-Objekt benötigt:

Schlüssel	Typ	Beispiel	Kommentar
`actionField.list`	String	'12345'	Die eindeutige Bestellnummer
`actionField.affiliation`	String	'Mein Shop'	Zusätzliche Informationen, wo der Kauf stattgefunden hat
`actionField.revenue`	String	'25.00'	Gesamtumsatz. Es darf kein Komma und kein Währungszeichen benutzt werden. Der Wert kann mit oder ohne Versand und Steuern geschickt werden.
`actionField.tax`	String	'3.10'	Die Höhe der Steuern auf die Bestellung. Kein Komma, keine Währung!
`actionField.shipping`	String	'2.00'	Versandkosten. Kein Komma, keine Währung!
`actionField.coupon`	String	'MJJCGN'	Gutscheincode, der für die gesamte Bestellung genutzt wurde
`products[].id`	String	'8387'	Die SKU des Produkts

Tabelle 11.3 Werte für den »Kauf« in der Datenschicht

Schlüssel	Typ	Beispiel	Kommentar
products[].name	String	'Mein Sweatshirt'	Der Name des Produkts
products[].category	String	'Kleidung/ Frauen/ Sweatshirts'	Die Kategorie des Produkts. Es dürfen bis zu 5 Kategorie-Ebenen genutzt werden.
products[].variant	String	'S'	Variante des Produkts
products[].brand	String	'Adidas'	Marke des Produkts
products[].quantity	Integer	2	Anzahl des gekauften Produkts
products[].price	String	'9.95'	Preis des gekauften Produkts
products[].coupon	String	'summer'	Gutschein, der für dieses Produkt genutzt wurde

Tabelle 11.3 Werte für den »Kauf« in der Datenschicht (Forts.)

Als Push in die Datenschicht würden die Werte mit zwei unterschiedlichen Produkten folgendermaßen aussehen:

```
window.dataLayer = window.dataLayer || [];
window.dataLayer.push({
    event: 'eec.purchase',
    ecommerce: {
        currencyCode: 'EUR',
        purchase: {
            actionField: {
                id: '12345',
                affiliation: 'Mein Shop',
                revenue: '39.80',
                tax: '3.10',
                shipping: '2.00',
                coupon: 'MJJCGN'
            },
            products: [{
                id: '8387',
                name: 'Mein Sweatshirt',
```

```
            category: 'Kleidung/Frauen/Sweatshirts',
            variant: 'S',
            brand: 'Adidas',
            quantity: 2,
            price: '9.95',
            coupon: 'summer'

        }, {
            id: '83899',
            name: 'Mein Sweatshirt',
            category: 'Kleidung/Frauen/Sweatshirts',
            variant: 'XL',
            brand: 'Adidas',
            quantity: 2,
            price: '9.95'
        }]
    }
  }
});
```

Listing 11.8 Der Push in die Datenschicht für einen Kauf

Um das Tag im Google Tag Manager einzurichten, nehmen Sie folgende Eintragungen im neuen Tag vor (siehe auch Abbildung 11.39):

▶ TAG-TYP: Google Analytics

▶ TRACKING-TYP: Ereignis

▶ KATEGORIE: Erweiterte E-Commerce-Berichte

▶ AKTION: Kauf

▶ LABEL: {{dl ecommerce.purchase.id}}

▶ WERT: {{dl ecommerce.purchase.revenue}}

▶ TREFFER OHNE INTERAKTION: Falsch

▶ GOOGLE ANALYTICS-EINSTELLUNGEN: {{googleAnalyticsBasis}}

▶ EINSTELLUNGEN ZUM ÜBERSCHREIBEN IN DIESEM TAG AKTIVIEREN: ja

▶ WEITERE EINSTELLUNGEN • E-COMMERCE

▶ ERWEITERTE E-COMMERCE-FUNKTIONEN AKTIVIEREN: Wahr

▶ DATENSCHICHT VERWENDEN: Ja

Die entsprechenden Variablen müssen Sie noch anlegen.

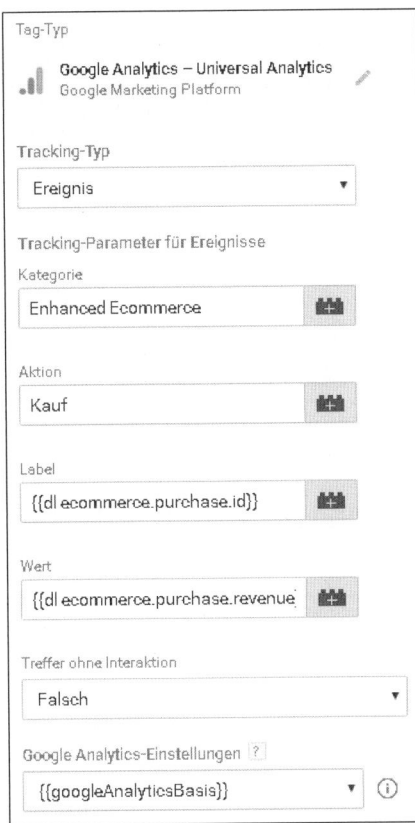

Abbildung 11.39 Das Google Analytics-Ereignis für den Kauf

Der Trigger löst auf das benutzerdefinierte Ereignis »eec.purchase« aus (siehe Abbildung 11.40).

Abbildung 11.40 Der Trigger für das benutzerdefinierte Ereignis

Aktion: Produkteinzelansicht

Die Auswertung der Produkteinzelansicht kann sehr aussagekräftig sein. Unter anderem kann ein Produkt, das nie angeschaut wird, auch nicht gekauft werden.

Folgende Werte werden im ecommerce.detail-Objekt für den Aufruf der Produkteinzelansicht in der Datenschicht benötigt:

Schlüssel	Typ	Beispiel	Kommentar
actionField.list	String	'special'	Es gibt die optionale Möglichkeit, eine Liste für die Produkteinzelansicht mitzugeben.
products[].id	String	'8387'	Die SKU des Produkts
products[].name	String	'Mein Sweatshirt'	Der Name des Produkts
products[].category	String	'Kleidung/ Frauen/ Sweatshirts'	Die Kategorie des Produkts. Es dürfen bis zu 5 Kategorie-Ebenen genutzt werden.
products[].variant	String	'S'	Variante des Produkts
products[].brand	String	'Adidas'	Marke des Produkts

Tabelle 11.4 Werte für die Produkteinzelansicht in der Datenschicht

Als Push in die Datenschicht würden die Werte folgendermaßen aussehen:

```
window.dataLayer = window.dataLayer || [];
window.dataLayer.push({
    event: 'eec.detail',
    ecommerce: {
        detail: {
            actionField: {
                list: 'special'
            },
            products: [{
                id: '8387',
                name: 'Mein Sweatshirt',
                category: 'Kleidung/Frauen/Sweatshirts',
                variant: 'S',
                brand: 'Adidas'
            }]
        }
    }
});
```

Listing 11.9 Der Push in die Datenschicht für eine Produkteinzelansicht

Um das Tag im Google Tag Manager einzurichten, nehmen Sie folgende Eintragungen vor (siehe auch Abbildung 11.41):

- ▶ Tag-Typ: Google Analytics
- ▶ Tracking-Typ: Ereignis
- ▶ Kategorie: Erweiterte E-Commerce-Berichte
- ▶ Aktion: Produkteinzelansicht
- ▶ Label: {{dl ecommerce.detail.0.products.id}}
- ▶ Treffer ohne Interaktion: Falsch
- ▶ Google Analytics-Einstellungen: {{googleAnalyticsBasis}}
- ▶ Einstellungen zum Überschreiben in diesem Tag aktivieren: ja
- ▶ Weitere Einstellungen • E-Commerce
- ▶ Erweiterte E-Ecommerce-Funktionen aktivieren: Wahr
- ▶ Datenschicht verwenden: Ja

Die entsprechenden Variablen müssen Sie noch anlegen.

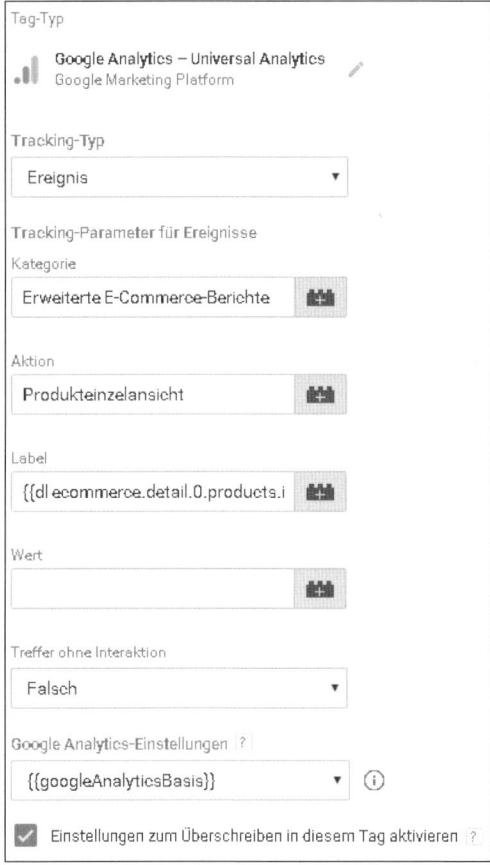

Abbildung 11.41 Das Google Analytics-Tag für die Produkteinzelansicht

Der Trigger löst auf das benutzerdefinierte Ereignis »eec.detail« aus (siehe Abbildung 11.42).

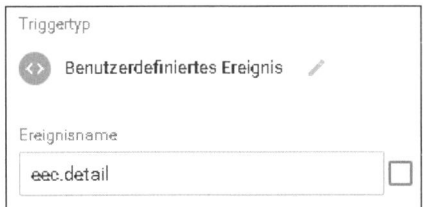

Abbildung 11.42 Der Trigger für »eec.detail«

Aktion: Produkt zum Warenkorb hinzufügen

Immer wenn der Nutzer ein Produkt zum Warenkorb hinzufügt, wird diese Aktion ausgeführt. Dabei ist es wichtig, dass Sie beachten, dass die Anzahl der Produkte nur die Anzahl wiedergibt, die in dieser Aktion dem Warenkorb hinzugefügt wurden. Folgende Werte werden im ecommerce.add-Objekt für den Aufruf des Hinzufügens zum Warenkorb in der Datenschicht benötigt:

Schlüssel	Typ	Beispiel	Kommentar
`actionField.list`	String	`'Startseite'`	Wenn es mehrere Orte gibt, an denen Produkte zum Warenkorb hinzugefügt werden können, ist es sinnvoll, das Produktlistenfeld für die Unterscheidung zu nutzen.
`products[].id`	String	`'8387'`	Die SKU des Produkts
`products[].name`	String	`'Mein Sweatshirt'`	Der Name des Produkts

`products[].category`	String	`'Kleidung/`
		`Frauen/`
		`Sweatshirts'`
			Die Kategorie des Produkts. Es dürfen bis zu 5 Kategorie-Ebenen genutzt werden.

`products[].variant`	String	`'S'`	Variante des Produkts
`products[].brand`	String	`'Adidas'`	Marke des Produkts

Tabelle 11.5 Werte für das Hinzufügen von Produkten zum Warenkorb

Schlüssel	Typ	Beispiel	Kommentar
products[].quantity	Interger	2	Anzahl der Produkte, die in diesem Vorgang dem Warenkorb hinzugefügt wurden

Tabelle 11.5 Werte für das Hinzufügen von Produkten zum Warenkorb (Forts.)

Als Push in die Datenschicht würden die Werte folgendermaßen aussehen:

```
window.dataLayer = window.dataLayer || [];
window.dataLayer.push({
    event: 'eec.add',
    ecommerce: {
        add: {
            actionField: {
                list: 'Startseite'
            },
            products: [{
                id: '8387',
                name: 'Mein Sweatshirt',
                category: 'Kleidung/Frauen/Sweatshirts',
                variant: 'S',
                brand: 'Adidas',
                quantity: 2
            }]
        }
    }
});
```

Listing 11.10 Der Push in die Datenschicht für das Hinzufügen eines Produkts zum Warenkorb

Um das Tag im Google Tag Manager einzurichten, nehmen Sie folgende Eintragungen im neuen Tag vor (siehe auch Abbildung 11.43):

▶ TAG-TYP: Google Analytics

▶ TRACKING-TYP: Ereignis

▶ KATEGORIE: Erweiterte E-Commerce-Berichte

▶ AKTION: Hinzufügen zum Warenkorb

▶ LABEL: {{dl ecommerce.add.products.0.id}}

311

- ▶ WERT: {{dl ecommerce.add.products.0.quantity}}
- ▶ TREFFER OHNE INTERAKTION: Falsch
- ▶ GOOGLE ANALYTICS-EINSTELLUNGEN: {{googleAnalyticsBasis}}
- ▶ EINSTELLUNGEN ZUM ÜBERSCHREIBEN IN DIESEM TAG AKTIVIEREN: ja
- ▶ WEITERE EINSTELLUNGEN • E-COMMERCE
- ▶ ERWEITERTE E-ECOMMERCE-FUNKTIONEN AKTIVIEREN: Wahr
- ▶ DATENSCHICHT VERWENDEN: Ja

Die entsprechenden Variablen müssen Sie gegebenenfalls noch anlegen.

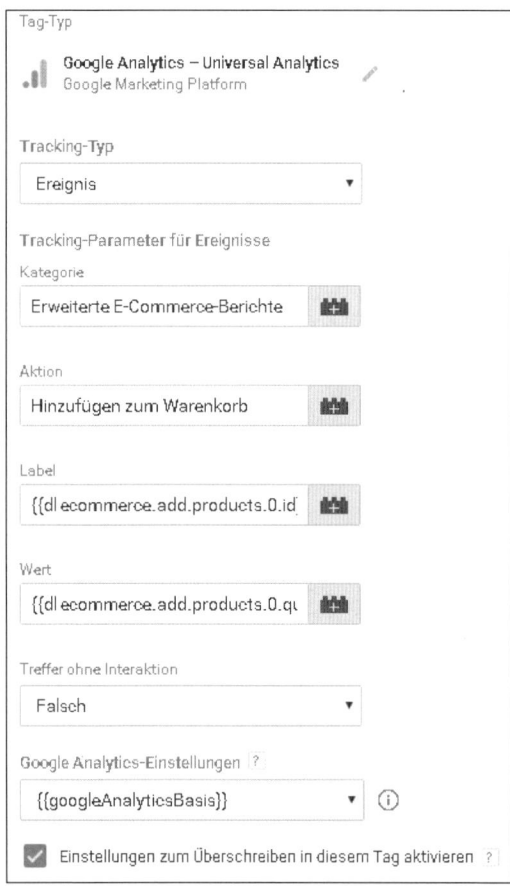

Abbildung 11.43 Das Google Analytics-Ereignis für das Hinzufügen zum Warenkorb

Der Trigger löst auf das benutzerdefinierte Ereignis »eec.add« aus (siehe Abbildung 11.44).

Abbildung 11.44 Das benutzerdefinierte Ereignis für »eec.add«

Aktion: Produkt aus dem Warenkorb entfernen

Prinzipiell ist das Entfernen eines Produkts aus dem Warenkorb genauso aufgebaut wie das Hinzufügen. Der Unterschied besteht im Schlüssel des Objekts. Statt `ecommerce.add` ist es in diesem Fall `ecommerce.remove`.

Folgende Werte werden im `ecommerce.remove`-Objekt für den Aufruf der Produkteinzelansicht in der Datenschicht benötigt:

Schlüssel	Typ	Beispiel	Kommentar
`actionField.list`	String	`'Startseite'`	Wenn es mehrere Orte gibt, an denen Produkte aus dem Warenkorb entfernt werden können, ist es sinnvoll, das Produktlistenfeld für die Unterscheidung zu nutzen.
`products[].id`	String	`'8387'`	Die SKU des Produkts
`products[].name`	String	`'Mein Sweatshirt'`	Der Name des Produkts
`products[].category`	String	`'Kleidung/ Frauen/ Sweatshirts'`	Die Kategorie des Produkts. Es dürfen bis zu 5 Kategorie-Ebenen genutzt werden.
`products[].variant`	String	`'S'`	Variante des Produkts
`products[].brand`	String	`'Adidas'`	Marke des Produkts
`products[].quantity`	Interger	2	Anzahl der Produkte, die in diesem Vorgang aus dem Warenkorb entfernt wurden

Tabelle 11.6 Werte für das Entfernen eines Produkts aus dem Warenkorb in der Datenschicht

Als Push in die Datenschicht würden die Werte folgendermaßen aussehen:

```
window.dataLayer = window.dataLayer || [];
window.dataLayer.push({
    event: 'eec.detail',
    ecommerce: {
        remove: {
            actionField: {
                list: 'Startseite'
            },
            products: [{
                id: '8387',
                name: 'Mein Sweatshirt',
                category: 'Kleidung/Frauen/Sweatshirts',
                variant: 'S',
                brand: 'Adidas',
                quantity: 2
            }]
        }
    }
});
```

Listing 11.11 Der Push in die Datenschicht für das Entfernen eines Produkts aus dem Warenkorb

Um das Tag im Google Tag Manager einzurichten, nehmen Sie folgende Eintragungen im neuen Tag vor (siehe auch Abbildung 11.45):

- TAG-TYP: Google Analytics
- TRACKING-TYP: Ereignis
- KATEGORIE: Erweiterte E-Commerce-Berichte
- AKTION: Entfernen aus dem Warenkorb
- LABEL: {{dl ecommerce.remove.products.0.id}}
- WERT: {{dl ecommerce.remove.products.0.quantity}}
- TREFFER OHNE INTERAKTION: Falsch
- GOOGLE ANALYTICS-EINSTELLUNGEN: {{googleAnalyticsBasis}}
- EINSTELLUNGEN ZUM ÜBERSCHREIBEN IN DIESEM TAG AKTIVIEREN: ja
- WEITERE EINSTELLUNGEN • E-COMMERCE
- ERWEITERTE E-ECOMMERCE-FUNKTIONEN AKTIVIEREN: Wahr
- DATENSCHICHT VERWENDEN: Ja

Die entsprechenden Variablen müssen Sie gegebenenfalls noch anlegen.

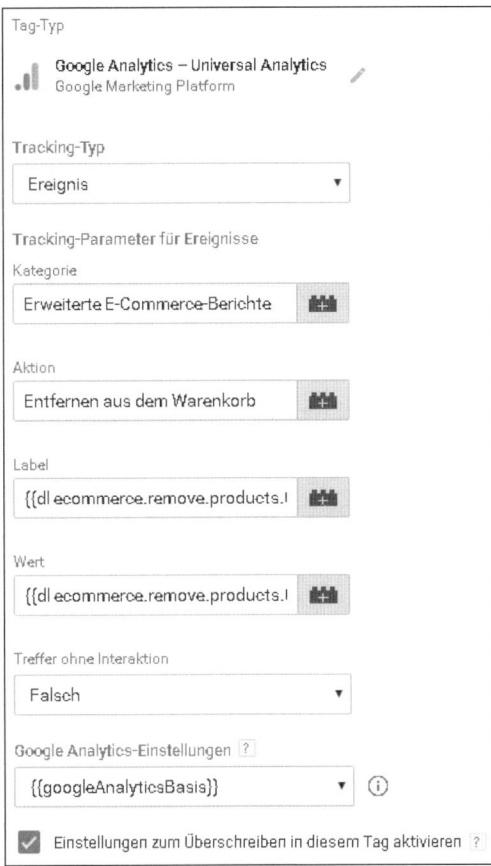

Abbildung 11.45 Das Google Analytics-Ereignis für das
Entfernen eines Produkts aus dem Warenkorb

Der Trigger löst auf das benutzerdefinierte Ereignis »eec.remove« aus (siehe Abbildung 11.46).

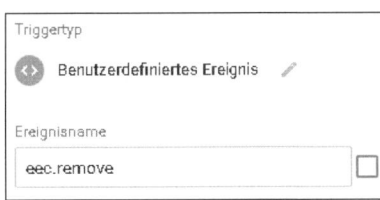

Abbildung 11.46 Das benutzerdefinierte Ereignis für das
Entfernen eines Produkts aus dem Warenkorb

Aktion: Checkout

Die Checkout-Aktion wird geschickt, wenn der Nutzer den Checkout-Prozess einleitet. In Google Analytics finden Sie die entsprechenden Werte im Bericht *Bezahlver-*

halten. Beim Checkout können mehrere Schritte angegeben werden. Entweder sind die Schritte die einzelnen Seiten im Checkout-Prozess oder aber – bei einem Checkout, der auf einer Seite stattfindet – die einzelnen Bereiche des Checkouts. Beides ist möglich und sinnvoll.

Beim ersten Aufruf werden die Produktdaten der Waren im Warenkorb mitgeschickt. Bei jedem weiteren Schritt müssen sie nicht mehr mitgeschickt werden: Sie können sie mitschicken, aber es hat keinerlei Auswirkungen.

Zusätzlich können Sie noch eine *Option* setzen. Das kann zum Beispiel die gewählte Bezahlart oder auch Versandart sein oder etwas, das besser zu Ihrer Auswertung passt. Es sind einfach zusätzliche Informationen, die Sie zur Auswertung nutzen wollen.

Folgende Werte werden im `ecommerce.checkout`-Objekt für den Checkout in der Datenschicht benötigt:

Schlüssel	Typ	Beispiel	Kommentar
`actionField.step`	Integer	1	Die Nummer des Checkout-Schrittes. In Google Analytics können die einzelnen Schritte Namen erhalten.
`actionField.option`	String	`'PayPal'`	Mit diesem Feld können Sie weitere Meta-Daten senden.
`products[].id`	String	`'8387'`	Die SKU des Produkts
`products[].name`	String	`'Mein Sweatshirt'`	Der Name des Produkts
`products[].category`	String	`'Kleidung/ Frauen/ Sweatshirts'`	Die Kategorie des Produkts. Es dürfen bis zu 5 Kategorie-Ebenen genutzt werden.
`products[].variant`	String	`'S'`	Variante des Produkts
`products[].brand`	String	`'Adidas'`	Marke des Produkts
`products[].quantity`	Interger	2	Anzahl der Produkte

Tabelle 11.7 Werte für den Checkout

Als Push in die Datenschicht würden die Werte folgendermaßen aussehen:

```
window.dataLayer = window.dataLayer || [];
window.dataLayer.push({
```

```
        event: 'eec.checkout',
        ecommerce: {
            checkout: {
                actionField: {
                    step: 1,
                    option: 'PayPal'
                },
                products: [{
                    id: '8387',
                    name: 'Mein Sweatshirt',
                    category: 'Kleidung/Frauen/Sweatshirts',
                    variant: 'S',
                    brand: 'Adidas',
                    quantity: 2,
                }, {
                    id: '83899',
                    name: 'Mein Sweatshirt',
                    category: 'Kleidung/Frauen/Sweatshirts',
                    variant: 'XL',
                    brand: 'Adidas',
                    quantity: 2,
                }]
            }
        }
});
```

Listing 11.12 Der Push in die Datenschicht für den Checkout

Sie können den option-Wert auch nach dem Senden des Checkout-Schrittes senden. Das sieht dann folgendermaßen aus:

```
window.dataLayer = window.dataLayer || [];
window.dataLayer.push({
  event: 'eec.checkout_option',
  ecommerce: {
    checkout_option: {
      actionField: {
        step: 1,
        option: 'PayPal'
      }
    }
  }
});
```

Listing 11.13 Der »option«-Wert für Schritt 2 wird nachträglich geschickt.

Wichtig: Sie können die Checkout-Option nur für einen Schritt senden, wenn dieser Schritt auch schon an Google Analytics übertragen wurde. Das heißt, Sie müssen sicherstellen, dass dieser Code nicht zuerst übertragen wird. Ansonsten wird er von Google Analytics ignoriert.

Um das Tag im Google Tag Manager einzurichten, nehmen Sie folgende Eintragungen im neuen Tag vor (siehe auch Abbildung 11.47):

- TAG-TYP: Google Analytics
- TRACKING-TYP: Ereignis
- KATEGORIE: Erweiterte E-Commerce-Berichte
- AKTION: Checkout
- LABEL: {{dl ecommerce.checkout.actionField.step}}
- WERT:
- TREFFER OHNE INTERAKTION: Falsch

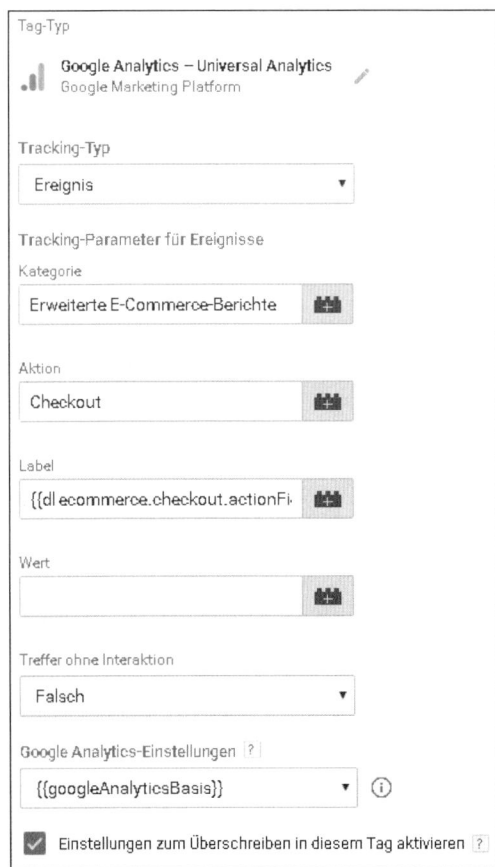

Abbildung 11.47 Das Google Analytics-Ereignis für den Checkout

▶ Google Analytics-Einstellungen: {{googleAnalyticsBasis}}

▶ Einstellungen zum Überschreiben in diesem Tag aktivieren: ja

▶ Weitere Einstellungen • E-Commerce

▶ Erweiterte E-Ecommerce-Funktionen aktivieren: Wahr

▶ Datenschicht verwenden: Ja

Die entsprechenden Variablen müssen Sie gegebenenfalls noch anlegen.

Der Trigger löst auf das benutzerdefinierte Ereignis »eec.checkout« aus (siehe Abbildung 11.48).

Abbildung 11.48 Das benutzerdefinierte Ereignis für den Checkout

Aktion: Rückerstattung

Mit den erweiterten E-Commerce-Berichten gibt es zum ersten Mal auch die eingebaute Auswertung von Rückerstattungen. Mit dieser Übertragung können Sie alle Rückerstattungen erfassen, die über die Website getätigt werden. Die entsprechenden Rückerstattungsbeträge werden aber nicht im System storniert bzw. vom Umsatz abgezogen, sondern erscheinen in einer eigenen Spalte. Inwieweit das sinnvoll ist, müssen Sie entscheiden. Aber auf jeden Fall ist es möglich.

Dafür benötigen Sie folgende Werte:

Schlüssel	Typ	Beispiel	Kommentar
actionField.id	string	'12345'	Eindeutige Bestellnummer des ursprünglichen Kaufs
products[].id	String	'8387'	Wenn nur ein bestimmtes Produkt erstattet werden soll, können Sie die ID angeben.
products[].quantity	Interger	2	Die Anzahl der Produkte, die erstattet werden sollen

Tabelle 11.8 Werte für die Rückerstattung in der Datenschicht

Wenn eine komplette Bestellung rückerstattet werden soll, sieht der Datenschicht-Push folgendermaßen aus:

```
window.dataLayer = window.dataLayer || [];
window.dataLayer.push({
  event: 'eec.refund',
  ecommerce: {
    refund: {
      actionField: {
        id: '12345'
      }
    }
  }
});
```

Listing 11.14 Die vollständige Rückerstattung

Für eine Teil-Rückerstattung sieht er entsprechend so aus:

```
window.dataLayer = window.dataLayer || [];
window.dataLayer.push({
  event: 'eec.refund',
  ecommerce: {
    refund: {
      actionField: {
        id: '12345'
      },
      products: [{
        id: '8387',
        quantity: 1
      }]
    }
  }
});
```

Listing 11.15 Eine Rückerstattung für nur ein Produkt

Um das Tag im Google Tag Manager einzurichten, nehmen Sie folgende Eintragungen im neuen Tag vor (siehe auch Abbildung 11.49):

▶ TAG-TYP: Google Analytics

▶ TRACKING-TYP: Ereignis

▶ KATEGORIE: Erweiterte E-Commerce-Berichte

▶ AKTION: Rückerstattung

▶ LABEL: {{dl ecommerce.refund.id}}

▶ WERT:

▶ TREFFER OHNE INTERAKTION: Falsch

► Google Analytics-Einstellungen: {{googleAnalyticsBasis}}

► Einstellungen zum Überschreiben in diesem Tag aktivieren: ja

► Weitere Einstellungen • E-Commerce

► Erweiterte E-Ecommerce-Funktionen aktivieren: Wahr

► Datenschicht verwenden: Ja

Die entsprechenden Variablen müssen Sie noch anlegen.

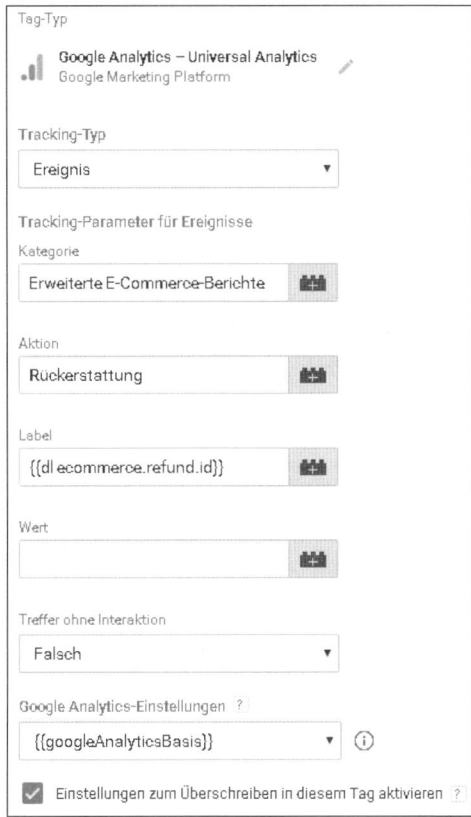

Abbildung 11.49 Das Google Analytics-Ereignis für die Rückerstattung

Der Trigger löst auf das benutzerdefinierte Ereignis »eec.refund« aus (siehe Abbildung 11.50).

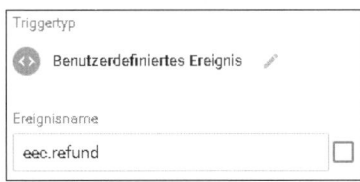

Abbildung 11.50 Das benutzerdefinierte Ereignis für die Rückerstattung

Aktion: Einblendung

Mit den Einblendungen können Sie die Information an Google Analytics übertragen, dass ein Produkt gesehen wurde. Dabei geht es nicht um die Produkteinzelansicht, sondern um alle anderen Orte, zum Beispiel um die Produktteaser in den Kategorien eines Shops oder aber um die Produkteinblendungen auf der Startseite. Immer wenn die Einblendung nicht ins Detail geht, soll die Einblendung in diesem Datentyp übertragen werden.

Folgende Werte werden dafür benötigt:

Schlüssel	Typ	Beispiel	Kommentar
`impressions[].id`	String	`'8387'`	Die SKU des Produkts
`impressions[].name`	String	`'Mein Sweatshirt'`	Der Name des Produkts
`impressions[].category`	String	`'Kleidung/ Frauen/ Sweatshirts'`	Die Kategorie des Produkts. Es dürfen bis zu 5 Kategorie-Ebenen genutzt werden.
`impressions[].variant`	String	`'S'`	Variante des Produkts
`impressions[].brand`	String	`'Adidas'`	Marke des Produkts
`impressions[].list`	String	`'Ähnliche Produkte'`	Die Bezeichnung der Liste, in der das Produkt angezeigt wird.
`impressions[].position`	Integer	5	Position, an der das Produkt in der Liste angezeigt wurde.

Tabelle 11.9 Werte für die Messung der Einblendungen

Als Datenschicht sieht das folgendermaßen aus:

```
window.dataLayer = window.dataLayer || [];
window.dataLayer.push({
    event: 'eec.impressions',
    ecommerce: {
        impressions: [{
            id: '8387',
            name: 'Mein Sweatshirt',
            category: 'Kleidung/Frauen/Sweatshirts',
            variant: 'S',
            brand: 'Adidas',
            list: 'Ähnliche Artikel',
```

```
            position: 1
      }, {
            id: '83899',
            name: 'Mein Sweatshirt',
            category: 'Kleidung/Frauen/Sweatshirts',
            variant: 'XL',
            brand: 'Adidas',
            list: 'Ähnliche Artikel',
            position: 2
      }]
   }
});
```

Listing 11.16 Die Datenschicht zum Übertragen der Einblendungen

Um das Tag im Google Tag Manager einzurichten, nehmen Sie folgende Eintragungen vor (siehe auch Abbildung 11.51):

▶ TAG-TYP: Google Analytics

▶ TRACKING-TYP: Ereignis

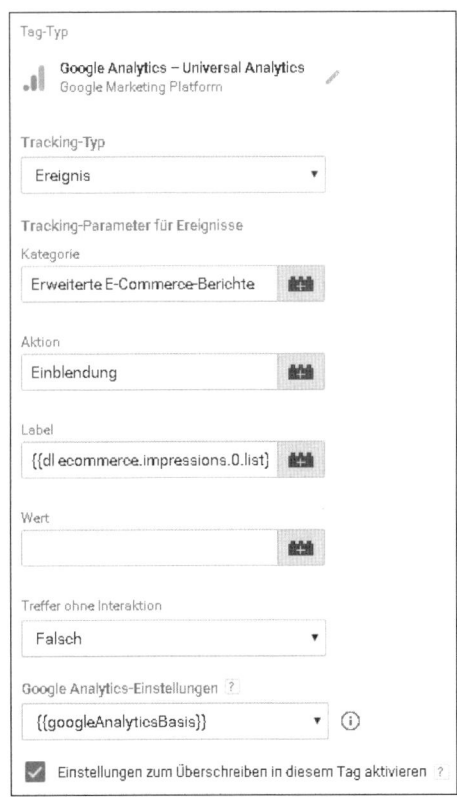

Abbildung 11.51 Das Google Analytics-Ereignis für das Einblenden

- ▶ KATEGORIE: Erweiterte E-Commerce-Berichte
- ▶ AKTION: Einblendung
- ▶ LABEL: {{dl ecommerce.impressions.0.list}}
- ▶ TREFFER OHNE INTERAKTION: Falsch
- ▶ GOOGLE ANALYTICS-EINSTELLUNGEN: {{googleAnalyticsBasis}}
- ▶ EINSTELLUNGEN ZUM ÜBERSCHREIBEN IN DIESEM TAG AKTIVIEREN: ja
- ▶ WEITERE EINSTELLUNGEN • E-COMMERCE
- ▶ ERWEITERTE E-ECOMMERCE-FUNKTIONEN AKTIVIEREN: Wahr
- ▶ DATENSCHICHT VERWENDEN: Ja

Die entsprechenden Variablen müssen Sie noch anlegen.

Der Trigger löst auf das benutzerdefinierte Ereignis »eec.impressions« aus (siehe Abbildung 11.52).

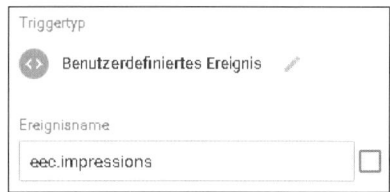

Abbildung 11.52 Das benutzerdefinierte Ereignis für »eec.impressions«

Aktion: Klick auf Einblendung

In den erweiterten E-Commerce-Berichten können Sie nicht nur die Einblendungen eines Artikels analysieren, sondern Sie können auch die Klicks auf diese Einblendungen messen. Dafür gibt es diese Aktion. Damit sind unter anderem auch Klickratenauswertungen möglich.

Folgende Werte werden im ecommerce.click-Objekt für die Übertragung der Klicks in der Datenschicht benötigt:

Schlüssel	Typ	Beispiel	Kommentar
actionField.list	String	'Ähnliche Artikel'	Die Liste, in der der Nutzer auf ein Produkt geklickt hat. Der Wert muss unbedingt mit dem Wert aus der Einblendung übereinstimmen.

Tabelle 11.10 Werte für das Übertragen der Klicks in den Einblendungen

Schlüssel	Typ	Beispiel	Kommentar
products[].id	String	'8387'	Die SKU des Produkts
products[].name	String	'Mein Sweatshirt'	Der Name des Produkts
products[].category	String	'Kleidung/ Frauen/ Sweatshirts'	Die Kategorie des Produkts. Es dürfen bis zu 5 Kategorie-Ebenen genutzt werden.
products[].variant	String	'S'	Variante des Produkts
products[].brand	String	'Adidas'	Marke des Produkts
products[].position	Integer	2	Position des Artikels in der Liste

Tabelle 11.10 Werte für das Übertragen der Klicks in den Einblendungen (Forts.)

Als Push in die Datenschicht würden die Werte folgendermaßen aussehen:

```javascript
window.dataLayer = window.dataLayer || [];
window.dataLayer.push({
    event: 'eec.impressionClick',
    ecommerce: {
        click: {
            actionField: {
                list: 'Ähnliche Artikel'
            },
            products: [{
                id: '8387',
                name: 'Mein Sweatshirt',
                category: 'Kleidung/Frauen/Sweatshirts',
                variant: 'S',
                brand: 'Adidas',
                quantity: 2
            }]
        }
    }
});
```

Listing 11.17 Der Push in die Datenschicht für das Übertragen der Klicks in den Listen

Um das Tag im Google Tag Manager einzurichten, nehmen Sie folgende Eintragungen vor (siehe auch Abbildung 11.53):

- ▶ TAG-TYP: Google Analytics
- ▶ TRACKING-TYP: Ereignis
- ▶ KATEGORIE: Erweiterte E-Commerce-Berichte
- ▶ AKTION: Klick auf Einblendung
- ▶ LABEL: {{dl ecommerce.click.0.list}}
- ▶ TREFFER OHNE INTERAKTION: Falsch
- ▶ GOOGLE ANALYTICS-EINSTELLUNGEN: {{googleAnalyticsBasis}}
- ▶ EINSTELLUNGEN ZUM ÜBERSCHREIBEN IN DIESEM TAG AKTIVIEREN: ja
- ▶ WEITERE EINSTELLUNGEN • E-COMMERCE
- ▶ ERWEITERTE E-ECOMMERCE-FUNKTIONEN AKTIVIEREN: Wahr
- ▶ DATENSCHICHT VERWENDEN: Ja

Die entsprechenden Variablen müssen Sie noch anlegen.

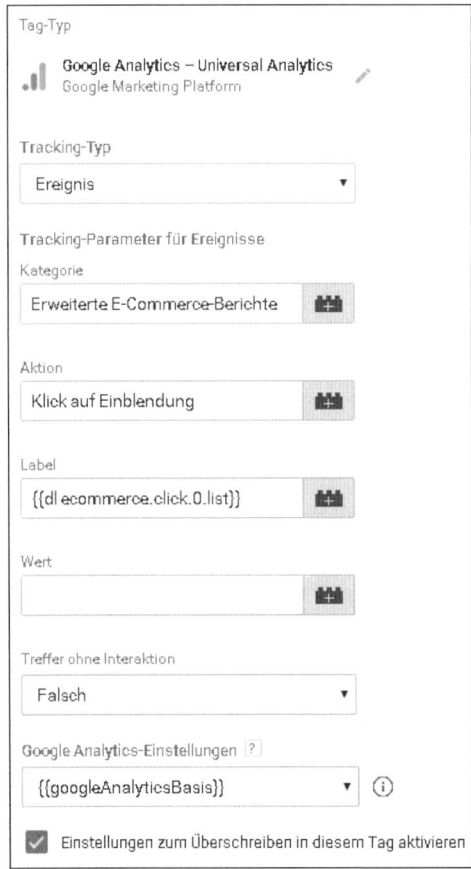

Abbildung 11.53 Das Google Analytics-Ereignis
für den Klick auf eine Einblendung

Der Trigger löst auf das benutzerdefinierte Ereignis »eec.click« aus (siehe Abbildung 11.54).

Abbildung 11.54 Das benutzerdefinierte Ereignis für den Klick auf eine Einblendung

Interne Werbung (promoView)

Mit den erweiterten E-Commerce-Berichten ist es jetzt möglich, interne Werbung zu messen. Während Sie mit dem Messen der Einblendungen immer die Messung auf Produktebene vornehmen, ist das Messen der internen Werbung tatsächlich auf Anzeigen- und Kampagnenebene möglich.

Dafür benötigen Sie folgende Werte im `ecommerce.promoView`-Objekt:

Schlüssel	Typ	Beispiel	Kommentar
`promotions[].id`	String	`'DTZ879'`	Eindeutige ID der Werbung
`promotions[].name`	String	`'Schlussverkauf'`	Name der Werbung
`promotions[].creative`	String	`'Kategoriebanner 12 ZTU'`	Name des Werbemittels
`promotions[].position`	String	`'Oben Mitte'`	Position der Werbung auf der Seite

Tabelle 11.11 Benötigte Werte zur Messung der internen Werbung

Die Werte als Datenschicht-Push sehen dann folgendermaßen aus:

```
window.dataLayer = window.dataLayer || [];
window.dataLayer.push({
    event: 'eec.promoView',
    ecommerce: {
        promoView: {
            promotions: [{
                id: 'DTZ879',
                name: 'Schlussverkauf',
                creative: 'Kategoriebanner 12 ZTU',
                position: 'Oben mitte'
```

```
        },{
            id: 'DTZ890',
            name: 'Sonderaktion 2018',
            creative: 'Startseite Banner 18 HGJ',
            position: 'Unten Mitte'
        }]
    }
  }
});
```

Listing 11.18 Die Übertragung der Einblendung von interner Werbung

Um das Tag im Google Tag Manager einzurichten, nehmen Sie folgende Eintragungen vor (siehe auch Abbildung 11.55):

▶ TAG-TYP: Google Analytics

▶ TRACKING-TYP: Ereignis

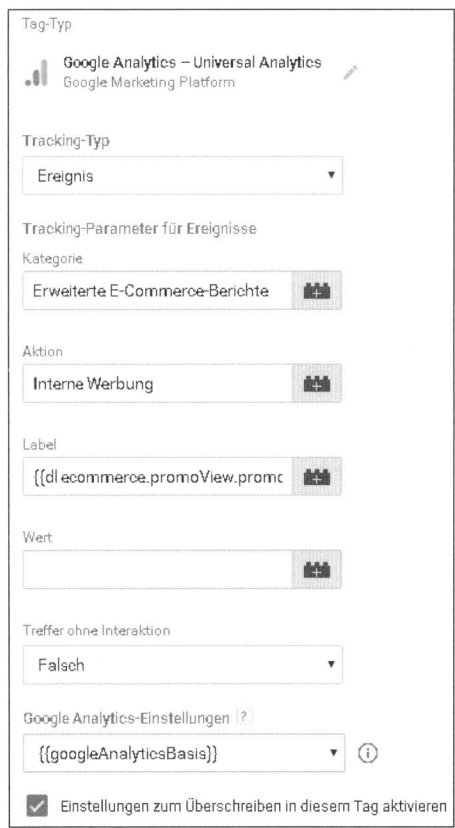

Abbildung 11.55 Das Google Analytics-Ereignis für die Einblendung von interner Werbung

- ▸ Kᴀᴛᴇɢᴏʀɪᴇ: Erweiterte E-Commerce-Berichte
- ▸ Aᴋᴛɪᴏɴ: Interne Werbung
- ▸ Lᴀʙᴇʟ: {{dl ecommerce.promoView.promotions.0.id}}
- ▸ Tʀᴇꜰꜰᴇʀ ᴏʜɴᴇ Iɴᴛᴇʀᴀᴋᴛɪᴏɴ: Falsch
- ▸ Gᴏᴏɢʟᴇ Aɴᴀʟʏᴛɪᴄs-Eɪɴsᴛᴇʟʟᴜɴɢᴇɴ: {{googleAnalyticsBasis}}
- ▸ Eɪɴsᴛᴇʟʟᴜɴɢᴇɴ ᴢᴜᴍ Üʙᴇʀsᴄʜʀᴇɪʙᴇɴ ɪɴ ᴅɪᴇsᴇᴍ Tᴀɢ ᴀᴋᴛɪᴠɪᴇʀᴇɴ: ja
- ▸ Wᴇɪᴛᴇʀᴇ Eɪɴsᴛᴇʟʟᴜɴɢᴇɴ • E-Cᴏᴍᴍᴇʀᴄᴇ
- ▸ Eʀᴡᴇɪᴛᴇʀᴛᴇ E-Eᴄᴏᴍᴍᴇʀᴄᴇ-Fᴜɴᴋᴛɪᴏɴᴇɴ ᴀᴋᴛɪᴠɪᴇʀᴇɴ: Wahr
- ▸ Dᴀᴛᴇɴsᴄʜɪᴄʜᴛ ᴠᴇʀᴡᴇɴᴅᴇɴ: Ja

Die entsprechenden Variablen müssen Sie noch anlegen.

Der Trigger löst auf das benutzerdefinierte Ereignis »eec.promoView« aus (siehe Abbildung 11.56).

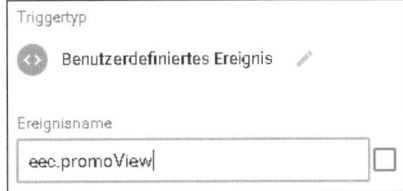

Abbildung 11.56 Das benutzerdefinierte Ereignis für das Einblenden von Werbung

Klick auf interne Werbung (promoClick)

Wenn Sie die Einblendungen von Werbung auf Ihrer Seite messen, sollten Sie auch die Klicks auf die Werbemittel messen. Denn dadurch können Sie die Effektivität von Werbemitteln und Werbeplätzen besser analysieren und bewerten.

Dafür benötigen Sie folgende Werte im ecommerce.promoClick-Objekt:

Schlüssel	Typ	Beispiel	Kommentar
promotions[].id	String	'DTZ879'	Eindeutige ID der Werbung
promotions[].name	String	'Schlussverkauf'	Name der Werbung
promotions[].creative	String	'Kategoriebanner 12 ZTU'	Name des Werbemittels

Tabelle 11.12 Benötigte Werte zur Messung der internen Werbung

Schlüssel	Typ	Beispiel	Kommentar
promotions[].position	String	'Oben Mitte'	Position der Werbung auf der Seite

Tabelle 11.12 Benötigte Werte zur Messung der internen Werbung (Forts.)

Die Werte als Datenschicht-Push sehen dann folgendermaßen aus:

```
window.dataLayer = window.dataLayer || [];
window.dataLayer.push({
    event: 'eec.promoClick',
    ecommerce: {
        promoClick: {
            promotions: [{
                id: 'DTZ879',
                name: 'Schlussverkauf',
                creative: 'Kategoriebanner 12 ZTU',
                position: 'Oben Mitte'
            }]
        }
    }
});
```

Listing 11.19 Die Übertragung der Klicks auf interne Werbung

Um das Tag im Google Tag Manager einzurichten, nehmen Sie folgende Eintragungen vor (siehe auch Abbildung 11.57):

▶ TAG-TYP: Google Analytics

▶ TRACKING-TYP: Ereignis

▶ KATEGORIE: Erweiterte E-Commerce-Berichte

▶ AKTION: Klick auf interne Werbung

▶ LABEL: {{dl ecommerce.promoClick.promotions.0.id}}

▶ TREFFER OHNE INTERAKTION: Falsch

▶ GOOGLE ANALYTICS-EINSTELLUNGEN: {{googleAnalyticsBasis}}

▶ EINSTELLUNGEN ZUM ÜBERSCHREIBEN IN DIESEM TAG AKTIVIEREN: ja

▶ WEITERE EINSTELLUNGEN • E-COMMERCE

▶ ERWEITERTE E-ECOMMERCE-FUNKTIONEN AKTIVIEREN: Wahr

▶ DATENSCHICHT VERWENDEN: Ja

Die entsprechenden Variablen müssen Sie noch anlegen.

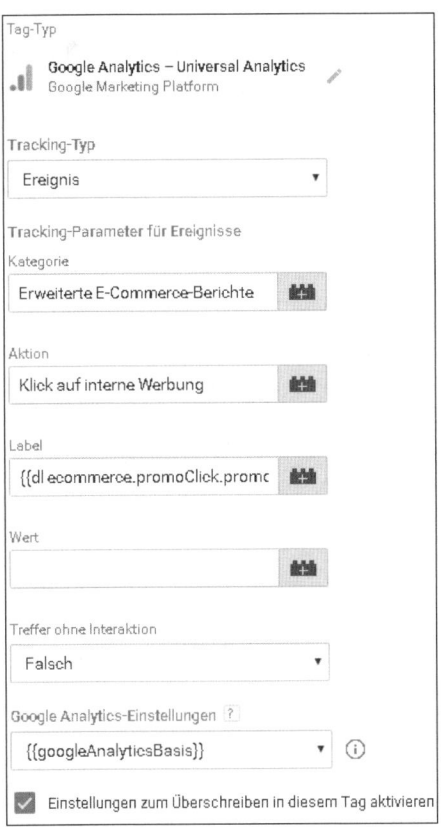

Abbildung 11.57 Das Google Analytics-Ereignis
für den Klick auf interne Werbung

Der Trigger löst auf das benutzerdefinierte Ereignis »eec.promoClick« aus (siehe Abbildung 11.58).

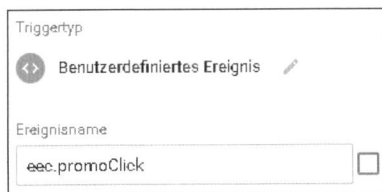

Abbildung 11.58 Das benutzerdefinierte Ereignis
für das Klicken auf die interne Werbung

Erweitertes eCommerce-Tracking für WooCommerce

Es gibt inzwischen sehr viele Shops, die auf WordPress und WooCommerce basieren. Dies ist auch einfach ein sehr günstiger Weg, um in den eCommerce zu starten. Zum Glück hat das Google Tag Manager-Plugin für WordPress alle Funktionen für Woo-

Commerce an Bord. Trotzdem ist die Implementierung nicht wirklich ein Kinderspiel, sondern setzt ein wenig Handarbeit voraus. Die Anleitung für das Installieren des Plugins finden Sie in Abschnitt 2.4.2.

Das WordPress-Plugin konfigurieren

Um die Implementierung zu starten, loggen Sie sich in Ihr WordPress ein und rufen unter Einstellungen und Google Tag Manager den Konfigurationsbereich des Google Tag Manager-Plugins auf (siehe Abbildung 11.59).

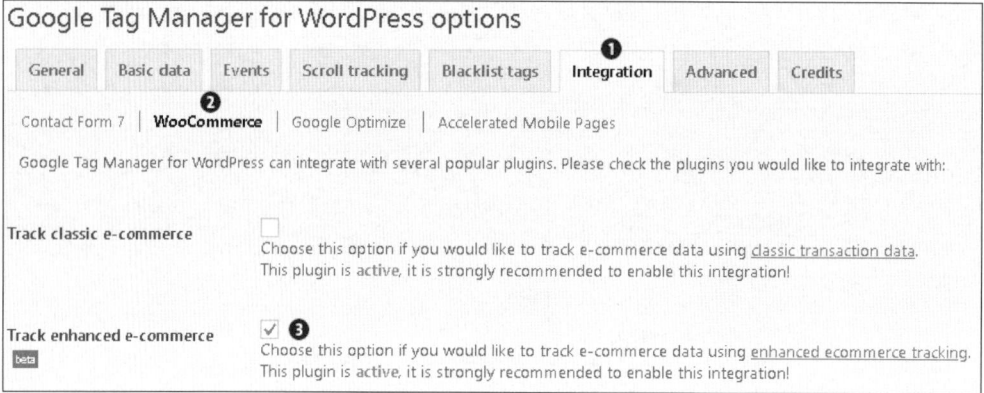

Abbildung 11.59 Der Konfigurationsbereich des Plugins »Google Tag Manager for WordPress«

Um die Einstellungen für WooCommerce zu aktivieren, klicken Sie als Erstes auf Integration ❶, dann wählen Sie WooCommerce ❷ aus. Zur abschließenden Aktivierung setzen Sie das Häkchen bei Track enhanced e-commerce ❸. Am Ende der Seite klicken Sie noch auf Änderungen speichern, und ab sofort schreibt das Plugin alle relevanten WooCommerce-Daten in die Datenschicht.

Ich empfehle noch eine weitere Einstellung, denn im Standardverhalten kann dieses Plugin erst alle Daten in der Datenschicht pushen, wenn das DOM-Objekt komplett geladen ist. Das bedeutet: Im Gegensatz zum normalen Seitenaufruf erfolgt das Tracking gegebenenfalls verzögert.

Um das zu verhindern, nutzen Sie ein Feature, das mit der Version 1.9 dieses Plugins eingeführt wurde – und zwar die Übertragung der Einblendungen in einzelnen Stücken. Dabei wird immer nur eine bestimmte Anzahl an Produkten in einer Übertragung an Google Analytics gesendet.

Eigentlich gibt es diese Funktion, damit die Übertragung nicht zu groß wird, aber wir nutzen sie jetzt für unsere Zwecke. Dafür scrollen Sie bei den Einstellungen im Plugin nach unten und tragen bei Products per impression eine »20« ein (siehe Abbildung 11.60). Nun müssen Sie die Einstellungen noch speichern. Im weiteren Verlauf dieser Anleitung gehe ich davon aus, dass Sie diese Einstellung gesetzt haben.

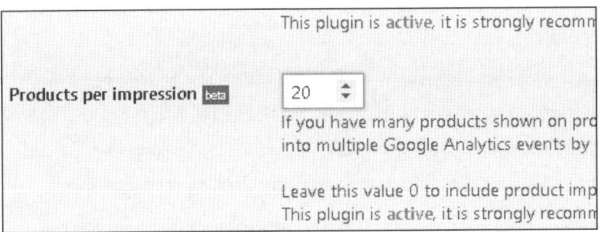

Abbildung 11.60 Anzahl der Produkte in einer Übertragung

Um zu überprüfen, ob die vorgenommenen Einstellungen auch korrekt funktionieren, loggen Sie sich in den entsprechenden Google Tag Manager-Container ein und aktivieren die Vorschau, indem Sie auf VORSCHAU ANSEHEN klicken.

Wenn Sie jetzt zum Beispiel die Startseite Ihres Shops aufrufen, also die Seite, auf der ganz viele Produkte angezeigt werden, dann sehen Sie im Debug-Fenster unter dem Punkt DATA LAYER die entsprechenden Daten wie in Abbildung 11.61. Dieser kurze Test zeigt, dass das Pushen der Werte in die Datenschicht grundsätzlich funktioniert. Einen genaueren Test führen Sie nach der Konfiguration der Google Analytics-Tags aus.

```
Google Tag Manager        Tags      Variables     Data Layer

 Summary                3    ecommerce: {
                        4      currencyCode: 'EUR',
                        5      impressions: [
 5  Window Loaded       6        {
                        7          name: 'Beanie',
                        8          id: 13,
 4  DOM Ready           9          price: 18,
                       10          category: 'Clothing',
                       11          position: 1,
 3  gtm4wp.productImp   12          list: 'General Product List',
                       13          stocklevel: ''
 2  Page View          14        },
                       15        {
                       16          name: 'Beanie with Logo',
 1  Message            17          id: 30,
                       18          price: 18,
                       19          category: 'Clothing',
```

Abbildung 11.61 Die Datenschicht mit Daten der Produktansicht

Im Google Tag Manager den Google Analytics-Seitenaufruf erweitern

Als Nächstes müssen Sie dem Google Tag Manager beibringen, dass die Daten an den Google Analytics-Server geschickt werden sollen. Dafür loggen Sie sich in den entsprechenden Google Tag Manager-Container für Ihren Online-Shop ein. In diesem Container soll sich das Google Analytics-Tag für den Seitenaufruf befinden, wie in Abschnitt 2.5.2 beschrieben. Wenn Sie das Tag noch nicht angelegt haben, holen Sie es jetzt bitte nach, bevor Sie weitermachen.

> **Nutzen Sie einen Arbeitsbereich**
>
> Sie werden jetzt viele Änderungen vornehmen. Sie verändern vorhandene Tags, fügen neue hinzu und bauen neue Trigger zusammen. Deshalb ist jetzt genau der richtige Zeitpunkt, um die Funktion des *Arbeitsbereichs* zu nutzen. So können Sie in Ruhe alle Einstellungen vornehmen und die entsprechenden Tests durchführen.
>
> Nach dem erfolgreichen Test können Sie den gesamten Arbeitsbereich veröffentlichen. Die Anleitung für das Erstellen eines Arbeitsbereichs finden Sie in Abschnitt 9.3. Ich selbst werde in dieser Anleitung einen zusätzlichen Arbeitsbereich nutzen. Ich nenne ihn »WooCommerce-Implementierung«.

Viele der Daten für die erweiterten E-Commerce-Berichte stehen schon beim Seitenaufruf zur Verfügung. Um genau zu sein, sind es folgende Informationen:

▸ Produkteinzelansicht

▸ Checkout-Ansicht

▸ Transaktionstracking

Um diese Informationen zu tracken, müssen Sie also nur das Google Analytics-Tag erweitern, das die Seitenaufrufe an Google Analytics sendet. Bisher haben Sie wenige Einstellungen in diesem Tag selbst vorgenommen, sondern in der Google Analytics-Einstellungsvariablen. Diese Variable nutzen Sie aber für alle Google Analytics-Tags – auch für diejenigen, die kein Seitenaufruf sind, z. B. für Ereignisse oder Nutzer-Timings etc.

Da Sie aber die E-Commerce-Daten nur im Zusammenhang mit den Seitenaufrufen schicken dürfen, nehmen Sie dieses Mal die Änderung nur direkt in dem Tag vor, das die Seitenaufrufe sendet. Öffnen Sie dieses Tag, und aktivieren Sie das Kästchen bei EINSTELLUNGEN ZUM ÜBERSCHREIBEN IN DIESEM TAG AKTIVIEREN (siehe Abbildung 11.62). Durch diese Aktivierung haben Sie jetzt alle Einstellungsmöglichkeiten wie in der Google Analytics-Einstellungsvariablen.

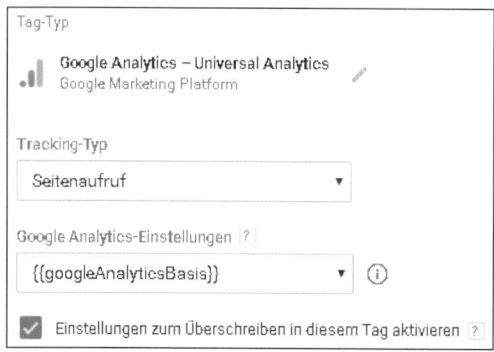

Abbildung 11.62 Die Einstellungen zum Überschreiben aktivieren

Klicken Sie jetzt auf WEITERE EINSTELLUNGEN, und suchen Sie den Punkt E-COM-MERCE. Nach dem Anklicken haben Sie die Möglichkeit, die Funktionen zu aktivieren, indem Sie das Dropdown-Menü auf WAHR stellen (siehe Abbildung 11.63). Anschließend aktivieren Sie noch das Kästchen bei DATENSCHICHT VERWENDEN und sind erst mal fertig in diesem Tag.

Jetzt werden die oben genannten Informationen mit dem Tag mitgeschickt. Um das zu überprüfen, gehen Sie in den Vorschaumodus, indem Sie VORSCHAU ANSEHEN anklicken und den Shop besuchen.

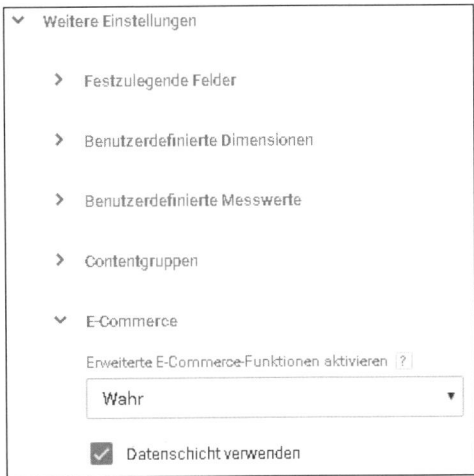

Abbildung 11.63 Die weiteren Einstellungen für das erweiterte E-Commerce-Tracking

Weitere Ereignisse anlegen

Auch wenn jetzt schon einige Daten an Google Analytics übertragen wurden, gibt es noch einige Funktionen der erweiterten E-Commerce-Berichte, die noch nicht berücksichtigt wurden. Dazu gehören:

- Produktlistenansicht
- Produkt zum Warenkorb hinzugefügt
- Produkt aus dem Warenkorb entfernt
- Produkt in einer Liste angeklickt
- Produkteinzelansicht verändert
- Optionen beim Checkout

Für diese sechs Events legen Sie jetzt einen einzelnen neuen Trigger an, der auf alle diese Events reagiert. Das bedeutet, Sie öffnen einen neuen Trigger und wählen als Trigger-Typ BENUTZERDEFINIERTES EREIGNIS aus. Sie nennen diesen Trigger »GTM4WP-Helper«. Falls Sie es noch nicht gemerkt haben: »GTM4WP« steht für »Google Tag Manager for WordPress«.

335

In den Ereignisnamen schreiben Sie alle Schlüsselwerte, die das Plugin als Event überträgt. Das wären:

- gtm4wp.addProductToCartEEC
- gtm4wp.productClickEEC
- gtm4wp.removeFromCartEEC
- gtm4wp.checkoutOptionECC
- gtm4wp.changeDetailViewEEC
- gtm4wp.productImpressionEEC

Anstatt für jeden dieser Schlüsselwerte einen eigenen Trigger zu konfigurieren, nutzen Sie die Power der regulären Ausdrücke. Das wäre in diesem Fall:

```
gtm4wp\.(addProductToCartEEC|productClickEEC|removeFromCartEEC|
checkoutOptionECC|changeDetailViewEEC|productImpressionEEC)
```

Listing 11.20 Noch kürzer mit der Kraft der regulären Ausdrücke

---

Profi-Tipp

Dieser reguläre Ausdruck kann auch noch verkürzt werden. Wie Sie sehen, beginnen alle Ereignisse mit gtm4wp. und enden mit EEC. Und das sieht als regulärer Ausdruck dann folgendermaßen aus:

```
gtm4wp\.[a-zA-Z]*EEC
```

Listing 11.21 In dieser kurzen Zeichenfolge sind alle obigen Ereignisse enthalten.

Damit dieser reguläre Ausdruck auch entsprechend behandelt wird, aktivieren Sie die Checkbox hinter dem Feld für den Wert (siehe Abbildung 11.64).

Abbildung 11.64 Das benutzerdefinierte Ereignis für die Ereignisse des Plugins »GTM4WP«

Jetzt müssen Sie noch das Google Analytics-Tag erstellen, das diese E-Commerce-Daten entgegennimmt und weiterleitet. Dafür öffnen Sie ein neues Tag und wählen GOOGLE ANALYTICS aus. Als TRACKING-TYP wählen Sie EREIGNIS. Die Tracking-Parameter sind in diesem Fall nicht wirklich relevant, denn sie werden in diesem Beispiel nicht ausgewertet, aber ich schlage folgende Werte vor:

▶ KATEGORIE: Erweiterte E-Commerce-Berichte

▶ AKTION: {{Event}}

Das Feld LABEL können Sie leer lassen. Als Nächstes wählen Sie bei TREFFER OHNE INTERAKTION noch WAHR aus und wählen bei den GOOGLE ANALYTICS-EINSTELLUN-GEN die von Ihnen angelegte Variable. Jetzt aktivieren Sie noch EINSTELLUNGEN ZUM ÜBERSCHREIBEN IN DIESEM TAG AKTIVIEREN (siehe Abbildung 11.65).

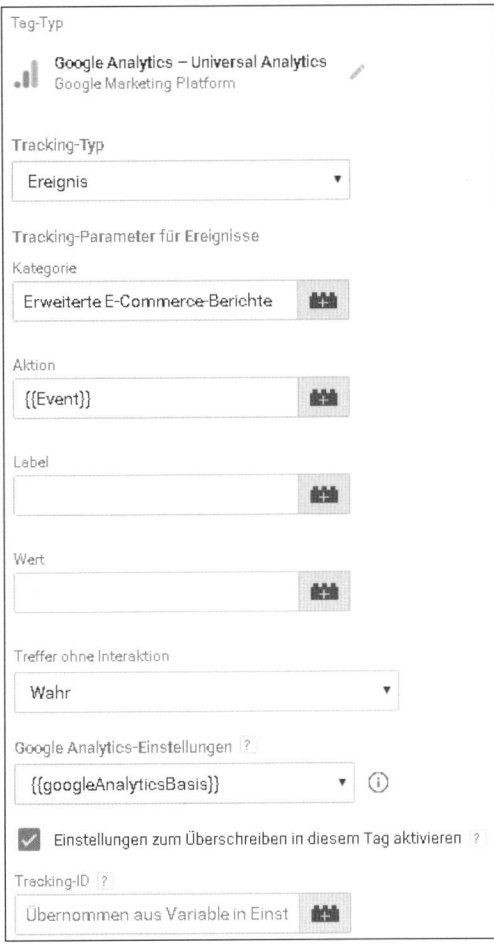

Abbildung 11.65 Die Einstellungen für das Google Analytics-Ereignis für die Übertragung der Daten

Wie auch schon beim Google Analytics-Tag für den Seitenaufruf klicken Sie auch hier auf WEITERE EINSTELLUNGEN und öffnen den Bereich für E-COMMERCE. Bei ERWEI-

TERTE E-COMMERCE-FUNKTIONEN AKTIVIEREN stellen Sie das Dropdown-Menü wieder auf WAHR, und zusätzlich setzen Sie noch den Haken bei DATENSCHICHT VERWENDEN (siehe Abbildung 11.66).

Abbildung 11.66 E-Commerce aktivieren

Zu guter Letzt weisen Sie diesem Tag noch den Trigger mit dem Namen »GTM4WP-Helper« zu. Jetzt ist alles konfiguriert und bereit zum Testen.

Gerade bei den erweiterten E-Commerce-Berichten ist das Testen extrem wichtig! Denn es kann viel schiefgehen – besonders dann, wenn der Shop angepasst wurde.

Debugging der E-Commerce-Übertragung

Leider werden die Daten, die an Google Analytics im Rahmen der erweiterten E-Commerce-Berichte übertragen werden, nicht im Debug-Fenster angezeigt. Dort werden Sie beim Google Analytics-Tag nur die Information finden, ob die erweiterten E-Commerce-Funktionen aktiviert sind. Bei den Übertragungen, bei denen Sie einen Event nutzen, sehen Sie immerhin, dass ein Event entsprechend abgefeuert wurde. Das bedeutet: Um mehr zu sehen, müssen Sie tiefer ins System einsteigen.

Für diesen Zweck benötigen Sie die Chrome-Erweiterung GOOGLE ANALYTICS DEBUGGER. Sie finden diese Erweiterung im Chrome-Web-Store unter:

https://chrome.google.com/webstore/detail/google-analytics-debugger/jnkmfdileelhofjcijamephohjechhna?hl=de

Alternativ können Sie auch im Google Tag Assistant die Funktion GOOGLE ANALYTICS DEBUG ON aktivieren. Bei mir funktioniert sie leider nicht immer zuverlässig. Deshalb nutze ich in solchen Fällen dann doch die gesonderte Erweiterung.

Diese Erweiterung liefert Ihnen innerhalb der Chrome-Entwicklertools auf der Konsole eine Ausgabe der Google Analytics-Übertragungen. Darunter sind auch die Übertragungen von E-Commerce-Daten. Jeden einzelnen Übertragungstyp müssen Sie einzeln überprüfen.

Am einfachsten ist das, wenn Sie die entsprechende Aktion ausführen und anschließend auf der Konsole nachschauen, ob die passenden Übertragungen geschickt wurden. Dabei hilft es mir immer, wenn ich den Filter auf der Konsole auf »ec:« einstelle, denn dann werden mir in der Regel nur die Google Analytics-Übertragungen angezeigt, die mit dem E-Commerce zu tun haben (siehe Abbildung 11.67).

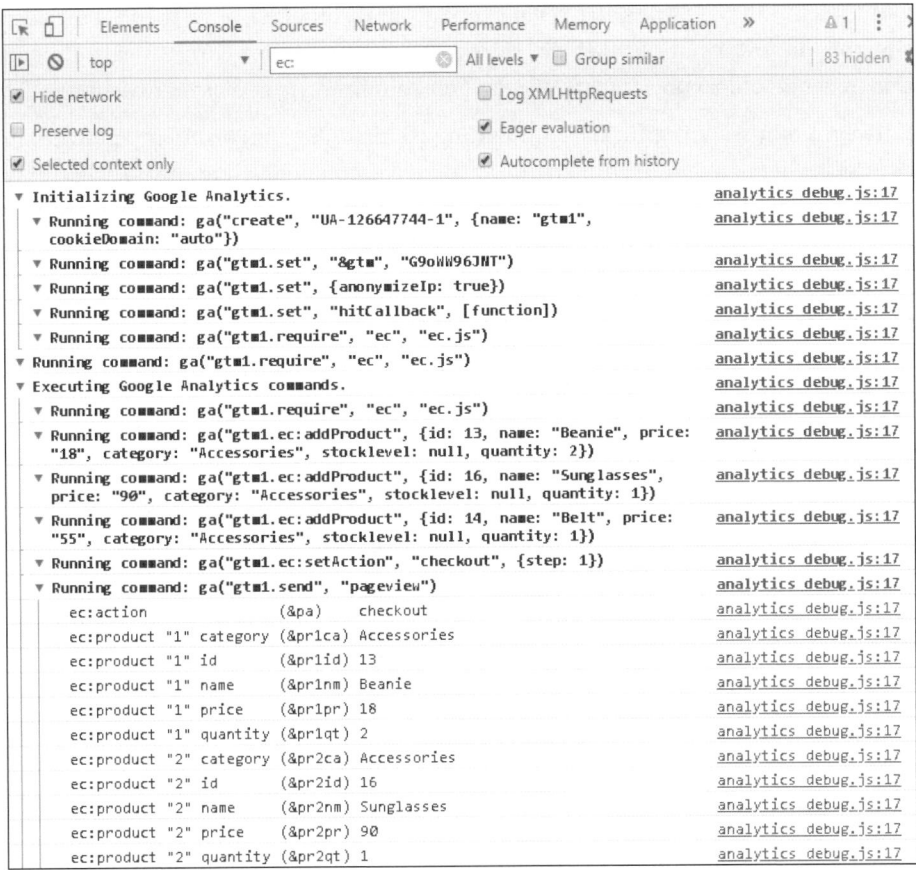

Abbildung 11.67 Die Ausgabe des Google Analytics Debuggers, gefiltert auf »ec:«

Da das Debugging von Google Analytics-Implementierungen nur am Rande mit den Funktionalitäten des Google Tag Managers zu tun hat, gehe ich hier nicht weiter darauf ein.

Alles zum Download

Da in diesem Abschnitt so viele Einstellungen, Tags und Trigger vorkamen, gibt es einen gesonderten Container mit dieser Konfiguration zum Download. Sie finden diesen Download unter:

www.gtm-buch.de/enhancedecommere

11.2 Kampagnenparameter per Formular übertragen

Im Online-Marketing geht es oft darum, zu wissen, über welche Kanäle die Anfragen bzw. Käufe kamen. Sobald aber in der Customer Journey Formulare im Spiel sind, die

E-Mails schicken, ist diese Kette gegebenenfalls unterbrochen. In solchen Fällen ist es sinnvoll, die Information über die Herkunft des Nutzers im Formular abzufragen und in der E-Mail zu übertragen. Wie das geht, erfahren Sie in diesem Abschnitt.

Vorweg: Voraussetzung für diese Anleitung ist, dass Sie ein Formular benutzen, in dem Sie Felder verstecken können und bei dem das entsprechende Formularfeld eine ID hat. Zusätzlich gehe ich davon aus, dass Sie die UTM-Parameter nutzen. Das bedeutet, Sie übertragen in den URLs der Kampagen die Parameter `utm_source`, `utm_medium` und `utm_campaign`. Diese Parameter nutzen Sie, um die Kampagne auch im Formular zu übertragen.

11.2.1   Die Parameter aus der URL extrahieren

Die URL mit Kampagneninformationen in den UTM-Parametern sieht folgendermaßen aus:

`www.gtm-buch.de/?utm_source=facebook&utm_medium=social&utm_campaign=buch`

Als Erstes müssen Sie dafür sorgen, dass die Kampagnenparameter aus der URL extrahiert werden. Dafür legen Sie drei Variablen an. Der Typ für alle drei Variablen ist URL (siehe Abbildung 11.68). Als KOMPONENTENTYP wählen Sie SUCHANFRAGE.

Abbildung 11.68 Die Variable für »utm_source«

Insgesamt legen Sie drei Variablen mit den gleichen Einstellungen, aber unterschiedlichen Suchanfragenschlüsseln an. Als SUCHANFRAGENSCHLÜSSEL tragen Sie jeweils ein:

- utm_source
- utm_medium
- utm_campaign

Beim Nutzen dieser Variablen erhalten Sie die entsprechenden Werte aus der URL zurück. Für den Namen der Variablen setzen Sie einfach »url param –« vor den jeweiligen Suchanfragenschlüssel, sodass der Name zum Beispiel `url param - utm_source` lautet (siehe Abbildung 11.69).

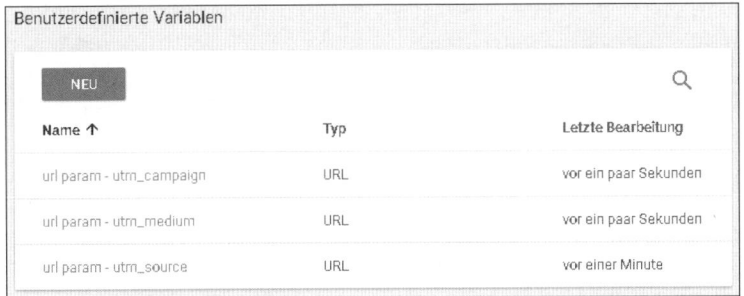

Abbildung 11.69 Die UTM-Parameter als URL-Variablen

Diese Parameter sind nur beim ersten Seitenaufruf in der URL verfügbar. Sobald der Nutzer bei seinem Besuch eine weitere Seite aufruft, verschwinden sie. Das bedeutet, Sie müssen diese Parameter irgendwo zwischenspeichern

11.2.2 Die UTM-Parameter speichern

Die einfachste Möglichkeit, um die Parameter auch bei weiteren Seitenaufrufen verfügbar zu machen, ist das Speichern in einem Cookie. In diesem Fall speichern Sie die Werte in einem Cookie, bis sie überschrieben werden. Auf diese Weise stehen Ihnen diese Informationen auch in späteren Sitzungen zur Verfügung.

Sie legen ein neues Tag an und wählen als Tag-Typ BENUTZERDEFINIERTES HTML aus. Der entsprechende Programmcode für das Cookie sieht folgendermaßen aus:

```
<script>
var basedomain = '.gtm-buch.de'; // Domain des Cookies
var cookieName = 'gtm_utmparameter'; // Name des Cookies
var cookieValue = {{url param - utm_source}} + '_' + {{url param - utm_medium}}
+ '_' + {{url param - utm_campaign}}; // Wert des Cookies
var expirationTime = 63072000000; //
Gültigkeitsdauer des Cookies in Millisekunden

var date = new Date();
var dateTimeNow = date.getTime();

date.setTime(dateTimeNow + expirationTime); //
Berechnet Millisekunden des Gültigkeitsdatums
var expirationTime = date.toUTCString(); //
Berechnet aus den Millisekunden ein Datum
document.cookie = cookieName+"="+cookieValue+"; expires=
"+expirationTime+"; path=/; domain=" + basedomain; // Setzt das Cookie
</script> </script>
```

Listing 11.22 Der Programmcode für das Speichern der UTM-Werte im Cookie

Der Name des Cookies ist in diesem Fall `gtm_utmparameter`, und der Wert des Cookies setzt sich aus allen drei Parametern zusammen:

```
{{url param - utm_source}} + '_' + {{url param - utm_medium}} + '_' +
{{url param - utm_campaign}}
```

Listing 11.23 Das Zusammensetzen des Cookie-Wertes

Dieses Cookie soll nur geschrieben werden, wenn der UTM-Parameter `utm_source` auch einen Wert enthält. Deshalb legen Sie den Trigger so an, dass die Variable `url param - utm_source` nicht `undefined` sein darf (siehe Abbildung 11.70).

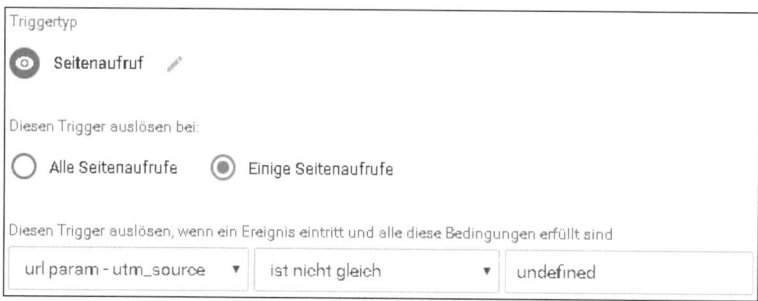

Abbildung 11.70 Der Trigger für das Schreiben des Cookies

Sobald eine URL aufgerufen wird, bei der der Parameter `utm_source` einen Wert hat, wird das Cookie geschrieben. Werte, die dabei nicht vorhanden sind, werden als `undefined` in das Cookie geschrieben.

Das bedeutet: Für die URL `www.gtm-buch.de/?utm_source=facebook&utm_medium=social &utm_campaign=buch`, die ich schon gezeigt hatte, sieht der Wert des Cookies folgendermaßen aus: `facebook_social_buch` (siehe Abbildung 11.71).

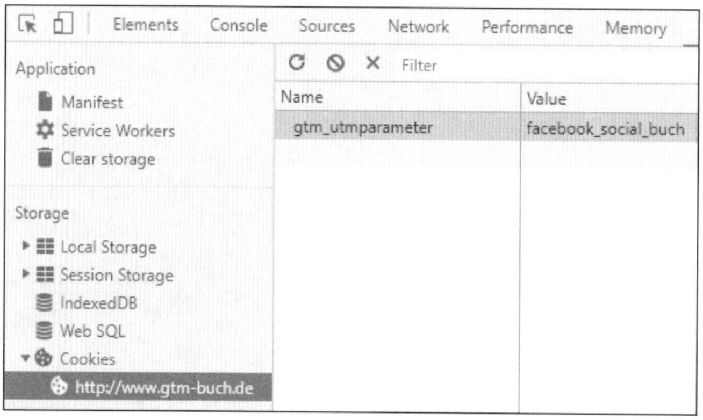

Abbildung 11.71 Die Überprüfung des Cookies in den Chrome-Entwicklertools

Als Nächstes sorgen Sie dafür, dass Sie den Wert auch wieder aus dem Cookie auslesen können. Dafür legen Sie eine Variable an, die den Typ *First-Party-Cookie* erhält (siehe Abbildung 11.72). Der Cookie-Name ist dabei der Name, den Sie beim Schreiben des Cookies ausgewählt haben. In diesem Beispiel ist es `gtm_utmparameter`.

Variablentyp
First-Party-Cookie
Cookie-Name
gtm_utmparameter
Cookie per URI decodieren

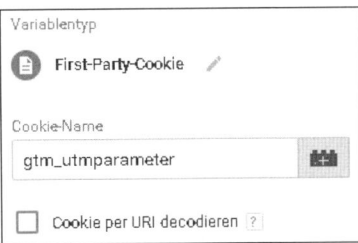

Abbildung 11.72 Die Variable für das First-Party-Cookie »gtm_utmparameter«

11.2.3 Den Cookie-Wert in das Formular übertragen

Als Erstes benötigen Sie jetzt ein Formular auf Ihrer Website, das ein entsprechendes Feld für die Kampagnenparameter bereithält. Der Einfachheit halber nennen Sie das Feld »Kampagnenparameter«.

Sie rufen die URL mit dem entsprechenden Formular auf und untersuchen das Feld mit den Chrome-Entwicklertools. In meinem Screenshot ist das Formular noch nicht versteckt (siehe Abbildung 11.73).

Zu den Voraussetzungen für diese Anleitung gehört, dass das Formularfeld eine eigene ID hat. Die ID erkennen Sie im Screenshot anhand der Raute. Dieses Feld hat also die ID `vscf_subject`. In Ihrem Formular kann und wird es wahrscheinlich eine andere ID sein.

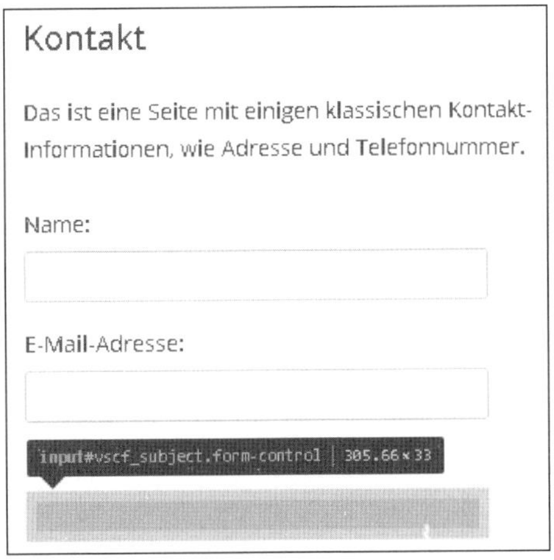

Kontakt
Das ist eine Seite mit einigen klassischen Kontakt-Informationen, wie Adresse und Telefonnummer.
Name:
E-Mail-Adresse:
input#vscf_subject.form-control | 305.66 × 33

Abbildung 11.73 Das Feld mit den Kampagnenparametern

Mit dieser Information legen Sie jetzt ein neues Tag an. Dieses Tag erhält den Typ BENUTZERDEFINIERTES HTML. In das HTML-Feld kommt folgender Code:

```
<script>
 document.getElementById("vscf_subject").value = {{cookie gtm_utmparameter}};
</script>
```

Listing 11.24 Der Code zum Eintragen des Cookie-Wertes in das Formularfeld

Dieser Code sucht nach dem Feld mit der ID vscf_subject und setzt den Wert bzw. Inhalt des Feldes auf den Wert, der aus dem Cookie kommt. Da dieses JavaScript nicht auf jeder Seite ausgeführt werden soll, setzen Sie den Trigger so, dass er nur beim Seitenaufruf der bestimmten Formularseite ausgeführt wird. In diesem Fall ist es die Seite /kontakt/. Der Trigger sieht entsprechend so aus (siehe Abbildung 11.74):

▸ Variable: PAGE PATH

▸ Operator: BEGINNT MIT

▸ Wert: /kontakt/

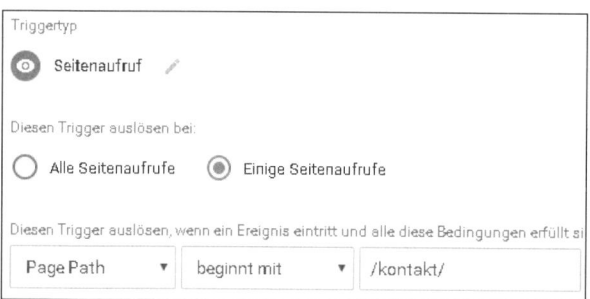

Abbildung 11.74 Der Trigger für das Füllen des Formulars

Zum Abschluss müssen Sie noch dafür sorgen, dass Ihr Formularfeld ausgeblendet wird. Dafür gibt es unterschiedliche Möglichkeiten, die davon abhängen, welches Formular Sie eingesetzt haben. Sollten Sie ein Plugin für WordPress oder andere Systeme nutzen, ist dieses Ausblenden oft als Funktion verfügbar.

11.3   Google Optimize in die Website implementieren

Google Optimize ist das Testing-Tool aus dem Hause Google. Mit ihm können Sie unterschiedliche Versionen einer URL erstellen und dann gegeneinander testen, das sogenannte A/B-Testing. Damit Sie Google Optimize nutzen können, muss auf Ihrer Webseite Google Analytics implementiert sein. Meiner Meinung nach sollte Google

Optimize nicht mit dem Google Tag Manager implementiert werden. Aber wenn es mal schnell gehen soll, ist der Google Tag Manager natürlich eine Möglichkeit, und ich zeige Ihnen hier, wie es vonstatten geht. Der Einbau erfolgt in zwei Schritten.

11.3.1   Das Google Optimize-Tag in die Seite einbauen

Für das Google Optimize-Tag benötigen Sie als Erstes die Google Optimize-Container-ID. Diese erhalten Sie in Ihrem Google Optimizie-Konto. Nach dem Einloggen wird Ihnen die Container-ID angezeigt (siehe Abbildung 11.75). Die Container-ID beginnt genau wie die ID von Google Tag Manager-Containern mit GTM-.

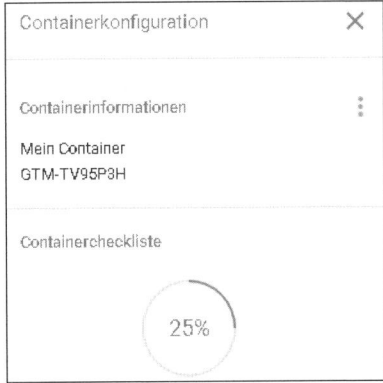

Abbildung 11.75 Die Containerkonfiguration in Google Optimize

Zum Anlegen des Google Optimize-Tags im Google Tag Manager loggen Sie sich in den entsprechenden Google Tag Manager-Container ein und erstellen ein neues Tag. Als Tag-Typ wählen Sie GOOGLE OPTIMIZE (siehe Abbildung 11.76).

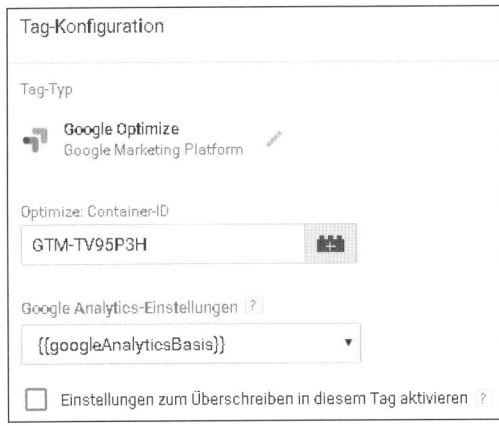

Abbildung 11.76 Das Google Optimize-Tag

Als Container-ID tragen Sie die Google Optimize-ID aus Ihrem Google Optimize-Container ein. Da Google Optimize direkt mit Google Analytics verknüpft ist, wählen Sie die entsprechende Variable mit den Google Analytics-Einstellungen aus. Nach dem Speichern sind Sie mit dem ersten Schritt für die Implementierung fertig.

11.3.2   Zusätzliches Snippet gegen das Flackern einbauen

Wenn Sie jetzt mit Google Optimize Tests starten würden, könnte es passieren, dass die Besucher beim Aufruf der jeweiligen Testseite ein kurzes Flackern wahrnehmen. Denn dadurch, dass der Google Tag Manger-Code asynchron ausgeführt wird, ist gegebenenfalls die Seite schon zu einem Teil geladen, wenn das Google Optimize-Tag ausgeführt wird und die Seite verändert.

Dieses Flackern ist nicht gut für die Tests. Deshalb gibt es ein spezielles Snippet, das Sie in den Quelltext der Seite implementieren sollten. Es sieht folgendermaßen aus:

```
<!-- Page hiding snippet (recommended)  -->
<style>.async-hide { opacity: 0 !important} </style>
<script>(function(a,s,y,n,c,h,i,d,e){s.className+=' '+y;h.start=1*new Date;
h.end=i=function(){s.className=s.className.replace(RegExp(' ?'+y),'')};
(a[n]=a[n]||[]).hide=h;setTimeout(function(){i();h.end=null},c);h.timeout=c;
})(window,document.documentElement,'async-hide','dataLayer',4000,
{'GTM-XXXXXX':true});</script>
```

Listing 11.25 Snippet gegen das Flackern bei den A/B-Tests

Dieses Snippet binden Sie direkt nach der Datenschicht und vor dem Google Tag Manager ein. Dabei müssen Sie noch das GTM-XXXX gegen die Google Optimize-Container-ID austauschen.

11.4   Das Criteo-Tag einbauen

Es gibt viele Remarketing- bzw. Retargeting-Anbieter für Online-Shops. Als Beispiel für die Einbindung eines Remarketing-Tags nutze ich in diesem Abschnitt das *One-Tag* von Criteo.

Dabei verwende ich in dieser Anleitung die Werte in der Datenschicht, die durch die Nutzung der erweiterten E-Commerce-Berichte bereits vorhanden sind. Natürlich funktioniert das auch anders, aber ich möchte Ihnen mit diesem Beispiel zeigen, wie flexibel Sie vorhandene Werte im Kontext mit anderen Tags nutzen können. Denn leider nutzen die anderen Tags nur selten die Syntax des erweiterten E-Commerce-Trackings von Google Analytics oder anderen Tools. Jeder Anbieter kocht da sein eigenes Süppchen.

Damit Criteo funktioniert, müssen insgesamt fünf verschiedene Tags eingebaut werden. Die Art des Tags basiert auf der jeweiligen Art der Seite:

▶ Startseite

▶ Eintragsseite

▶ Produktseite

▶ Einkaufswagenseite

▶ Verkaufsbestätigungsseite

In diesem Abschnitt werde ich Ihnen erklären, wie Sie alle diese fünf Tags mit Daten aus der Datenschicht versorgen, die eigentlich für Google Analytics bestimmt waren. Dafür nutzen Sie wieder das WordPress-Plugin *Google Tag Manager for WordPress*.

11.4.1   Criteo OneTag auf der Startseite implementieren

Bevor wir mit dem Tag loslegen, benötigen wir zwei Variablen, die wir in nahezu jedem Tag benötigen. Das sind zum einen die Criteo-Kontonummer und zum anderen die E-Mail-Adresse in verschlüsselter Form. Bitte prüfen Sie gegebenenfalls zusammen mit Ihrem Datenschutzbeauftragen, ob Sie diese E-Mail-Adresse übergeben dürfen.

Für die Criteo-Kontonummer legen Sie eine neue Variable vom Variablentyp KON-STANTE an und nennen sie »constant criteoKontonummer«. Als Wert tragen Sie Ihre Criteo-Kontonummer ein. Die gehashte E-Mail-Adresse muss Ihnen vom System in der Datenschicht bereitgestellt werden. Ich gehe davon aus, dass die E-Mail-Adresse folgendermaßen in der Datenschicht vorhanden ist:

```
{
  'hashedEmail': 'asdafasdagasdag'
}
```

Listing 11.26 Die E-Mail-Adresse in verschlüsselter Form in der Datenschicht

Für die entsprechende Variable legen Sie eine neue Variable vom Typ DATEN-SCHICHTVARIABLE an, nennen sie »dl hashedEmail« und tragen als Namen der Datenschichtvariablen »hashedEmail« ein. Jetzt haben Sie zwei neue Variablen.

Legen Sie nun das erste Tag für Criteo an. Dazu wechseln Sie in den Tag-Bereich und öffnen ein neues Tag. Als Tag-Typ wählen Sie das CRITEO ONETAG aus. Die Felder befüllen Sie folgendermaßen (siehe Abbildung 11.77):

▶ CRITEO-KONTONUMMER: {{constant criteoKontonummer}}

▶ GEHASHTE E-MAIL-ADRESSE: {{dl hashedEmail}}

▶ SEITENTYP: Startseite

11

Die Kontonummer und E-Mail-Adresse tragen Sie in jedes Criteo OneTag ein. Das werde ich im Folgenden nicht mehr extra erwähnen.

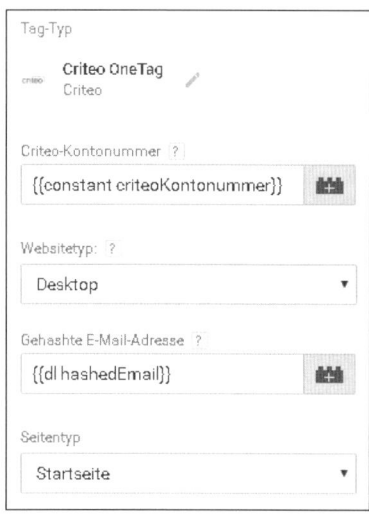

Abbildung 11.77 Das »Criteo OneTag« für die Startseite

Jetzt fügen Sie noch den entsprechenden Trigger hinzu, der nur auslöst, wenn die Startseite aufgerufen wird. Ich gehe davon aus, dass die Startseite im Web-Root liegt und dass hinter dem Domainnamen keine Verzeichnisse vorhanden sind.

Dafür erstellen Sie im Trigger diese Bedingung:

▸ Variable: PAGE PATH

▸ Operator: IST GLEICH

▸ Wert: /

Sollte die Startseite in Ihrem Projekt anders erreichbar sein, müssen Sie den Trigger gegebenenfalls anpassen. Ansonsten löst dieser aus, wenn die Startseite aufgerufen wird – auch dann, wenn irgendwelche Kampagnenparameter angehängt wurden. Nach dem Speichern ist das Tag für die Startseite fertig.

11.4.2   Criteo OneTag für die Eintragsseite implementieren

Das nächste Tag ist das Criteo-Tag, das auf den Seiten ausgeführt werden soll, auf denen Listen von Produkten sind. Zusätzlich zu den bisherigen Daten sollen die IDs der ersten angezeigten Produkte übertragen werden. Diese Daten liegen so jedoch nicht in der Datenschicht vor. Das bedeutet, Sie müssen diese Liste generieren.

Als Erstes legen Sie dafür eine Variable an, mit der Sie auf alle Produkte der Datenschicht auf der Eintragsseite zugreifen können:

▸ Variablen-Typ: Datenschichtvariable

▸ Name der Datenschichtvariablen: ecommerce.impressions

Die Variable speichern Sie unter dem Namen dl ecommerce.impressions.

Als Nächstes legen Sie eine Variable vom Typ Benutzerdefiniertes JavaScript an. Diese Variable nennen Sie js criteoEintragsseitenIds. In dieser Variablen greifen Sie auf die Variable dl ecommerce.impressions zu und extrahieren die IDs der ersten drei Produkte (siehe Abbildung 11.78):

```
function() {
  var prods = {{dl ecommerce.impressions}};
  var ids = [];
  var i;
  for (i = 0; i < 3; i++) {
    if (prods[i]) {
      ids.push(prods[i].id);
    }
  }
  return ids;
}
```

Listing 11.27 JavaScript zum Extrahieren der ersten drei Produkt-IDs

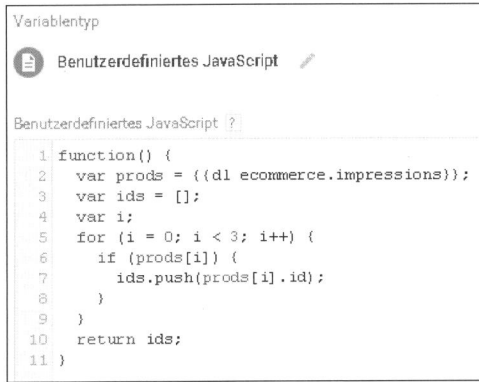

Abbildung 11.78 JavaScript zum Extrahieren der ersten drei Produkt-IDs

Jetzt legen Sie das entsprechende Tag an. Es ist natürlich vom Typ wieder ein Criteo OneTag; dieses Mal wählen Sie aber bei Seitentyp die Eintragsseite. Übrigens, Sie können das erste OneTag auch einfach kopieren, dann sparen Sie sich das Eintragen der zwei Variablen, die bei allen OneTags eingetragen werden müssen. Wenn Sie das Criteo OneTag geöffnet haben, finden Sie rechts oben in der Ecke die drei Punkte und die Funktion zum Kopieren.

Bei ERSTE DREI PRODUKT-IDS IHRER EINTRAGSSEITE tragen Sie jetzt die eben erstellte Variable ein (siehe Abbildung 11.79).

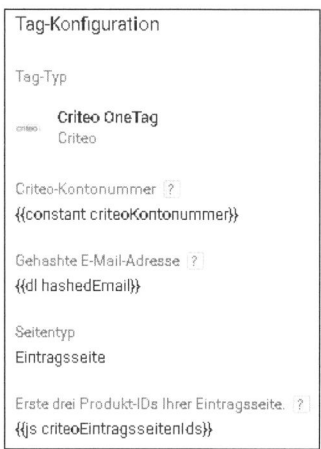

Abbildung 11.79 Das »Criteo OneTag« für die Eintragsseite

Für den Trigger müssen Sie jetzt mehrere Bedingungen kombinieren. Als Erstes erstellen Sie, während Sie den Trigger anlegen, eine Variable für die Datenschichtvariable `pagePostType` und dann noch eine zweite Datenschichtvariable als `pagePostType2`. Die Variablen benennen Sie dann jeweils mit dem Präfix `dl`. Die Einstellungen im Trigger sind dann:

▶ TRIGGER-TYP: Seitenaufruf – DOM ist bereit

▶ BEDINGUNG 1: Variable `dl pagePostType` ist gleich `product`

▶ BEDINGUNG 2: Variable `dl pagePostType2` ist nicht gleich `single-product`

11.4.3   Criteo OneTag für die Produktseite implementieren

Für die Produktseite benötigen Sie als neue Variable die ID des angezeigten Produkts. Auf diesen Wert können Sie direkt mit einer Datenschichtvariablen zugreifen. Der Name der Datenschichtvariablen ist `ecommerce.detail.products.0.id`. Sie legen diese Datenschichtvariable entsprechend an.

Sie erstellen jetzt das Criteo OneTag für die Produktseite. Die Einstellungen sind wie gehabt, nur den SEITENTYP stellen Sie auf PRODUKTSEITE. Als PRODUKT-ID wählen Sie die Variable aus, die Sie gerade erstellt haben (siehe Abbildung 11.80).

Die Einstellungen im Trigger sind dann:

▶ TRIGGER-TYP: Seitenaufruf

▶ BEDINGUNG: Variable `dl pagePostType2` ist gleich `single-product`

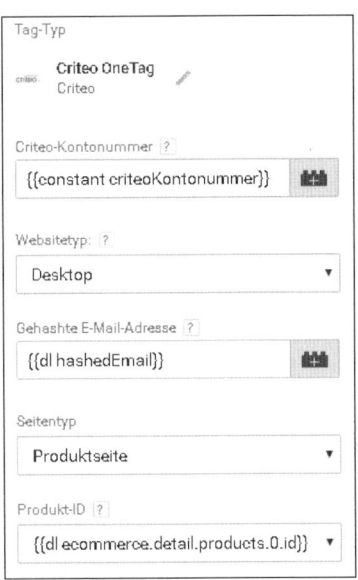

Abbildung 11.80 Das Criteo OneTag für die Produktseite

11.4.4   Criteo OneTag für die Warenkorbseite

Für die Warenkorbseite werden die enthaltenen Produkte mit ID, Preis und Anzahl der Produkte benötigt. Im erweiterten E-Commerce-Tracking stehen die Produktdaten nur dann im Warenkorb zur Verfügung, wenn der Warenkorb der erste Schritt im Bezahlverhalten ist. Das erreichen wir mit dem WordPress-Plugin, indem Sie in den Einstellungen für die INTEGRATION ein Häkchen bei CART AS 1ST CHECKOUT STEP setzen (siehe Abbildung 11.81).

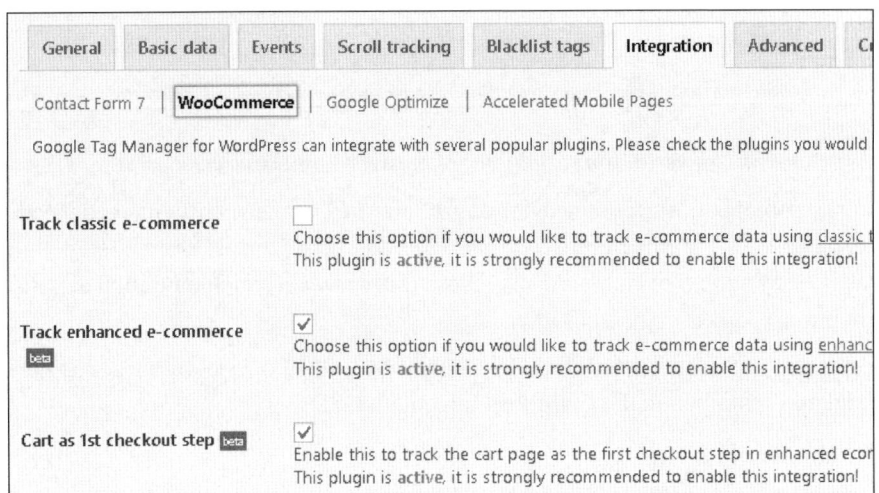

Abbildung 11.81 Die Einstellungen für die Integration im WordPress-Plugin

Jetzt stehen die Daten immerhin schon im Format für das erweiterte E-Commerce-Tracking zur Verfügung. Das gewünschte Format sieht aber so aus:

```
{
"ecommerce": {
    "checkout": {
        "actionField": {
            "step": 1,
            "action": "checkout"
        },
        "products": [
            {
                "id": 13,
                "name": "Beanie",
                "price": "18",
                "category": "Accessories",
                "stocklevel": null,
                "quantity": 1
            },
            {
                "id": 18,
                "name": "Hoodie with Zipper",
                "price": "45",
                "category": "Hoodies",
                "stocklevel": null,
                "quantity": 1
            }
        ]
    }
}
```

Listing 11.28 Die Produktdaten, wie sie in die Datenschicht geschrieben werden

Sie erreichen die Umwandlung wieder über benutzerdefiniertes JavaScript.

Aber erst einmal benötigen Sie wieder Zugriff auf die Datenschichtvariable der Produkte. Dafür legen Sie eine Datenschichtvariable an und tragen als Namen folgenden Wert ein: ecommerce.checkout.products. Diese Datenschichtvariable nennen Sie entsprechend dl ecommerce.checkout.products.

Sie legen nun die benutzerdefinierte JavaScript-Variable js criteoEinkaufswagenProdukte an und schreiben in das Code-Feld folgenden Code:

```
function() {
  var prods = {{dl ecommerce.checkout.products}};
  var products = [];
```

```
  var i;
  for (i = 0; i < 20; i++) {
    if (prods[i]) {
      products.push({'id':prods[i].id,'price':prods[
i].price,'quantity': prods[i].quantity} );
    }
  }
  return products;
}
```

Listing 11.29 Die JavaScript-Funktion für die Rückgabe der Produkte im Warenkorb

Jetzt legen Sie das Criteo OneTag an und stellen den SEITENTYP auf EINKAUFSWA-
GENSEITE. Als Variable wählen Sie die soeben erstellte benutzerdefinierte JavaScript-
Variable (siehe Abbildung 11.82).

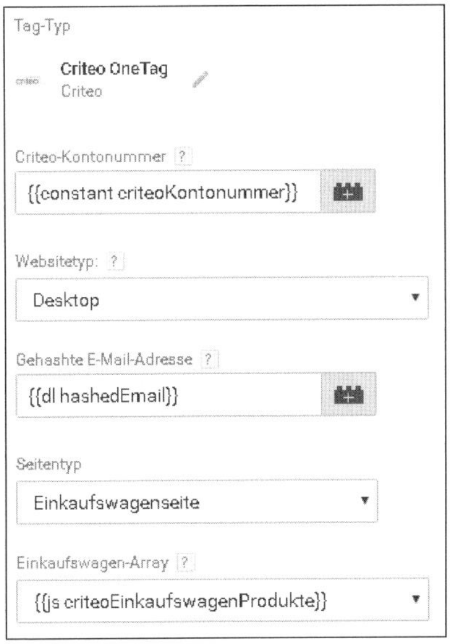

Abbildung 11.82 Criteo OneTag für die Einkaufswagenseite

Für das Erstellen des Triggers benötigen Sie noch eine Datenschichtvariable (siehe
Abbildung 11.83). Dafür nutzen Sie das ActionField des erweiterten E-Commerce-
Trackings. Der Datenschichtwert, auf den Sie zugreifen wollen, ist erreichbar über:

```
ecommerce.checkout.actionField.step
```

Im Trigger ist die Bedingung dann:

▶ Variable: dl ecommerce.checkout.actionField.step

▶ Operator: IST GLEICH

▶ Wert: 1

Dieser Trigger löst dann immer aus, wenn der Nutzer auf der Warenkorbseite ist.

Abbildung 11.83 Die Datenschichtvariable
zur Identifizierung der Einkaufswagenseite

11.4.5 Criteo OneTag für die Verkaufsbestätigungsseite

Für die Verkaufsbestätigungsseite benötigt das Criteo OneTag zwei Variablen: eine Transaktions-ID und die Liste der Produkte.

Sie erstellen als Erstes die Variable für die Produkt-ID. Das ist eine einfache Datenschichtvariable, die den Inhalt des Schlüssels `ecommerce.purchase.actionField.id` bereitstellt.

Damit Sie die Liste der Produkte erstellen können, benötigen Sie erst mal wieder eine Variable, die auf die Produkte in der Datenschicht zugreift. Die Produkte erreichen Sie mit dem Schlüssel `ecommerce.purchase.products`. Damit erstellen Sie die Datenschichtvariable `dl ecommerce.purchase.products`.

Um die Produktliste für Criteo lesbar zu machen, benötigen Sie wieder benutzerdefiniertes JavaScript (`js criteoVerkaufProdukte`):

```
function() {
  var prods = {{dl ecommerce.purchase.products}};
  var products = [];
  var i;
  for (i = 0; i < 20; i++) {
    if (prods[i]) {
      products.push({'id':prods[i].id,'price':prods[
i].price,'quantity': prods[i].quantity} );
    }
  }
  return products;
}
```

Listing 11.30 Benutzerdefiniertes JavaScript auf der Kaufbestätigungsseite

Für das Finale legen Sie jetzt das Criteo OneTag für die Verkaufsbestätigungsseite an. Die Standardwerte übernehmen Sie von den anderen Einträgen, aber den SEITENTYP stellen Sie auf Verkaufsbestätigungsseite und weisen die entsprechenden Variablen zu (siehe Abbildung 11.84).

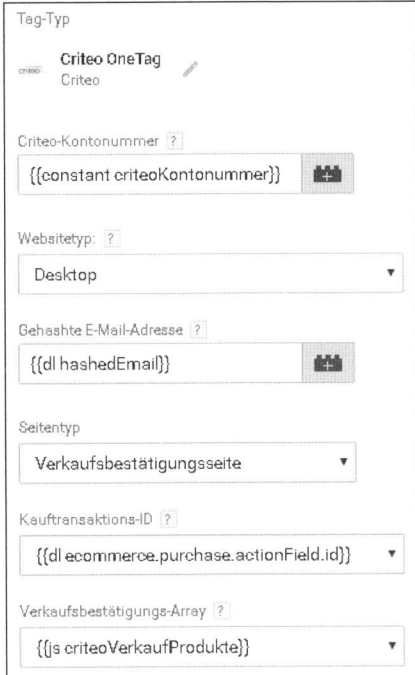

Abbildung 11.84 Criteo OneTag für die Verkaufsbestätigungsseite

Als Trigger benutzen Sie einfach das vorhandene ID-Feld und überprüfen, ob es größer als 0 ist. Da es die Bestellnummer ist, muss sie immer größer als 0 sein.

▶ Trigger:

▶ Variable: dl ecommerce.purchase.actionField.id

▶ Operator: ist grösser als

▶ Wert: 0

Nach dem Abspeichern dieses Tags ist es jetzt Ihre Aufgabe, den gesamten Prozess zu prüfen. Die gesamte Konfiguration gibt es als Download unter *www.gtm-buch.de/criteo-tags*.

11.5   Das Facebook-Tag implementieren

Von Facebook gibt es ein Tag, um Conversiontracking und Retargeting zu ermöglichen. Wie bei allen Tags müssen Sie mit Ihrer Rechtsabteilung oder Ihrem Datenschutzbeauftragten klären, ob Sie es einsetzen dürfen.

Nichtsdestotrotz erkläre ich in diesem Abschnitt, wie Sie es einfach und schnell einbauen können – aber auch, wie Sie es ein wenig flexibler einsetzen können.

Facebook bietet im Business-Center eine automatische Eintragung in den Google Tag Manager an. Nach einer Authentifizierung kann Facebook das Tag dann direkt in Ihren Google Tag Manager speichern.

Facebook hat versucht, den Prozess möglichst einfach und schnell zu machen. Das geht so weit, dass Facebook auch direkt die neue Version mit dem Tag veröffentlicht. Dadurch ist Testen vorab nicht möglich. Das ist etwas, was ich nicht tun würde! Deshalb zeige ich Ihnen, wie Sie das Tag selbst schnell einbauen können. Sie finden Ihr Facebook-Pixel im Bereich MESSUNG & BERICHTE • EVENTS MANAGER • PIXEL.

Den Code, den Sie für die manuelle Implementierung generieren, sieht dann ungefähr so aus:

```
<!-- Facebook Pixel Code -->
<script>
  !function(f,b,e,v,n,t,s)
  {if(f.fbq)return;n=f.fbq=function(){n.callMethod?
  n.callMethod.apply(n,arguments):n.queue.push(arguments)};
  if(!f._fbq)f._fbq=n;n.push=n;n.loaded=!0;n.version='2.0';
  n.queue=[];t=b.createElement(e);t.async=!0;
  t.src=v;s=b.getElementsByTagName(e)[0];
  s.parentNode.insertBefore(t,s)}(window, document,'script',
  'https://connect.facebook.net/en_US/fbevents.js');
  fbq('init', XXXXXXXXXXXXXXXX);
  fbq('track', 'PageView');
</script>
<noscript><img height="1" width="1" style="display:none"
  src="https://www.facebook.com/tr?id=XXXXXXXXXXXXXXXX&ev=PageView&noscript=1"
/></noscript>
<!-- End Facebook Pixel Code -->
```

Listing 11.31 Facebook-Pixel für das Senden eines Seitenaufrufs

Dieser Code soll laut Facebook direkt im Head der HTML-Seite eingebunden werden. Genau das können Sie mit dem Google Tag Manager erledigen.

11.5.1   Facebook-Pixel für den Seitenaufruf manuell einbauen

Für den ganz einfachen Weg erstellen Sie ein neues Tag vom Typ BENUTZERDEFINIERTES HTML. In dieses Tag kopieren Sie den Facebook-Pixel-Code. Abschließend weisen Sie noch den Trigger ALL PAGES zu. Das war es schon. Das Ergebnis sollte dann so aussehen wie in Abbildung 11.85.

Abbildung 11.85 Das Tag für das Facebook-Pixel

Als Nächstes erfolgt wie immer das Testen des Facebook-Pixels. Dafür wechseln Sie in den Vorschaumodus und prüfen, ob alles ordnungsgemäß funktioniert. Facebook bietet Ihnen eine Hilfe bei der Prüfung: das Chrome-Plugin *Facebook Pixel Helper*. Sie finden es im Chrome-Web-Store unter:

https://chrome.google.com/webstore/detail/facebook-pixel-helper/fdgfkebogiimcoed licjlajpkdmockpc?hl=de

In diesem Plugin können Sie direkt prüfen, ob Ihr Pixel auch ordnungsgemäß die Daten an den Facebook-Server schickt (siehe Abbildung 11.86).

Abbildung 11.86 Der »Facebook Pixel Helper«

Das war der Einbau des Facebook Pixels für die Messung des Seitenaufrufs. Als Nächstes sehen wir uns an, wie Sie eine Aktion auf der Seite als Lead übertragen.

11.5.2   Eine Lead-Aktion mit dem Pixel übertragen

Neben dem Seitenaufruf können Sie noch viele andere Standard-Events an Facebook übertragen. Dazu gehören folgende Events:

- Kaufen
- Lead
- Registrierung abschließen
- Zahlungsinformationen hinzufügen
- In den Einkaufswagen
- Zur Wunschliste hinzufügen
- Kaufvorgang starten
- Suche
- Inhalt anzeigen

Sie finden den Code für diese Events direkt dort, wo Sie auch den Pixel-Code gefunden haben. Für dieses Beispiel übertragen Sie das Signal für einen Lead. Der Code sieht so aus:

```
<script>
    fbq('track', 'Lead');
</script>
```

Listing 11.32 Der Facebook-Pixel-Code für die Übertragung eines Leads

Dieser Code ist viel kürzer als der Facebook-Pixel-Code für den Seitenaufruf. Das liegt daran, dass er voraussetzt, dass der lange Code schon vorher ausgeführt wurde. Dieses Mal ist der Trigger, der ausgelöst wird, das erfolgreiche Übertragen eines Formulars. Das bedeutet, das erfolgreiche Ausfüllen und Absenden eines Formulars sendet die Information, dass ein Lead getrackt wird.

Um das Setup einfach zu halten, habe ich mich für ein einfaches Kontaktformular-Plugin für WordPress entschieden. Sie finden das Kontaktformular auch auf der Demo-Seite unter *http://demo.gtm-buch.de*.

Nachdem das Formular auf der Seite platziert wurde, müssen Sie herausfinden, welche Informationen übertragen werden. Dafür aktivieren Sie vorsorglich Sie integrierten Variablen, die mit Formularen zu tun haben. Das sind:

Form Classes	Form ID	Form Text
Form Element	Form Target	Form URL

Zusätzlich erstellen Sie noch einen Trigger, und zwar nutzen Sie dieses Mal als Trigger-Typ FORMULAR SENDEN. Sie aktiveren in diesem Trigger AUF TAGS WARTEN und BESTÄTIGUNG ÜBERPRÜFEN. Damit der Trigger nicht auf jeder Seite auslöst, wählen Sie bei der Trigger-Aktivierung folgende Einstellungen (siehe Abbildung 11.87):

▶ Variable: PAGE PATH

▶ Operator: ENTHÄLT

▶ Wert: /kontakt/

Die Einstellungen sind für den Moment vollkommen ausreichend. Nachdem Sie dem Trigger einen entsprechenden Namen gegeben haben, speichern Sie ihn ab.

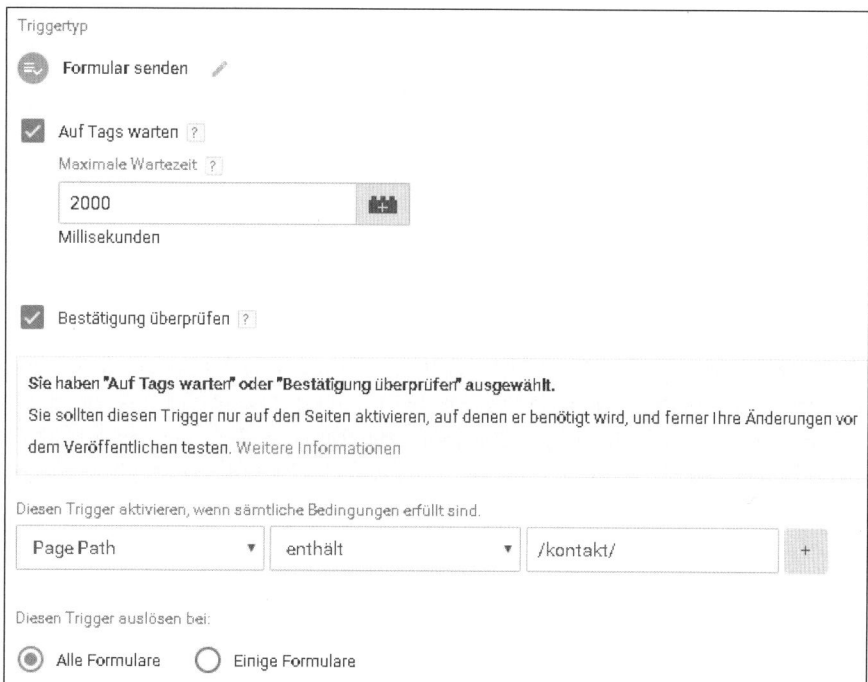

Abbildung 11.87 Der Formular-Trigger

Jetzt aktivieren Sie den Vorschaumodus und rufen die Seite auf, auf der das Formular eingebunden ist: *http://demo.gtm-buchde/kontakt/*. Sie füllen das Formular aus und senden es ab. Halten Sie jedoch beim Klicken auf die SENDEN-Schaltfläche die Hochstelltaste ⇧ gedrückt!

Dadurch öffnet sich die Antwortseite in einem neuen Fenster. Auf diese Weise können Sie in das Fenster mit dem ausgefüllten Formular zurückgehen und im Debug-Fenster die übertragenen Werte anschauen (siehe Abbildung 11.88).

Google Tag Manager	Tags	Variables	Data Layer			QUICK_PREVIEW	GTM-PHSCVLK
Summary	Form Classes	Datenschichtvariable		string	'vscf'		
8 gtm.formSubmit	Form Element	Datenschichtvariable		object	[object HTMLFormElement]		
5 Window Loaded	Form ID	Datenschichtvariable		string	'vscf'		
	Form Target	Datenschichtvariable		string	''		
4 DOM Ready	Form Text	Variable für automatisches Ereig	string		'Name: E-Mail-Adresse: Betreff: Bitte 943 eingeben: Mitteilung: Senden'		
3 Message	Form URL	Datenschichtvariable		string	'http://gtmbuch.zedwoo.info/kontakt/'		

Abbildung 11.88 Die Variablen für das Formular im Debug-Fenster

Sie finden die Werte zur Formularübertragung beim Google Tag Manager-Ereignis GTM.FORMSUBMIT. Für Ihren Zweck reicht Ihnen die Information über die Form-ID. In diesem Fall ist das die Form-ID vscf.

Sie ergänzen Ihren Formular-Trigger um diese Bedingung, indem Sie im vorhin erstellten Trigger auf EINIGE FORMULARE umstellen und folgende Bedingung eintragen:

▶ Variable: FORM ID

▶ Operator: IST GLEICH

▶ Wert: vscf

Nach dem Speichern erstellen Sie direkt das Tag für das Senden der Lead-Information an Facebook. Dafür erstellen Sie ein Tag mit dem Typ BENUTZERDEFINIERTES HTML und fügen als Code den obigen Lead-Code ein. Als Trigger weisen Sie den erstellten Trigger für das erfolgreiche Absenden des Formulars zu. Jetzt können Sie das Facebook-Pixel für die Lead-Messung in der Vorschau testen und anschließend gegebenenfalls veröffentlichen.

Ajax-Formulare sind komplexer

Sie hatten Glück, dass dieses Formular beim Absenden eine neue Seite geöffnet hat. Inzwischen gibt es viele Formulare, die mit Ajax realisiert sind und kein neues Fenster öffnen.

Diese Formulare mit den Bordmitteln des Google Tag Managers zu tracken ist aufwendiger. Deshalb empfehle ich in solchen Fällen, dass im Programmcode entsprechende Ereignisse ausgeführt werden, die die Daten in die Datenschicht pushen. Auf diese Ereignisse können Sie dann entsprechend reagieren.

Behalten Sie bitte im Hinterkopf, dass man nicht alles mit dem Google Tag Manager machen kann .Sollten Sie aber tatsächlich in die Verlegenheit kommen, Ajax-Formulare mit dem Google Tag Manager zu tracken, dann ist das Stichwort, mit dem Sie die Recherche starten können, mutationObserver. Viel Spaß!

11.5.3 Einen Kauf an Facebook als Conversion übertragen

Im letzten Beispiel haben Sie ein fixes Tag im Google Tag Manager eingebunden. Im nächsten Beispiel lernen Sie, wie Sie innerhalb des benutzerdefinierten HTMLs auf Variablen zugreifen können.

Der Code für die Übertragung einer Kauf-Conversion sieht für Facebook folgendermaßen aus:

```
<script>
  fbq('track', 'Purchase', {
    value: '19.95',
    currency: 'EUR',
  });
</script>
```

Listing 11.33 Der Conversion-Code für einen Kauf

Das bedeutet: Neben der Art der Conversion, in diesem Fall Purchase, übertragen Sie auch noch den Wert (value) und die Währung (currency).

Natürlich könnte ich wieder davon ausgehen, dass in dem Shop schon das erweiterte E-Commerce-Tracking von Google Analytics eingebaut ist. Dann wären beide Daten einfach aus der Datenschicht extrahierbar. Aber dieses Mal werden Sie die Daten aus der Website extrahieren. Ich gebe zu, dieses Verfahren ist eher etwas für Fortgeschrittene. Aber mit der folgenden Schritt-für-Schritt-Anleitung ist es durchaus für jeden nachvollziehbar.

Als Erstes müssen Sie herausfinden, wie Sie die entsprechenden Werte in der Website adressieren können. Ich exerziere das Beispiel wieder anhand des WooCommerce-Demoshops auf *demoshop.gtm-buch.de* durch.

Damit Sie die Bestätigungsseiten untersuchen können, tätigen Sie als Erstes einen Kauf. Auf der Bestätigungsseite prüfen Sie, ob der Kaufpreis auch angezeigt wird. Das ist im Demoshop der Fall. Nun öffnen Sie die Chrome-Entwicklertools (siehe Abbildung 11.89) und klicken oben auf ELEMENTS ❶ und anschließend auf den kleinen Mauszeiger ❷.

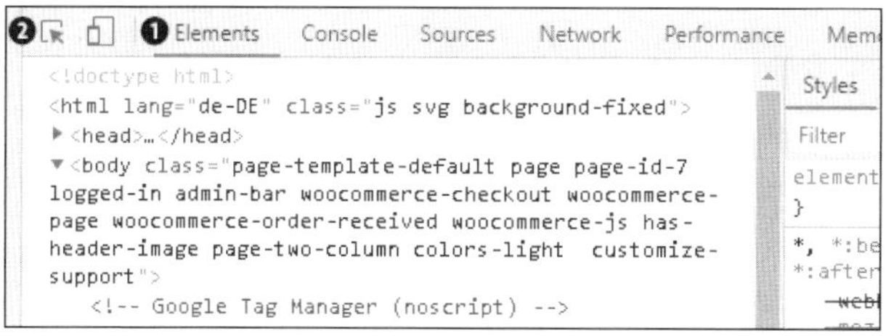

Abbildung 11.89 Elemente mit den Chrome-Entwicklertools untersuchen

Mit dem Mauszeiger klicken Sie jetzt auf der Kaufbestätigungsseite auf den Gesamtbetrag der Bestellung (siehe Abbildung 11.90).

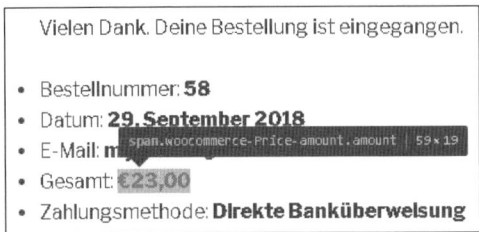

Vielen Dank. Deine Bestellung ist eingegangen.

- Bestellnummer: **58**
- Datum: **29. September 2018**
- E-Mail: m
- Gesamt: **€23,00**
- Zahlungsmethode: **Direkte Banküberweisung**

Abbildung 11.90 Markieren der Gesamtsumme mit der »Element untersuchen«-Funktion
der Chrome-Entwicklertools

Durch diesen Klick ist der entsprechende Code im ELEMENTS-Fenster in den Chrome-
Entwicklertools (siehe Abbildung 11.91) markiert. Dadurch können Sie die Stelle schnell
finden ❶. Nun klicken Sie mit der rechten Maustaste auf die Markierung, und im sich
öffnenden Kontextmenü klicken Sie auf COPY ❷ und dann auf COPY SELECTOR ❸. Jetzt
haben Sie den CSS-Selektor für das Element gefunden.

Abbildung 11.91 Den CSS-Selektor kopieren

Dieser Wert sieht in diesem Fall folgendermaßen aus:

```
#post-7 > div > div > div > ul > li.woocommerce-order-overview__total.total >
strong > span
```

Bei der Arbeit mit CSS-Selektoren müssen Sie darauf achten, den CSS-Selektor nicht
zu spezifisch zu wählen, aber auch nicht zu weit. In diesem Fall reicht der letzte Teil
ab `ul`.

Mit diesem Teil legen Sie jetzt eine neue Variable mit dem Typ DOM-ELEMENT an. Im Dropdown-Menü der Variablen wechseln Sie auf CSS-SELEKTOR, und als ELE-MENT-SELEKTOR tragen Sie diesen Wert ein: ul > li.woocommerce-order-overview_ total.total > strong > span. Die Variable nennen Sie dom kaufTotal und speichern sie.

Facebook setzt voraus, dass der Wert kein Währungszeichen enthält und dass zusätzlich das Komma für die Trennung von den Nachkommastellen durch einen Punkt ersetzt wird. Deshalb müssen Sie jetzt noch eine Variable als benutzerdefiniertes JavaScript schreiben, die die Variable dom kaufTotal von diesem Wert befreit. Dieses Extrahieren des Wertes erfolgt mithilfe eines regulären Ausdrucks.

Tools für reguläre Ausdrücke

Wenn Sie sich intensiver mit dem Google Tag Manager auseinandersetzen, werden Sie immer wieder reguläre Ausdrücke benötigen. Um das Erstellen dieser regulären Ausdrücke einfacher zu machen, gibt es viele Online-Tools, die Ihnen dabei helfen. Eines dieser Tools ist zum Beispiel *https://regex101.com/*.

Sie erstellen eine Variable vom Typ BENUTZERDEFINIERTES JAVASCRIPT und tragen in das Code-Feld folgendes JavaScript ein:

```
function(){

    var total = {{dom kaufTotal}};
total = total.replace(/[^0-9,-]+/g,"");   //
Tausenderpunkte und Währungskennzeichen entfernen
total = total.replace(/,/g,'.'); // Komma in Punkt umwandeln
return Number(total);}
```

Listing 11.34 JavaScript-Funktion zum Extrahieren und Umwandeln des Bestellwertes in das von Facebook geforderte Format

---

Testen von JavaScript

Immer wenn es darum geht, dass JavaScript geschrieben werden muss, werden Sie um ein Testen Ihrer Programmieranstrengungen nicht herumkommen. Und weil jeder dieses Problem hat, gibt es genau für diese Zwecke entsprechende Websites, die Ihnen helfen. Eine von diesen Websites ist *JSfiddle*, erreichbar unter *https:// jsfiddle.net/*. Mithilfe dieser Website können Sie Ihren Code testen und auch Bekannte bitten, über Ihren Code zu schauen.

Als Nächstes benötigen Sie die Währung. Sie könnten jetzt einfach davon ausgehen, dass Ihr Shop nur in Euro verkauft. Das würde aber nicht so viel Spaß bringen wie die

Extraktion und Umwandlung des Währungszeichens in den dreistelligen Währungscode, den sich Facebook wünscht.

Dafür erstellen Sie noch eine benutzerdefinierte JavaScript-Variable und extrahieren dieses Mal aus dem Gesamtbetrag die Währung. Dafür nutzen Sie folgendes JavaScript:

```
function(){
    var regex = /(^\D*)/m;
    var currency = regex.exec({{dom kaufTotal}});
    return currency[1];
}
```

Listing 11.35 JavaScript-Funktion zum Extrahieren des Währungssymbols

Bei einem Shop, der in Euro verkauft, erhalten Sie bei dieser Variablen das Euro-Zeichen € zurück. Aber für Facebook benötigen Sie den dreistelligen Währungscode EUR. Sie sind also noch nicht ganz fertig. Sie müssen diese Variable noch in den dreistelligen Währungscode umwandeln.

Sie könnten diese Umwandlung direkt in JavaScript vornehmen, dafür müssten Sie aber noch mehr JavaScript verstehen. Deshalb nutzen Sie im Rahmen dieses Buches eine Suchtabelle. Dafür öffnen Sie eine weitere Variable und wählen dieses Mal als Typ die SUCHTABELLE.

In dieser Suchtabelle wählen Sie als EINGABEVARIABLE die für die Währungszeichen-Extraktion zuständige Variable aus. In die Tabelle tragen Sie als EINGABE das jeweilige Währungszeichen ein und als AUSGABE den entsprechenden Währungscode. In unserem Fall wäre das für die Eingabe das €-Zeichen und für die Ausgabe »EUR« (siehe Abbildung 11.92). Sie können jetzt jederzeit weitere Währungszeichen und die entsprechenden Codes in dieser Tabelle hinzufügen.

Abbildung 11.92 Die Suchtabelle für die Umwandlung des Währungszeichens

Nun haben Sie alle Werte zusammen, die Sie für die Einbindung des Facebook-Pixels benötigen. Sie erstellen jetzt ein Tag und wählen als Typ BENUTZERDEFINIERTES HTML aus. Der entsprechende Code sieht folgendermaßen aus:

```
<script>
  fbq('track', 'Purchase', {
    value: {{js kaufTotalInDezimal}},
    currency: {{lookup kaufWaehrungsCode}},
  });
</script>
```

Listing 11.36 Das Facebook-Pixel für den Kauf

Die Variablen sind im Code vorhanden und werden beim Aufruf eingesetzt. Jetzt benötigen Sie noch eine Triggerbedingung, damit das Tag auch entsprechend ausgelöst wird. Da Sie dieses Mal nicht die Vorteile der Datenschicht nutzen sollen, benötigen Sie ein anderes Merkmal. Deshalb nutzen Sie an dieser Stelle die URL. Der WooCommerce-Shop zeigt die erfolgreichen Transaktionen auf einer URL an, die folgendermaßen aussieht:

*http://demoshop.gtm-buch.de/kasse/order-received/58/?key=wc_order_* ...

Es reicht aus, wenn der Trigger auslöst, wenn der PAGE PATH /kasse/order-received/ enthält. Diesen Trigger erstellen Sie jetzt. Der Trigger kann auslösen, wenn der Seitenaufruf erfolgt ist (siehe Abbildung 11.93).

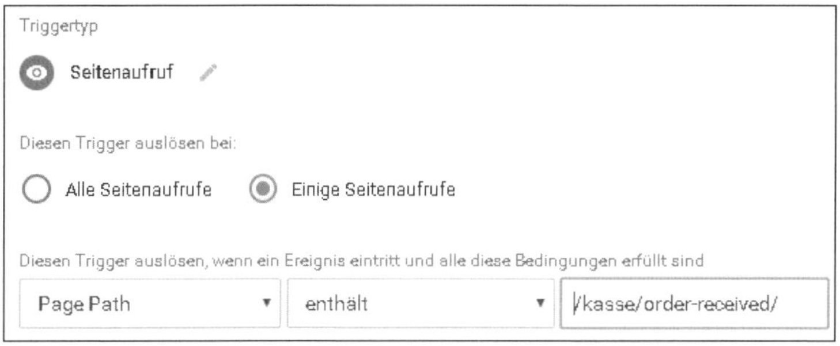

Abbildung 11.93 Der Trigger für den Aufruf der Kaufbestätigungsseite

Eigentlich wären Sie jetzt nach dem Speichern mit diesem Tag fertig. Aber es gibt einen wichtigen Punkt beim Facebook-Pixel: Sie müssen sicherstellen, dass das Facebook-Pixel für den Seitenaufruf zuerst geladen wird und dann erst das Facebook-Pixel für den Kauf. Das erreichen Sie über die Tag-Reihenfolge. Ich hatte Ihnen dieses Konzept in Abschnitt 4.6.1 erläutert, hier sehen Sie es jetzt in der Praxis. Um es einzusetzen, klicken Sie im Tag auf ERWEITERTE EINSTELLUNGEN und dann auf TAG-REIHENFOLGE.

Mit einem Klick auf das Kästchen vor EIN TAG AUSLÖSEN, BEVOR DAS TAG FACE-
BOOK - KAUF AUSGELÖST WIRD erscheint ein Dropdown-Menü. In ihm wählen Sie
das Tag aus, das dafür zuständig ist, das Facebook-Pixel für den Seitenaufruf aus-
zuführen. Da das Tag ohne die vorherige Ausführung des Facebook-Pixels für den
Seitenaufruf nicht funktioniert, setzen Sie unterhalb noch das Häkchen bei FACE-
BOOK - KAUF NICHT AUSLÖSEN, WENN ... (siehe Abbildung 11.94).

Abbildung 11.94 Tag-Reihenfolge für Facebook

Nach dem Speichern testen Sie wie immer, ob alle erstellten Tags, Trigger und Variablen wie gewünscht funktionieren. Sollte das nicht der Fall sein, dann überprüfen Sie
die vorgenommenen Einstellungen.

11.6   Das HubSpot-Pixel einbauen

HubSpot ist ein Marketingtool, das ganz viele Bereiche des Marketings abdeckt.
Inzwischen ist HubSpot in vielen Firmen im Einsatz und ist ein integraler Bestandteil
des Marketings. Mit HubSpot ist es möglich, den zukünftigen Kunden von seinem
ersten Kontakt mit der Website an bis zum Sale zu tracken.

Dafür setzt HubSpot hauptsächlich auf das eigene Content-Management-System
(CMS). Wenn es aber andere Website-Bereiche gibt, in denen Sie das HubSpot-CMS
nicht nutzen können oder wollen, dann müssen Sie für das Tracking ein entsprechendes Tag in die Website einbauen.

11.6.1   Den HubSpot-Tracking-Code bereitstellen

Als Erstes benötigen Sie den Tracking-Code für den Einbau in Ihre Website. Entweder
haben Sie den Code per E-Mail erhalten oder Sie haben die entsprechenden Zugriffs-
rechte auf das Hubspot-Interface unter der URL *https://app.hubspot.com/*.

Hier finden Sie den Tracking-Code (siehe Abbildung 11.95), in dem Sie als Erstes auf
das Zahnrad rechts oben ❶ klicken, dann auf den kleinen Pfeil neben BERICHTE und
dort auf TRACKING-CODE ❷. Den entsprechenden Code finden Sie dann in dem großen Kasten ❸.

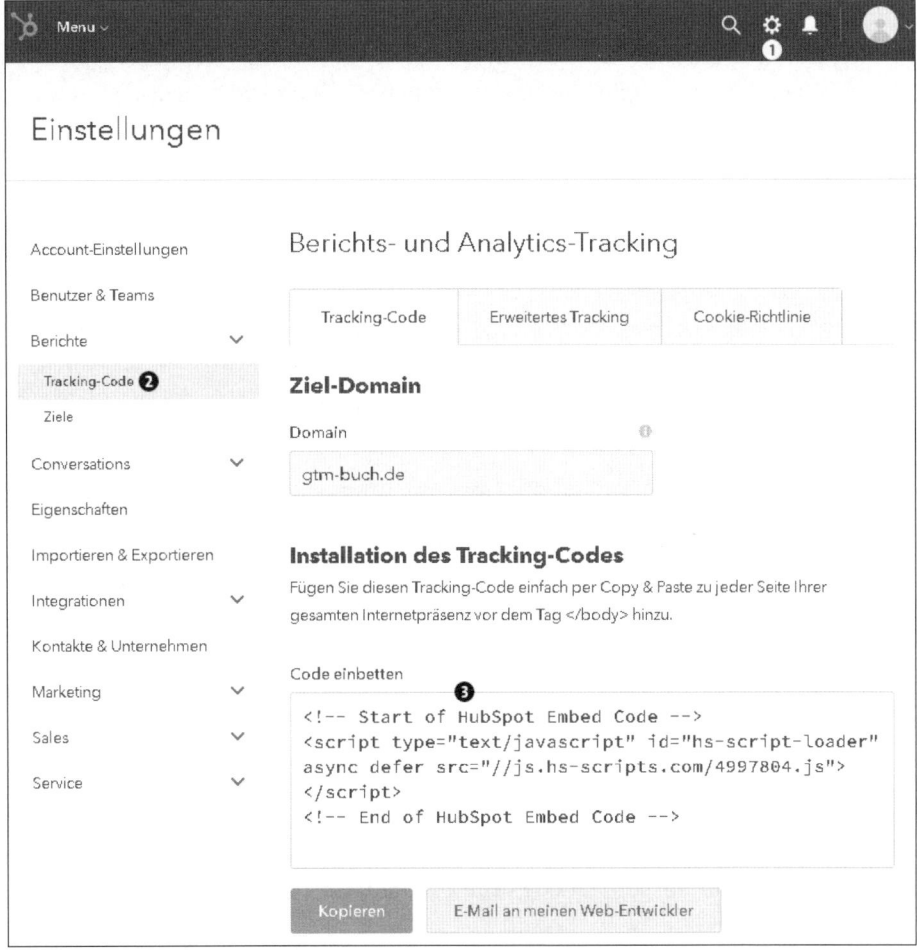

Abbildung 11.95 Der Tracking-Code in Ihrem HubSpot-Konto

Der Tracking-Code unterscheidet sich für jedes HubSpot-Konto anhand der Zahl in dem Code. Der Code sieht folgendermaßen aus:

```
<!-- Start of HubSpot Embed Code -->
<script type="text/javascript" id="hs-script-loader"
async defer src="//js.hs-scripts.com/4997804.js"></script>
<!-- End of HubSpot Embed Code -->
```

Listing 11.37 Der HubSpot-Tracking-Code

Um diesen Code in die Website einzubauen, loggen Sie sich in Ihr entsprechendes Google Tag Manager-Konto ein.

11.6.2   Das HubSpot-Tag im Google Tag Manager anlegen

Für den Hubspot-Tracking-Code benötigen Sie ein Tag vom Typ *Benutzerdefiniertes HTML*. Im Bereich TAGS erstellen Sie also ein neues Tag und wählen als Typ BENUTZERDEFINIERTES HTML aus (siehe Abbildung 11.96).

Abbildung 11.96 Der HubSpot-Tracking-Code als benutzerdefiniertes HTML

Den Tracking-Code aus dem HubSpot-Konto kopieren Sie in das HTML-Feld und wählen anschließend als auslösenden Trigger noch ALL PAGES aus. Nach dem Abspeichern des Tags können Sie es testen.

Für das Testen aktivieren Sie den Vorschaumodus, indem Sie auf IN VORSCHAU ANSEHEN klicken. Im Debug-Fenster können Sie beim Aufruf der Website feststellen, ob das Tag auch entsprechend ausgeführt wird. Weitere Möglichkeiten zum Überprüfen der Einbindung finden Sie in Kapitel 9, »Debugging und Vorschau: Immer kontrollieren«.

11.7   Das etracker-Tag implementieren

etracker ist eine Analytics-Software, die bei einigen Firmen zum Einsatz kommt. Ähnlich wie bei Google Analytics muss der entsprechende Tracking-Code in die Website

eingebunden werden. Ich habe etracker unter anderem deshalb in dieses Kapitel aufgenommen, weil es eines der wenigen Tags ist, die `document.write` (siehe Abschnitt 7.1.1)
benötigen.

11.7.1   Das Tracking für den Seitenaufruf implementieren

Da es für den etracker-Tracking-Code kein fertiges Tag gibt, nutzen Sie wieder den
Variablentyp BENUTZERDEFINIERTES HTML. Dafür benötigen Sie den entsprechenden Tracking-Code aus der etracker-Oberfläche: Loggen Sie sich in Ihr etracker-Konto
ein (siehe Abbildung 11.97), klicken Sie links oben auf den Namen Ihres Projektes ❶
und anschließend auf SETUP/ TRACKING CODE ❷.

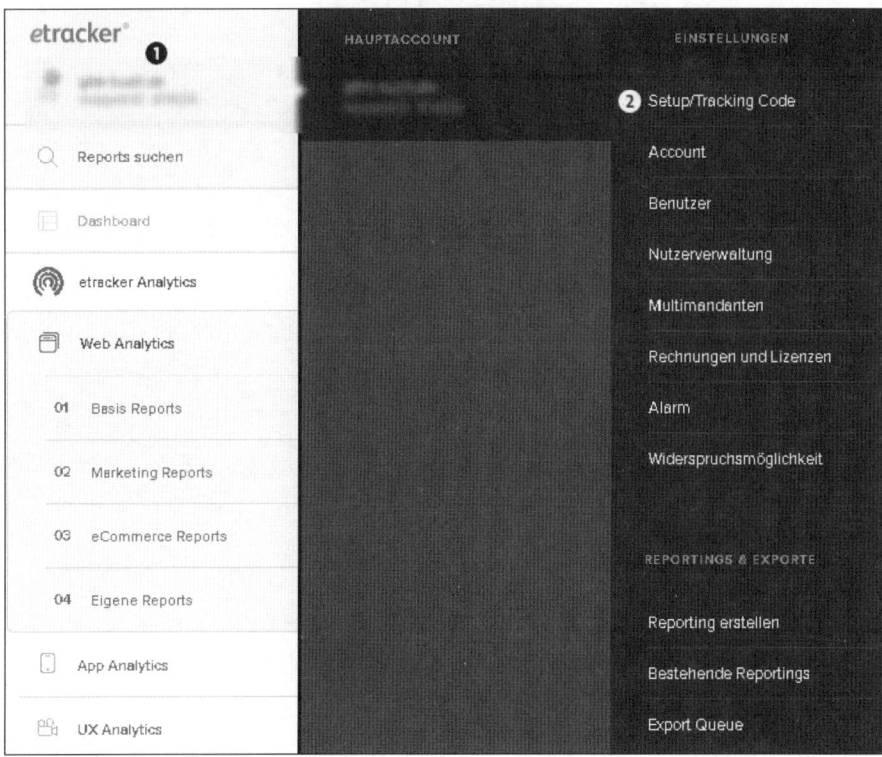

Abbildung 11.97 Der Weg zum Tracking-Code bei »etracker«

Dort finden Sie den Tracking-Code (siehe Abbildung 11.98) und können ihn mit einem
Klick IN DIE ZWISCHENABLAGE KOPIEREN.

Jetzt loggen Sie sich in das entsprechende Google Tag Manager-Konto ein und legen
ein neues Tag an. Dafür klicken Sie im Bereich TAGS auf NEU und wählen als Typ
BENUTZERDEFINIERTES HTML aus. Dort kopieren Sie den Code aus der Zwischenablage hinein (siehe Abbildung 11.99).

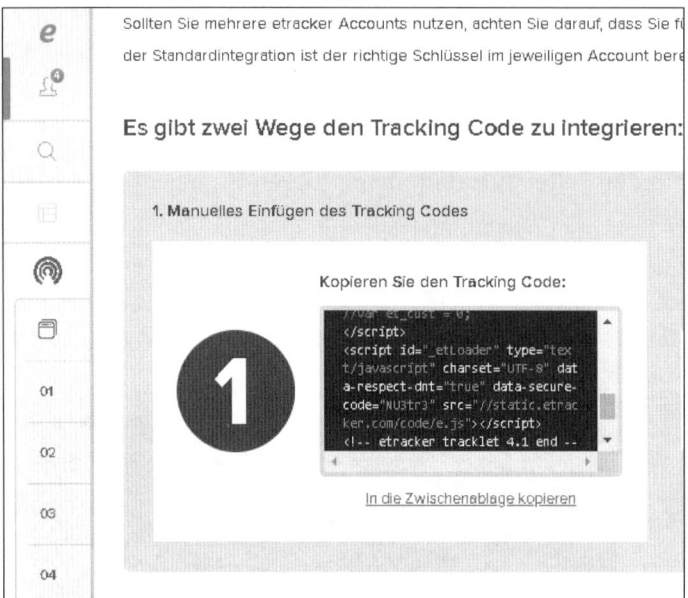

Abbildung 11.98 Der etracker-Tracking-Code

Zusätzlich zum Hineinkopieren des Tracking-Codes müssen Sie beim etracker-Code die Checkbox bei 'DOCUMENT.WRITE' UNTERSTÜTZEN aktivieren. Ohne diese Aktivierung funktioniert der Tracking-Code nicht.

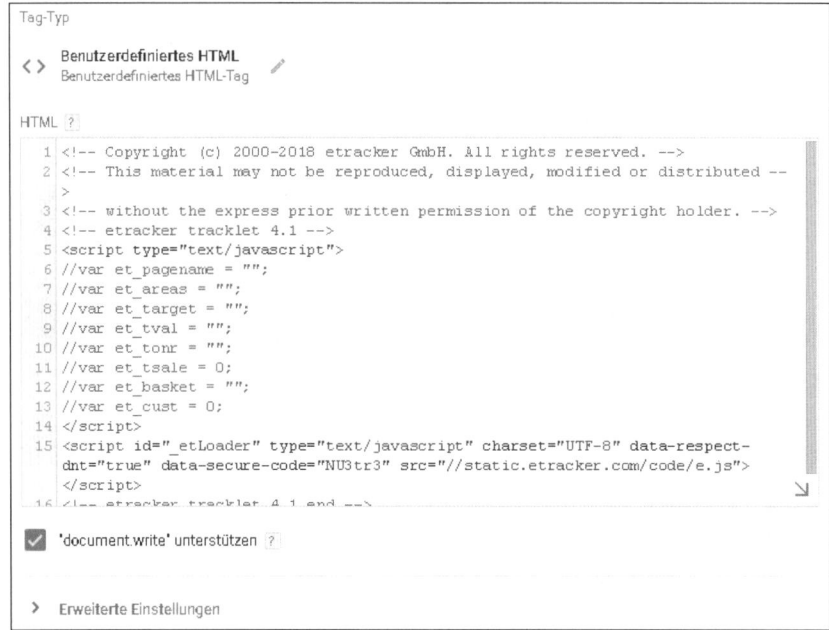

Abbildung 11.99 Der etracker-Tracking-Code mit aktiviertem »document.write«

Mithilfe von Variablen können Sie mit dem etracker-Code auch weitere Informationen übergeben. Im Standardcode sind diese Parameter mit // auskommentiert (siehe Abbildung 11.99). Die genauen Anforderungen für die Nutzung dieser Parameter finden Sie in der Dokumentation zu Ihrem Tracking-Code in der etracker-Oberfläche. Sobald Sie Werte wie Umsatz oder Ähnliches benötigen, können Sie auf das Extrahieren zurückgreifen, das in Abschnitt 11.4.1 bis Abschnitt 11.4.5 beschrieben wurde.

11.8   Das Tag für Microsoft Bing Ads implementieren

Neben *Google Ads* gibt es bei den Werbeanzeigen in Suchmaschinenergebnislisten auch noch die *Bings Ads*. Je nach Zielgruppe und oder Strategie können Bing Ads sehr interessant sein. Aber heutzutage ist es nicht mehr sinnvoll, Anzeigen ohne direkte Conversionmessung zu schalten. Genau wie an die Google Ads in Abschnitt 4.2 kann man auch an die Microsoft Bing Ads entsprechende Informationen senden.

Es gibt ein Tag für die Bing Ads, das universell einsetzbar ist, sowohl für das Remarketing als auch für die Conversions, die über den Aufruf von URLs erreicht werden.

Für die Bing Ads benötigen Sie nicht den gesamten Tracking-Code, sondern nur bestimmte Werte. Denn die Bing Ads finden Sie unter den integrierten Tag-Templates. Aber passen Sie beim Suchen auf, denn Sie finden das Tag-Template (siehe Abbildung 11.100) weder unter »B« wie »Bing Ads« noch unter »U« wie »Universelle Ereignisnachverfolgung von Bing Ads«. Sie finden das Tag-Template unter dem Buchstaben »M« wie »Microsoft Bing Ads«. Klingt logisch, aber auch nur, wenn man es weiß.

Abbildung 11.100 Die universelle Ereignisnachverfolgung von Bing Ads

Für das Bing Ads-Tag benötigen Sie aus Ihrem Bing Ads-Konto die ID des Bing Ads-UET-Tags. Sie erhalten diese ID, indem Sie sich in Ihr Bing Ads-Konto einloggen und auf Kampagnen klicken.

Wenn Sie sich im Kampagnenbereich befinden, klicken Sie auf Abschlussverfolgung und dann auf UET-Tags (siehe Abbildung 11.101).

Abbildung 11.101 Die UET-Tags im Bing Ads-Konto

Sollte noch kein UET-Tag vorhanden sein, können Sie eins erstellen, indem Sie auf UET-TAG ERSTELLEN klicken. Abschließend finden Sie in der Übersicht mit den angelegten UET-Tags auch die entsprechende Tag-ID (siehe Abbildung 11.102). Diese ID besteht standardmäßig nur aus Ziffern. Diese ID benötigen Sie für das Einrichten des Tags im Google Tag Manager.

Abbildung 11.102 Die vorhandenen UET-Tags mit der Tag-ID

11.8.1   Das Bing Ads-Tag bei jedem Seitenaufruf implementieren

Sie loggen sich jetzt in den entsprechenden Google Tag Manager-Container ein und erstellen ein neues Tag. Als TAG-TYP wählen Sie UNIVERSELLE EREIGNISNACHVERFOLGUNG VON BING ADS.

Im Formular des Tags tragen Sie Tag-ID in das entsprechende Feld ein (siehe Abbildung 11.103). In diesem Beispiel habe ich viele Einsen eingetragen; ich bin mir sicher, Ihre ID ist eine andere.

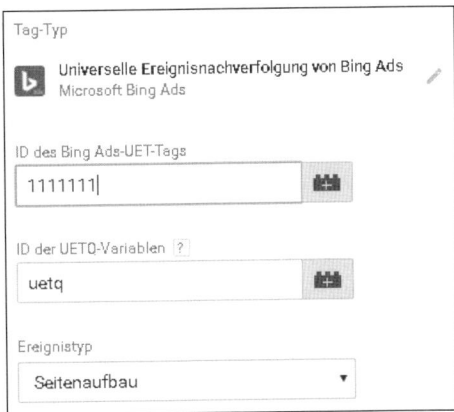

Abbildung 11.103 Das Tag für den einzelnen Seitenaufruf

Die restlichen Einstellungen im Tag belassen Sie so, wie sie sind. Das bedeutet, der EREIGNISTYP bleibt bei SEITENAUFBAU. Als Trigger wählen Sie abschließend noch ALL PAGES aus und speichern das Tag ab.

In der Vorschau überprüfen Sie die korrekte Einbindung des Tags. Microsoft Bing Ads stellt Ihnen auch ein Plugin zur Prüfung bereit. Sie finden es unter der URL *https://chrome.google.com/webstore/detail/uet-tag-helper-by-bing-ad/naijndjklgmffmpembnkfbcjbognokbf.*

Die weiteren Einstellungen zu Zielvorhaben auf URL-Basis nehmen Sie dann in Ihrem Microsoft Bing Ads-Konto vor.

11.8.2   Das Bing Ads-Tag für das Melden von variablen Umsätzen implementieren

Mit dem Bing Ads-Tag ist es nicht nur möglich, einfache Zielerreichungen zu übertragen, sondern es können auch die entsprechenden Umsätze übertragen werden. Voraussetzung dafür ist, dass Sie in Ihrem Bing Ads-Konto ein entsprechendes Zielvorhaben mit einem variablen Wert angelegt haben.

Um diesen variablen Wert mit dem entsprechenden Umsatz zu übertragen, benötigen Sie als Erstes eine Variable, die den Umsatz bereitstellt. Dafür könnten Sie in diesem Fall einfach auf die entsprechende Variable zurückgreifen, die ich im Zusammenhang mit dem Melden von Umsätzen an Facebook erklärt habe (siehe Abschnitt 11.5.3). Falls Sie das erweiterte E-Commerce-Tracking für Google Analytics im Einsatz haben, können Sie auf den entsprechenden Wert in der Datenschicht zugreifen. In diesem Beispiel nutzen Sie den Wert aus der Datenschicht.

Sie legen dafür im Bereich VARIABLEN eine neue Variable an. Als Variablen-Typ wählen Sie DATENSCHICHTVARIABLE. Den Umsatz finden Sie in der Datenschicht unter dem Namen `ecommerce.actionField.revenue`. Diesen Namen tragen Sie in das entsprechende Feld der Variablen ein (siehe Abbildung 11.104) und speichern die Variable als »dl ecommerce.actionField.revenue«.

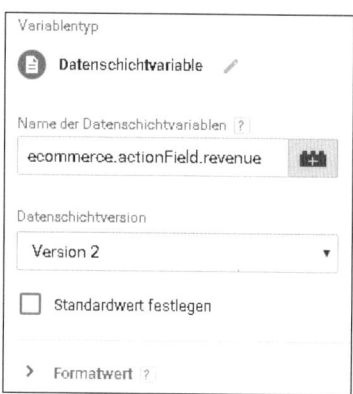

Abbildung 11.104 Die Datenschichtvariable für den Umsatz

Als Nächstes legen Sie das entsprechende Tag an. Als Typ wählen Sie MICROSOFT BING ADS aus. Die ID des UET-Tags tragen Sie genauso wie im vorhergehenden Abschnitt ein. Den EREIGNISTYP ändern Sie auf VARIABLER UMSATZ. Nun erscheint das Feld ZIELVORHABENWERT. Tragen Sie hier die oben erstellte Variable für den Umsatz ein (siehe Abbildung 11.105).

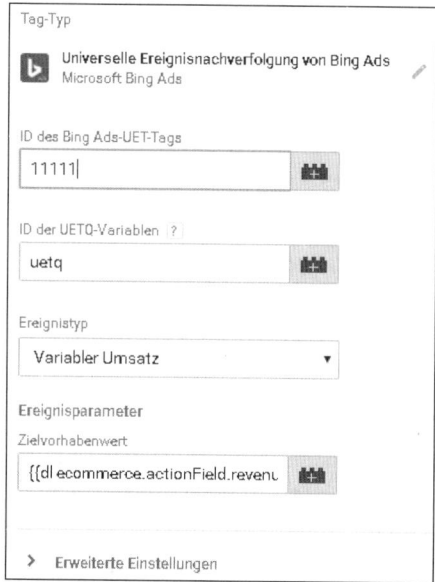

Abbildung 11.105 Das Bing Ads-Tag für den variablen Umsatz

Damit dieses Tag funktioniert, müssen Sie sicherstellen, dass auf der gleichen URL schon das Bing Ads-Tag für den Seitenaufruf ausgeführt wurde. Dafür klicken Sie auf ERWEITERTE EINSTELLUNGEN und öffnen dann den Bereich mit der TAG-REIHEN-FOLGE. Dort wählen Sie aus, dass das Bing Ads-Tag für den Seitenaufruf vorher ausgelöst sein muss (siehe Abbildung 11.106).

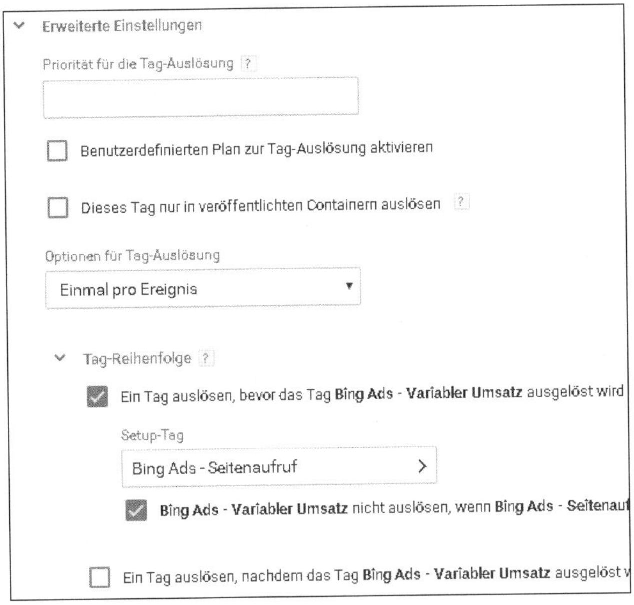

Abbildung 11.106 Die Tag-Reihenfolge für das Bing Ads-Tag

Anschließend setzen Sie noch den Haken bei BING ADS – VARIABLER UMSATZ NICHT AUSLÖSEN, WENN ....

Damit das Tag auch ausgeführt wird, benötigt es jetzt noch einen entsprechenden Trigger. Dafür nutzen Sie die gleiche Methode wie für das Auslösen beim Criteo One-Tag auf der Verkaufsbestätigungsseite (siehe Abschnitt 11.4.5).

11.9   Zusammenfassung

Dieses Kapitel hat Ihnen einen Überblick über die Möglichkeiten gegeben, die der Google Tag Manager bietet. Anhand dieser Beispiele konnten Sie sehen, wie flexibel der Google Tag Manager ist. Sie haben Variablen erstellt und verändert, Sie haben auf Vorkommnisse auf der Website reagiert und Sie haben dynamische Inhalte in HTML-Tags eingebaut.

Natürlich ist mit dem Google Tag Manager noch viel mehr möglich. Aber alles in diesem Buch zu zeigen ist nahezu unmöglich. Weitere Beispiele und Rezepte finden Sie unter *https://www.gtm-buch.de/beispiele*.

Kapitel 12

Der Google Tag Manager mit AMP und Apps

Nicht nur in HTML-Websites kann der Google Tag Manager-Container implementiert werden, sondern auch in Seiten mit AMP und natürlich Apps.

Dieses Buch zeigt eindeutig, dass der Google Tag Manager extrem vielseitig beim Einsatz in HTML-Websites ist. Aber wie schon im ersten Kapitel angesprochen, können Sie den Google Tag Manager nicht nur in HTML-Websites nutzen, sondern auch auf Websites, die AMP benutzen, und schließlich in Apps, die unter iOS oder Android laufen.

Während die Oberfläche des Google Tag Managers für alle Systeme (HTML, AMP und Apps) nahezu identisch ist, verändert sich der Funktionsumfang je nach gewähltem Zielsystem. Deshalb müssen Sie auch direkt bei der Erstellung des Containers entscheiden, für welchen Verwendungsort Sie den Container nutzen wollen (siehe Abbildung 12.1).

Abbildung 12.1 Die Auswahl der unterschiedlichen Verwendungsorte

Während sich die Implementierung auf einem AMP-System noch recht leicht handhaben lässt, ist es bei Apps ungleich schwerer. Dort kommen Sie ohne Eingriffe in die Programmcode nicht weiter.

Dieses Buch legt den Schwerpunkt auf die Nutzung des Google Tag Managers mit HTML-Websites. Aber da AMP, iOS und Android auch zum Funktionsumfang gehören, erfahren Sie in diesem Kapitel mehr zu den Möglichkeiten und den Herausforderungen.

12.1   Den Google Tag Manager auf AMP-Seiten nutzen

AMP (*Accelerated Mobile Pages*) ist ein Format, das federführend von Google eingeführt wurde. Durch die Nutzung von AMP sind sehr schnelle und einfache Websites möglich, weil unter anderem die Nutzung von JavaScript extrem eingeschränkt ist. Es gibt nur bestimmte Funktionen, die zugelassen sind. Deshalb sind Sie auch nicht so frei in der Nutzung von Tags wie auf HTML-Websites.

Das Tag für benutzerdefiniertes HTML suchen Sie im Google Tag Manager für AMP-Seiten vergebens. Aber fangen wir vorne an: mit der Installation.

Bei der Nutzung des Google Tag Managers auf AMP-Seiten müssen Sie direkt bei der Erstellung des Containers auch AMP als VERWENDUNGSORT auswählen. Sie können diese Auswahl nachträglich nicht ändern.

Der Code, der nach dem Bestätigen der Auswahl des Verwendungsortes angezeigt wird, ist schon sehr viel übersichtlicher als bei der Verwendung auf HTML-Seiten (siehe Abbildung 12.2). Das erste Code-Snippet verweist direkt auf eine Datei, die vom AMP-Projekt bereitgestellt wird. Dort sind die erlaubten JavaScript-Funktionen enthalten; man spricht auch von einer *Funktionsbibliothek*.

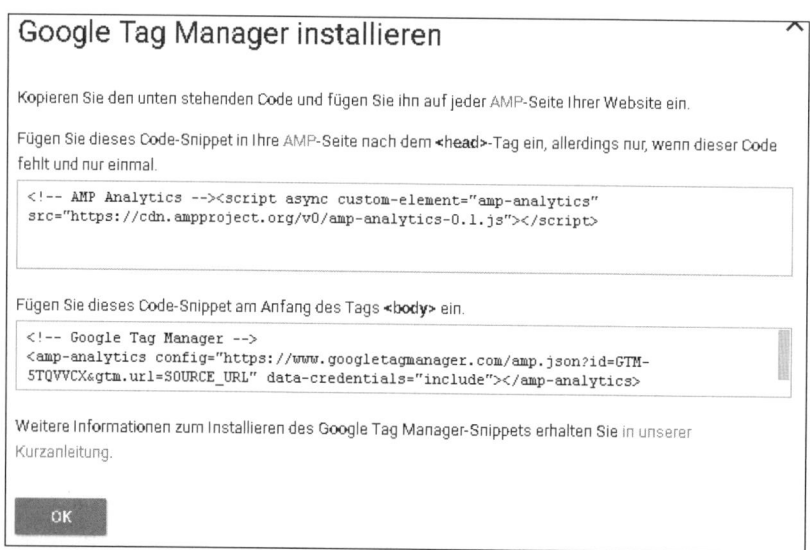

Abbildung 12.2 Der Code für die Einbindung auf AMP-Seiten

Das erste Skript ruft eine Datei namens *amp-analytics-0.1.js* auf. Daran sehen Sie auch, dass der Google Tag Manager in erster Linie Tags zur Web-Analyse bereitstellt. Was rein technisch möglich ist, können Sie in der Dokumentation zu AMP-Analytics nachlesen:

https://www.ampproject.org/docs/reference/components/amp-analytics

Diese Funktionen werden Sie aber auch gleich im Google Tag Manager entdecken.

Als Erstes müssen Sie also dafür sorgen, dass diese Funktionsbibliothek in Ihrer AMP-Seite geladen wird. Dafür müssen Sie diese Zeile in den Head der Seite einfügen:

```
<script async custom-element="amp-analytics" src="https://cdn.ampproject.org/
v0/amp-analytics-0.1.js"></script>
```

Listing 12.1 Die Einbindung der AMP-Analytics-Bibliothek

Diese Zeile ist für alle AMP-Seiten identisch. Die Zuordnung zu Ihrem Google Tag Manager-Container erfolgt in der Zeile, die Sie in den Body der Seite einfügen müssen:

```
<amp-analytics config="https://www.googletagmanager.com/amp.json?id=GTM-
5TQVVCX&gtm.url=SOURCE_URL" data-credentials="include"></amp-analytics>
```

Listing 12.2 Das Snippet für den Body der AMP-Seite

Während bei HTML-Implementierungen der zweite Teil des Google Tag Manager-Snippets nicht so wichtig ist, geht bei AMP gar nichts ohne diesen zweiten Teil. Denn er stellt ein JSON-Objekt zur Verfügung, in dem alle Definitionen und Konfigurationen für den Google Tag Manager enthalten sind. Ohne diese Zeile wird gar nichts getrackt. So ein JSON-Objekt könnte für das Tracking mit Google Analytics folgendermaßen aussehen:

```
<amp-analytics type="googleanalytics">
<script type="application/json">
{
  "vars": {
    "account": "UA-XXXXX-Y"
  },
  "triggers": {
    "trackPageview": {
      "on": "visible",
      "request": "pageview"
    }
  }
}
```

12

```
</script>
</amp-analytics>
```

Listing 12.3 JSON-Objekt, das durch die Einbindung des Google Tag Managers bereitgestellt wird

Wenn Sie die beiden obigen Snippets so weit eingebunden haben, können Sie mit dem Anlegen von Tags im Google Tag Manager beginnen.

12.1.1   Google Analytics in der AMP-Seite implementieren

Die Auswahl an Web-Analyse-Systemen, die AMP-Seiten unterstützen und auch im Google Tag Manager eingebunden sind, ist groß. Natürlich sind auch Anbieter wie Adobe, AT Internet, Webtrekk und viele weitere dabei. In diesem Abschnitt zeige ich Ihnen aber, wie Sie Google Analytics in Ihre AMP-Seite integrieren können.

Die Oberfläche des Google Tag Managers hat sich durch die Auswahl von AMP als Verwendungsort nicht sehr geändert. Zur Erstellung des Google Analytics-Tags gehen Sie also wieder in den TAGS-Bereich und klicken auf NEU. Anschließend wählen Sie als Tag-Typ GOOGLE ANALYTICS aus.

Im Tag für Google Analytics haben Sie beim Tracking-Typ SEITENAUFRUF viel weniger Einstellungsmöglichkeiten als bei der HTML-Version (siehe Abbildung 12.3). Sie können die Tracking-ID eintragen und gegebenenfalls benutzerdefinierte Dimensionen oder Messwerte. Mehr Möglichkeiten gibt es nicht.

> **IP-Adressen-Anonymisierung bei AMP**
>
> Während Sie beim Google Analytics-Tag speziell angeben müssen, dass die IP-Adresse anonymisiert werden soll, ist das bei AMP nicht nötig. Durch die andere Technologie wird die IP-Adresse stets anonymisiert übertragen.

Als Trigger wählen Sie, wie auch schon bei der HTML-Version, ALL PAGES aus. Nach dem Speichern ist das Tracking des Seitenaufrufs so weit fertig im Google Tag Manager implementiert und kann von Ihnen getestet werden.

> **Kein Debug-Fenster bei AMP**
>
> Durch die starken Restriktionen bei AMP-Seiten ist das Debug-Fenster aus technischen Gründen leider nicht möglich. Deshalb sollten Sie, falls es noch nicht geschehen ist, unbedingt Kapitel 9, »Debugging und Vorschau: Immer kontrollieren«, lesen.

Nach dem erfolgreichen Test können Sie das Tag veröffentlichen.

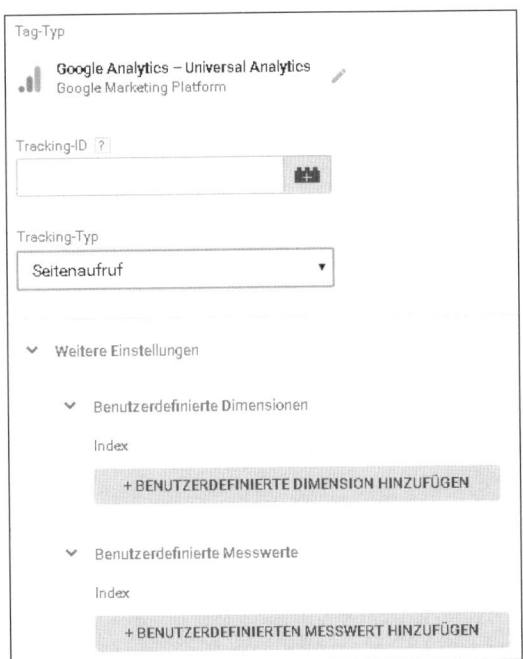

Abbildung 12.3 Die beschränkten Einstellungsmöglichkeiten
für das Tracking des Seitenaufrufs bei Google Analytics

12.1.2   Google Analytics für HTML- und AMP-Seiten im Mix

Bevor Sie jetzt mehr zu den Google Tag Manager-Möglichkeiten im AMP-Container lesen, muss ich noch kurz auf die Probleme hinweisen, die bei der Nutzung von Google Analytics in der HTML- und der AMP-Version auftauchen. Diese Probleme tauchen dann auf, wenn Sie AMP- und HTML-Seiten in einer Property messen wollen.

Prinzipiell finden beide Zugriffe im Browser statt, von daher sollten die Zugriffe ohne Probleme trackbar und protokollübergreifend verfolgbar sein. Aber sobald ein Nutzer von der AMP-Seite auf die HTML-Seite wechselt, weiß Google Analytics nichts davon, dass der Nutzer eigentlich schon auf der Website war. Deshalb startet Google Analytics auf der Web-Version auf jeden Fall eine neue Sitzung. Sämtliche Informationen, zum Beispiel über welche Quelle der Nutzer kam, gehen verloren. Google Analytics weiß nur, dass dieser Nutzer von der AMP-Seite kam.

Zusätzlich erkennt Google Analytics den Nutzer auch nicht wieder. Denn die Erkennung erfolgt in der HTML-Version mit einem First-Party-Cookie. Das bedeutet, dieser Nutzer ist zweimal in der Property vorhanden: Einmal ist er ein Nutzer auf der AMP-Version und einmal ist er ein Nutzer auf der HTML-Version.

Die AMP-Version benutzt eigentlich nicht das Cookie, das die HTML-Version benutzt. Sie können aber die AMP-Version so konfigurieren, dass sie es trotzdem macht. Dann gibt es aber das Problem, dass die AMP-Version über spezielle Domains von Google oder dem AMP-Projekt ausgeliefert wird. Und auf diesen Domains kann das Cookie von der Hauptdomain nicht gelesen werden. Normalerweise würden Sie dann Cross-Domain-Tracking einsetzen, aber das wiederum wird nicht vom AMP-Protokoll unterstützt. Sie stehen also vor einem Dilemma.

Da dieses Problem den Entwicklern von Google Analytics bekannt ist und diese die Wichtigkeit erkannt haben, gibt es eine Annäherung an das Problem. Das heißt, gibt es eine Lösung, die in die richtige Richtung geht. Google stellt die sogenannte *Google AMP Client ID API* zur Verfügung. Dieses System hat noch Einschränkungen, aber ich bin mir sicher, in Zukunft wird es verbessert werden.

Um die *Google AMP Client ID API* zu nutzen, müssen Sie Änderungen an den AMP-Seiten und an Ihren HTML-Seiten vornehmen. Auf den AMP-Seiten müssen Sie eine weitere Bibliothek im Head der Seite laden:

```
<meta name="amp-google-client-id-api" content="googleanalytics">
```

Listing 12.4 Das Laden der »Google AMP Client ID API«

Das reicht jetzt als Änderung auf den AMP-Seiten. Als Nächstes müssen Sie Ihr Google Analytics-Tag auf der HTML-Seite ändern. Dazu öffnen Sie Ihre Variable mit den Google Analytics-Einstellungen und erweitern sie um ein Feld. Und zwar ergänzen Sie das Feld useAmpClientId und weisen ihm den Wert true zu (siehe Abbildung 12.4).

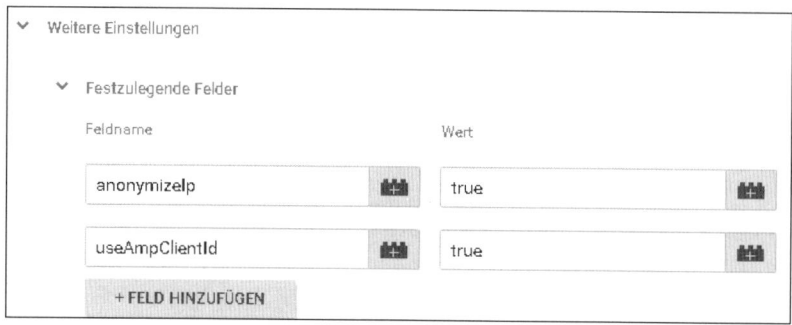

Abbildung 12.4 Das neue Feld für AMP

So weit, so gut, aber neben diesen Änderungen gibt es auch noch Limitierungen in der Wirksamkeit. Folgende Voraussetzungen müssen unbedingt erfüllt sein:

1. Das Schema (HTTP bzw. HTTPS) muss identisch sein.

2. Der Port muss identisch sein.

3. Die Hostkomponente der AMP-Herkunft und der kanonischen Herkunft muss identisch sein und alle Komponentenpräfixe des Typs m., amp. und www. in beiden Hosts ignorieren.

Dadurch funktionieren folgende Kombinationen:

- beide Versionen über *https://www.example.com*
- *https://amp.example.com* und *https://www.example.com*
- *https://m.example.com* und *https://www.example.com*
- *https://amp.www.example.com* und *https://example.com*
- *https://amp.example.com* und *https://m.www.example.com*

Folgende Kombinationen funktionieren dementsprechend nicht:

- *https://www.example.com* und *http://www.example.com*
- *https://www.example.com* und *https://www.example.com:8000*
- *https://amp.example.com* und *https://amp.google.com*
- *https://amp.example.com* und *https://mobile.example.com*
- *https://web.amp.example.com* und *https://web.m.example.com*

Solange Sie dafür Sorge tragen, dass Ihre AMP-Seiten entsprechend ausgeliefert werden, ist mit dieser Art der Implementierung eine genauere Auswertung möglich.

12.1.3   Die Trigger in AMP

Die Trigger im Google Tag Manager-Container für AMP-Seiten verhalten sich komplett anders als die Trigger auf HTML-Seiten. Diese Trigger bieten viel weniger Flexibilität und sind dadurch sehr eingeschränkt, dass keine dynamischen Variablen genutzt werden können. Es gibt keine Trigger, die Sie anhand von Datenschichtvariablen oder sogar benutzerdefiniertem JavaScript auslösen können. Diese Flexibilität haben Sie bei AMP-Seiten nicht.

Die mangelnde Flexibilität rührt daher, dass die Trigger serverseitig validiert werden und die Seite dementsprechend nicht verfügbar ist. Diese mangelnde Flexibilität hat aber auch einen großen Vorteil: AMP-Seiten sind in der Regel rasend schnell – unter anderem auch deshalb, weil JavaScript nur extrem restriktiv erlaubt ist.

Trotzdem gibt es einige Trigger, mit denen Sie arbeiten und die die entsprechenden Tags abfeuern können. Den Seitenaufruf-Trigger haben Sie beim Google Analytics-Tag schon kennengelernt. Aber es gibt noch weitere.

Der Klick-Trigger

Den Klick-Trigger kennen Sie schon aus der HTML-Version des Containers. Aber in der AMP-Version haben Sie weniger Möglichkeiten für die Einstellungen. Außerdem gibt es in der AMP-Version keinen Trigger für »Nur Links«. Diesen Trigger müssen Sie sich anhand des Klick-Triggers selbst erstellen.

Im Klick-Trigger können Sie nur den CSS-SELEKTOR angeben (siehe Abbildung 12.5). Auf den ersten Blick scheint das eine extreme Einschränkung zu sein, aber mit dem CSS-Selektor gibt es viele Möglichkeiten, entsprechende Elemente zu tracken.

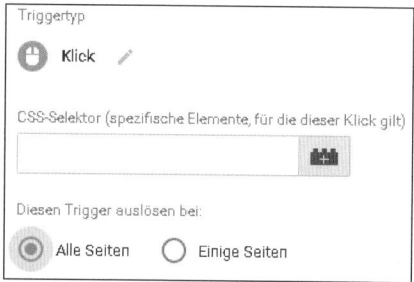

Abbildung 12.5 Der Klick-Trigger im AMP-Container

Über den CSS-Selektor erreichen Sie auch sämtliche ausgehenden Links oder auch die Klicks auf Telefonnummern.

Ausgehende Links erreichen Sie mit diesem CSS-Selektor:

```
a:not([href*="example.com"]), a:not([href*="example.com"]) *
```

Listing 12.5 CSS-Selektor für ausgehende Links (inklusive Mail und Telefon)

Die in diesem Snippet genannte Domain example.com müssen Sie natürlich durch Ihre eigene Domain ersetzen.

Links auf E-Mails erreichen Sie mit diesem CSS-Selektor:

```
a[href^="mailto:"], a[href^="mailto:"] *
```

Listing 12.6 CSS-Selektor für Klicks auf Mail-Links

Der Scrollen-Trigger

Auch wenn der AMP-Container stark eingeschränkt ist, gibt es trotzdem den Scrollen-Trigger. Der Scrollen-Trigger kann bei horizontalem und vertikalem Scrollen auslösen (siehe Abbildung 12.6).

Während Sie in den Scrollen-Trigger problemlos mehrere beliebige Prozentwerte eintragen können, haben Sie bei der Auswertung ein Problem. Denn wenn Sie für alle Prozentsätze einen Trigger benutzen, wissen Sie im Tag nur, dass er ausgelöst hat, aber nicht, bei wie viel Prozent. Für die Prozente gibt es keine Variable. Deshalb ist es unter Umständen das Einfachste, wenn Sie für jede Prozentzahl, die Sie messen wollen, einen eigenen Trigger und ein eigenes Tag erstellen. Das wirkt zwar sehr aufwendig, ist aber in der Regel der einfachste Weg.

Abbildung 12.6 Der Scrollen-Trigger

Alternativ könnten Sie auch einen Trigger und ein Tag benutzen und dabei die Variablen `scrollTop`, `viewportHeight` und `scrollHeight` übertragen und in Google Analytics dann die entsprechenden Berechnungen durchführen. Aber der erstgenannte Weg ist einfacher.

Der Timer

Auch den Timer-Trigger gibt es im AMP-Container (siehe Abbildung 12.7). Die Einstellungsmöglichkeiten sind jedoch anders als beim HTML-Container.

Abbildung 12.7 Der Timer-Trigger

Mit dem INTERVALL beim Timer-Trigger definieren Sie die Zeit zwischen zwei Auslösungen. Dabei können Sie mit der Checkbox bei BEI TRIGGER SOFORT AUSLÖSEN entscheiden, ob der Trigger direkt beim Laden der Seite auslöst oder einmal die Zeit des Intervalls abwartet und dann auslöst. Beim LIMIT können Sie festlegen, wie viele

Sekunden der Trigger maximal laufen soll. Das bedeutet: Wenn Sie das Intervall auf »30« setzen und das Limit auf »300«, dann löst der Trigger 10-mal aus.

Aber Achtung: Wenn die Seite aufgerufen wird, aber nicht im Viewport ist, also im sichtbaren Bereich des Browsers, dann wird der Trigger nicht ausgelöst. Aber der Trigger pausiert nicht! Sobald die Seite wieder im Viewport erscheint, werden alle bis dahin aufgelaufenen Trigger ausgelöst.

Der Sichtbarkeit-Trigger

Auch den Sichtbarkeit-Trigger kennen Sie schon vom HTML-Container. Dieser Trigger steht auch im AMP-Container zur Verfügung. Die Nutzung ist zwar möglich, aber nur eingeschränkt, denn Sie können nur Elemente messen, die eine CSS-ID haben (siehe Abbildung 12.8).

Abbildung 12.8 Der Sichtbarkeit-Trigger

Jedes Element, das über eine ID adressiert werden kann, kann über den Sichtbarkeit-Trigger genutzt werden.

Sie können dabei im Trigger festlegen, wie viel Prozent des Elements mindestens sichtbar gewesen sein müssen. Bei Maximale Sichtbarkeit in Prozent legen Sie fest, zu wie viel Prozent das Element maximal sichtbar gewesen sein darf.

Bei der Mindestangabe für die durchgehende Zeit geben Sie an, wie lange das Element ohne Unterbrechung mindestens sichtbar gewesen sein muss. Bei der Mindestgesamtzeit muss das Element nicht an einem Stück sichtbar gewesen sein. Hier reicht es, wenn die Zeit auch mit Unterbrechungen erreicht wird.

Das war auch schon der letzte Trigger, der in der AMP-Version zur Verfügung steht. Insgesamt sind es nur fünf Trigger. Da sich AMP als Standard weiterentwickelt, kann es sein, dass Ihnen in Zukunft noch weitere Trigger zur Verfügung stehen werden.

12.1.4   Die Variablen beim AMP-Container

Beim Google Tag Manager-Container auf AMP-Seiten stehen Ihnen weniger Variablen zur Verfügung als bei dem Container für HTML-Seiten. Es gibt auch keine Datenschicht, aus der Sie Informationen holen könnten. Dadurch, dass keinerlei fremdes JavaScript erlaubt ist, ist auch die Datenschicht nicht möglich. Aber es sind einige sehr interessante Variablen dabei, die so nicht in der HTML-Version vorhanden sind. Es gibt dabei Plattformvariablen und Variablen, die sich auf die aufgerufene URL beziehen.

Die integrierten Variablen

Genauso wie im HTML-Container gibt es auch im AMP-Container eine Auswahl an integrierten Variablen. Sie sind im Folgenden nach ihren Einsatzgebieten geordnet.

Seitenvariablen

▸ **Page URL:** die URL der aufgerufenen Seite

▸ **Page Hostname:** der Hostname der aufgerufenen Seite

▸ **Page Path:** der Pfad der aufgerufenen Seite

Seiten und Contentvariablen

▸ **Canonical URL:** die URL der Seite, die als HTML-Version vorliegt; in der Regel also ohne /amp/

▸ **Canonical Host:** der Host der Canonical URL

▸ **Canonical Path:** der Pfad der Canonical URL

▸ **Document Referrer:** die URL der Seite, von der der Nutzer auf die aktuelle URL gekommen ist

▸ **Document Title:** der Titel des aufgerufenen Dokuments

Gerät und Browser

▸ **Screen Width:** Bildschirmbreite

▸ **Screen Height:** Bildschirmhöhe

▸ **Scroll Left:** Anzahl der Pixel von der linken Seite des Viewports bis zur linken Kante der Seite

- **Scroll Top:** Anzahl der Pixel vom oberen Viewport bis zur oberen Kante der Seite
- **Scroll Width:** Breite der gesamten Seite
- **Scroll Height:** Höhe der gesamten Seite
- **Browser Language:** die im Browser eingestellte Sprache
- **Client Timezone:** die Zeitzone, die der Nutzer eingestellt hat

Leistung

- **Page Load Time:** die gesamte Ladezeit der Seite in Millisekunden. Diese Zeit wird gestartet, wenn die vorhergehende Seite verlassen wurde, und zählt, bis die neue Seite komplett geladen ist.
- **Page Download Time:** die gesamte Dauer des Downloads der Seite in Millisekunden

Interaktion

- **Total Engaged Time:** die Gesamtzeit, die die Seite im Viewport sichtbar war

Sonstiges

- **Page Client ID:** die Client-ID des Browsers
- **Page View ID:** eine zufällige ID, die einzigartig für URL, Nutzer und Tag ist
- **Client Timestamp:** die Zeit in Millisekunden seit 1970
- **AMP Event:** das Ereignis, das den Trigger ausgelöst hat

Dienstprogramme

- **Environment Name:** der Name der Umgebung, wenn eine Umgebung im Google Tag Manager angelegt wurde
- **Container ID:** die ID des Google Tag Manager-Containers
- **Container Version:** die Version des Google Tag Manager-Containers
- **Random Number:** eine zufällige Zahl

Die benutzerdefinierten Variablen

Zusätzlich zu den integrierten Variablen gibt es im AMP-Container auch eine kleine Anzahl benutzerdefinierter Variablen:

URL

Der Variablentyp URL bietet die gleichen Möglichkeiten wie die URL-Variable im HTML-Container (siehe Abbildung 12.9). Aber im AMP-Container gibt es für die URL schon eine Variable für den Hostnamen, die vollständige URL und den Pfad. Das bedeutet, dass Sie bei dieser Variablen nur noch PROTOKOLL, PORT, DATEINAMENS-ERWEITERUNG und die SUCHANFRAGE nutzen müssen. Alle anderen gibt es schon.

Abbildung 12.9 Die »URL«-Variable

Konstant

Der Variablentyp Konstant bietet die Möglichkeit, einen Wert zur Nutzung in anderen Elementen zu hinterlegen (siehe Abbildung 12.10). Die wahrscheinlich häufigste Nutzungsmöglichkeit ist die Speicherung der Google Analytics-Tracking-ID.

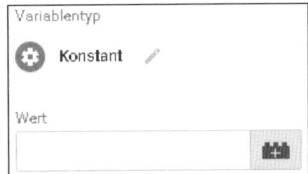

Abbildung 12.10 Der Variablentyp »Konstant«-Variable

Suchtabelle

Der Variablentyp Suchtabelle bietet fast die gleichen Möglichkeiten wie die Suchtabelle in der HTML-Version des Containers. Zumindest sieht es so aus (siehe Abbildung 12.11). In Wirklichkeit ist die Nutzung extrem eingeschränkt, denn es können nicht alle Variablen benutzt werden. Sie können nur die Variablen verwenden, die serverseitig aufgelöst werden können. Dynamische Berechnungen sind mit dieser Suchtabelle nicht möglich. Dadurch bleiben nur folgende Variablen zur Nutzung erhalten:

- Container-ID
- Containerversion
- Umgebungsname
- Page Hostname
- Page Path
- Page URL
- Zufallszahl

Das war es dann auch schon. Diese kleine Auswahl schränkt die Flexibilität ein weiteres Mal ein.

Abbildung 12.11 Die »Suchtabelle«-Variable

Umgebungsname

Auch der UMGEBUNGSNAME ist als benutzerdefinierte Variable vorhanden (siehe Abbildung 12.12). Da es die gleiche Variable auch als integrierte Variable gibt, gibt es eigentlich keinen Grund, sie zu nutzen.

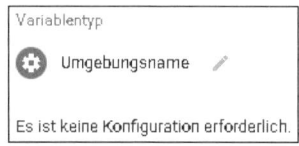

Abbildung 12.12 Die »Umgebungsname«-Variable

Zufallszahl

Die Variable ZUFALLSZAHL gibt eine Zufallszahl zurück und bietet keinerlei Einstellungsmöglichkeiten (siehe Abbildung 12.13). Die Zufallszahl ist dabei eine Zahl zwischen 0 und 2.147.483.647. Zwar gibt es die Zufallszahl auch als eingebaute Variable, aber wenn Sie mehr als eine unterschiedliche Zufallszahl benötigen, legen Sie die weiteren als benutzerdefinierte Variablen an.

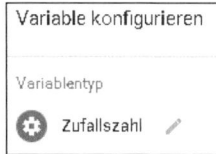

Abbildung 12.13 Die »Zufallszahl«-Variable

Container ID

Die Variable CONTAINER-ID stellt die ID des Containers bereit (Beispiel: GTM-XXXXX). Es gibt die Container-ID auch als eingebaute Variable.

Containerversion

Diese Variable gibt die Containerversion zurück. Es gibt sie auch als integrierte Variable.

Die AMP-Variablen

Eigentlich gehören die AMP-Variablen zu den benutzerdefinierten Variablen, aber sie sind so wichtig, dass sie hier einen eigenen Abschnitt erhalten.

AMP-Variablen sind automatisch im Dokument vorhanden, und einige der AMP-Variablen stehen auch als integrierte Variablen im Google Tag Manager zur Verfügung – aber nicht alle. Eine Liste aller möglichen AMP-Variablen finden Sie unter:

https://github.com/ampproject/amphtml/blob/master/spec/amp-var-substitutions.md#variables

Um die AMP-Variablen zu nutzen, die nicht als integrierte Variablen zur Verfügung stehen, tragen Sie einfach den entsprechenden Namen in die Variable ein (siehe Abbildung 12.14). Schon können Sie auch diesen Wert innerhalb des Google Tag Managers nutzen.

Abbildung 12.14 Die AMP-Variable

Sie können in AMP auch eigene Variablen definieren und diese dann mit dem Variablentyp AMP-VARIABLE nutzen.

12.2   Den Google Tag Manager in Verbindung mit Apps nutzen

Wenn Sie nach der Lektüre der Abschnitte zu AMP und dem Google Tag Manager schon dachten, dass AMP speziell ist, geht es bei der Nutzung des Google Tag Managers für Apps noch einen Schritt weiter. Während es für die Nutzung des Google Tag Managers auf Websites ganz viele Anleitungen im Internet gibt, werden Sie zur Nutzung der App nicht viel finden.

Der Google Tag Manager kann natürlich auch für Apps genutzt werden. Dafür gibt es auch speziell die Entscheidung bei der Erstellung eines neuen Containers, dass der Container für eine App bereitgestellt werden soll (siehe Abbildung 12.15).

Dabei ist die Unterscheidung zwischen ANDROID und iOS entscheidend. Das bedeutet: Auch wenn es die gleiche App auf zwei verschiedenen Systemen gibt, müssen Sie für jedes System, also Android bzw. iOS, einen eigenen Google Tag Manager-Container nutzen.

Das gilt natürlich nur, wenn Sie nicht eine Hybrid-App nutzen, die eigentlich nur eine Website darstellt. Dort können Sie natürlich einfach mit dem normalen Google Tag Manager arbeiten.

Abbildung 12.15 Die Erstellung eines neuen Google Tag Manager-Containers für Android

Das Installieren des Containers in der App ist viel aufwendiger als das Implementieren in einer HTML-Seite. Denn die Implementierung wird mithilfe von Software vorgenommen (mit sogenannten SDKs, was für *Software Developer Kits* steht). Der Google Tag Manager setzt dabei auf *Firebase*.

Firebase gibt es jeweils für Android und für iOS. Aber Firebase ist nicht nur ein Stück Software, sondern Firebase ist eine Plattform, die unterschiedliche Services und Möglichkeiten zur Verfügung stellt. *Firebase Analytics* ist dabei der Teil, der der App-Analyse die Daten bereitstellt (siehe Abbildung 12.16).

Firebase bereitet nicht nur die Analytics-Daten auf, sondern kann die Daten auch zusätzlich direkt an Google Analytics übertragen. Wie das eingerichtet wird, lernen Sie im nächsten Abschnitt.

Der Google Tag Manager hat, wie schon beschrieben, bei AMP-Seiten bereits viel seiner Flexibilität eingebüßt. Aber bei Apps müssen Sie noch weitere Einbußen hinnehmen. Das lässt sich schon aus technologischen Gründen nicht vermeiden.

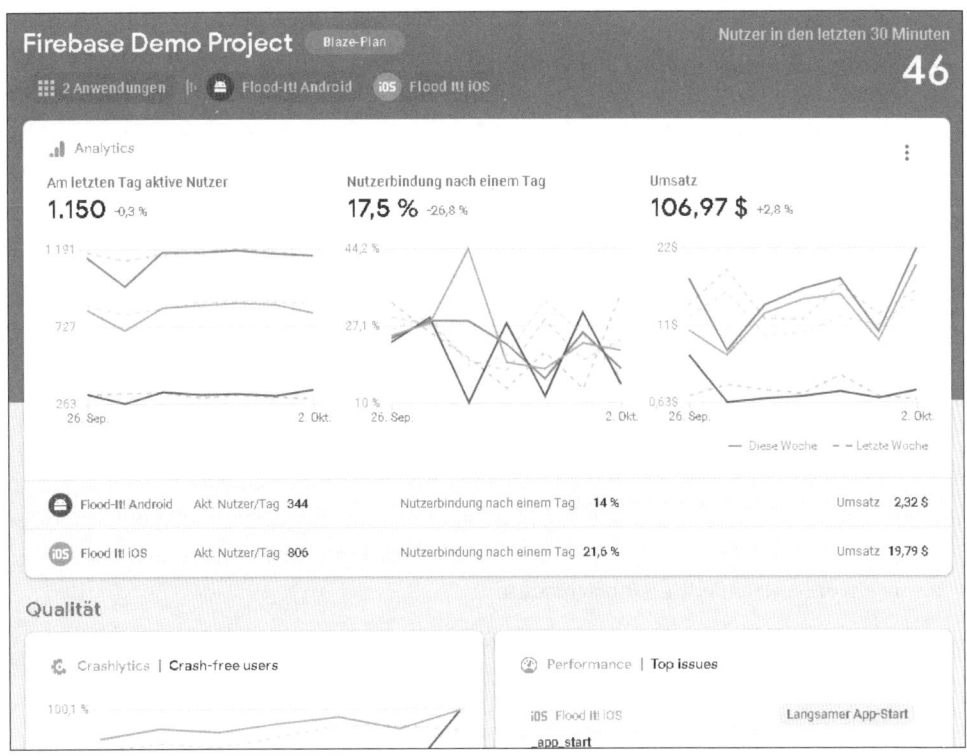

Abbildung 12.16 Die Firebase-Konsole

12.2.1 Den Google Tag Manager und Google Analytics in einer App installieren

Es ist egal, ob Sie eine Android- oder iOS-App entwickeln, Sie können bei beiden Technologien auf Firebase zurückgreifen. Für beide Plattformen bietet Google das entsprechende SDK bzw. Bibliotheken an. Weitere Informationen zu Firebase finden Sie auf der entsprechenden Website:

https://firebase.google.com/

Sobald Sie bzw. der App-Entwickler die entsprechenden Bibliotheken in Ihre App importiert hat, kann es schon losgehen. Die Daten können zu Firebase und damit auch zu Google Analytics geschickt werden. Mit dem Google Tag Manager können Sie auf weitere App-Ereignisse reagieren und entsprechende Tags abfeuern.

Lange Caching-Zeiten

Bei der Arbeit mit dem Google Tag Manager und Apps müssen Sie damit rechnen, dass Änderungen nicht sofort live sind. Die Apps schauen in der Regel nur alle 12 Stunden nach, ob Änderungen in den jeweiligen Konfigurationen bzw. Dateien vorliegen. Es kann also zwischen 0 und 12 Stunden dauern, bis von Ihnen angelegte Ereignisse ihre Wirkung zeigen!

Vorbereitungen

Bevor Sie die entsprechenden Bibliotheken in Ihre App importieren, müssen Sie noch ein paar Dinge vorbereiten. Als Erstes legen Sie ein neues Projekt auf der Firebase-Konsole an. Sie erreichen die Konsole über die URL *https://console.firebase.google.com/*. Für das Einrichten des Projekts benötigen Sie den Paketnamen Ihrer Android-App oder die iOS-Paket-ID.

Anschließend legen Sie in Ihrem Google Tag Manager-Konto einen neuen Container an und wählen den entsprechenden Verwendungsort aus: iOS oder Android. Dann klicken Sie bei SDK-VERSION AUSWÄHLEN auf FIREBASE. Damit sind die Vorbereitungen abgeschlossen.

Installieren von Firebase und Google Tag Manager

Der nächste Schritt ist das Installieren von Firebase und des Google Tag Managers in der App. Bevor Sie den Google Tag Manager-Container in der App installieren, müssen Sie ihn einmal veröffentlichen. Ansonsten wird das Importieren des Containers mit einer Fehlermeldung fehlschlagen.

Anschließend können Sie die Bibliotheken anhand der Anleitung installieren:

► Android: *https://developers.google.com/tag-manager/android/*

► iOS: *https://developers.google.com/tag-manager/ios/*

Sollten Sie Kampagnen-Attribution und Ähnliches analysieren wollen, sollten Sie zusätzlich auch noch das AdSupport-Framework installieren:

https://firebase.google.com/support/guides/analytics-adsupport

Anlegen der Tags im Google Tag Manager

Jetzt können Sie die Tags im Google Tag Manager anlegen. Bitte beachten Sie, dass der Container nicht ständig aktualisiert wird, sondern wie oben schon erwähnt gegebenenfalls nur alle 12 Stunden.

12.2.2   Die Daten in Google Analytics nutzen

Sobald Firebase installiert ist, sollten Sie die ersten Zugriffe in Firebase Analytics auf der Firebase-Konsole sehen. Diese Meldungen werden durch das Framework automatisch an Firebase Analytics gesendet (siehe Abbildung 12.17).

Damit Sie die Daten auch in Google Analytics nutzen können, müssen Sie nicht für jeden aufgerufenen Bildschirm ein eigenes Google Analytics-Tag im Google Tag Manager erstellen, sondern Sie können eine Google-Analytics-Property erstellen und mit dem Firebase-Projekt verknüpfen (siehe Abbildung 12.18).

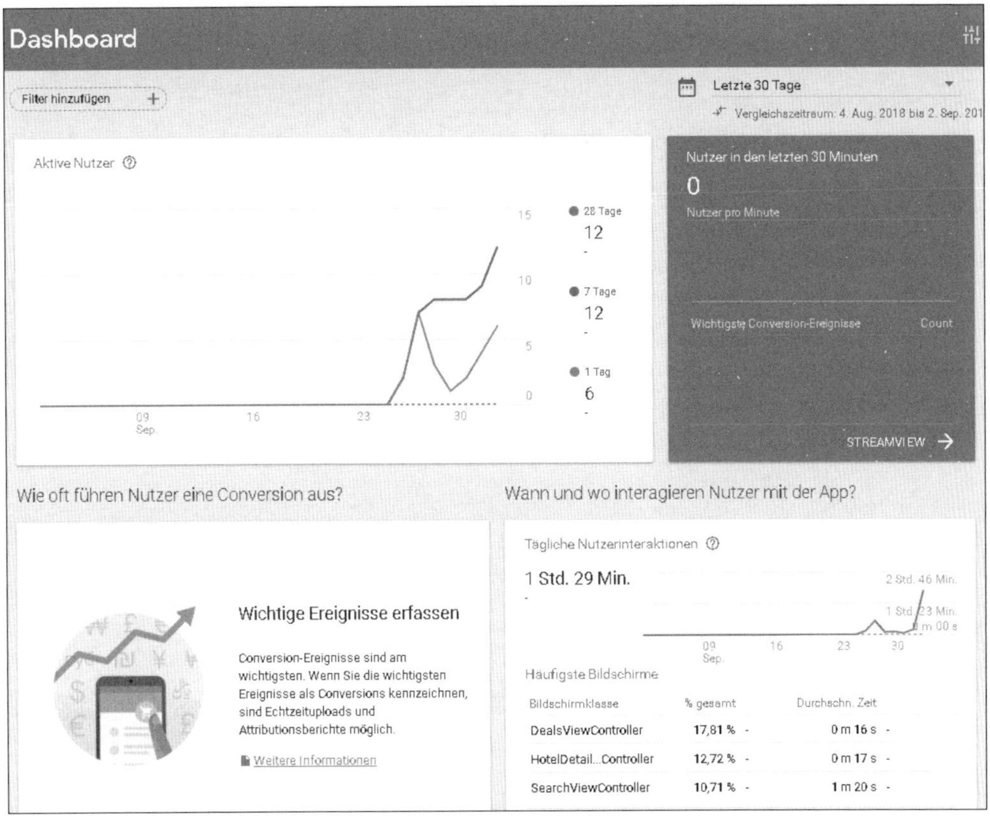

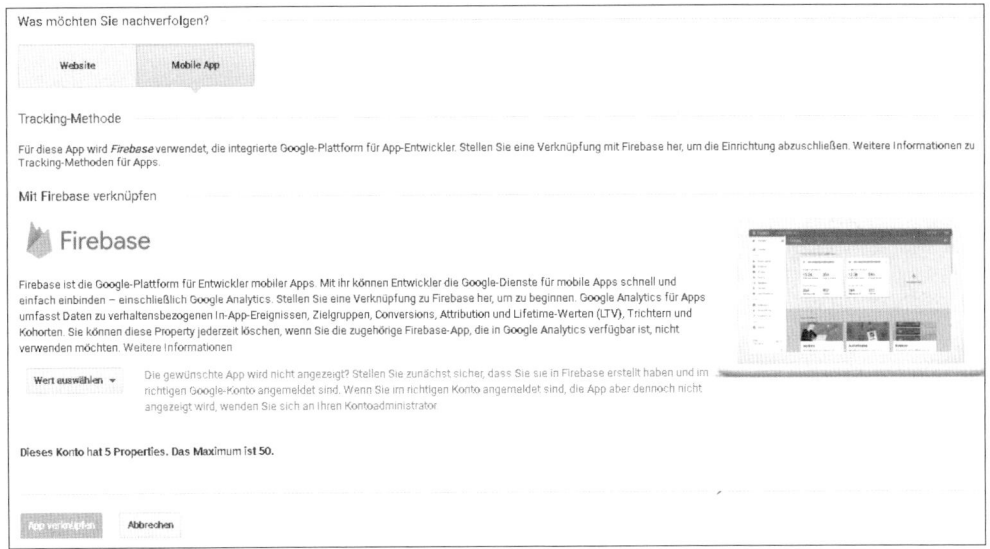

Abbildung 12.17 Das »Firebase Analytics«-Dashboard wenige Tage nach der Installation

Abbildung 12.18 Firebase mit Google Analytics verknüpfen

Wenn Sie zusätzliche Google Analytics-Ereignisse nutzen möchten, legen Sie diese dann im Google Tag Manager im Container für die App an.

12.2.3   Tags in Ihrer App anlegen

Das Anlegen von Tags für die Nutzung in Ihrer App läuft prinzipiell so ab wie auch für AMP oder Webseiten. Sie legen ein entsprechendes Tag an, zum Beispiel ein Google Analytics-Ereignis. Die zur Verfügung stehenden Felder sind denen für Websites ähnlich – mit einer großen Ausnahme: Es gibt keine Seitenaufrufe, sondern Bildschirmaufrufe (siehe Abbildung 12.19).

Abbildung 12.19 Das Tag für Bildschirmaufrufe beim Google Tag Manager für Apps

Die Trigger beruhen beim Google Tag Manager für Apps allesamt auf Ereignissen, die durch die Firebase-Bibliothek oder durch die Entwickler der App bereitgestellt werden. Für Trigger können Sie auf folgende automatische Firebase-Ereignisse zugreifen:

- ► App-Ausnahme
- ► Benachrichtigung erhalten
- ► Benachrichtigung in den Vordergrund holen
- ► Benachrichtigung schließen
- ► Benachrichtigung öffnen
- ► Betriebssystem-Update
- ► Kampagne
- ► Nutzerinteraktion
- ► Sitzungsstart

Im Trigger selbst können Sie dann das Auslösen durch Bedingungen auch wieder eingrenzen (siehe Abbildung 12.20).

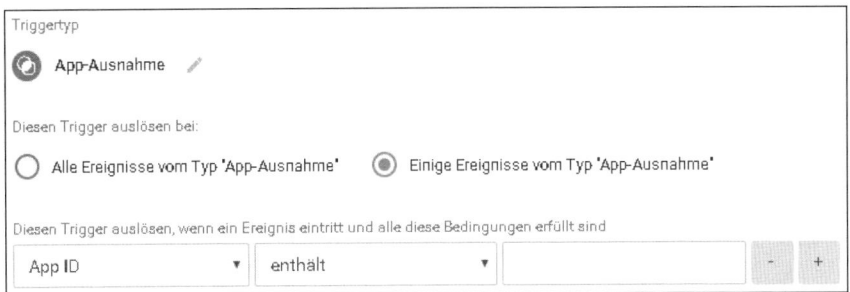

Abbildung 12.20 Trigger im Google Tag Manager für Apps

Der Google Tag Manager in der Konfiguration für Apps ist zwar in den Funktionen eingeschränkt, aber bietet alle Möglichkeiten, um Tags entsprechend auszulösen. Ereignisse, die nicht vorhanden sind, können durch die Entwickler der App implementiert werden.

12

Kapitel 13
Der Google Tag Manager 360

Der Google Tag Manager ist zwar kostenlos, aber es gibt auch eine Version, die Sie nur im Rahmen der 360-Suite erhalten. Diese Version wartet mit ein paar Funktionen mehr auf.

Wie Ihnen dieses Buch zeigt, bietet der Google Tag Manager viele Funktionen, und Ihre Möglichkeiten sind fast grenzenlos: Sie können Tags, Variablen und Trigger benutzen. Sie können einzelne Arbeitsbereiche nutzen und Sie können unterschiedlichen Anwendern unterschiedliche Rechte geben. Im Prinzip ist für alles gesorgt – für fast alles, denn um den Google Tag Manager im Enterprise-Umfeld einzusetzen, fehlen noch ein paar Features.

Diese Features bietet der Google Tag Manager in der 360-Version. Dazu gehören:

► unbeschränkte Anzahl der Arbeitsbereiche

► Freigabe-Workflows

► Zonen für ergänzende Konfigurationen

► Service-Level Agreement

Im Folgenden gehe ich auf die einzelnen Features gesondert ein. Aber bevor Sie jetzt überlegen, sich die kostenpflichtige Version des Google Tag Managers zuzulegen: Diese Version ist aktuell nur zusammen mit der kostenpflichtigen Google Analytics 360-Version erhältlich.

13.1 Unbeschränkte Anzahl der Arbeitsbereiche

In Abschnitt 10.3 haben Sie die überaus praktischen Möglichkeiten der Arbeitsbereiche kennengelernt. Die Arbeitsbereiche sind ein sehr gutes Konzept, mit dem Sie Ihre Arbeit strukturieren können. Zusätzlich können mehrere Personen gleichzeitig im Google Tag Manager arbeiten, ohne sich in die Quere zu kommen. Denkbar ist es auch, die Arbeitsbereiche nicht nur für einzelne Personen, sondern für ganze Arbeitsgruppen oder eine länger dauernde Implementierungsphase zu nutzen. Dabei ist dann jede größere Implementierung eines Features ein eigener Arbeitsbereich. Oder die Arbeitsgruppe, die für bestimmte Maßnahmen zuständig ist, legt für sich einen eigenen Arbeitsbereich an.

Sie merken, die Möglichkeiten sind vielfältig, aber die Arbeitsbereiche sind in der kostenfreien Version auf drei begrenzt, und zu diesen drei Arbeitsbereichen gehört der Default Workspace schon dazu. Gerade wenn Sie in Teams arbeiten, müssen Sie sich also stark einschränken. Aus diesem Grund gibt es in der kostenpflichtigen Version des Google Tag Managers keinerlei Beschränkungen in der Anzahl der Arbeitsbereiche. Das bedeutet, Sie können so viele Arbeitsbereiche anlegen, wie Sie möchten.

13.2   Freigabe-Workflows

In der kostenlosen Version des Google Tag Managers können Sie die Rechte auf Containerebene einschränken (siehe Abbildung 13.1). Jeder Administrator eines Google Tag Manager-Kontos kann den Nutzern die entsprechenden Rechte geben. Für viele Anwendungsfälle kann dies genügen. Aber im Enterprise-Umfeld kann es durchaus sinnvoll oder auch vorgeschrieben sein, dass für Veröffentlichungen auf der Website gewisse Workflows eingehalten werden müssen.

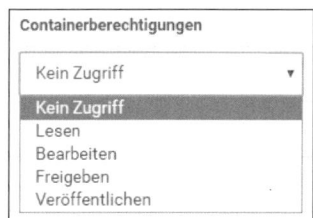

Abbildung 13.1 Die Containerberechtigungen im Google Tag Manager

Genau diese Möglichkeit der Freigabe-Workflows bietet der Google Tag Manager in der 360-Version. In der kostenlosen Version gibt es zwar bei den Containerberechtigungen den Punkt Freigeben, aber diese Rolle hat als zusätzliche Rechte gegenüber Bearbeiten nur die Möglichkeit, neue Versionen zu erstellen. Der entsprechende Nutzer kann diese Version nicht veröffentlichen.

Sobald aber ein Nutzer in der 360-Version die Freigeben-Rechte hat, darf er zusätzlich noch vorgeschlagene Änderungen prüfen und freigeben. Aber das Veröffentlichen bleibt den Nutzern mit den Veröffentlichen-Rechten vorbehalten. Ich persönlich finde die eigene Rolle für das Prüfen und Freigeben ein wenig merkwürdig. Denn es führt einen weiteren Schritt ein, der unter Umständen den Prozess unnötig verlangsamt.

Aber auf jeden Fall ist das Freigeben einzelner Änderungen ein guter Weg, um die Qualitätsprüfung vorzunehmen und das System stabil zu halten. Denn es kann immer wieder passieren, dass kleine Änderungen die Website lahmlegen.

> **Prüfung ohne Freigabe-Workflow**
>
> Ich versuche bei meinen Projekten, immer eine zweite Person hinzuzuholen, die meine Änderungen gegenprüft, denn vier Augen sehen mehr als zwei. Man kann schnell mal Kleinigkeiten vergessen, die dann große Auswirkungen haben.

13.3   Zonen für den Google Tag Manager

Das Konzept der Zonen ist gerade in größeren Kontexten ein sehr interessantes Feature. Mit dem Konzept der Zonen ist es möglich, dass Container auch Sub-Container beinhalten können (siehe Abbildung 13.2). Das bedeutet, Sie haben im Google Tag Manager mehrere Container, die aber alle gemeinsam ausgespielt werden können. Ohne dieses Feature wird oft die Möglichkeit genutzt, mehrere Google Tag Manager-Container in eine Website zu implementieren. Das ist zwar möglich, aber nicht wirklich die praktischste Variante.

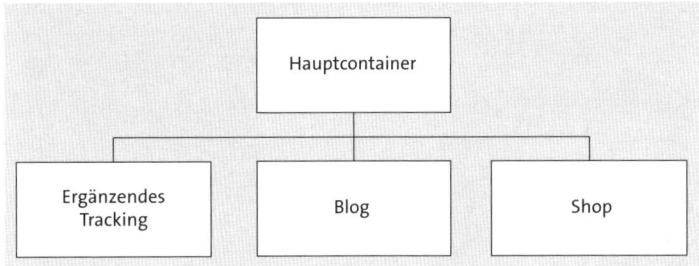

Abbildung 13.2 Container und Sub-Container

Ein Anwendungsfall für die Zonen ist die Verwaltung eines Hauptcontainers mit allen Tags, Triggern und Variablen, die in allen Bereichen des Projekts benötigt werden. In diesem Container befindet sich zum Beispiel die im Konzern standardmäßig eingesetzte Google Analytics-Implementierung. In den Sub-Containern können dann noch je nach Projekt weitere Implementierungen hinzugefügt werden.

Dabei können Sie auf URL-Basis festlegen, wo der jeweilige Sub-Container hinzugefügt wird. Wenn Sie zum Bespiel für den Blog bestimmte Tags und Trigger benötigen, können Sie festlegen, dass nur auf der Sub-Domain für den Blog der jeweilige Sub-Container ausgeführt wird. Das Gleiche gilt natürlich auch für Bestandteile der URL.

In den Sub-Containern stehen die gleichen Trigger wie auch im Hauptcontainer zur Verfügung. Aber standardmäßig sind als Tags nur die Google-eigenen Tags erlaubt, alle anderen müssen speziell aktiviert werden. Dabei sind Trigger und Variablen alle aktiviert, außer die benutzerdefinierte JavaScript-Variable. Das bedeutet, eine neue Zone in der Standardeinstellung ist relativ sicher.

13.4   Service-Level-Agreements

In der kostenlosen Version des Google Tag Managers gibt es kein Service-Level-Agreement. Erst in der kostenpflichtigen 360-Version haben Sie garantierte Antwort- und Fehlerbehebungszeiten. Gerade bei Produkten wie einem Tag-Management-System ist ein verbindliches Lösen von Bugs bzw. Problemen sehr wichtig.

Bei kritischen Fehlern erhalten Sie innerhalb von 2 Stunden eine Antwort auf eine Anfrage und eine garantierte Auflösung des Status »kritisch« innerhalb von 12 Stunden.

13.5   Mehr Informationen zum Google Tag Manager 360

Der Google Tag Manager 360 ist nur zusammen mit Google Analytics 360 erhältlich. Das bedeutet, dass Sie bei Interesse am besten Kontakt zu Ihrem Google Analytics-Dienstleister oder einem Google Analytics-Sales-Partner aufnehmen. Sie finden die entsprechenden Partner unter:

https://marketingplatform.google.com/about/enterprise/

Kapitel 14
Tipps, Tricks und Vereinfachungen

Es gibt viele Wege, die Arbeiten mit dem Google Tag Manager zu erledigen. Und es gibt auch viele Hilfsmittel. Mit den richtigen Hilfsmitteln können Sie viel Zeit sparen.

Die Szene rund um das Thema Web-Analyse ist sehr aktiv. Auf der ganzen Welt machen sich Menschen Gedanken, wie man die Arbeit effektiver erledigen kann. So hat sich in dem Mikrokosmos Google Tag Manager eine eigene kleine Community gebildet, die Websites mit Inhalt pflegt oder auch ganze Tools bereitstellt, sei es als Software-as-a-Service oder als Erweiterungen für den Browser.

In diesem Kapitel geht es darum, wie Sie entsprechende Informationen bzw. Hilfe finden, aber auch darum, welche Tools Ihnen bei der täglichen Arbeit helfen können.

14.1 Tools

Die Tools bzw. Erweiterungen, die Sie in diesem Buch bisher kennenlernt haben, hatten eigentlich alle ein Thema: das Debugging. Aber es gibt noch viel mehr Tools – nämlich Werkzeuge, die die Arbeit für Sie einfacher bzw. besser machen. Denn viele Aufgaben werden Sie mehrmals ausführen, je nachdem in welchem Container Sie gerade arbeiten. Sie werden das gleiche Tag mit den gleichen Einstellungen Dutzende Mal anlegen – bis zu dem Zeitpunkt, an dem Sie einen Weg finden, wie es schneller und einfacher geht. Auch andere Menschen haben sich schon Gedanken darüber gemacht und sogar Lösungen gefunden. Schauen wir uns an, was für Tools sie entwickelt haben.

14.1.1 Die »GTM Tools« von Simo Ahava

Bisher habe ich in diesem Buch noch nicht den Namen Simo Ahava erwähnt, aber ohne ihn wären viele Teile dieses Buches nicht möglich gewesen. Ich gehe sogar so weit zu behaupten, dass ohne Simo Ahava die Google Tag Manager-Community längst nicht so weit wäre, wie sie derzeit ist. Immer wieder erscheinen neue Ideen und Konzepte auf seinem Blog, die andere wieder zu neuen Ideen anregen. Sobald Sie nach Lösungen für den Google Tag Manager suchen und auch auf englischsprachige Websites schauen, werden Sie auf die Seiten von Simo Ahava stoßen.

In diesem Abschnitt geht es nicht um seinen Blog, sondern um das Tool, das er kostenlos bereitstellt: die *GTM Tools* (siehe Abbildung 14.1). Sie finden die GTM Tools unter der URL *www.gtmtools.com*. Die GTM Tools helfen bei der Arbeit und der Verwaltung von Containern, Tags, Triggern und Variablen.

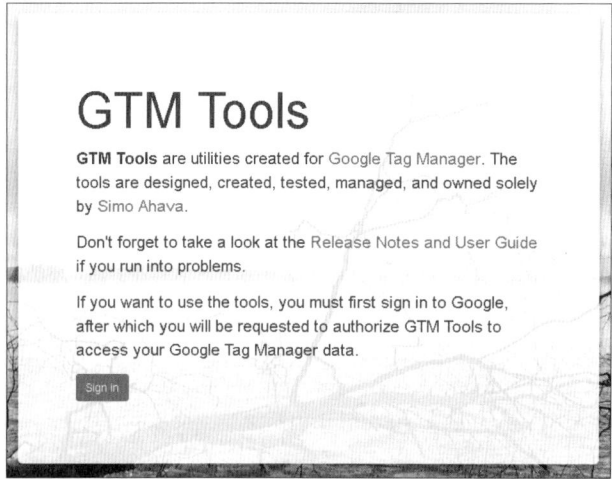

Abbildung 14.1 Der Begrüßungsbildschirm auf »gtmtools.com«

Nach dem Login müssen Sie dem Tool Zugriff auf Ihre Google Tag Manager-Container geben. Nach der Freigabe können Sie einen Ihrer Container aussuchen und mit den Tools nutzen. Es gibt insgesamt drei unterschiedliche Werkzeuge:

- Inspect
- Visualize
- Clone

Inspect

Bei der Auswahl des Toolbereichs INSPECT können Sie sich direkt im Kopf der Seite aussuchen, mit welcher Version des Containers Sie arbeiten möchten (siehe Abbildung 14.2). Sie können damit jederzeit auf ältere Versionen Ihrer Tags, Trigger und Variablen zugreifen.

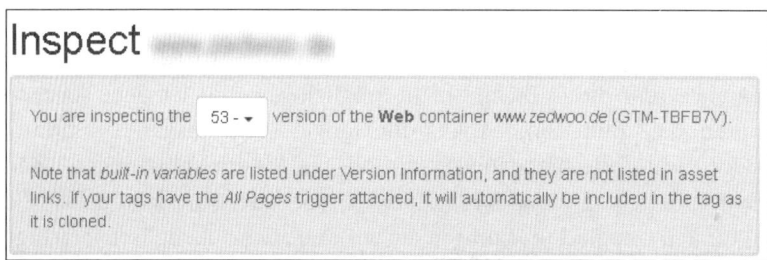

Abbildung 14.2 Die Versionsauswahl im Bereich »Inspect«

Nach der Auswahl der Version können Sie jeweils alle Tags, Trigger und Variablen anzeigen lassen (siehe Abbildung 14.3).

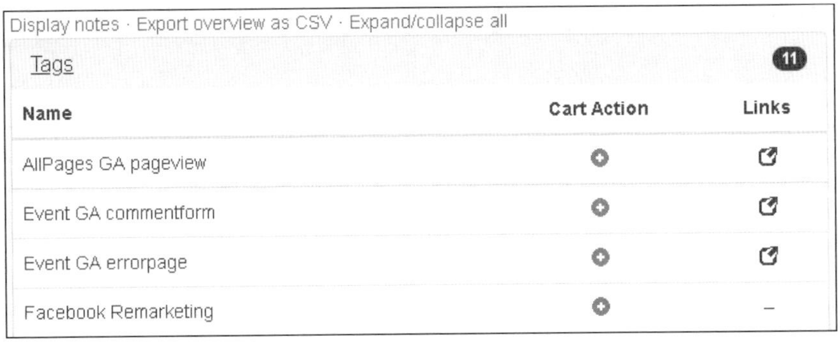

Display notes · Export overview as CSV · Expand/collapse all		
Tags		**11**
Name	**Cart Action**	**Links**
AllPages GA pageview	⊕	↗
Event GA commentform	⊕	↗
Event GA errorpage	⊕	↗
Facebook Remarketing	⊕	–

Abbildung 14.3 Die Ansicht der Tags in den »GTM Tools«

Bei Bedarf können Sie sich zu allen Einträgen auch die entsprechenden Notizen anzeigen lassen. Aber die wahrscheinlich am meisten genutzte Funktion ist die Funktion *Cart* bzw. *Warenkorb*. Mit einem Klick auf das grüne Plus können Sie ein oder mehrere Tags in einen virtuellen Warenkorb wandern lassen. Das Gleiche können Sie auch mit den Triggern und Variablen machen. Alle Elemente, die Sie in den Warenkorb gelegt haben, können Sie nach der Auswahl eines anderen Containers dort wieder importieren!

Das bedeutet also: Wenn Sie sich einmal die Mühe machen, Ihre Standardkonfiguration zusammenzustellen, dann können Sie diese in viele neue Container kopieren. Ohne die GTM Tools wäre dies gegebenenfalls über einen Container-Export und den anschließenden Import auch irgendwie möglich, aber nicht ganz so komfortabel. Denn dann müssten Sie auf die selektive Auswahl der richtigen Tags, Trigger und Variablen verzichten. Denn der Containerexport ist nicht wählerisch und nimmt einfach die gesamten angelegten Elemente mit.

Zusätzlich können Sie auch eine Liste aller Elemente aufrufen, die mit dem jeweiligen Tag verknüpft sind. Dadurch können Sie alle benötigten Elemente direkt zusätzlich in den Warenkorb legen.

Um die Sache für Sie noch weiter zu vereinfachen, gibt es am Ende der Seite eine Auswahlmöglichkeit nach Ordnern (siehe Abbildung 14.4). Hier werden automatisch alle Tags in den virtuellen Warenkorb gelegt, die sich in einem bestimmten Ordner befinden. Wenn Sie bisher die Ordner nur selten und widerwillig genutzt haben, sollten Sie ab jetzt die Ordner immer nutzen.

Allein mit dem Inspect-Bereich der GTM Tools können Sie sehr viel Zeit sparen und Sie müssen weniger gleiche Aufgaben erledigen.

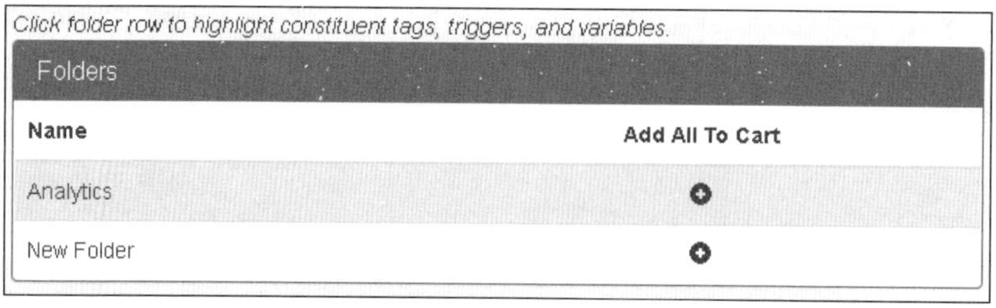

Click folder row to highlight constituent tags, triggers, and variables.

Folders	
Name	**Add All To Cart**
Analytics	●
New Folder	●

Abbildung 14.4 Die Auswahl nach Ordnern in den GTM Tools

Visualize

Nach der Auswahl von VISUALIZE erhalten Sie eine grafische Darstellung Ihres Containers (siehe Abbildung 14.5). Dort können Sie sehen, welche Tags, Trigger und Variablen miteinander verknüpft sind. Wenn Sie mit der Maus über die jeweiligen Elemente fahren, werden die entsprechenden Verknüpfungen hervorgehoben.

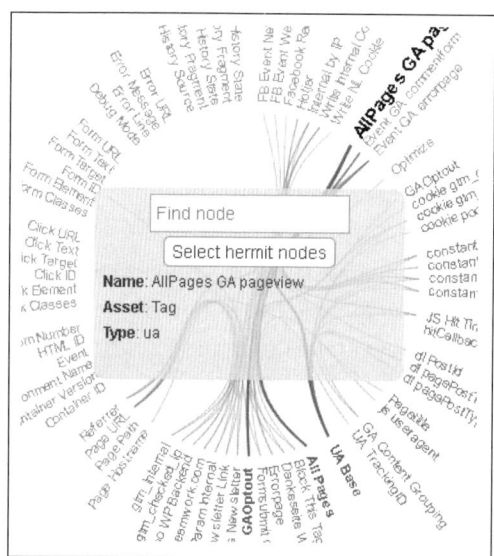

Abbildung 14.5 Die Visualisierung in den GTM-Tools

Ich persönlich kann mit dieser Visualisierung nicht so viel anfangen. Aber vielleicht gibt es Menschen, die dieses Visualisierungswerkzeug sehr hilfreich finden.

Clone

Der letzte Bereich in den GTM Tools ist der CLONE-Bereich (siehe Abbildung 14.6). Mit diesem Tool können Sie einen kompletten Container kopieren. Aber Sie kopieren nicht nur den Inhalt des Containers, sondern Sie erstellen gleichzeitig einen neuen Container. Dieser Container enthält dann alle Tags, Trigger, Variablen und auch Ordner des aktuell ausgewählten Containers. Das bedeutet, Sie erhalten mit einem Klick eine vollständige Kopie eines Containers. Sinnvoll kann diese Funktion sein, wenn Sie oft einen sehr ähnlichen Container erstellen müssen.

Clone www.zedwoo.de ✕

Once you click **Clone**, a new container will be created in the target account, with settings copied from the source container. All tags, variables, and triggers in the Latest version of *www.zedwoo.de* will then be copied as well.

Choose target GTM account

Zedwoo ▾

Close   Clone

Abbildung 14.6 Clone in den GTM-Tools

14.1.2 Die »Da Vinci Tools« von Stéphane Hamel

Die *Da Vinci Tools* von Stéphane Hamel sind ein digitales Schweizer Taschenmesser für Web-Analysten. In diesem digitalen Werkzeugkasten befinden sich ganz viele kleine, nützliche Werkzeuge – nicht nur für den Google Tag Manager, sondern auch für Google Analytics.

Übrigens, wenn Ihnen der Name Stéphane Hamel nicht geläufig ist, dürfen Sie ruhig nach seinen Veröffentlichungen und gegebenenfalls auch Videos googeln. Ich kann Ihnen jetzt schon sagen, dass es sich lohnen wird! Die Entwicklung des *WASP.profiler*, den ich in Abschnitt 9.5.1 vorgestellt habe, wurde von Stéphane Hamel 2006 gestartet. Wenn Sie schon mal nach wissenschaftlichen Arbeiten über *Digital Analytics Maturity* gesucht haben, sind Sie bestimmt über seine oft zitierte Arbeit gestolpert. Unter anderem wird sie auf dieser Website vorgestellt: *https://digitalanalyticsmaturity.org/*

Aber zurück zu den *Da Vinci Tools*: Diese Toolbox ist ein Chrome-Plugin, das Sie im Chrome-Webstore erhalten. Aber die besten Informationen zu diesem Plugin erhalten Sie auf der passenden Website unter:

https://www.davinci.tools/

> **Es fehlen Funktionen, die hier beschrieben werden?**
> Es kann durchaus vorkommen, dass Funktionen, die ich hier beschreibe, bei Ihnen nicht sichtbar sind. Entweder liegt es daran, dass der Entwickler diese Funktion entfernt hat oder dass der Code aktuell nicht funktioniert.

Besonders in Zusammenhang mit den Da Vinci Tools gibt es immer mal wieder Funktionen, die nur mit der englischen Google Tag Manager-Oberfläche funktionieren. Wenn Sie also möglichst fehlerfreie Versionen nutzen wollen, sollten Sie Englisch als Sprache für die Google Tag Manager-Oberfläche einstellen. Die meisten Abbildungen in diesem Abschnitt habe ich deshalb sicherheitshalber in der englischen Version erstellt.

Übrigens, die Features, die die Da Vinci Tools bieten, sind nicht mit den GTM Tools von Simo Ahava zu vergleichen, sondern sind eher als kleine Erleichterungen der täglichen Arbeit gedacht.

Sie können zum Beispiel mit einem Klick dafür sorgen, dass der Google Tag Manager-Container in Ihrem Browser auf der jeweiligen Seite ausgeblendet wird (siehe Abbildung 14.7). Dafür klicken Sie einfach auf den grünen Knopf neben der Schaltfläche für die Vorschau.

Abbildung 14.7 Der Abschalter in den »Da Vinci Tools«

In den Da Vinci Tools gibt es auch eine Funktion, mit der Sie alle integrierten Variablen gleichzeitig aktivieren können. Sollten Sie bei mehreren Containern in unterschiedlichen Browser-Tabs schon mal die Übersicht verlieren, ist das kein Problem: Die Da Vinci-Tools sorgen dafür, dass der Containername im Browsertitel vorne steht und dadurch auch bei den Browser-Tabs schnell lesbar ist.

Ansonsten können die Tools Code in den entsprechenden Feldern so formatieren, dass er besser lesbar wird, oder Variablen in den Code-Feldern hervorheben und einiges anderes. Alle Features finden Sie auf der Website.

Ein Feature, das gerade bei der Arbeit an diesem Buch sehr sinnvoll war, ist dieses: Mit den Da Vinci Tools konnte ich Code-Blöcke aus dem Debug-Fenster herauskopieren. Standardmäßig geht das nicht.

14.1.3   GTM Tools Add-On for Google Sheets

Dokumentationen sind wichtig, aber niemand mag sie schreiben. Ich glaube, diesen Fakt kann jeder verstehen. Es ist spannender, lustiger und unterhaltsamer, neue Funktionen einzubauen, als Code zu dokumentieren.

Aber weil die Dokumentation trotzdem wichtig ist, hat Simo Ahava ein Add-On für *Google Sheets* geschrieben, das die Dokumentation schreibt. Sie finden die Beschreibung und Anleitung zum Tool unter:

https://www.simoahava.com/tools/gtm-tools-by-simo-ahava/

Natürlich schreibt das Tool die Dokumentation nicht komplett allein, sondern es hilft nur dabei. Mithilfe der Google Tag Manager-API werden alle Informationen der Container gesammelt und in ein Google-Sheet geschrieben (siehe Abbildung 14.8). Für die Dokumentation wird das Notizenfeld genutzt. Die Synchronisierung funktioniert in beide Richtungen. Das bedeutet, Sie können auch in den Notizen im Google-Sheet Änderungen vornehmen und diese erscheinen dann in dem jeweiligen Container im Google Tag Manager.

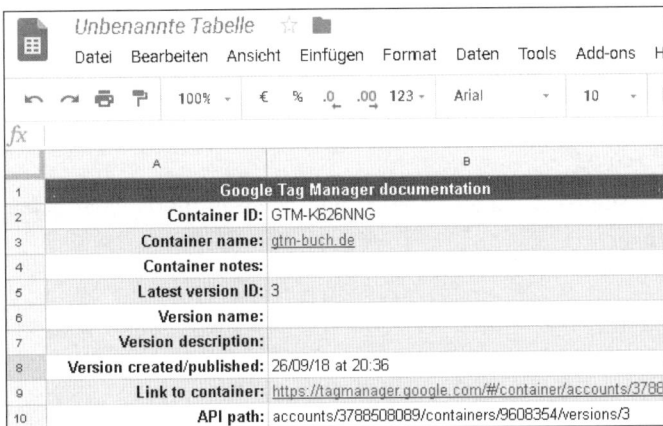

Abbildung 14.8 Das von den GTM Tools für Google-Spreadsheets erstellte Dokument

Ich empfehle dieses Tool uneingeschränkt: Es wird Ihnen das Dokumentieren Ihrer Arbeit mit dem Google Tag Manager erleichtern.

14.2   Blogs

Es gibt sehr viele Veröffentlichungen rund um den Google Tag Manager. Sie finden diese Informationen meist in Blogs.

Achtung, *shameless self-promotion*: Sollten Sie Podcasts hören, dann hören Sie doch in den Podcast *BeyondPageviews* hinein. Dort stellen wir – Markus Baersch und ich – immer wieder interessante Beiträge rund um die Web-Analyse und das Tag-Management vor. Sie finden mehr Informationen zu diesem Podcast unter:

https://www.termfrequenz.de/podcast/beyond-pageviews-podcast/

Nun aber zu den Blogs mit Informationen zum Google Tag Manager. Mir ist aktuell kein Blog in Deutsch bekannt, der auch nur ansatzweise an die Qualität und Quantität der englischsprachigen Blogs herankommt. Sollten Sie also englische Texte nicht so gut lesen können, habe ich aktuell leider keine gute Leseempfehlung für Sie. Aber vielleicht kommt da in Zukunft noch etwas.

Hier also die englischsprachigen Blogs, die ich Ihnen empfehlen möchte:

▶ *https://www.simoahava.com/*

Der Blog von Simo Ahava ist *die* Ressource für das Wissen rund um den Google Tag Manager.

▶ *https://www.lunametrics.com/*

Kaum ein Blog veröffentlicht so viel gutes Material wie der Blog von Lunametrics: extrem gute Inhalte und davon auch noch viel. Unbedingt öfter mal besuchen! Lunametrics hat auch einen tollen Bereich mit fertig konfigurierten Containern zum Download: *https://www.lunametrics.com/labs/recipes/*

▶ *https://www.analyticsmania.com/*

Veröffentlicht immer wieder gute Artikel.

▶ *https://www.lovesdata.com/*

Hat viele Inhalte zum Thema Google Analytics, aber auch immer wieder etwas zum Google Tag Manager.

14.3 Tipps

Hier noch ein paar Tipps dazu, wie Sie den Google Tag Manager am besten einsetzen und wie Sie sich weiterbilden können.

▶ **Praxis, Praxis, Praxis**

Sie können dieses Buch so oft durchlesen wie Sie wollen, aber echte Erfahrung erhalten Sie nur durch Praxis. Ich persönlich lerne am meisten, indem ich Ideen und Konzepte mit dem Google Tag Manager umsetze. Erst wenn ich ans Machen komme, verknüpfen sich meine einzelnen Bereiche im Gehirn und es entsteht echtes Wissen. Deshalb rate ich Ihnen, möglichst schnell an die Umsetzung zu gehen.

▶ **Nicht alle Ideen funktionieren auf Anhieb**

Ich habe jahrelang programmiert und bin es gewohnt, dass nicht jede Idee funktioniert. Gerade in der Programmierung ist man es gewohnt, dass es immer wieder Bugs gibt. Aber jedes Mal, wenn man eine Ursache eines Fehlers findet, kommt man dem Ziel näher. Deshalb verzweifeln Sie nicht, wenn eine Idee für einen Trigger oder eine Variable nicht gleich funktioniert. Probieren Sie weiter, bis es klappt.

▶ **Das Lernen hat gerade erst begonnen**

Ich selbst beschäftige mich den ganzen Tag mit Google Analytics und dem Google Tag Manager, und doch lerne ich immer wieder in beiden Bereichen etwas dazu. Inzwischen weiß ich sehr viel, aber noch lange nicht alles. Genauso wird es bei Ihnen sein. Seien Sie deshalb wissbegierig, testen Sie Dinge aus, und lernen Sie jeden Tag ein bisschen mehr. Vermehren Sie Ihr Wissen.

- **Strukturieren Sie Ihr Google Tag Manager-Konto**

  Es gibt viele Möglichkeiten, Struktur in Ihr Google Tag Manager-Konto zu bringen. Das fängt an beim Namen für das Konto und die Container an; Sie können Tags, Trigger und Variablen in Ordner legen. Natürlich sollten Sie sich auch überlegen, wie Sie die Tags, Trigger und Variablen wiederfinden. Überlegen Sie sich also ein Namensschema, und halten Sie sich daran. Je schneller Sie Sachen wiederfinden, desto besser können Sie mit dem Google Tag Manager arbeiten.

- **Lernen Sie JavaScript**

  Sollten Sie JavaScript noch nicht beherrschen, dann fangen Sie an, JavaScript zu lernen. Generell sollte jeder Mensch zumindest eine Programmiersprache können. JavaScript liegt gerade in Verbindung mit dem Google Tag Manager sehr nahe. Sie werden es nicht bereuen, wenn Sie JavaScript beherrschen. Mehr Infos zum Lernen von JavaScript gibt es unter: *http://www.gtm-buch.de/javascript-lernen*.

- **Lernen Sie reguläre Ausdrücke**

  In diesem Buch kamen an mehreren Stellen reguläre Ausdrücke vor. Wenn Sie in Zukunft mehr auf sie achten, werden Sie sehen, wo Sie überall reguläre Ausdrücke einsetzen können: in Google Analytics, in JavaScript, im Google Tag Manager und in vielen anderen Tools. Für den Anfang reicht es, wenn Sie sich die wichtigsten Muster anschauen und lernen: *www.gtm-buch.de/regex-wichtig*

14.4 Zusammenfassung

Jetzt sind Sie am Ende des Buches angekommen. Ich bin gespannt, wie Sie den Google Tag Manager einsetzen werden. Die Möglichkeiten sind vielfältig. Wenn Sie auf dem Laufenden bleiben wollen, dann besuchen Sie doch die Website zum Buch: *www.gtm-buch.de/nur-fuer-leser*

Index

W

Y

Z